Scala für Umsteiger

von

Prof. Dr. Friedrich Esser

Oldenbourg Verlag München

Dr. Friedrich Esser, Professor für Informatik an der Hochschule für Angewandte Wissenschaften (HAW) in Hamburg, hält Vorlesungen und Praktika im Umfeld der Programmiersprachen. Als Berater und Gutachter unterstützt er seit vielen Jahren Firmen bei komplexen IT-Projekten im betriebswirtschaftlichen Umfeld.

Bibliografische Information der Deutschen Nationalbibliothek

Die Deutsche Nationalbibliothek verzeichnet diese Publikation in der Deutschen Nationalbibliografie; detaillierte bibliografische Daten sind im Internet über http://dnb.d-nb.de abrufbar.

Rosenheimer Straße 145, D-81671 München
Telefon: (089) 45051-0
www.oldenbourg-verlag.de

Lektorat: Kathrin Mönch
Herstellung: Constanze Müller
Titelbild: thinkstockphotos.de
Einbandgestaltung: hauser lacour
Gesamtherstellung: Grafik + Druck, München

Dieses Papier ist alterungsbeständig nach DIN/ISO 9706.

ISBN 978-3-486-59693-9

Inhaltsverzeichnis

Einleitung

Vergleichbar einem kleinen Kind, das sprechen lernt, hat auch ein Anfänger erst einmal nur den Wunsch, Programmieren zu lernen. Triftige Gründe, warum es gerade diese und keine andere Programmiersprache sein soll, sind eher von der Umgebung – Schule oder Freundeskreis – abhängig und weniger von rationalen Erwägungen. Das Blatt wendet sich, wenn man eine Sprache mehr oder minder gut beherrscht und das Gefühl hat, wechseln zu müssen. Nun stellt man Vergleiche an und hat einen Katalog von Anforderungen, die die neue Sprache erfüllen soll. Es soll ja kein Rückschritt sein, die neue Sprache muss einfach mehr bieten als die alte. Natürlich gibt es auch Programmierer, die alle 3–6 Monate die Programmiersprache wechseln. Aber die fallen unter eine besondere Kategorie, am besten umschrieben mit

Jack of all trades, but a master of none![1]

OO und Moore

Schlüpfen wir einfach in die Rolle von einem der Millionen Programmierern, die seit mehr als einem Jahrzehnt Java programmieren. Was war die Attraktion? Java ist überschaubar und zumindest in seinen Grundzügen schnell zu erlernen. Und es hat vor allem eines: ein solides, einfach verständliches Objekt-Modell. Bei der Einführung von Java vor ca. 15 Jahren bildete die *O*bjekt-*O*rientierte *P*rogrammierung (OOP) eine entscheidende Grundlage für die Entwicklung von neuen zuverlässigen large-scale Programmen in der Industrie. Die Vorteile von C und C++ waren angesichts des Moore'schen Gesetzes (1965)

Die Anzahl der Transistoren eines Chips verdoppelt sich alle 18 Monate.

weniger wichtig geworden. Denn dies übertrug sich auch auf die Geschwindigkeit der Prozessoren. Java bot im Gegensatz zu C++ in Form einer virtuellen Maschine (VM) eine solide Sprach-Plattform für alle physikalischen Maschinen – eine wesentliche Voraussetzung für die neuen Internet-Apps, womit man damals Applets meinte. Obwohl Applets schnell „aus der Mode" kamen und gegen Servlets ausgetauscht wurden, schätzten die Programmierer und mithin die IT-Industrie die schnell gewachsene OO-Bibliothek ungemein. Dies war wertvoller als reine Performanz-Betrachtungen. Somit trat Java einen Siegeszug an und viele Programmierer aus dem C++-Camp wechselten zu Java. Kann man daraus etwas lernen? Ja, aber nur indirekt!

[1] Siehe u.a. `http://www.dict.cc/?s=jack+of+all+trades` bzw. `http://ee.cleversoul.com/articles/JackOfAllTradesOrSpecialist.html`. Sicherlich gibt es wie bei natürlichen Sprachen auch „Genies", die mit diesen Transitionen keine Probleme haben.

Technologiegetrieben

Die Informatik ist eine Wissenschaft mit mathematischen Wurzeln, was viele Studierende der Informatik schmerzlich erfahren müssen.[2] Allerdings ist die auf Informatik aufbauende Informationstechnologie (IT) eindeutig technologiegetrieben. Im Kern besagt der Begriff nichts anderes, dass (nur) die Benutzer entscheiden, was sich durchsetzt. Technologien, die gestern top waren, sind morgen einfach nur noch langweilig.

Die IT-Industrie und ihr Management reagieren heute sehr schnell auf solche Veränderungen. Entscheidend ist es, zum richtigen Zeitpunkt mit einer neuen attraktiven Innovation am Markt zu sein. Zur Zeit kann dies am besten Apple mit einem charismatischen Steve Jobs als CEO. Führende IT-Unternehmen wie Nokia reagieren angesichts veränderten Marktsituationen mit der Verlagerung ihrer Geschäftsfelder und den bekannten Auswirkungen für die Beschäftigten. Für Informatiker, insbesondere den Programmierern unter ihnen impliziert dies wiederum, die Nase „in den Wind" zu stecken. Denn für die „Herausforderungen" von morgen muss man sich heute passend wappnen, sprich, die dazu passende Programmiersprache frühzeitig lernen.

OO vs. FP

Nun sind wir an sich beim Thema. Die Prinzipien der funktionale Programmierung (FP) wurden bereits formuliert, bevor es überhaupt Computer gab. Als das Zeitalter der Computer begann, war FP allerdings ein Paradigma zum „falschen Zeitpunkt". Jahrzehnte war FP esoterisch und wurde in seiner reinsten Form Haskell als Sprache nur an Universitäten gelehrt, in der Praxis aber ignoriert. Nach der sogenannten strukturierten Programmierung der 70er Jahre war OOP – obwohl mathematisch kaum fundiert – eindeutig der Gewinner der beiden letzten Jahrzehnte. Die Stärke von OO liegt in der Abstraktion und im Management der Abhängigkeiten, wie man sehr schön an *UML*-Modellierungen sehen kann. Die *Unified Modeling Language* modelliert hauptsächlich objekt-orientiert.

Ein beflügelter Spruch ist heute „Wir programmieren objekt-orientiert„. Das ist etwa genau so informativ wie „Wir benutzen ein Handy zur mobilen Kommunikation„. Mag sein, dass es einmal etwas besonderes war, aber das ist wohl lange her. Wenn Sie dieses Buch in die Hand genommen haben, sind sie sensibilisiert und neugierig, die herausragende Eigenschaft aller intelligenten Wesen. Das oben zitierte Moore'sche Gesetz wurde nämlich vor nicht allzu langer Zeit umdefiniert:

Jede Prozessor-Generation hat doppelt so viele Cores wie ihre Vorgänger.

Cores statt GHz heißt vereinfacht die Devise von Intel & Co. Was bedeutet dies für die Programmierung? Ganz einfach, man teilt die vormals monolitischen Programme, die auf einem Prozessor fehlerfrei liefen, einfach so auf, dass alle Cores gemeinsam parallel arbeiten können. Dann bleibt das alte Moore'sche Gesetz erhalten, da nun die erhöhte Anzahl der Cores die Zunahme der Geschwindigkeit garantieren.

[2] Denn viele träumen davon, Bill, Steve, Sergey oder Larry zu beerben.

OO vs. concurrent

Die Objekt-Orientierung mag gut für die Modellierung sein, aber OOP basiert auf einem sequenziellen Kontrollfluss. Betrachtet man die vielen OO-Bibliotheken und APIs, sind sie eindeutig imperativ programmiert. Kommen dann Threads oder gar Cores ins Spiel, kennt OOP nur Synchronisation in Form von Locks und Notifizierung (`wait`/*`notify`*).

Die Befehle zur Concurrent-Programmierung liegen in OO-Sprachen auf Assembler-Niveau.

Locks sind vielleicht noch akzeptabel auf einem Single-Core, denn die Threads, die sie beeinflussen, arbeiten ja nur quasi-parallel. Aber eine Technik, die mittels Locks alle bis auf einen Thread anhält, damit dieser in Ruhe arbeiten kann, ist absolut nicht akzeptabel für acht und mehr Cores mit Hyper-Threads. Dieses Zeitalter hat aber bereits mit den *Intel Nehalem* und *AMD Magny-Cours* im Serverbereich begonnen.

Gibt es Alternativen zu Locks? Lapidar gesagt, die traditionelle OO-Programmierung kann nichts anderes. Objekte bieten sich gegenseitig ihre Dienste in Form von öffentlichen Methoden an, die auf privaten internen States – Zustände bzw. Felder – der Objekte arbeiten. Damit die Daten-Integrität gewahrt bleibt, müssen diese States mittels Locks vor dem konkurrierendem Zugriff über öffentliche Methoden geschützt werden. Ein OO-Programm für Cores zu parallelisieren ist das Gegenteil von trivial, wenn nicht unmöglich.

OO, GUI & Concurrency

GUI ist das Paradebeispiel für die Effektivität von OO. Zusammen mit GUI-Frameworks ist OO erwachsen geworden. Die Objekte einer GUI reagieren auf Ereignisse und bestehen aus Feldern, die über zugehörige Methoden geändert werden. Dies nennt man *event-driven*, *stateful* und *side-effect dominated programming*, eine Disziplin, in der FP absolut nicht zuhause ist. Aber sie trifft das OO-Paradigma optimal und ist ein „Albtraum" für FP-Programmierer. Typische Vertreter sind Swing, SWT & Co.

Was ist mit Concurrency? Werden GUIs vom Anwender-Code parallel (über mehrere Threads) benutzt, „friert" Swing im besten Fall ein und SWT wehrt sich mittels Exceptions. Die traurige Wahrheit ist, es gibt keine (kommerziell bedeutende) thread-sichere GUI, geschweige eine, die concurrent Zugriffe aktiv unterstützt.

Concurrency in der Praxis

Das ist erst der Anfang der Probleme. Kommen Transaktionen – koordiniertes Locking – hinzu, wird die Sache so richtig spannend. Nichts ist unmöglich! Immerhin ist Java turing complete. Das hat es mit Assembler gemeinsam! Deshalb sei jedem seriösen Java-Programmierer zur Concurrent-Programmierung ein Werk wie *Java Concurrency in Practice* von *Brian Goetz* empfohlen. Es liest sich wie eine Horror-Lektüre für Multi-Core-Programmierer. Müssen diese Entwickler für ihren Code Ausfallsicherheit und Fehlerfreiheit garantieren, werden sie nicht mehr ruhig schlafen. Debugging – ein probates Mittel bei Single-Cores – ist aussichtslos.

FP als Rettung

Ist die funktionale Programmierung die Rettung, die Erlösung für das Multi-Core-Problem? Die funktionale Programmierung wird mit Sicherheit keinen Hype wie seinerzeit die Objekt-Orientierung auslösen. Da steht schon die Mathematik vor. Sie ist bereits eine natürlich Hürde, die angehende FP-Programmierer überwinden müssen. Dann ist FP-Code vom Kern her deskriptiv und nicht imperativ wie OO. Die normale Denkweise ist somit rekursiv. Sie beschreibt *das Was und nicht das Wie* in Form von puren Funktionen. Die Parameter der Funktionen sind abstrakte Datentypen (d.h. keine Instanzen im Sinne von OO) oder wieder Funktionen. Somit ist FP eine Komposition von Funktionen. Nun werden einige einwenden, dass diese Fähigkeiten auch den Methoden von Objekten innewohnt (siehe Ruby, Python etc.). Aber es gibt einen entscheidenden Unterschied:

Methoden von OO-Sprachen sind nicht pure!

Diese Aussage ist sehr plakativ und verwendet den Begriff „pure“, der im dritten Kapitel noch genauer zu erklären ist. Hier bedeutet die Aussage vereinfacht, dass produktive Methoden die privaten Zustände bzw. States ihrer Objekte manipulieren müssen. Pure Funktionen dagegen kennen (bis auf Konstanten) keine States bzw. Felder außerhalb ihres Code-Blocks. Die States der Objekte sind in den Funktionen selbst. Es gibt keine Variablen, die auf veränderbare Speicherstellen verweisen. Somit benötigen diese Funktionen auch keine Locks. Eine Ausführung auf nur einem Core ist nicht zwingend. Die Entscheidung, ob man funktionalen Code sequenziell oder parallel ausführt, ist erst einmal nachrangig oder einfacher ausgedrückt:

FP ist agnostisch gegenüber Cores/Threads und lässt Programmierer besser schlafen.[3]

Leider macht FP die Programmier-Welt keineswegs einfacher. *The free lunch is over*[4] ist ein beflügelter Spruch seit 2005 für die Probleme dieses Jahrzehnts. Aber warum sollten es Programmierer einfacher haben als beispielsweise ihre Kollegen, die Ingenieure im Automobilbau. Hier muss man weg von den Verbrennungsmotoren, denn sie vernichten kostbares Öl und zerstören mit den Abgasen sogar noch unsere Atmosphäre. Ingenieure für Otto/Diesel-Motoren reagieren übergangsweise mit Hybrid-Motoren. Für reine Elektromotoren reicht die bezahlbare Technologie noch nicht. Aber eines weiß man jetzt schon: Das Zeitalter der Verbrennungsmotoren mitsamt der zugehörigen Spezialisten ist abgelaufen. Glaubt man einem Zitat aus einem *Intel*-Podcast,

The future will be functional programming or won't be at all.

hat OOP wohl viel mit der Zukunft von Verbrennungsmotoren gemeinsam.

Scala-Basar

Und somit wären wir bei Scala! Angesichts des großen Erfolgs von Java als OO-Sprache hat Sun leider die letzten Jahre verschlafen. Aufgrund der konservativen Ignoranz von Sun konnte

[3] Hierzu sei auch dieser Artikel empfohlen: http://hpd.de/node/6609

[4] Siehe auch: http://www.gotw.ca/publications/concurrency-ddj.htm

Scala ungehindert in den letzten beiden Jahren als Full-Hybrid-Sprache einen Weg aus der OO-Sackgasse auf Basis der JVM aufzeigen. Da steht sie nicht alleine. Auf der *.NET*-Plattform von Microsoft schickt sich F# an, genau das gleiche zu tun. Aber mit dem Erfinder Martin Odersky hat Scala nicht nur einen brillanten Sprach-Designer, sondern auch einen intimen Kenner der Java-Plattform bekommen. Die Aufgabe der Hybrid-Sprache Scala ist es, Java-Programmierern den Weg in eine milde Form der funktionalen Welt zu ermöglichen. Denn die gesamten Kenntnisse, insbesondere zu den Java-Bibliotheken, können nahtlos in Scala übernommen werden. Selbst wenn man FP vollständig ignoriert, ist Scala die bessere bzw. elegantere Sprache.

In Scala schreibt man weniger Code, und weniger Code bedeutet weniger Fehler!

Die VM bzw. die Plattform, die Java so attraktiv macht, steht auch Scala zur Verfügung. Natürlich ist Scala nicht ohne Konkurrenz, selbst wenn man .NET und F# ignoriert. Denn es gibt eine faszinierende Alternative auf der VM, nämlich *Clojure*. Die Sprache hat nur einen kleinen „Nachteil“: Sie ist ein *Lisp*-Dialekt. Lisp wird in der IT-Industrie als Exot eingestuft.[5] Insbesondere stellt sie auch für Java-Programmierer eine weitaus größere Hürde als Scala dar. Denn Objekte kennt Clojure nicht. Warum auch?

Scala tritt dagegen erstmals als eine objekt-funktionale Programmiersprache an. Sie vereinigt die objekt-orientierte Denkweise mit der funktionalen Welt. Dazu hat Martin Odersky wichtige Elemente und Konstrukte von Sprachen wie beispielsweise Java, Erlang und Haskell übernommen. Aber man merkt auch deutlich den Einfluss von dynamisch typisierten OO-Sprachen wie Ruby. Betrachtet man den neuen funktionalen Microsoft-Ableger F#, so stellt man auch hier verblüffende Gemeinsamkeiten fest. Die Integration des Java-APIs ist exzellent gelungen, d.h. die Bibliotheken sind von Scala aus meist einfacher zu benutzen als von Java selbst. Der Code wird eleganter bzw. klarer. Andererseits bietet Scala aber auch die wichtigsten Vorteile von FP-Sprachen wie high-order Funktionen, verbunden mit immutable, d.h. unveränderbaren Datenstrukturen und Pattern Matching. Diese Melange macht Scala einzigartig.

Scala wirkt unter anderem auch wie eine dynamische Sprache. Das liegt an einer sehr flexiblen Syntax gepaart mit *Type-Inferenz*, der Fähigkeit des Compilers, die Typen von Variablen automatisch anhand der Werte zu erkennen. Scala konkurriert somit im Schreibaufwand und der Eleganz mit dynamischen Sprachen. Es ist eine sogenannte *Basar-Sprache* im Gegensatz zu Java, das eher einer Kathedrale ähnelt. Die Flexibilität der Syntax und Semantik erlaubt es wie in Ruby, interne *Domain Specific Languages* (DSL) zu entwickeln. Was wie in die Sprache eingebaut aussieht, ist in Wirklichkeit eine Bibliothek. Aktoren sowie Parser-Generatoren sind passende DSL-Beispiele.

Buch-Aufbau

Die Hybrid-Struktur von Scala bestimmt im weiteren auch den Aufbau des Buchs. Im ersten Kapitel wird Scala als OO-Sprache mit innovativen Konzepten vorgestellt. Deshalb könnte man es zu Recht Java 8 nennen. Der Tenor des Kapitels lautet: Was ist anders gegenüber Java?

---

[5] Über den Einsatz von Programmiersprachen bestimmen IT-Manager, deren Entscheidungen auf Sicherheitserwägungen basieren. Scheitert man mit einer Main-Stream-Sprache wie Java oder C#, ist dies bedauerlich, scheitert man mit einem Exoten, kostet das den Kopf (das gilt insbesondere auch für ERP: mit SAP, Oracle & Co. gibt es kein Risiko!).

Dieses Buch ist kein Anfängerbuch. Es ist ein *Umsteigerbuch*, insbesondere für Javaianer. Es wird somit bereits fundierte oder zumindest grundlegende Java-Erfahrung vorausgesetzt. Sicherlich reichen auch gute C++ oder C# Kenntnisse. Diese Zielgruppe ist wohl eher sehr klein, aber herzlich willkommen in der Scala-Welt.

Der erste Teil ist in zwei Kapitel unterteilt. Das erste konzentriert sich auf das, was wesentlich für einen Umstieg von Java bzw. C++ ist. Dazu zählen insbesondere der Verzicht auf statische Methoden und seine Auswirkungen in Form von Companion-Objekten. Wichtige Themen sind insbesondere das Typ-System, die Kontrollstrukturen inklusive einfaches Pattern Matching, Klassen mit Companions, `case`-Klassen, Typ-Parameter mit Varianz und Kollektionen. Allein schon diese Features in Verbindung mit Type-Inference macht den Umstieg von Java bzw. C++ zu einem erfreulichen Erlebnis. Das zweite Kapitel dient als Vertiefung. Denn das Objekt-System von Scala bietet wesentlich mehr als das von traditionelle OO-Sprachen. Highlights sind Pattern Matching, Namensräume inklusive Packages, strukturelle Typen und Traits. Strukturelle Typen bieten typsicheres Duck-Typing[6]. Traits bieten eine Art von dynamischer Mehrfachvererbung ohne die damit verbundenen Probleme. Aufgrund der dynamischen Komposition wird das *Decorator Pattern* elegant gelöst.[7]

Im zweiten Teil werden dann die funktionalen Aspekte der Sprache besprochen. Die Highlights sind hier high-order Functions, Currying, Evaluierungs-Strategien, Operatoren und implizite Konvertierungen. Unterstützt von vielen Beispielen ist die Hauptausrichtung „pure, referenziell transparente Funktionen“, das Herz jeder funktionalen Sprache. Anhand von Kollektionen wird gezeigt, welchen Einfluss diese Art von Programmierung selbst auf eine der wichtigsten OO-Hierarchien haben kann. Scala hat es in Version 2.8 mit Hilfe aller zur Verfügung stehender Sprachmittel geschafft, Kollektionen funktional auszurichten. Der Abschluss bildet dann ein kurze Besprechung des Aktoren-APIs als Einstieg in die concurrent bzw. parallele Programmierung.

Das Buch ist konsequent auf Scala 2.8 (oder höher) ausgerichtet. Abgesehen von vielleicht einigen Hinweisen wird keine Rücksicht mehr auf Scala 2.7 genommen.[8] Mit Jahresende 2010 liegt auch eine stabile *final Version* von Scala 2.8.1 vor und man kann davon ausgehen, dass sehr schnell alle wesentlichen Scala-Produkte und -APIs auf Scala 2.8 umgestellt sein werden. Deshalb ist dieses Buch für Umsteiger auf Scala 2.8 geschrieben, denn für sie ist Version 2.7 nur Historie.

Angesichts der Tatsache, dass das Buch in der Beta-Phase begonnen wurde und dann anhand der schnellen aufeinander folgenden RCx-Versionen überarbeitet wurde, hofft der Autor, dass keine *deprecated* Warnungen zu Konstrukten aus den älteren APIs auftreten werden. Anders verhält es sich mit *Warnings*, die auf Probleme des Compilers – hauptsächlich verursacht durch Type-Erasure – hindeuten. Diese werden bewusst vorgestellt und besprochen.

Nahezu jeder Abschnitt enthält *IBoxen* der folgenden Form:

[6] Das, was Rubyisten so toll an ihrer Sprache finden!

[7] Dekoratoren findet man u.a. bei Java-Streams. Mittels Konstruktoren-Schachtelung versucht man eine Komposition, die man bestenfalls als „merkwürdig“ bezeichnen kann.

[8] Eine Dokument mit allen Änderungen gegenüber Scala 2.7 findet man unter http://www.scala-lang.org/node/4587

IBOX ALIAS IBOX

Eine IBox – im weiteren kurz *IBox* – genannt enthält Regeln und wichtige Hinweise und dient dazu,

- wichtige Details des Abschnitts möglichst kurz und prägnant zusammenzufassen.
- möglichst einfach und anschaulich *The Scala Language Specification Version 2.8* zu interpretieren.

Es ist also durchaus empfehlenswert, die formale Definition der Sprache herunterzuladen[9], um darin die vollständige und präzise Syntax nachschauen zu können.

Clean Code

Der Begriff Clean Code geht auf das Buch *„Clean Code: A Handbook of Agile Software Craftsmanship"* von *Robert C. Martin* zurück. Unter der u.a. Web-Adresse[10] findet man dazu neben bewährten Praktiken eine Zusammenstellung wichtiger Prinzipien. Der erste so genannte *rote Grad* listet vier auf, wovon gerade die ersten beiden einen maßgeblichen Einfluss auf den Programmierstil haben sollten.

DIE ZWEI GEBOTE FÜR CODER

Zwei universelle Prinzipien, die – unabhängig von der Programmiersprache – die Richtschnur für Design und Programmierstil eines Programmierers sein sollten:

- **DRY**: *Don't Repeat Yourself* (das Gegenteil nennt man dann **WET**!)
- **KISS**: *Keep it simple, stupid* oder auch *Keep It Straight and Simple.*

Beide Prinzipien sind sehr einfach und allgemein formuliert und werden wohl von jedem Coder als selbstverständlich angesehen. Das bedeutet leider häufig, dass sie ignoriert werden. Man merkt kaum, dass man gegen eines oder beide Prinzipien verstoßen hat, und wenn, wird es als unvermeidlich – politisch korrekt und *alternativlos*[11] – ignoriert. Man hat ja zumindest eine Lösung.

Vielleicht ist *WET* noch am einfachsten zu erkennen. Immer dann, wenn man Code-Abschnitte per Cut-and-Paste mit leichten Anpassungen übernimmt, hat man wohl das *DRY*-Prinzip verletzt. Ein Verstoß gegen *KISS* ist subtiler. Meist entdecken ihn andere. Beispielsweise dann, wenn Team-Kollegen verständnislos auf Erklärungen zur Wirkungsweise des eigenen Codes

[9] Siehe PDF auf http:// www.scala-lang.org.
Wer ein Freund von **sbaz** ist, kann dies auch mittels sbaz install scala-documentation erledigen. Dann findet man es unter <scala-installation-directory>/doc/scala-documentation/ScalaReference.pdf.

[10] Siehe http://www.clean-code-developer.de

[11] Ein Schelm, der an Politik denkt!

reagieren. Arbeitet man alleine, reicht es manchmal schon aus, den Code für einige Tage zur Seite zu legen und an was anderem zu arbeiten. Kommt man zurück und hat dann Schwierigkeiten, den eigenen Code zu verstehen bzw. klar zu dokumentieren, muss man einsehen, dass man wohl zu komplex gedacht hat. Brutal wird es, wenn man selbst oder (schlimmer noch) andere nach einigen Monaten diesen Code aufgrund neuer Anforderungen ändern müssen.

Ob dieses Buch die zwei Gebote für Coder strikt einhält, möge der Leser selbst entscheiden. Aber zumindest wird an gewissen Stellen darauf verwiesen.

Installations-Hinweis

Der erste Gedanke beim Einsatz einer neuen Programmiersprache gilt der Installation. Diese hängt nicht nur vom Betriebssystem ab, sondern auch von der Präferenz des Benutzers. Ein guter Ausgangspunkt ist auf jeden Fall `http://www.scala-lang.org/downloads`. Auf dieser Seite sind alle Informationen zu stabilen Versionen bis hin zu sogenannten Nightly Builds enthalten. Insbesondere für die Betriebssysteme sowie IDEs gibt es entsprechende Links und Hinweise. Eine weitere wichtige Seite `http://www.scala-lang.org/node/198` enthält die aktuellen Scala Reference Manuals. Gibt man zusätzlich bei Google den Suchbegriff „scala installation“ ein, findet man weitere Verweise, die einem bei speziellen Fragen bzw. Problemen der Installation weiter helfen.

REPL

Unabhängig von der Wahl eines Editors oder einer IDE bringt Scala von Haus aus ein hilfreiches Programm mit, das in allen (dynamischen) Sprachen unter dem Akronym *REPL* bekannt ist. ***R**ead **E**valuate **P**rint **L**oop* ist eine interaktive Laufzeit-Umgebung wie sie beispielsweise auch die Sprache ***Clojure*** (siehe oben) anbietet.

INTERAKTIVER SCALA INTERPRETER

Mittels des Kommandos **`scala`** startet man in einem Terminal bzw. DOS-Fenster eine interaktive Umgebung bzw. Shell, um kurze Code-Snippets auszuführen und zu testen. Der Interpreter reagiert

- bei einer Zuweisung oder Definition mit entsprechenden Typ-Angaben,
- mit dem Ergebnis eines Ausdrucks,

ohne dass ein `main`-Objekt bzw. eine `main`-Methode erschaffen werden muss.

Im ersten Kapitel wird *REPL* insbesondere bei der Einführung von Typ-Parametern verwendet. Für den Einstieg und die Arbeit mit Funktionen im zweiten Teil ist es als interaktives Hilfsmittel ebenfalls sehr nützlich. Hier ein Start des Interpreters in einem Terminalfenster in Unix, im Beispiel vertreten durch Mac OS 10.6 alias Snow Leopard:

```
Esser-MacBook:~ friedrichesser$ scala
Welcome to Scala version 2.8.0.final
(Java HotSpot(TM) 64-Bit Server VM, Java 1.6.0_20).
Type in expressions to have them evaluated.
Type :help for more information.
scala>
```

Der Interpreter meldet sich mit der Scala-Version – in diesem Fall mit der final Version von 2.8.0 – und erwartet nach dem `scala>` den auszuführenden Code. Der Code wird zeilenorientiert eingegeben. Ist die Anweisung einer Zeile noch unvollständig, erkennt dies der Interpreter und bietet auf der folgenden Zeile hinter einem senkrechten Strich (siehe Beispiel unten) die Fortsetzung der Eingabe an. Ist dagegen bei einem Wagenrücklauf die Anweisung vollständig, reagiert der Interpreter je nach Eingabe mit Typ-Informationen, implizit erschaffenen Variablen und eventuell einem Ergebnis. Hier eine kurze Sitzung, die verständliche und vielleicht weniger verständliche Anweisungen enthält:

```
scala> 1+2
res1: Int = 3
scala> var fnc: Int => Int = null
fnc: (Int) => Int = null
scala> fnc = x => x+1
fnc: (Int) => Int = <function1>
scala> fnc(2)
res2: Int = 3
scala> val x =
    | 1
x: Int = 1
scala>
```

Wie man sieht, ist die Verwendung an sich denkbar einfach. Der Interpreter kann mittels `:quit` oder `exit` beendet werden. Ein senkrechter Strich | links unter der ersten Aufforderung zur Eingabe `scala>` zeigt an, dass die Eingabe noch nicht als vollständig angesehen wird. Sobald nach einem Wagenrücklauf die Eingabe als vollständig angesehen wird, werden neben Ergebnissen Typ-Informationen und eventuell automatisch angelegte Variable ausgegeben. Insbesondere die Typ-Informationen sind immens wertvoll, wenn man begreifen will, welche Typen der Compiler für die Ausdrücke gewählt hat.

So hilfreich *REPL* für einen schnellen Einstieg bzw. Test von bestimmtem Code sein mag, als durchgängige Darstellung von Code wird es in diesem Buch nicht verwendet. Es macht das Lesen von zusammenhängenden Code-Abschnitten, die über wenige Zeilen hinausgehen, sehr mühsam. Da die Darstellung zusätzlich noch sehr viel Platz kostet, wäre häufiges Blättern die Folge. Deshalb wird die normale Code-Darstellung bevorzugt. Sie ist kompakter und längerer Code kann direkt an passenden Stellen kommentiert werden.

Konsolausgaben werden so dicht wie möglich an ihren Verursachern – `print` bzw. `println` – platziert. Die Ausgaben werden mit einem Pfeil als Präfix gestartet. Meistens sind sie einzeilig, selten mehrzeilig. Ist eine an sich einzeilige Ausgabe zu lang, wird sie (mit einem Hinweis) passend umgebrochen. Mehrzeilige Konsolausgaben werden ebenfalls mit nur einem Pfeil eingeleitet. Steht hinter dem Pfeil nichts, ist die zugehörige Konsolausgabe leer. Ein Beispiel (ohne Java‘s `System.out`):

```
println("foo\nbar!")        → foo
                              bar!
println                     →
```

IDE

Bleibt noch die unvermeidliche Wahl einer IDE, sofern man nicht als Purist oder *Hard-core*-Informatiker nur normalen Editor bevorzugt. IDEs sind erstens Geschmackssache und zweitens für Scala *moving targets*. Jede in Buchform gedruckte Information zu einer IDE ist beim Erscheinen des Buchs bereits überholt. Deshalb auch hier wie zur Installation von Scala Version 2.8 nur allgemeine Informationen.

An sich gibt es zur Zeit nur drei Open-Source Alternativen: ***Eclipse***, ***IntellijIDEA*** *Community Edition* und ***Netbeans***, jeweils mit eigenen passenden Scala-Plugins. Jede der drei IDEs hat Anhänger. Da allerdings Scala 2.8 zur Zeit noch sehr neu ist, gibt es immer wieder Probleme mit der Stabilität und der interaktiven Unterstützung in den Editoren. Viele Probleme werden mit Erscheinen dieses Buchs bereits behoben sein und dann wird jeder Entwickler wieder auf seine Lieblings-IDE zurückgreifen können. Zumindest zur Zeit ist die Unterstützung aber nicht so ausgereift wie für Java.

Das Team um Odersky bemüht sich hauptsächlich um ein stabiles Eclipse-Plugin. Erstaunlicherweise war jedoch Netbeans in der Vergangenheit die bessere Wahl, obwohl es bis heute nur einen Netbeans-Spezialisten gibt. *Sanjay Dasgupta* ist für das Scala-Plugin verantwortlich und das sogar nur in seiner Freizeit. Das ist einfach nur erstaunlich! Unter Netbeans findet man ein Wiki zu Scala, die eine Installation detailliert beschreibt und bisher auf neueren Versionen aufmerksam machte.[12] Aber auch IntellijIDEA hat in letzter Zeit eine gute Reputation und eine treue Anhängerschaft. Das beruht wohl auch darauf, dass für Scala nun ein oder zwei feste Ansprechpartner zur Verfügung stehen.

Ist man noch auf keine der drei IDEs eingeschworen, ist aus der Sicht des Autors der beste Rat, alle drei einmal zu installieren, mit Testcode zu „befeuern" und dann erst einmal bei der zu bleiben, die einem am meisten zusagt.

Zum Abschluss

Der Autor hatte einige Testleser gewinnen können, die besonders aufmerksam die Entstehung des Buchs begleitet haben. Es waren keine ausgewiesenen Scala-Experten, sondern teilweise Umsteiger aus dem Jahr 2009. Allerdings hatten sie alle eine mehrjährige Erfahrung in der Programmierung, meistens in Java, C++ oder Ruby. Für ein Umsteiger-Buch war das kein Nachteil. Ganz im Gegenteil, ihre Hinweise waren sehr hilfreich, da sie vor allem unklare Erklärungen oder Auslassungen erkannt haben.

Insbesondere *Theodor Nolte* hat die Hauptarbeit übernommen. Er hat in akribischer Kleinarbeit nicht nur versucht, klarere Formulierungen zu finden, sondern auch Anregungen zur Verbesserungen. Ich möchte mich an dieser Stelle schon einmal dafür entschuldigen, dass einige seiner

[12] Siehe http://wiki.netbeans.org/Scala

guten Ratschläge der Zeit geopfert wurden. Auf sein „Konto" gehen u.a. Clean-Code, Einhaltung der beiden o.a. hauptsächlichen Prinzipien und die inhaltliche Verbesserung der IBoxen.

Clean-Code ist wichtig, um Leitplanken für „die Kunst des Programmierens" aufzuzeigen. Den Begriff „Kunst" hat *Donald Knuth* im Titel seines Standardwerks *„The Art of Computer Programming"* geprägt. Wie herausragende Künstler brauchen Programmierexperten keine Clean-Code-Hinweise, aber Lernende und auch Lehrende dafür umso mehr.

OOP oder FP?

Ein abschließender Hinweis zu den unterschiedlichen Denkweisen von FP und OOP. Dieser Zwiespalt spiegelt sich auch im ersten und zweiten Teil des Buchs wider. Der Schwerpunkt des Buchs liegt sicherlich auf dem innovativen Objekt-System von Scala. Nach einem Jahrzehnt Java und drei Java-Büchern war neben der Stagnation von Java wohl Neugierde die Hauptmotivation des Autors zum Umstieg auf Scala. Eine Bereicherung ist schon alleine das Objekt-System. Es ist wesentlich ausgereifter als das von Java und alleine deshalb würde sich ein Umstieg lohnen. Das „Sahnehäubchen" ist natürlich FP.

Dieses Buch subsumiert etwa zwei Jahre Erfahrung mit Scala und drei Scala-Kursen mit Studierenden, die vorher hauptsächlich in Java und Ruby programmiert haben. Aufgrund dieser Erfahrung hofft der Autor, dass dieses Buch vielen anderen bei der Transition hilft. Zu welcher Technik – ob mehr OOP oder eher FP basiert – man bei der Hybrid-Sprache Scala neigt, präziser ausgedrückt, welches Paradigma man als Programmierer letztendlich bevorzugt, muss jeder selbst entscheiden. Denn Scala bietet beides. Da aktoren-basierte Systeme einem eigenen asynchronen concurrent Modell folgen, kann man in Scala sogar in einem *ABP*-Stil programmieren.

Kapitel 1

Migration zu Scala

Das erste Kapitel soll einen schnellen Umstieg auf Scala ermöglichen. Es beschränkt sich auf die wesentlichen Elemente von Scala, so dass man – von Java oder C++ kommend – seine Programme mit weniger Aufwand auch in Scala schreiben kann. Dazu muss man sich als Erstes mit dem Unterschied von Klassen und Objekten beschäftigen. Denn Scala kennt keine statischen Methoden wie Java und lagert diese in sogenannte Singleton-Objekte aus. Somit gibt es auch keine statische `main`-Methode zum Start einer Applikation.

1.1 Klasse, Objekt, Applikation

Es gibt zwei grundlegende Strukturen in Scala: Klasse und singuläres Objekt. Traits sind spezielle abstrakte Klassen und werden ausführlich im zweiten Kapitel besprochen. Ein Objekt dient immer als Startpunkt einer Applikation.

Klasse: ohne statische Member

Eine Klasse ist in Scala wie in den meisten OO-Sprachen eine Schablone für die Erzeugung von Instanzen und wird mit Hilfe des Schlüsselworts `class` angelegt. Eine Klasse enthält wie üblich Felder und Methoden. Die Instanzen einer Klasse werden mit Hilfe von Konstruktoren der Klasse und des Schlüsselworts `new` erzeugt. Jede Instanz erhält bei der Anlage einen eigenen Satz der Felder. Methoden und Felder können dann über die Instanzen aufgerufen werden.

Das ist soweit nicht neu. Allerdings kennen Sprachen wie C++, C# oder Java eine zweite Art Methoden und Felder. Statische Felder bzw. Klassenfelder existieren nur einmal pro Klasse und nicht pro Instanz. Somit können statische Methoden auch nur auf die Felder einer Klasse und nicht auf die einer Instanz direkt zugreifen. Die semantischen Unterschiede, die mit diesen zwei Arten von Feldern und Methoden verbunden sind, führen immer wieder zu Schwierigkeiten, insbesondere dann, wenn Vererbung bzw. Polymorphie ins Spiel kommt. Besonders verwirrend ist die Möglichkeit, statische Methoden auch über Instanzen aufrufen zu können, da dann nicht unmittelbar erkennbar ist, dass hier die Polymorphie *nicht* wirkt.

Singuläres Objekt

Scala hat kurzer Hand statische Methoden und Felder abgeschafft. Statt dessen werden singuläre Objekte mittels des Schlüsselworts ***object*** eingeführt. Da der Begriff Objekt auch für „Instanz einer Klasse“ steht, wird im Zweifelsfall der Begriff Singleton-Objekt für ein Objekt vom Typ `object` verwendet. Ein Singleton-Objekt enthält die vormals statischen Methoden und Felder einer Klasse. Das macht Sinn! Denn letztendlich wird eine Klasse auch durch ein singuläres Klassen-Objekt repräsentiert. Die statischen Felder und Methoden werden dadurch in einem `object` zu normalen Membern.

Die statische Methode `main` von Java, C++ und C#, die den Startcode einer Applikation enthält, befindet sich immer in einem Singleton-Objekt. Dazu die erste Regel.

1.1.1 Applikation

- Eine Applikation ist ein *passendes* Singleton-Objekt, das eine `main`-Methode mit der folgenden Signatur enthält:

```
object MyApp {
  def main(args: Array[String]): Unit = { /* ... */ }
}
```

- Unter der (einfachen) ***Signatur*** einer Methode versteht man ihren Namen und die Liste der Parameter-Typen. Nimmt man noch den Rückgabe-Typ hinzu, spricht man auch von der ***vollen** Signatur*.

Im ersten Punkt versteht man unter „passend“, dass das Objekt *nicht* den gleichen Namen wie eine Klasse in derselben Source-Datei (genauer *Compilation Unit*) hat.

Die Methode `main` hat die gleiche Semantik und Signatur wie Java. `main` erwartet also ein Array von Strings als Parameter. Nur die Syntax ist ein wenig anders. Erst einmal fehlt das Schlüsselwort `static`, da es keine statischen Methoden mehr gibt. Auch `public` für den unbeschränkten Zugriff existiert nicht mehr. Der Default für Klassen, Felder und Methoden ist grundsätzlich öffentlich. Somit ist das Schlüsselwort `public` überflüssig.

Fassen wir alles in einem ersten `HelloWorld` Programm zusammen, um im Anschluss die Syntax der einzelnen Anweisungen zu analysieren.

```
package kap01

// die einfachste Form einer Klasse
class Hello

// die einfachste Form eines Singleton-Objekts
object World

object HelloWorld {

  def main(args: Array[String]): Unit = {
    println("Hello, world!")                    → Hello, world!
```

```
    println(new Hello)                                    → kap01.Hello@10c832d2
    println(World.toString)                               → kap01.World$@45bc887b
    println((new Hello).hashCode)                         → 1554278145
    println(Integer toHexString(World hashCode))  → 45bc887b
  }
}
```

1. Wie bei Java werden Klassen oder Objekte mit dem Schlüsselwort `package` in einem Package zusammengefasst. Ein Package bildet einen gemeinsamen Namespace bzw. Namensraum. Klassen und Objekte können durch den vorangestellten Package-Namen von gleichnamigen Klassen bzw. Objekten in anderen Packages unterschieden werden.

2. Im einfachsten Fall reicht es, eine Klasse nur mittels `class` und einem Namen anzulegen. Diese vereinfachte Anlage gilt auch für Objekte, wobei hier das Schlüsselwort `object` verwendet wird. In beiden Fällen hat weder die Klasse noch das Objekt eigene Felder oder Methoden. Allerdings erben beide von einem Root-Objekt `Any` allgemein gültige Methoden. Der volle Name – genauer der *qualified name* – der Klasse `Hello` ist dann `kap01.Hello`.

3. Um eine ausführbare Applikation zu erhalten, kann man ein Objekt mit einem an sich beliebigen Namen anlegen, sofern man sich an die o.a. Regel hält. Im Beispiel wurde das Applikation-Objekt einfach `HelloWorld` genannt. Bei der `main` kann der Rückgabetyp `Unit` inklusive des Gleichheitszeichens weggelassen werden. Dies wird sogar im Style Guide (siehe auch folgenden Abschnitt) empfohlen.

```
def main(args: Array[String]) {
    ...
}
```

4. Methoden werden grundsätzlich mit dem Schlüsselwort `def` angelegt. `main` hat einen Parameter `args` vom Typ `Array` von Strings, wobei der Parameter-Name natürlich frei wählbar ist. Der zugehörige Typ wird – wie bei UML üblich – nach dem Parameter-Namen durch einen Doppelpunkt getrennt angegeben. Arrays sind nicht wie bei Java bzw. C++ fest in die Sprache eingebaut, sondern eine normale Klasse `Array[Type]`. Der Typ der Elemente wird in eckigen Klammern angegeben. Der Typ des Rückgabewerts steht wie bei einem Parameter am Ende der Deklaration einer Methode. In diesem Fall liefert die Methode keinen sinnvoll verwendbaren Wert, was durch den Typ `Unit` angezeigt wird. Somit ist `Unit` mit `void` von Java und C++ vergleichbar. Nach einem Gleichheitszeichen erfolgt dann die Definition der Methode in einem Block { ... }.

5. Die Methoden `print(x)` bzw. `println(x)` drucken für ein beliebiges Objekt x (vom Typ `Any`) eine String-Repräsentation auf der Konsole aus, gefolgt von einem Zeilenumbruch bei `println`. Im ersten `println` wird eine Instanz der Klasse `Hello` mit `new` erschaffen und als String ausgedruckt. Da keine Werte zur Anlage übergeben werden, kann statt `new Hello()` auch nur `new Hello` geschrieben werden. Bei `World` ist `new` nicht erlaubt, da es keine Klasse, sondern ein Singleton-Objekt ist.

6. In Scala schreibt man kein Semikolon am Ende einer Anweisung, sofern diese alleine in einer Zeile steht.

7. Die Root-Klasse `Any` stellt für alle Objekte sieben Methoden zur Verfügung. Wie in Java gehören dazu die Methoden `toString` und `hashCode`.[1] Die Anweisung `println(x)` ist somit äquivalent zu `println(x.toString)`. Die Methode `toString` gibt aufgrund der Implementierung von `Any` für alle Objekte `classname@hashcode` aus. Um dies zu ändern, muss man sie in abgeleiteten Klassen bzw. Objekten wie in Java überschreiben. Der Hashcode nach dem Klassennamen ist eine ganze Zahl (Typ `Int`), die mit Hilfe der Methode `hashCode` in `Any` erzeugt wird. Sie wird in der *Hex*-Notation ausgegeben.

8. Insbesondere zeigt die letzte `println`-Anweisung die Flexibilität von Scala. Erstens können Methoden – sofern sie keine Parameter erwarten – auch ohne Klammern am Ende aufgerufen werden. Darüber hinaus ist es erlaubt, den Punkt zwischen Objekt und Methode durch ein Leerzeichen zu ersetzen.

9. Scala kann – wie bereits angemerkt – auf jede Java-Klasse zugreifen. In der letzten Ausgabe wird die Java-Klasse `Integer` mit der (in Java) statischen Methode `toHexString` aufgerufen, um den Hashcode als Hex-Zahl auszudrucken. Es wurde der Punkt weggelassen, was hier aber eher ein wenig verwirrt.

Stil-Konventionen

Beim Schreiben von Scala sollten man sich sicherlich an Konventionen halten. Kommt man von Java, ist dies einfach, da sich die meisten Scala-Konventionen an denen von Java ausrichten.[2] Hier die ersten wesenlichen Unterschiede:

Einrückungen sollten nur mit zwei Leerstellen vorgenommen werden.

Namen von Traits und Singleton-Objekt starten wie Klassen mit einem Großbuchstaben.

Typ-Angaben sollten wenn möglich vermieden werden, sofern der Compiler sie selbst finden kann. Das gilt hauptsächlich für `var`, `val`-Member. Bei öffentlichen Methoden ist es aus Gründen der Klarheit manchmal besser den Rückgabetyp anzugeben, obwohl man ihn meistens weglassen kann.

`var`-, `val`-Member werden in einer Klasse, einem Trait oder Objekt vor den Methoden aufgeführt, ohne freie Zeile zwischen den Feldern. Dann kommen die Methoden, zwischen denen man jeweils eine freie Zeile lässt.

1.2 Basis-Typen

Scala hat im Gegensatz zu Java eine sehr einheitliche Typ-Hierarchie. Es unterscheidet insbesondere nicht zwischen primitiven Typen und Referenz-Typen, was eine Menge von Problemen

[1] Die weiteren sind `==`, `!=`, `isInstanceOf[Type]` zum Testen auf `Type`, `asInstanceOf[Type]` zum Cast auf den `Type` und `equals`.

[2] Hier ein Link zu einem Style-Guide: *http://davetron5000.github.com/scala-style/*. Die Styles können auch als PDF heruntergeladen werden kann.

vermeidet. Beispielsweise werden mit Hilfe des Gleichheits-Operators == bei primitiven Typen die Werte und nicht die Referenzen verglichen.[3] Das gilt auch für Referenzen, da == immer mittels `equals` vergleicht. Ebenso fallen die aus Java bekannten Wrapper-Typen (`Integer` zu `int` etc.) zu den primitiven Typen weg. Diese Wrapper sorgen in Java trotz Auto-Boxing und Unboxing manchmal für böse Überraschungen (siehe hierzu auch Abschnitt 1.5).

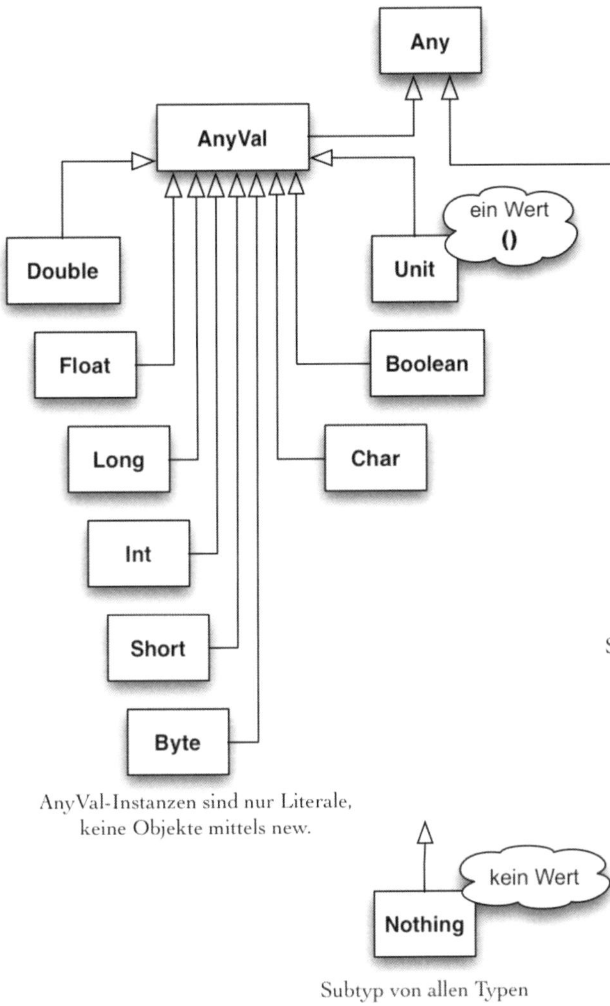

Abbildung 1.2.1: Scala Typ-System

Bevor anhand von kleinen Beispielen die Basistypen demonstriert werden, sollte man einen Blick auf das Typ-System von Scala werfen (Abbildung 1.2.1).

[3] Das setzt allerdings voraus, dass man in eigenen Klassen eine passende Methode `equals()` schreibt.

`Any`: Der Typ `Any` ist der Basistyp von allen Referenz-Typen `AnyRef` und allen Wert-Typen `AnyVal`.

`AnyVal`: `AnyVal` bildet alle Subtypen mit Ausnahme von `Unit` intern auf die primitiven Typen von Java ab. Dies geschieht völlig transparent und hat den Vorteil, dass Werte wie `Int` oder `Double` vollwertige Objekte sind, aber gleichzeitig zur Laufzeit sehr performant sind. Dabei muss man allerdings auch den Nachteil der primitiven Typen von Java in Kauf nehmen. Bei Berechnungen mit ganzen Zahlen kann es leicht zu einem unbemerkten Überlauf (Overflow) kommen. Das Ergebnis ist dann falsch, ohne dass das Programm dies irgendwie anzeigt (siehe Beispiele unten). Wünschenswert wäre sicherlich ein integrales Zahlensystem, das bei Überschreitung des gültigen Zahlenbereichs automatisch ein korrektes Ergebnis in einem passenden „größeren" Typ liefert.[4]

`Unit`: `Unit` hat nur einen Wert, symbolisiert durch `()`. Es ersetzt das Schlüsselwort `void` in Java, das anstatt eines Rückgabetyps bei Methoden angegeben wird, die keinen sinnvollen Wert zurückgeben. In Java hat `void` das Problem, kein Typ zu sein, d.h. es spielt (wie `null`) eine merkwürdige Sonderrolle bei Methoden „ohne" Ergebnis. `Unit` dagegen ist ein regulärer Typ. Somit kann auch der Wert `()` explizit benutzt werden.[5]

`AnyRef`: `AnyRef` entspricht dem Basis-Objekt `Object` von Java. Bis auf die Werte-Typen ist also `AnyRef` der Supertyp aller Objekte und Klassen.

`Null`: Wie `Unit` hat der Typ `Null` nur einen Wert, nämlich `null`. `null` kann jeder Referenz als Wert zugewiesen werden. Variablen vom (Sub-)Typ `AnyVal` sind allerdings ausgenommen. Das ist sehr sinnvoll, denn es vermeidet die Probleme, die Java mit den Wrapper-Klassen von primitiven Typen hat. Sie erlauben `null` als gültigen Wert, was unmittelbar die Frage aufwirft, wie sich `null` als Zahl interpretieren lässt. Da es keine konsistente Semantik gibt, führt dies dann zu Laufzeit-Ausnahmen.

`Nothing`: Dieser Typ hat kein Äquivalent in Java. Obwohl `Nothing` keinen Wert repräsentiert, ist er wie die leere Menge in der Mathematik äußerst nützlich (sie ist ja bekanntlich die Untermenge jeder Menge!). Wird `Nothing` als Rückgabetyp bei Methoden verwendet, kann die Methode keinen Wert zurückliefern und somit nur mit einer Ausnahme bzw. `Exception` beendet werden. Dieser Einsatz scheint exotisch, ist aber für besondere Einsätze (Aktoren) nützlich. Wird `Nothing` als Typ von leeren Kollektionen ohne ein Element angesehen, ist dagegen der Sinn klar. Beispielsweise wird eine leere Liste durch `Nil` mit dem (Element-)Typ `Nothing` repräsentiert. Zu einer leeren Liste kann dann ein Element beliebigen Typs hinzugefügt werden, wobei die Liste dann diesen Typ annehmen kann, ohne die Typsicherheit zu unterlaufen. Denn `Nothing` ist der sogenannte *Bottomtyp*, der Subtyp aller Typen ist.

Anmerkung: Alle `AnyVal`-Subklassen sind `abstract final`. Sie lassen somit keine weiteren Subklassen mehr zu und auch keine Anlage von Instanzen mittels `new`. Als Instanzen sind somit nur Literale wie `3.14`, `100`, `true`, `'a'` oder `()` zugelassen.

[4] Hier sind dynamische Sprachen wie Ruby eindeutig im Vorteil. Allerdings wurde in Scala 2.8 mit dem Typ `Numeric` eine wesentliche verbesserte Handhabung der numerischen Typen erreicht.

[5] Da Java und die zugehörige VM (virtuelle Maschine) `Unit` nicht kennen, wird dieser Typ nicht auf Java-Ebene unterstützt, was in seltenen Fällen zu Problemen führen kann (beispielsweise bei der Benutzung von API's wie *Joda-Time*).

1.3 Methoden-Definition, Import

Wie bereits oben aufgeführt werden Methoden mit Hilfe des Schlüsselworts ***def*** definiert. Sieht man einmal von Typ-Parametern und Anotationen ab, ist die allgemeine Form:

```
def simpleMethod(arg1: Type1, arg2: Type2, ...): ResultType = {
   // --- Method-Body ---
}
```

Scala erlaubt syntaktische Vereinfachungen, die unnötige Schreibarbeit ersparen. Von wenigen Ausnahmen abgesehen, kann der Typ des Resultats aus der letzten Anweisung automatisch ermittelt werden. Die geschweiften Klammern um den Rumpf der Methoden können weggelassen werden, wenn sie nur eine Anweisung enthält. Selbst die leeren Klammern für Methoden ohne Parameter können hinter dem Namen weggelassen werden. Auch bei der Rückgabe des Resultats geht Scala einen pragmatischen Weg. Da jede Anweisung ein (sinnvolles) Ergebnis liefert, ist das Ergebnis der letzten Anweisung innerhalb der Methode auch das der Methode. Das Schlüsselwort `return` ist somit nicht notwendig. Wird `return` verwendet, muss dagegen der Ergebnistyp im Methoden-Kopf angegeben werden. Die Einführung von Sprüngen aus Methoden erhöht die Komplexität derart, dass sie den sogenannten *Inference-Algorithmus* (der den Ergebnistyp bestimmt) „sprengen" würde.

Beispiele

Die folgenden Beispiele enthalten neben korrektem auch fehlerhaften Code. Dazu importieren wir *`scala.math`*, das als Package-Objekt neben wichtigen numerischen Typen wie beispielsweise `BigInt`, `BigDecimal` und `Numeric` auch viele numerischen Operationen enthält. Allerdings fehlen komplexe Zahlen – ein Muss für jeden Ingenieur.

Um auf die Konstanten und Funktionen mit dem einfachen Namen ***E***, ***Pi***, ***sqrt*** oder ***sin*** zugreifen zu können, fügt man vorher ein ***import scala.math._*** ein. Der Unterstreichungsstrich ersetzt also den Stern * von Java. Im ersten Beispiel sollen die folgenden vier Methoden den Abstand zum Ursprung im `2dim`-Raum ermitteln. Anschließend wird anhand von `Date` und `System` die Verwendung von Java in Scala demonstriert (Erklärungen dazu hinter dem Code).

```
object Test {
  import scala.math._

  def test01 = {

    // die geschweiften Klammern und der Rückgabetyp sind unnötig!
    def distanceToOrigin1(x: Double, y: Double): Double = {

      // aufgrund des Imports nicht notwendig:
      // scala.math.sqrt(x * x + y * y)

      sqrt(x * x + y * y)
```

```
    }

    def distanceToOrigin2(x: Double, y: Double) = sqrt(x*x+y*y)

    def distanceToOrigin3(x: Int, y: Int): Int =
      sqrt(x*x+y*y).asInstanceOf[Int]

    def distanceToOrigin4(x: Int, y: Int) = sqrt(x*x+y*y).intValue

    def time= System.currentTimeMillis

    println(distanceToOrigin1(1,1))       → 1.4142135623730951
    println(distanceToOrigin2(1,1))       → 1.4142135623730951
    println(distanceToOrigin3(1,1))       → 1
    println(distanceToOrigin4(1,1))       → 1

    // Imports können da geschrieben werden, wo sie benötigt werden
    import java.util.Date

    // Date wird mit dem Ergebnis der Methode time initialisiert
    // und mit dem Ergebnis des 2. time-Aufrufs verglichen
    println(new Date(time).getTime == time)                     → true
    println(new Date(time).getTime == {Thread.sleep(1); time}) → false
  }
}
```

Die Methode `time` benutzt eine Java-Klasse `System` und hat keinen Parameter. Deshalb kann man auch auf die Klammern verzichtet. Auch bei der Methode `currentTimeMillis` können die Klammern weggelassen werden. Die beiden letzten `println` benutzen die Klasse `Date` auf dem Package `java.util`. Dieses kann unmittelbar vor der ersten Verwendung importiert werden. Imports von Klassen aus Packages können also lokal vor die Anweisungen geschrieben werden, die sie erstmals benutzen. Das erste Ergebnis `true` ist nicht überraschend, da `time` die Millisekunden seit `01.01.1970 0:00` Uhr zurückgibt und die beiden Ausführungen inklusive der `Date`-Anlage i.d.R. unterhalb von einer Millisekunde liegen. Die Ausführung von `time` im letzten `println` wird aufgrund des `Thread.sleep(1)` um eine Millisekunde verzögert, d.h. der Vergleich liefert `false`. Auch `Thread` ist natürlich eine Java-Klasse. Beim aufmerksamen Lesen erkennt ein Javaianer, dass `sleep` im Gegensatz zu Java nicht in `try-catch` eingebettet ist. Scala kennt keine *checked Exception*. Sehr, sehr angenehm!

Impliziter Import

In Java werden alle Klassen aus dem Package `java.lang` automatisch importiert. Scala übernimmt dies und fügt noch die Klassen und Singleton-Objekte aus dem Package `scala` und dem Objekt `Predef` hinzu. Am Anfang jeder Scala-Source steht also per Default:

```
import java.lang._
import scala._
import PreDef._
```

1.4 Variable: val vs. var

In Scala gibt es zwei Arten von Variablen-Deklarationen. Wird eine Variable mit dem Schlüsselwort **`val`** deklariert, kann ihr nur genau einmal ein Wert zugewiesen werden. Wird das Schlüsselwort **`var`** verwendet, kann der Wert dagegen beliebig oft geändert werden. Mit Ausnahme von abstrakten Variablen in abstrakten Typen (wird später behandelt) müssen Variablen bei der Anlage explizit Werte zugewiesen werden.

Auch Java kennt eine Unterscheidung in `val` oder `var`, verwendet dafür aber ein Schlüsselwort `final`. Von den meisten Programmierern wird es jedoch eher selten genutzt, da es bei imperativen Sprachen wie Java eher ein Nachteil ist. Hier ist Scala anders. Deshalb eine wichtige Regel in Scala:

1.4.1 VAL & IMMUTABLE

- *Priorität*: Sofern es keinen zwingenden Grund gibt, sollten Variablen immer mit `val` angelegt werden.
- *Immutable* vs. *mutable*: Eine Datenstruktur nennt man immutable, wenn ihr Wert nach der Anlage nicht mehr geändert werden kann. Ansonsten nennt man sie mutable.

*IDE*s wie die von Netbeans färbt sogar Variablen vom Typ `var` in Rot ein, um anzudeuten, dass dies nicht funktional ist. Durch Einsatz von `var` entstehen `mutable`-Werte. Eine schöne Analogie sind Hotelzimmer, deren Belegung permanent wechselt. Man muss sie aufgrund einer genauen Buchhaltung vor Doppelbelegung schützen. Aus der Sicht der Mathematik gibt es dagegen nur `immutable`-Werte. Warum sind `val`-Variablen so wichtig bzw. funktional? In der Mathematik steht eine Variable für einen zwar unbekannten, aber festen Wert (der natürlich auch eine Menge sein kann). `immutable`-Werte sind auch von Natur aus thread-sicher. Sie können gleichzeitig von beliebig vielen parallel laufenden Code-Abschnitten (Methoden/Funktionen) benutzt werden.

In der Vergangenheit waren immutable Datenstrukturen gleichbedeutend mit massivem Speicherbedarf und Geschwindigkeitseinbußen. Im Zeitalter der Many-Cores hat sich das Blatt gewendet. Immutable Datenstrukturen skalieren, d.h. je mehr Cores diese Datenstrukturen parallel nutzen, um so performanter wird die Applikation. Der Speicherverbrauch ist sicherlich von der verwendeten Datenstruktur abhängig. So lange, wie man immer nur Copy-Paste Aktionen machte, war der Speicherverbrauch bei großen Datenstrukturen sehr hoch. Aber sogenannte *persistente* Datenstrukturen in Verbindung mit einem intelligenten Speicher-Management sind Kennzeichen moderner funktionaler Sprachen wie *Clojure*. Bei Scala sind insbesondere alle `AnyVal`-Typen immutable. Sie genau zu kennen ist insbesondere für Ingenieur-Anwendungen unverzichtbar.

1.5 AnyVal

Da Subtypen von `AnyVal` nur Literale als Werte zulassen, muss man die Notation der Literale mit ihren Wertebereichen kennen. `Unit` lässt nur das Literal `()` zu und `Boolean nur` false und true. Die numerischen Subtypen unterscheidet man in *integrale* (ganzzahlige) Typen Long, Int, Short, Byte und Char sowie den beiden *floating-point* Typen Float und Double.

Typ Char für Unicode

Der integrale Typ Char spielt eine Sonderrolle. Denn die Zahlen zwischen 0 und $2^{16} - 1$ repräsentieren logisch gesehen Zeichen, genauer *Unicode*-Zeichen. Unicode ist angetreten, die Zeichen aller relevanten Sprachen der Welt auf Basis von ganzen positiven Zahlen eindeutig zu identifizieren. Dazu bietet der Unicode in der *UTF-16* Codierung Platz für maximal 65536 Zeichen. Sie sind tabellarisch in Bereiche für Sprachen bzw. Sprachgruppen eingeteilt. Die Zahlen 0...127 repräsentieren die sogenannten *ASCII* 7-Bit-Zeichen. Diese Zeichen findet man auf jeder Standardtastatur. Weitere wichtige europäische Sonderzeichen sind zumindest im ersten Byte zwischen 128 und 255 angesiedelt. Ist also das obere Byte eines Unicode-Zeichens Null, so ist man kompatibel zu Sprachen wie C oder auch Ruby, die standardmäßig Zeichen nur in einem Byte codieren.

Wie in den meisten Sprachen üblich werden die Zeichen als Char-Literale in Hochkommas eingebettet (sofern man die Zeichen auf der Tastatur findet). Um unabhängig von der Tastatur alle Unicode-Zeichen eingeben zu können, wählt man die Sonderform \u0000 ... \uFFFF. Die vier Ziffern sind die hexadezimale Darstellung einer ganzen Zahl von 0 bis 65535.

```
val c= 'a'
println(c+"," + +c + "," + '\u0061' + '\n' + '\'' + '\"') → a,97,a
                                                            '"
```

Wie man am dem Beispiel sieht, ist ein Zeichen c tatsächlich auch ein integraler Typ. Denn verwendet man c in Operationen – hier zusammen mit dem unären Plus – so wird c aufgrund von +c implizit in eine Int umgewandelt, um die Operation durchführen zu können. Wie man sieht wird 'a' durch die Zahl 97 repräsentiert.

Für Programmieranfänger ist es immer schwierig, die Zahl 0 von dem Zeichen '0' zu unterscheiden. Ein kleines Beispiel (die Umsteiger mögen es verzeihen):

```
println('0' +"!=" + 0 +", da 0 an der Stelle " + +'0' + " steht.")
      → 0!=0 da 0 an der Stelle 48 steht.
```

Abschließend noch die sogenannten Escape-Sequenzen für Steuer- und Sonderzeichen:

\b	\u0008	BS= Backspace
\t	\u0009	HT= horizonaler Tab
\n	\u000a	LF= Linefeed
\f	\u000c	FF= FormFeed
\r	\u000d	CR= Carriage Return
\"	\u0022	Anführungszeichen
\'	\u0027	Hochkomma
\\	\u005C	Backslash

Tabelle 1.1: Escape-Sequenzen

Byte, Short, Int und Long

Die Wertebereiche der vier ganzzahligen Typen basieren auf ihrer internen *2er-Komplement*-Codierung in `1`, `2`, `4` oder `8` Byte. Damit ergeben sich folgende Wertebereiche:

Typ	Wertebereich
`Byte`	-2^{7} ... $2^{7}-1$
`Short`	-2^{15} ... $2^{15}-1$
`Int`	-2^{31} ... $2^{31}-1$
`Long`	-2^{63} ... $2^{63}-1$

Tabelle 1.2: Wertebereich von ganzen Zahlen

Bei der Zuweisung eines Werts zu einer Variablen prüft der Compiler, ob der Wert im erlaubten Bereich ist:

```
// bei b ist explizit Typ-Angabe Byte notwendig (sonst ist der Typ Int)
var b: Byte= -8*8*2
println(b)

// die folgende Zuweisung wird dagegen nicht compiliert:
// Fehlermeldung: found : Int(128) required: Byte b= 8*8*2
b= 8*8*2
```

Boxing, Unboxing

Von Java erbt Scala prinzipiell alle Vor- und Nachteile der primitiven Typen. Die Vorteile sind schnell genannt: Eine Variable von einem primitiven Typ ist keine Referenz, d.h. die Variable enthält direkt den Wert. Das spart den Speicher für die Referenz und erhöht zusätzlich ungemein die Geschwindigkeit von mathematischen Operationen.

Der Nachteil insbesondere für OO-Sprachen besteht darin, dass primitive Typen beziehungslos nebeneinander stehen. Man kann sie nicht von einem gemeinsamen numerischen Supertypen ableiten. Sie sind halt keine Objekte (mit Klassen). Man mag einwenden, dass in Java doch die Klasse `Number` ein Supertyp aller Zahlen darstellt. Es ist zwar ein Supertyp, aber nicht der primitiven Typen, sondern nur der zugehörigen *Wrapper*-Klassen wie `Integer` oder `Double`. Deren Instanzen sind wieder Referenzen auf die primitiven Typen. Die Einbettung des Werts eines primitiven Typs in sein zugehöriges Wrapper-Objekt nennt man ***Boxing***. Die Umkehrung, d.h. die Zuweisung des Werts eines Wrapper-Objekts zu einer Variablen vom primitiven Typ dann ***Unboxing***. Mit Java 1.5 wurde dann noch *Auto*-Boxing und -Unboxing eingeführt, ein wenig „Compiler-Magic", das die Umwandlung automatisiert.

Mit Boxing sind in Java wieder die Speicher- und Geschwindigkeitsvorteile weg. Die Nachteile bleiben, und die sind drastisch! Eine `Number`-Instanz kann zwar auf jede geboxte primitive Zahl verweisen, aber damit noch nicht einmal die vier gemeinsamen Grundoperationen `+`, `-`, `*` und `/` durchführen. Bis auf Konvertier-Methoden ist `Number` nutzlos. Schlimmer noch, primitive Typen kennen keinen `null`-Wert. Enthält also ein Wrapper-Objekt den Wert `null` und wird (automatisch) unboxed, führt dies zu einer Exception, da es zu `null` keinen passenden primitiven Typ gibt.[6] Scala lässt deshalb auch für `AnyVal` kein `null` zu.

Widening vs. Subtyp

Um einer Art von Subtyping für primitive Typen vorzutäuschen, hat man in Java *Widening* eingeführt. Der Compiler kennt eine Art von impliziter Subtyp-Beziehung zwischen den primitiven Typen. Dies bedeutet, dass jeder Wert eines „kleineren“ Typs automatisch vom Compiler in einen Wert des „größeren“ Typs umgewandelt wird. Somit lassen sich die Werte von kleineren Typen den Variablen der größeren zuweisen. Die Umkehrung – *Narrowing* – geht dagegen nur explizit, da der Wert eines größeren Typs ja außerhalb des Wertebereichs des kleineren liegen kann. In Abbildung 1.5.1 stehen die Pfeilrichtungen für automatisches Widening. Gegen die Pfeilrichtung muss explizit gecastet werden, da dies zu Fehlern führen kann.

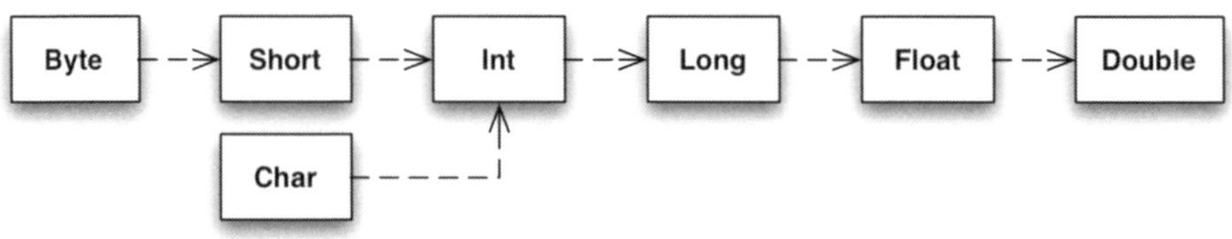

Abbildung 1.5.1: Widening bei primitiven Typen (ohne Subtyp-Beziehung)

Scala unterscheidet zwar nicht zwischen primitivem und Wrapper Typ, hat aber das Widening für die numerischen `AnyVal` Typen übernommen. Denn auch Scala kennt keinen gemeinsamen in die Sprache eingebauten numerischen Supertyp. Aus der Abbildung erkennt man, dass es kein Widening zwischen `Char` und `Short` gibt, denn der Wertebereich von `Short` enthält nicht den von `Char`.

1.5.1 Integrale Operationen

Integrale Operationen werden *nur* mit `Int` oder `Long` durchgeführt.

- Ist bei einer binären Operation kein Operand ein `Long`, erfolgt die Berechnung als `Int`, ansonsten erfolgt die Berechnung als `Long`.
- Vor der Berechnung werden die Operanden sofern notwendig in `Int`- oder `Long`-Werte konvertiert.

Diese Regel ist dann interessant, wenn man mit `Byte` und `Short` Berechnungen durchführen will und das Ergebnis wieder ein `Byte` bzw. `Short` sein soll. Dann ist man gezwungen, explizit ein Narrowing (gegen die Widening-Richtung) durchzuführen. Das folgende Beispiel zeigt Widening und Narrowing, welches aufgrund der Regel notwendig wird. In diesem Zusammenhang sind zwei Methoden wichtig, die in `Any` angesiedelt sind und somit für jedes Objekt aufgerufen werden können:

[6] `NaN` steht zwar für „keine Zahl“, gibt es aber nur für `float` und `double`.

- ***anyObject.isInstanceOf[Type]: Boolean***
  Die Methode testet, ob das Objekt `anyObject` vom (Sub-)Typ *Type* ist (wobei *Type* für einen beliebigen Typ steht).

- ***anyObject.asInstanceOf[Type]: Type***
  Die Methode wandelt den Typ von `anyObject` in *Type* um, d.h. castet `anyObject` nach *Type*.

Da beide Methoden erst zur Laufzeit einen Test bzw. eine Umwandlung durchführen, muss vor `asInstanceOf` sicherheitshalber mittels `isInstanceOf` geprüft werden, ob die Typ-Umwandlung überhaupt möglich ist. Ansonsten riskiert man eine Exception. Der hohe Schreibaufwand für die beiden Methoden dient zur Abschreckung, da beide Methoden nur in Notfällen benutzt werden sollen. In Scala gibt es meistens elegantere Arten der Programmierung.

Ein Narrowing mittels `asInstanceOf` bei integralen und dezimalen Typen wird immer ohne Exception ausgeführt, das allerdings manchmal zu unerwarteten Ergebnissen führt:

```
// explizite Angabe des Typs Byte notwendig
var b: Byte = 0

// Typ Char
val c= '0'

// Berechnung als Int
var i= b + '1' - c

println(i)                                   → 1
println(i.isInstanceOf[Int])                 → true

// Literale vom Typ Long werden mit dem
// Postfix l oder L geschrieben
val l= i + 0L

println(l.isInstanceOf[Long])                → true

// nur Literale vom Typ Int, nicht aber Variable bzw.
// Berechnungen können implizit einem Byte oder Short
// zugewiesen werden. Die folgenden drei Zuweisungen
// sind somit fehlerhaft:

//  b= i
//  b= b+1
//  b= +b

// hier überraschende Ergebnisse des Down-Cast, die sich aufgrund
// des Bitmusters im ersten Byte des Int-Ergebnisses ergeben.
b= 127
b= (b+1).asInstanceOf[Byte]

println(b)                                   → -128
```

```
// i hat den Wert -2^31
i= Integer.MIN_VALUE

println(i.asInstanceOf[Byte])                    → 0
```

Ein Down-Cast von einem größeren Typ in einen kleineren wie im letzten Beispiel ist eine durchaus „mutwillige“ Operation des Programmierers. Er wird sich vorab überlegen müssen, ob das Ergebnis sinnvoll zu verwenden ist.

Integrale Typen und das Overflow-Problem

Integrale Typen sind exakt und ihre Berechnungen auch. Leider aber nur sehr beschränkt. Denn Overflow ist ein großes Problem.

Overflow tritt bei integralen Operationen auf, deren Ergebnisse den Wertebereich des jeweiligen integralen Typen über- bzw. unterschreiten.

Problematisch am Overflow ist, dass er einfach toleriert wird. Das falsche Ergebnis wird einfach weiter verwendet. Die Auswirkungen für eine Berechnung sind in jedem Fall katastrophal, insbesondere dann, wenn damit Kontroll- oder Steuerungsaufgaben verbunden sind. Ein Vorbeugen von Overflow-Fehlern ist nicht einfach, sofern man nicht einfach ohne Rücksicht auf Performanz zum größtmöglichen Typ `BigInt` greift.[7] Denn selbst `Long` schützt bei großen Werten nicht wirklich.

Im folgenden Beispiel beschränken wir uns auf `Int` und `Long`.

```
val i = 1000000

// Berechnung im Int-Wertebereich
println (i * i / i)   → -727

// l ist eine Long aufgrund des Suffix L
var l = 200000000000L * i

println(l)          → 200000000000000000

// Berechnung im Long-Wertebereich
l = l * i / i

println(l)          → 400752841041
```

Die erste sowie die letzte Ausgabe zeigen das Overflow-Problem bei `Int` und `Long`. Diese binären Operationen werden von links nach rechts berechnet und obwohl das Endergebnis im erlaubten Wertebereich liegt, sind die Zwischenergebnisse leider außerhalb.

[7] womit `BigInt` kein `AnyVal`-, sondern ein `AnyRef`-Typ ist und keine eigenen Literale kennt.

Division, Modulo

Division durch `0` bzw. Modulo `0` lösen bei integralen Werten eine Exception aus:

```
println (10 / 0)    → Exception ... ArithmeticException: / by zero

println (10 % 0)    → Exception ... ArithmeticException: / by zero
```

Floating-Point

Floating-Point bzw. dezimale Zahlen folgen dem *IEEE 754-Standard*. Sie bestehen aus einem Exponenten und einer Mantisse. Somit ist der interne Aufbau von `Float` und `Double` grundsätzlich gleich, er unterscheidet sich nur in den Bit-Längen der Mantisse und des Exponenten. Im Gegensatz zu den integralen Typen haben diese Art von Dezimalzahlen einen sehr großen Wertebereich.

Präzision

Das bezahlt man damit, dass `Float`- und `Double`-Werte nicht mehr exakt für einen dezimalen Wert stehen, sondern für alle Werte eines *Intervalls*. Denn die Anzahl der Stellen einer Dezimalzahl, die sich in der Mantisse speichern lassen, liegt für eine `Float` bei maximal `8` und für `Double` bei maximal `17` Dezimalstellen. Diese Anzahl nennt man *Präzision*. Dezimalzahlen, die mehr Stellen als die Präzision haben, werden auf dieselbe intere Zahl abgebildet. Somit sind auch alle Berechnungen mit Ungenauigkeiten behaftet, die je nach Lage im Wertebereich (absolut) sehr groß werden können.

Codierung

Abgesehen von Berechnungen entstehen aber bereits Probleme durch die Umwandlung bzw. die Codierung von dezimalen in binäre Werte. In der Mantisse können selbst einfache dezimale Zahlen nicht immer präzise gespeichert werden. Das liegt daran, dass Dezimalzahlen in Binärzahlen konvertiert werden. Somit führt beispielsweise die Dezimalzahl `0.1` zu einer Binärzahl mit einer Periode `1100` und wird durch Rundung ungenau gespeichert. Hier eine recht einfache Demonstration und ihre mathematischen Auswirkungen:

```
println(0.1+0.1+0.1==0.3) → false

println(0.1+0.1+0.1)      → 0.30000000000000004
```

Fazit: Die Genauigkeit einer Berechnung ist höchstens gleich der Präzision, aber meistens schlechter.

In der Tabelle 1.3 sind die Präzision in Bit, der maximal mögliche Wertebereich und besondere Werte angegeben (dabei steht `E±n` für $10^{\pm n}$).

Float	1 Bit Vorzeichen 8 Bit Exp., 23 Bit Mantisse	`0.0 ±1.4E-45 ... ±3.40E38` **`NegativeInfinity, PositiveInfinity, NaN`**
Double	1 Bit Vorzeichen 11 Bit Exp., 52 Bit Mantisse	`0.0 ±4.9E-324 ... ±1.80E308` **`NegativeInfinity, PositiveInfinity, NaN`**

Tabelle 1.3: Wertebereich und Präzision

Ungültige Werte

Mit Hilfe der drei benannten Konstanten `NegativeInfinity`, `PositiveInfinity` und `NaN` („keine" Zahl) kann im Gegensatz zu den integralen Typen bei den dezimalen Operationen ein Overflow bzw. eine unerlaubte Operation abgefangen werden. Diese drei Werte – da ungültig – können durch keine Operation mehr verlassen werden. Insbesondere führt jede Operation mit `NaN` wieder zu `NaN`. Die Typen `Double` und `Float` von Scala unterscheiden sich in den Membern von denen in Java. Unter anderem werden die Konstanten anders geschrieben. Beispielsweise wird aus der Java-Konstante `POSITIVE_INFINITY` in Scala `PositiveInfinity`. Dazu eine einfache Regel:

1.5.2 KONSTANT

Wird in Scala der erste Buchstabe einer ***`val`***-Variablen groß geschrieben, wird sie als Konstante identifiziert.

Eine Variable vom Typ `val` kann zwar nicht geändert werden. Das bedeutet aber (leider) bei einer Referenz nicht, dass damit auch der Wert, auf den die Variable verweist, auch immutable ist (siehe dazu auch `test07` unten). Die Konvention sieht daher vor, mit dem ersten Großbuchstaben mitzuteilen, dass es sich beim nachfolgenden Literal um eine Konstante handelt. In Scala wird also nicht `java.lang.Math.PI`, sondern ***`scala.math.Pi`*** geschrieben.

Wie bereits oben erwähnt, können mittels *`import scala.math._`* Konstanten und Operationen mit ihren einfachen Namen verwendet werden. In der folgenden Methode `test06` wird vor allem das ungewöhnliche Verhalten der ungültigen Werte demonstriert. Um den Schreibaufwand zu reduzieren, werden im ersten Block alle `Double`-Member importiert, im zweiten die von `Float`. Die Imports `import Double._` und `import Float._` haben nur auf die lokalen Blöcke Auswirkungen.

```
def test06 = {
  import scala.math._

  // dies sind Double-Werte
  println(Pi)                                  → 3.141592653589793
  println(E)                                   → 2.718281828459045

  // 1. Block
  {
    //  der Unterstreichungsstrich _ bedeutet: alle Member von Double!
    import Double._
```

```
    println(Epsilon)                          → 4.9E-324
    println(MinValue)                         → -1.7976931348623157E308
    println(MaxValue)                         → 1.7976931348623157E308
    println(MaxValue + MinValue)              → 0.0

    println(NegativeInfinity)                 → -Infinity
    println(PositiveInfinity)                 → Infinity
    println(MaxValue * 1.1)                   → Infinity
    println(MinValue * 1.1)                   → -Infinity
    println(1.0 / -0.)                        → -Infinity

    println(0. / 0)                                  → NaN
    println(PositiveInfinity + NegativeInfinity)     → NaN
    println(PositiveInfinity * 0)                    → NaN
    println(NaN - NaN)                               → NaN

    // NaN ist mit nichts gleich, auch nicht mit sich selbst.
    println(NaN==NaN)                                → false

    // Ein Test auf NaN ist nur indirekt oder mittels equals möglich!
    println(NaN!=NaN)                                → true
    println(NaN equals NaN)                          → true

    println(1.0 > NaN)                               → false
    println(1.0 < NaN)                               → false
  }

  // 2. Block
  {
    import Float._

    println(Epsilon)                                 → 1.4E-45
    println(MinValue)                                → -3.4028235E38
    println(MaxValue)                                → 3.4028235E38
    println(MaxValue + MinValue)                     → 0.0
  }
}
```

Die Konstante `Epsilon` (Anfang 1. Block) stimmt exakt mit der Zahl überein, die am nächsten an der `0` liegt. `MinValue` und `MaxValue` stimmen jeweils mit der kleinsten und größten Zahl des Wertebereichs überein und sind im Absolutwert gleich.

NaN, ein Sortierproblem

Laut *IEEE*-Standard stellt **`NaN`** semantisch einen *Fehler* dar und soll bei allen Vergleichen `false` zurückliefern. Wie im letzten Test zu sehen, liefert die Methode `equals` in Übereinstimmung mit Javas Wrapper-Typen allerdings `true`. Da `NaN` sich jedem logischen Vergleich widersetzt, zerstört es die *totale Ordnung* der Dezimalzahlen. Dies ist für jede Sortierung fatal.

In einer pragmatischen Entscheidung der Firma Sun (Oracle) wird `NaN` beim Sortieren als größte Zahl angesehen und entsprechend eingeordnet.

```
def test07= {
  import scala.util.Sorting
  import Double._

  val dArr = Array(0.,-Epsilon,-5.96,MaxValue,0./0,MinValue,
                   58.5E9,NaN,1E17,100000000000000010.,
                   100000000000000001.,NaN,NegativeInfinity)

  // zu Sorting und Ausgabe: siehe unten!
  Sorting quickSort(dArr)

  // die Ausgabe ist passend umgebrochen
  println(dArr.deep.toString)
  → Array(-Infinity, -1.7976931348623157E308, -5.96, -4.9E-324,
      0.0,
          5.85E10, 1.0E17, 1.0E17, 1.00000000000000016E17,
          1.7976931348623157E308, NaN, NaN, NaN)
}
```

Zuerst wird ein Array vom Typ `Double` angelegt. Wie bereits im Eingangsbeispiel erklärt, sind Arrays nicht fest in die Sprache eingebaut. Besonders einfach lassen sich kleine Arrays mit Hilfe des Singleton-Objekts `Array` ohne `new` anlegen. In der Tradition von Java sind Arrays mutable. Deshalb können die Elemente des Arrays durchaus geändert werden, obwohl die Referenz `dArr` auf das Array ein `val` ist. Eine `val` bezieht sich immer nur auf die direkt zugeordnete Referenz.

Objekt Sorting

Im Singleton-Objekt `Sorting` findet man neben anderen Sortiermethoden auch `quicksort`. Da ein Array mutable ist, kann die Sortierung innerhalb des übergebenen Arrays (*in-place*) erfolgen. Mittels der `Array`-Methode `deep` und `toString` kann anschließend das sortierte Array ausgegeben werden. Es werden drei `NaN`-Werte in das Array aufgenommen. Zusätzlich wurde `1.0E17` mit zwei benachbarten Werten als Elemente gewählt. Das zeigt deutlich die Präzision bzw. einen Rundungsfehler bei der Ausgabe. Aus `10` am Ende der 17-stelligen Zahl wird bei der Ausgabe eine `16`. Beide liegen halt im selben Intervall.

Fazit

Die mit den numerischen `AnyVal`-Typen verbundenen mathematischen Eigenschaften sind nicht Scala-, sondern rein Java-spezifisch. Scala ist zwar elegant, bildet aber letztendlich nur ab. Die Art der Codierung bzw. Berechnung wird Java und der JVM überlassen. Neben Kompatibilität wird wohl (mal wieder) der Hauptgrund Performanz sein. Besonders vorsichtig muss man deshalb bei einem Overflow sein, da das Programm normal weiterläuft. Weiterhin ist die automatische Umwandlung von Werten mittels Widening nicht mit einer Super-/Subtyp-Beziehung zu verwechseln, obwohl sie de facto eine darstellt. Das fällt insbesondere aber erst dann negativ auf, wenn man mit Typ-Parametern arbeitet.

1.6 Kontrollstrukturen

Scala kennt nur wenige eingebaute Kontrollstrukturen. Neben Funktionsaufrufen gibt es

- den konditionalen ***if***-Ausdruck.
- die ***while***- und ***do***-Schleife.
- den ***match***-Ausdruck (generalisiertes switch mit Mustererkennung).
- den ***return***-, ***try***- und ***throw***-Ausdruck.
- die ***for***-Anweisung (es ist keine Schleife!), auch *for-Comprehension* genannt.

Bis auf `while`, `do` und `throw` liefern alle Ausdrücke nicht-triviale Ergebnisse, die direkt weiter verwendet werden können. Deshalb werden insbesondere die Unterschiede zu der traditionellen strukturierten Verwendung an Beispielen demonstriert. Die komplexen funktionalen Aspekte der `for`- und `match`-Ausdrücke werden aber erst später an den passenden Stellen behandelt.

Konditionaler Ausdruck

Wie aus strukturierten Sprachen bekannt, gibt es *if* mit oder ohne *else*-Zweig:

- ***if (boolExpr) expr***
- ***if (boolExpr) expr1 else expr2***

Ein `if`-Ausdruck ist in seiner Wirkung äquivalent zum ternären Operator `?:` in C bzw. Java.

1.6.1 ERGEBNIS VON IF MIT/OHNE ELSE

Bei *if-else* ist das Ergebnis abhängig von der Evaluierung von *boolExpr* zu `true` oder `false` entweder *expr1* oder *expr2*. Existiert kein *else*-Zweig, ist dies äquivalent zu `if (boolExpr) expr else ()`. Der Ergebnistyp ist der kleinste gemeinsame Typ von *expr1* und *expr2* bzw. von *expr* und `Unit`.

Für die folgenden zwei Beispiele nehmen wir REPL, da es zu den Ausdrücken die Typen angibt. Zuerst `if` ohne `else`, dann mit `else`:

```
scala> val x= if(false) 1.0
x: AnyVal = ()

scala> val x= if(true) 1.0
x: AnyVal = 1.0

scala> val x= if(true) "Hallo"
```

```
x: Any = Hallo

scala> val x= if(false) "Hallo"
x: Any = ()

scala> val x= if(false) true  else 2.0
x: AnyVal = 2.0

scala> val x= if(false) 1 else 2.0
x: Double = 2.0
```

Im Fall von Zahlen wählt der Compiler bei fehlendem `else` den gemeinsamen Typ `AnyVal`, bei Strings dann `Any`. Interessant ist der letzte *if-else*-Ausdruck. Obwohl `Int` kein Subtyp von `Double` ist und daher der gemeinsame Supertyp `AnyVal` sein sollte, greift hier der Compiler auf Widening zurück. Das erscheint durchaus logisch und wird seit Scala 2.8 unter dem Begriff „*Weak Conformance*“ gehandelt. Dabei wird der kleinste gemeinsame Typ von numerischen `AnyVal`-Typen anhand des Widening-Graphs (siehe Abbildung 1.5.1) bestimmt.

```
scala> val a= 10
a: Int = 10

scala> val b= 3
b: Int = 3

scala> if (b!=0) a/b else Double.NaN
res0: Double = 3.0

scala> def div(a: Int, b: Int) = if (b!=0) a/b else Double.NaN
div: (a: Int,b: Int)Double

scala> div(10,3)
res1: Double = 3.0
```

Abschließend noch eine nicht sehr kluge `div`-Variante als Mischung aus alten Java-Gewohnheiten (Verwendung von `return`!) und neuem Scala-Stil, Ergebnisse ohne `return` zu liefern.

```
def div(a: Int, b: Int): AnyVal =  {
  if (b>0)
    return a/b
  if (b==0)
    Double.NaN
}

println(div(10,4))              → 2
println(div(10,0))              → NaN
println(div(10,-1))             → ()
```

Da `return` in der Methode verwendet wird, muss im `div`-Kopf explizit der Ergebnistyp `AnyVal` angegeben werden. Ist `b` größer `0`, wird mittels `return` explizit ein `Int`-Ergebnis geliefert. Im Fall `b` gleich `0` wird `NaN` und für `b= -1` der Wert `()` zurückgegeben.

An dieser doch sehr einfachen Methode `div` erkennt man die Schwierigkeiten, mit denen der Compiler konfrontiert wird, sofern er bei ein oder mehreren `return`'s selbst einen minimalen Rückgabetyp bestimmen soll. Die Wahl hängt von den Bedingungen `if(b>0)` vs. `if(b!=0)` ab. Im ersten Fall ist der minimale gemeinsame Typ `AnyVal` (wie an der letzten Ausgabe zu sehen ist). im zweiten aber `Double`, da nun alle Werte von `b` mit den zwei `if`'s abgedeckt sind. Der Compiler müsste also die Semantik verstehen.

Bevor als Nächstes die `while`-Schleife besprochen wird, noch ein Hinweis mit Beispiel.

1.6.2 Deklarative Lösungen

Rekursive Lösungen mittels ***`if`*** nennt man *deklarativ*. Sie sind am Problem orientiert und klarer als *imperative* Lösungen mittels ***`while`***-Schleifen.

Als Beispiel wählen wir die sogenannte *Collatz*-Folge bzw. *Collatz*-Problem. Es ist eine Folge von natürlichen Zahlen mit einem sehr einfachen mathematischen Bildungsgesetz. Die Folge ist deshalb so interessant, weil bisher kein Beweis bekannt ist, dass jede mögliche Folge mit einer Eins endet. Kurz die verbale Beschreibung der Folge:

- Man starte mit einer beliebigen natürlichen Zahl `i`. Die nächste Zahl der Folge ist `i/2`, wenn `i` gerade ist, ansonsten `3*i+1`. Die Folge ist dann beendet, wenn `i` den Wert `1` hat.

Rekursiv kann dies exakt nach der Definition codiert werden:

```
def printNext(i: Int): Unit = {
  print(i+ " ")
  if (i!=1)
    if (i%2==0) printNext(i/2) else printNext(3*i+1)
}

// ein Test
printNext(1)      → 1
println
printNext(7)      → 7 22 11 34 17 52 26 13 40 20 10 5 16 8 4 2 1
```

Interessant an der Lösung ist der Verzicht auf irgendwelche `var`-Laufvariablen. Statt dessen wird der Zustand von `i` in der Funktion selbst festgehalten.

While-, do-Schleife

Eine *while*- bzw. *do*-Schleife verhält sich in Scala nicht anders als in C:

- ***`while ( boolExpr ) expr`***
- **`do expr while ( boolExpr )`**

In der *while*-Variante wird *expr* nur ausgeführt, wenn *boolExpr* beim ersten Mal `true` ist, in der *do*-Variante dagegen mindestens einmal. Die Verwendung dieser Schleifen läuft im Prinzip so ab: Man definiert außerhalb der Schleife eine `var`-Variable (`val` geht nicht, da man ihren Wert ändern muss!) und testet sie bei jedem Durchlauf in *boolExpr*. In *expr* wird diese Variable entsprechend geändert. Dies ist typisch für imperative Programmierung. Als Beispiel wählen wir wieder die o.a. Collatz-Folge:

```
def printNext(i: Int): Unit = {
  var j= i
  while (j != 1) {
    print(j+ " ")
    j= if (j%2==0)
        j/2
      else
        3*j+1
  }
}

// --- Test ---
printNext(1)  →
println
printNext(7)  → 7 22 11 34 17 52 26 13 40 20 10 5 16 8 4 2
```

In Scala sind alle Parameter einer Funktion vom Typ `val`. Also muss man eine neue `var j` anlegen, die innerhalb von `while` verändert wird. Ansonsten schneidet die `while`-Lösung nicht unbedingt schlechter ab als die rekursive Lösung. Die Konsol-Ausgabe des Tests zeigt aber ein kleines Problem. Es fehlt die Eins bei `printNext(1)`. Vielleicht wäre eine `do`-Schleife anstat einer `while` besser gewesen:

```
def printNext(i: Int): Unit = {
  var j= i
  do {
    print(j+ " ")
    j= if (j%2==0) j/2 else 3*j+1
  } while (j != 1)
}

// --- Test ---
printNext(1)  → 1 4 2
println
printNext(7)  → 7 22 11 34 17 52 26 13 40 20 10 5 16 8 4 2
```

Nun wird auf jeden Fall ein Folgenwert gedruckt, da der Test erst am Ende ausgeführt wird. Das Ergebnis ist aber qualitativ noch schlechter. Die erste Ausgabe kann so nicht akzeptiert werden. Bei beiden Schleifen ist Detailarbeit angesagt, was sicherlich nicht besonders schwierig ist. Aber sie hat mit der eigentlichen Aufgabe nichts zu tun und ist nur lästiges „Grundrauschen".

Fazit: Eine rekursive Lösung – sofern man sie findet – ist einfacher und eleganter. Schleifen wie `while` und `do` sind nicht funktional, alle Details sind zu beachten.

Pattern Matching

Die meisten Programmiersprachen kennen die eine oder andere Form des Tests eines Werts (einer Variablen) auf eine begrenzte Anzahl von Alternativen. Von C und Java kennt man das *switch-case* Konstrukt. Es beschränkt sich auf ganze Zahlen bzw. Enumerationen, da sie „glorifizierte" ganze Zahlen sind. Matching in funktionalen Sprachen (wie z.B. Haskell oder F#) kennt diese Art von *switch* zwar auch, geht aber weiter über diesen einfachen Einsatz hinaus. Es ist eher eine Art von Erkennen von Mustern, die neben Wert- und Typ-Prüfungen auch die inneren Strukturen von Objekten umfasst. In dieser Einführung zu Pattern Matching beschränken wir uns erst einmal auf einfache Varianten[8], die auch von der folgenden *try*-Anweisung im *catch* benutzt werden. Zuerst zur Syntax:

```
selectExpr match {
  case pattern_1 => block_1
  ...
  case pattern_n => block_n
}
```

Der nach dem `case` folgende Teil $\texttt{pattern}_i$ kann im Gegensatz zum traditionellen *case* in C oder Java komplexe Ausdrücke enthalten. Wird eines dieser $\texttt{pattern}_i$ getroffen, wird der zugehörige $\texttt{block}_i$ ausgeführt und das *Matching* ist beendet (d.h. es gibt kein *break* wie in C oder Java). Die Pattern ähneln ein wenig den regulären Ausdrücken bei Strings, können aber für beliebige (geeignete) Objekte eingesetzt werden. Das folgende Beispiel zeigt ein einfaches Pattern Matching über Werte sowie Typen. Der Parameter `x` kann jede Art von Wert enthalten, da er vom Typ `Any` ist:

```
// an passender Stelle: import scala.math._
def simpleMatch(x: Any) = x match {
  case 0                 => println ("Null")
  case 1|2|3|4|5         => println("zwischen 1 und 5")
  case i: Int if i < 101 => println("Int unter Hundert")
  case j: Int            => println(j + " ist über Hundert")
  case d: Double         => println("Absolutwert: "+abs(d))
  case s: String         => println(s.toUpperCase)
  case _                 => println("UMO<Unknown Matching Object
      >")
}

// --- Test ---

simpleMatch(0)                → Null
simpleMatch(3)                → zwischen 1 und 5
simpleMatch(99)               → Int unter Hundert
simpleMatch(101)              → 101 ist über Hundert
simpleMatch(-1.0)             → Absolutwert: 1.0
simpleMatch("hallo welt")     → HALLO WELT
simpleMatch(true)             → UMO<Unknown Matching Object>
```

[8] Der zweite Teil wird in Abschnitt 1.10 behandelt.

Die ersten beiden `case`'s sind Vergleiche mit `Int`-Literalen. Die folgenden vier testen auf einen speziellen Typ. Sie binden die Variablen `i`, `j`, `d` und `s` an den Wert `x` vor dem `match`. Die Variablen sind aber nur im jeweiligen `case` gültig, d.h. benutzbar. Sie werden wie lokale Variablen definiert und übernehmen den Wert von `x` , wobei sie ihn an ihren Typ binden. Das dritte `case` enthält zusätzlich einen Guard `if i < 101`. Ein Guard muss `true` ergeben, damit der Code hinter `=>` ausgeführt wird, ansonsten wird zum nächsten `case` gesprungen. Der Unterstreichungsstrich `_` in letzten `case` steht für „do not care" und trifft alles. Der anschließende Test liefert dann die erwarteten Ergebnisse.

Obwohl ein *match*-Ausdruck große Freiheiten lässt, sind folgende grundlegenden Regeln beim Pattern Matching in Scala zu beachten.

1.6.3 Pattern Matching (PM)-Regeln

1. Der Selektor *selectExpr* vor dem `match` muss ein Supertyp aller Typen der Pattern $pattern_i$ sein (dies wird vom Compiler geprüft!).
2. Ein Pattern $pattern_i$ muss erreichbar sein, d.h. es muss Werte geben, die von $pattern_i$ getroffen werden, aber von den $pattern_1$ ... $pattern_{i-1}$ nicht. Dies kann allerdings nur in bestimmten Fällen auch vom Compiler geprüft werden.
3. Pattern Matching erfolgt immer zur Laufzeit. Die $pattern_i$ brauchen somit keine Konstanten zu sein.
4. Pattern werden top-down getestet. Das erste Pattern, das trifft, wird ausgeführt. Der `match`-Ausdruck ist dann beendet, auch wenn nachfolgende Pattern zutreffen würden.
5. Ein Guard – ein `if` mit oder ohne Klammern um die Bedingung – schränkt das Pattern weiter ein. Trifft das Pattern zu, aber der Guard evaluiert zu `false`, ist das Pattern nicht getroffen und die Top-down-Suche wird fortgesetzt (der Guard gehört zum Pattern).
6. Der Wert **`null`** wird von keinem Pattern getroffen, das auf einen Typ prüft. `null` kann nur durch **`case null`** `=> ...` oder durch das *catch-all*-Pattern **`case`** `_ => ...` getroffen werden.
7. Gibt es zu einem Selektor-Wert kein passendes Pattern bzw. `case`, wird eine Ausnahme vom Typ ***`MatchError`*** ausgelöst.

Es folgen weitere Beispiele zu den PM-Regeln.

```
// vorsicht: Compiler meldet Fehler!
def pExample1(x: AnyVal) = x match {
  case 10.0 => println("Double")
  case s: String => println(s toUpperCase) // siehe 1. Punkt
  case _ => println("default")
}
```

In `pExample1` verstößt das zweite `case` gegen die 1. PM-Regel. Der Typ `AnyVal` des Selektors `x` ist kein Supertyp von `String`. Somit meldet der Compiler einen Typ-Fehler.

```
// vorsicht: Compiler meldet Fehler!
def pExample2(x: AnyVal) = x match {
  case i: Int => println("eine Int")
  case _ => println("default")
  case d: Double => println("eine Double")   // siehe 2. Punkt
}
```

In `pExample2` verstößt das letzte `case` gegen die 2. PM-Regel. Es kann von keinem Wert von `x` getroffen werden, d.h. es ist unerreichbarer Code. Der Grund liegt im zweiten `case`, das alle Werte von `x` trifft, sofern sie nicht bereits vom ersten `case` getroffen werden. Der Compiler erkennt dies und meldet „unreachable code“.

```
// vorsicht: logischer Fehler!
def pExample3(x: Int) = x match {
  case i: Int if i>= 0 => println(">= Null")
  case i: Int if i< 0 => println("< Null")
  case _  => println("ein Int")
}
```

In `pExample3` ist das dritte `case` ebenfalls unerreichbar. Dies kann allerdings der Compiler nicht erkennen. Die *Guards* hinter `i: Int` sind nicht statisch, d.h. werden erst zur Laufzeit ausgewertet.

Guard vs. Bedingung

Schreibt man eine einschränkende Bedingung hinter ein Pattern, ist es ein *Guard*. Diese Kondition könnte man sicherlich auch auf die rechte Seite des `case` direkt nach dem Pfeil `=>` platzieren. DieWirkung ist allerdings unterschiedlich zu einem Guard. Schreiben wir zum Vergleich einen Test. Dazu benötigen wir eine Methode `reverse`, die einen String umkehrt (d.h. von hinten nach vorne schreibt).[9] Das lässt sich rekursiv recht einfach erledigen, d.h. sofern man wieder deklarativ vorgeht:

Besteht der String `s` aus mindestens zwei Zeichen, kehre den String ohne das letzte Zeichen um und hänge ihn an das letzte Zeichen (das im neuen String dann das erste ist!). Hat `s` weniger als zwei Zeichen, ist `s` selbst die Lösung.

```
def reverse(s: String): String =
  if (s.length>1)
    s.charAt(s.length-1) + reverse(s.substring(0,s.length-1))
  else
    s
```

Testen wir nun mittels `reverse` und `match`, ob ein String ein *Palindrom* ist, d.h. von vorne und von hinten gelesen gleich bleibt. Der Test auf Gleichheit kann als Guard links oder als Bedingung rechts vom `=>` geschrieben werden.

[9] Die Methode `reverse` gibt es allerdings in Scala schon zu Strings.

```
// die Guard-Version
def pExample4(x: Any) = x match {
  case s: String if s equals reverse(s) => println("Palindrom")
  case _  => println("kein Palindrom")
}

// die Bedingungs-Version
def pExample5(x: Any) = x match {
  case s: String => if (s equals reverse(s))
                      println("Palindrom")
  case _  => println("kein Palindrom")
}

// --- Test ---
pExample4("otto")              → Palindrom
pExample4("hallo")             → kein Palindrom
pExample5("otto")              → Palindrom
pExample5("hallo")             →
```

Das Ergebnis ist aufgrund der 5. PM-Regel verständlich. In `pExample4` gilt für `"hallo"` das erste `case` nicht als Treffer, und somit wird das zweite `case` ausgewertet und trifft natürlich. In `pExample5` ist dagegen das erste `case` bereits ein Treffer. Nur die hinter `=>` stehende Bedingung verhindert die Ausgabe. Aber der `match`-Ausdruck ist damit beendet. Ersetzt man `Any` in `pExample6` durch `String`, wird das letzte `case` nie ausgeführt. Es ist unerreichbar.

```
// Variante zur pExample5
def pExample6(x: String) = x match {
  case s: String => if (s equals reverse(s))
                      println("Palindrom")
  case _  => println("kein Palindrom")
}

// --- Test ---
pExample6("hallo")             →
```

Null, MatchError

Abschließend noch ein Beispiel zur 6. und 7. PM-Regel:

```
 def pExample7(x: Any) = x match {
   // ein unnötiges if
   case s: String => if (s!=null) println(s toUpperCase)
   case a: Any => println(a +" ist vom Typ Any")
   case _ => println("null")

// auch dieser Test ist möglich
// case null => println("null")
```

```
// dagegen wird Typ Null vom Compiler nicht akzeptiert!
// case n: Null => println("null")
 }

// --- Test ---
 pExample7("hallo")  → HALLO
 val s: String = null
 pExample7(s)        → null
```

Selbst bei einer Variablen wie `s` vom Typ `String` wird nicht der Typ `String` getroffen, wenn `s` den Wert `null` hat. Somit ist auch der Test auf `null` im folgenden `if` des ersten `case` überflüssig. Auch der Typ `Any` trifft nicht. Eine `null` kann nur mittels

```
case null => ...
```

oder

```
case _ => ...
```

gematched werden. Leider kann der Typ `Null` selbst nicht beim Matching verwendet werden. Kommentiert man im oberen Beispiel

```
case _ => println("null")
```

ebenfalls aus, führt `pExample7(s)` bei `s= null` zu einem ***MatchError***. Ein `MatchError` wird ja immer dann ausgelöst, wenn es kein `case` gibt, das zum Ausdruck passt! Um diese und die anderen oben angesprochenen Schwierigkeiten beim Pattern Matching zu vermeiden, sollte man wenn möglich versuchen, den nachfolgenden Hinweis beim Pattern Matching umzusetzen:

1.6.4 PM-STABILITÄT

- *vollständig & disjunkt*: Ein Pattern Matching nennt man stabil, wenn es zu jedem Selektor-Wert genau ein Pattern gibt, das diesen Wert trifft.

Ist ein Pattern Matching stabil, kann es erstens keine *MatchErrors* geben und zweitens ändert sich nicht die Semantik des `match`-Ausdrucks bei Umordnungen der `case´`s.

Try-Anweisung

Java führte erstmals mittels *try-catch* explizite Fehlerbehandlung als Sprachkonstrukt bei C-ähnlichen Sprachen ein. Dazu werden Laufzeitfehler – sogenannte Ausnahmen – in Exception-Instanzen gekapselt und implizit vom Laufzeitsystem oder explizit im Code mittels `throw` ausgelöst bzw. „geworfen“. Die Exception-Instanz muss dann durch einen geeigneten Exception-Handler abgefangen und behandelt werden. Dazu wird – beginnend mit der Methode, in der sie ausgelöst wird – ein umgebendes *try-catch* gesucht. Die Exception propagiert dazu notfalls durch alle aufrufenden Methoden (bei dem Haupt-Thread bis zur `main`-Methode). Wird kein passender Exception-Handler gefunden, terminiert der Thread abrupt. Dies stellt sicher, dass zumindest die Art des Fehlers, die Stelle der Auslösung sowie alle beteiligten Methoden zurückverfolgt werden können.

Fatale Fehler vs. Signale

Exceptions kapseln an sich nur fatale Fehler, die im Code, in dem sie auftreten, nicht adäquat behandelt werden können. Dazu zählen insbesondere *IO*-Fehler. Das war zumindest die Philosophie von Java. Allerdings verstößt Java selbst gegen dieses Prinzip und benutzt Ausnahmen in bestimmten Bereichen wie der Thread-Kommunikation eher als Mitteilungs-, denn als Fehlerobjekte. So signalisiert beispielsweise ***ThreadDeath*** in Java die Terminierung (stop of executing) einer Thread. `ThreadDeath` ist vom Typ ***Error*** und nicht `Exception`, damit er nicht versehentlich als `Exception` in einem `catch` behandelt wird.

Checked vs. unchecked Exception

Wie C# unterscheidet Scala nicht zwischen einer *checked* und *unchecked* Exception. In Java dagegen müssen die checked Exceptions – d.h. Exceptions, die keine (Sub-)Typen von `RuntimeException` sind – in ein *try-catch* eingeschlossen werden, sofern sie nicht explizit mittels `throws` an die aufrufende Methode weitergereicht werden. Das führt häufig zu recht eigenartigen *try*-Anweisungen, die mittels leerem *catch*-Teil die ungeliebten Ausnahmen einfach ins „Nirwana" befördern. Scala kennt daher nur unchecked Exceptions und überlässt es dem Programmierer, ob er *try-catch* schreibt oder einfach weglässt.[10]

Try-catch

In Scala ist der `catch`-Teil von `try` ein spezielles Pattern Matching von Exception-Typen:

```
try {
  block0
} catch {
  case e1: Exception1  => block1
  ...
  case en: Exceptionn  => blockn
}
```

Im `case`-Teil kann man optional ohne Angabe einer Exception mittels `case _ =>` alle Ausnahmen abfangen. Wie die anderen Kontrollstrukturen liefert *try-catch* ein Ergebnis. Der Typ des Ergebnisses ist der *„kleinste gemeinsame Typ"* von allen Blocks ($\texttt{block}_0$, ..., $\texttt{block}_n$). Dies ist mit Ausnahme der (primitiven) Zahlen immer der *„kleinste gemeinsame Supertyp"* aller Blocks. Nur bei Zahlen wird anhand des Widening-Graphs (siehe Abbildung 1.5.1) ein gemeinsamer Supertyp im Bereich der primitiven Typen gewählt. Hierzu das erste Beispiel.

```
def testType (j: Int) = {

  // bei der Initialisierung von x wird der Wert r ausgegeben
  // der minimale gemeinsame Typ ist Double und nicht AnyVal
  val x = try {
            val r= 10/j
```

[10] Ein kleines Problem liegt dann wieder im Zusammenspiel zwischen Scala und den Java-Methoden, die checked Exceptions auslösen. Dies ist dann ein geeigneter Einsatz für die Annotation `@throws`.

```
          println("r: "+r)
          r
        } catch {
          case _ => Double.NaN
        }

  // bei der Initialisierung von y wird der Wert r ausgegeben
  // wie bei x ist der Typ von y Double, hier explizit angegeben
  val y: Double = try {
                    val r= 10/j
                    println("r: "+r)
                    r
                  } catch {
                    case _ => Double.NaN
                  }

  // AnyVal als gemeinsamer Supertyp ist ok. Somit werden
  // hier für z Int-Werte wie auch Double-Werte akzeptiert
  val z: AnyVal = try {
                    val r= 10/j
                    println("r: "+r)
                    r
                  } catch {
                    case _ => Double.NaN
                  }

// --- der Test ---
  println(x.isInstanceOf[Int]+ " x: "+x)
  println(x.isInstanceOf[Double]+ " x: "+x)
  println(y.isInstanceOf[Int]+ " y: "+y)
  println(y.isInstanceOf[Double]+ " y: "+y)
  println(z.isInstanceOf[Int]+ " z: "+z)
  println(z.isInstanceOf[Double]+ " z: "+z)
}

// --- die Ausführung ---
testType(3)       → r: 3
                    r: 3
                    r: 3
                    false x: 3.0
                    true x: 3.0
                    false y: 3.0
                    true y: 3.0
                    true z: 3
                    false z: 3
testType(0)       → false x: NaN
                    true x: NaN
                    false y: NaN
                    true y: NaN
                    false z: NaN
                    true z: NaN
```

Der erste Test `testType(3)` zeigt, dass zuerst eine `Int`-Division erfolgt und dann anschließend im impliziten Fall (keine Angabe des Ergebnistyps) wie auch im expliziten Fall (Ergebnistyp `Double`) eine Umwandlung nach `Double` erfolgt. Wird dagegen der gemeinsame Supertyp `AnyVal` als Ergebnistyp gewählt, wird das Ergebnis `r` nicht konvertiert und als `Int` herausgereicht.

Das folgende Beispiel zeigt, wie man verschiedene Ausnahmen abfängt. Dabei muss man darauf achten, dass aufgrund der `Exception`-Hierarchie die `case`-Fälle nicht disjunkt sind (siehe dazu auch *PM-Stabilität* in IBox 1.6.4).

```
def convTo(s: String) =

  // das Resultat von convTo ist vom Typ Double
  try {
    s.toDouble
  } catch {
  //  Das folgende case wäre nicht sehr klug, siehe Erklärung unten!
  //  case e: Exception => -1.0
      case e: NullPointerException => 0.0
      case e: IllegalArgumentException => Double.NaN
  }
}

// --- Test ---
val d: Double= convTo("123.4f")

println(d)                          → 123.4
println(convTo("1g"))               → NaN
println(convTo(null))               → 0.0
```

Bei der Reihenfolge der Exception ist Vorsicht geboten. Spezielle Exceptions müssen vor generelleren aufgeführt werden. Ansonsten ist ein `case` mit einer spezielleren Exception nicht mehr erreichbar. Kommentiert man im letzten Beispiel das erste `case e: Exception` ein, wird im Fehlerfall nur noch `-1.0` zurückgegeben. Die beiden nachfolgenden `case`'s sind nicht mehr erreichbar.

Finally-Varianten

Neben dem reinen *try-catch* gibt es noch zwei Varianten.

```
try { block }
finally { finalexpr }
```

oder

```
try { block }
catch { exceptionClause }
finally { finalexpr }
```

Die Wirkung von `finally` besteht darin, dass unabhängig von der Ausführung des *blocks* bzw. der *exceptionClause* immer *finalexpr* als Letztes ausgeführt wird, selbst wenn eine Exception ausgelöst und nicht behandelt wird. Allerdings ist das genaue Verhalten recht subtil, da in *finalexpr* ja ebenfalls wieder eine Exception auftreten könnte. Die beiden nachfolgenden Beispiele behandeln nur den „Normalfall“.

```
// 1.Beispiel: try-finally
//             die geschweiften Klammern können bei einer
   Anweisung
//             jeweils hinter try und finally weggelassen werden
def testFin1 = {

  // nur println("<finally>") gehört zu finally
  // println(i) wird nicht ausgeführt, da die nicht
  // behandelte Exception nur noch finally zulässt.
  val i= try
         10/0
       finally
         println("<Finally>")
  println(i)
}

// --- Test ---
testFin1
→ <Finally>
  Exception in thread "main" java.lang.ArithmeticException: / by
     zero
  ...


// 2. Beispiel: try-catch-finally
//              hier mit geschweiften Klammern
def testFin2 = {

  val d= try {
   10.0/0
  } catch {
    // case _ behandelt jede Art von Exception
    case _ => Double.PositiveInfinity
  } finally {
    println("<Finally>")
  }

  // wird in diesem Fall ausgeführt!
  println(d)
}

// --- Test ---
testFin2        → <Finally>
                  Infinity
```

Die Konsolausgabe des zweiten Beispiel zeigt erstens, dass die Exception in `catch` behandelt wurde und zweitens, dass `finally` ausgeführt wird, bevor das Ergebnis von `try` der Variablen `d` zugewiesen wird.

Throw-Anweisung

Bisher wurden die Ausnahmen vom Laufzeitsystem ausgelöst. Mittels `throw` kann gezielt für eine bestimmte Fehlersituation eine `Exception`-Instanz erzeugt und ausgelöst werden.

`throw exceptionExpr`

`exceptionExpr` kann entweder `null` oder ein Subtyp von ***`Throwable`*** – dem Basistyp aller Ausnahmen – sein. Interessant ist, dass `throw` ein Ergebnis vom Typ `Nothing` liefert. Dazu ein Beispiel.

```
object TestExc1 {
  import scala.math.random

  // zum Test wird der Typ Nothing des Resultats explizit gesetzt
  // if sowie else brechen beide mit einer Exception ab
  def testThrow1: Nothing =
                  if (random < 0.5)
                    throw null
                  else
                    throw new Exception("random >= 0.5")

  def main (args: Array[String]) = {
    testThrow1
    println("ende")
  }
}

// --- Ausführung von TestExc1 ---

// 1. mögliche Ausgabe:
→ Exception in thread "main" java.lang.Exception: random >= 0.5
    ...

// 2. mögliche Ausgabe:
→ Exception in thread "main" java.lang.NullPointerException ...
```

Beim Aufruf `TestExc1` wird keinesfalls die Anweisung `println("ende")` ausgeführt.

Der folgende leicht geänderte `TestExc2` zeigt neben einem weiteren Einsatz von `finally` die explizite Verwendung von `Unit` und die Eigenschaften von `Nothing` als Basistyp.

```
object TestExc2 {

  def testThrow2: Double = {
    val rand= Math.random
    if (rand<0.5)
      // liefert Ergebnis vom Typ Double
      rand
    else
      // liefert Ergebnis vom Typ Nothing
      throw new Exception("random >= 0.5")
  }
```

```
  def main(args: Array[String]): Unit = {
    var d= -1.0
    val u: Unit = try {
                    // Zuweisungen liefern den Typ Unit
                    d= testThrow2
                  }
                  finally
                    // println liefert ebenfalls den Typ Unit
                    println(d)

    // u ist vom Typ Unit und liefert den Wert ()
    u
  }
}

// --- Ausführung von TestExc2 ---

// 1. mögliche Ausgabe:
// aufgrund der Exception behält d den Wert -1.0
→  -1.0
   Exception in thread "main" java.lang.Exception: random >= 0.5

// 2. mögliche Ausgabe:
// d wird auf den random-Wert unter 0.5 gesetzt
→  0.39124005574935083
```

Die Methode `testThrow2` hat den Ergebnis-Typ `Double`, der somit auch von *if-else* geliefert werden muss. Der Typ-Check zeigt: Der `if`-Zweig liefert den Typ `Double`, der `else`-Zweig den Typ `Nothing`. Da `Nothing` der Subtyp von allen Typen, also auch von `Double` ist, ist der gemeinsame Typ von *if-else* somit ebenfalls `Double`.

Um hervorzuheben, dass die `main`-Methode auch `Unit` liefert, wird in `TestExc2` der Ergebnistyp explizit geschrieben. `Unit` ist ein vollwertiger Typ. Um wiederum auch dies zu demonstrieren, wird in `main` explizit ein `val u` vom Typ `Unit` angelegt, dem nur der einzig mögliche `Unit`-Wert `()` zugewiesen werden kann. Der *try*-Zweig sowie der *finally*-Zweig müssen somit beide den Wert `()` liefern. Die Methoden `print` bzw. `println` haben beide den Ergebnistyp `Unit`. Allgemein gilt:

1.6.5 Zuweisungen haben den Typ Unit

Im Gegensatz zu C, C++ oder Java liefert eine Anweisung immer den **`Unit`**-Wert **`()`**. Der Wert einer Zuweisung kann somit nicht in der typischen C-Manier weiter verwendet werden (was auch gegen das Prinzip Clean Code verstößt!).

Kommt man insbesondere von C/C++ oder Java, ist diese Regel eine überraschende Hürde und soll deshalb anhand einer `while` Schleife – in typischer C-Manier geschrieben – demonstriert werden.

```
def testEoS = {
  val EoS= '\u0000'
  //  ein C-String endet immer mit einem EoS-Zeichen
  //  somit besteht ein leerer String in C immer aus einem Zeichen
      EoS
  val s= "abc"+ EoS
  var i= 0
  var c= EoS

  // die folgende Art ist in C++ und Java durchaus üblich!
  // sie führt in Scala zu einer StringIndexOutOfBoundsException
  while ((c= s.charAt(i)) != EoS) {
    print(c)
    i+=1
  }
}

// --- die Warnung vom Compiler (passend umgebrochen) ---
→ warning: comparing values of types Unit and Char using '!=' will
  always yield true
  while ((c= s.charAt(i)) != EoS) {

// --- Ausführung (passend umgebrochen) ---
testEoS
→ abcException in thread "main"
  java.lang.StringIndexOutOfBoundsException:
  String index out of range: 4
```

Da `c= s.charAt(i)` den Wert `()` hat, ist der Vergleich `(c= s.charAt(i)) != EoS` immer `true` und die `while`-Schleife wird (nach Ausgabe von `abc`) nur aufgrund einer Index-Überschreitung mit einer Ausnahme beendet.

Dies führt dann zu der `StringIndexOutOfBoundsException`. Somit muss man so etwas zumindest als Schleife ein wenig länger schreiben.

```
c= s.charAt(i)
while (c != EoS) {
  print(c)
  i+=1
  c= s.charAt(i)
}
```

Die letzte Version gehört in den Bereich von *Clean Code*. Sie ist sofort verständlich und leichter zu warten (wobei C-Programmierer das anders sehen!).

In- und Dekrementieren

Es gibt keine unären Inkrement- bzw. Dekrement-Operatoren `++` bzw. `--` in Scala. Somit muss man anstatt `i++` bzw. `i--` entweder `i= i+1` oder `i+= 1` bzw. `i=i-1` oder `i-=1` schreiben. Aus FP-Sicht machen unäre Operatoren keinen Sinn, da sie nur per Seiteneffekt den Wert der

Variablen verändern. Aber genau das ist in puren funktionalen Programmiersprachen (wie Haskell) nicht erlaubt, da es dort nur Variablen vom Typ `val` und nicht `var` gibt. Deswegen sollte man auch Laufvariablen wie `i` vermeiden, die man in Schleifen inkrementiert bzw. dekrementiert.[11] Scala lässt dem Programmierer als Hybridsprache natürlich die Wahl.

Break, continue

Was ist mit *`break`* und *`continue`*? Diese Konstrukte werden überwiegend in Schleifen verwendet und Schleifen sind in FP verpönt. Also wurden sie kurzerhand aus der Sprache entfernt. Allerdings erlaubt Scala, dass man selbst diese Art von Konstrukte so implementiert, als wären sie in der Sprache fest eingebaut. Genau das wurde mit `break` getan und deshalb taucht in den Sourcen der Scala-Bibliotheken häufiger `break` wieder auf.[12]

For-Comprehension

Die bisherigen Hinweise deuten schon darauf hin, dass *while*-Schleifen nicht die erste Wahl sind. Sie sind als eine Art von Reminiszenz an die imperative Vergangenheit in Scala erhalten geblieben. Dies erleichtert den Umstieg von C oder Java ungemein. Denn FP-Sprachen leiden unter dem Image des schwer begreifbaren „It's hard to comprehend".[13]

Die *for-Comprehension* sollte dagegen wie *LINQ* in C# leicht zu verstehen sein. *LINQ* steht für ***L**anguage **In**tegrated **Q**uery* und hat große Gemeinsamkeitn mit *SQL*, der deskriptiven Abfragesprache einer relationalen Datenbank. Im Gegensatz zu *LINQ* sieht `for` in Scala bei einfacher Verwendung wie die guten alten *for*-Schleifen von C++ odert Java aus. Nur die Syntax hat sich ein wenig geändert. Hier zwei Basis-Varianten:

```
for (p <- genExpr)
  expr
```

oder

```
for (p <- genExpr if boolExpr)
  expr
```

Der Teil `p <- genExpr` wird ***Generator*** genannt, da `genExpr` sukzessive Werte erzeugt, die an `p` gebunden werden. In der zweiten Variante wird `genExpr` noch um einen ***Guard*** ergänzt, d.h. die Bedingung `boolExpr` muss für jeden Wert `p` erfüllt sein: In `expr` kann dann über `p` auf die Werte zugegriffen werden. `genExpr` kann null bis beliebig viele Werte erzeugen und ist häufig eine Sequenz. Beispiele sind Strings, d.h. Zeichensequenzen, Dateien oder beliebige Kollektionen wie Arrays, Listen, Mengen, etc. Transformieren wir die *while*-Schleife im letzten Beispiel in eine *for*-Comprehension.

Nachfolgend zwei Alternativen (die Ausgaben wurden weggelassen).

[11] Sicherlich taucht immer wieder die Frage nach dem *Warum* auf. Die Antwort darauf: Explizite Schleifen erschweren oder verhindern die Verteilung auf Multi-Cores. Man deklariert nicht, was man haben möchte, sondern gibt sogar noch an, wie man dies erreichen will, nämlich durch Laufvariablen, mit der man sequenziell – nur von einer Thread aus – inkrementiert bzw. dekrementiert.

[12] Diese Art der Implementierungen wird im 2. Kapitel ausführlich behandelt!

[13] Insbesondere entsteht der Eindruck des *Elitären*, wenn man von OO kommend erstmalig mit Haskell-Codierern spricht.

```
val EoS= '\u0000'
val s= "abc"+ EoS

// lange Form mit val:
// for (val c: Char <- s)
for (c <- s)
  if (c!= EoS)
    print(c)

// lange Form mit val und Guard
// for (val c <- s if c!= EoS)
for (c <- s if c!= EoS)
  print(c)
```

Da `c` eine `val`-Variable ist, kann `c` in dem anschließenden Ausdruck nur gelesen und nicht geschrieben werden.

For mit Range

In Verbindung mit einer `Range` kann eine *for-Comprehension* sehr traditionell verwendet werden. Dabei wird eine besondere Art von Sequenz, eine sogenannte `Range` verwendet. Eine `Range` entsteht durch die Verwendung von `to` und `until` in Verbindung mit `Int`-Werten.

```
val s= "abc"

println(0 to 5)                  → Range(0, 1, 2, 3, 4, 5)
println(0.until(5))              → Range(0, 1, 2, 3, 4)
println(0 to s.length)           → Range(0, 1, 2, 3)
println(1 until s.length)        → Range(1, 2)

for (i <- 0 until s.length-2)
  print(s.charAt(i))             → ab
println
for (i <- 0 to s.length-2)
  print(s.charAt(i))             → abc
```

Obwohl `to` und `until` wie Operatoren aussehen, die in die Sprache Scala fest eingebaut sind, handelt es sich nur um normale Methoden, zugehörig zum Typ `Int`. Somit ist `0 to 5` nur ***Syntactic Sugar***, eine benutzerfreundliche Syntax für den normalen Methodenaufruf `0.to(5)`. Die Methoden `to` bzw. `until` liefern als Ergebnis eine Instanz von Typ `Range`, d.h. ein ganzzahliges Intervall inklusive bzw. exklusive der oberen Grenze.

Generatoren mit Guards

Generatoren können mehr als einmal in einer *for-Comprehension* vorkommen

```
for (p1 <- genExpr1; p2 <- genExpr2; ...)
  expr
```

Nach der Code-Convention werden die Generatoren in geschweiften Klammern ohne Semikolon über mehrere Zeilen verteilt:

```
for { p1 <- genExpr1
      p2 <- genExpr2
      ... }
  expr
```

Ein Beispiel mit Arrays in Arrays, d.h. Matrizen:

```
val matrix= Array(Array(1,2,3),Array(4,5,6))
var sum= 0

for (row <- matrix; e <- row)
  sum+= e

println(sum)     → 21

for {row <- matrix
     e   <- row}
       sum+= e

println(sum)     → 42
```

Um die Elemente der `2x3`-Matrix zu summieren, müssen die Zeilen und Spalten von `matrix` durchlaufen werden. Für jede Zeile `row` werden zuerst alle Elemente `e` der Zeile generiert, bevor eine weitere Zeile `row` von `matrix` generiert wird. Dies entspricht exakt auch der Wirkung von zwei ineinander geschachtelten *for*-Schleifen. Störend ist nur die Variable `sum`, um manuell die Addition durchführen zu können. Da `sum` nicht zur *for*-Comprehension gehört, können sich leicht Fehler bei der Verwendung einschleichen. Oben wurde beispielsweise `sum` vor der zweiten *for*-Comprehension – wohl eher aus Versehen – nicht wieder auf `0` zurückgesetzt. In produktivem Code sind `var`-Variablen, die mehrfach verwendet werden, oftmals eine böse, da schwer zu lokalisierende Fehlerquelle. Als Nächstes zwei Generatoren mit einem Guard:

```
for { i <- 1 to 5
      j <- 2 to 5
      if i%j == 0
    }
  print(i+","+j+"  ")          → 2,2  3,3  4,2  4,4  5,5
```

For mit immutable Variablen

Es fehlt noch die Möglichkeit, in einer *for*-Comprehension Werte zu berechnen, die dann in einem Guard oder dem *for*-Körper benutzt werden können. Das ist möglich:

```
for { ...
      val definition
      ... }
  expr
```

Hierzu ein erstes Beispiel:

```
val mailArr = Array("name1@addr1.org", "name2@addr2.com",
                    "name3@addr3.de",  "name4@addr2.edu")
for { m <- mailArr
      // Anlage einer val dom
      dom= m.substring(m.lastIndexOf('.')+1,m.length)

      // equals und == sind äquivalent!
      if (dom equals "org") || dom == "edu"

      // Anlage einer val name
      name = m.substring(0, m.indexOf('@'))
    }
  println(dom+": "+name)          → org: name1
                                    edu: name4
```

Yield: Kollektion der interessanten Werte

Wie auch in den vorherigen Beispielen wurde mit `print` bzw. `println` gearbeitet, um die Ergebnisse direkt auszudrucken. Das ist in produktivem Code reichlich unrealistisch! In den wenigsten Fällen benötigt man eine sequenzielle Konsolausgabe. Nur in Lehrbüchern sind `println` ungemein beliebt, da sie sofort die Wirkung des Codes demonstrieren, in realen Anwendungen ist dagegen für Ausgaben eine GUI oder ein Browser zuständig. Also benötigt man das gesamte Ergebnis der *for*-Comprehension. Das Ergebnis muss einer Variablen übergeben werden oder als Ergebnis einer Funktion zurückgeliefert werden können.

Genau hierzu steht das Schlüsselwort ***`yield`*** zur Verfügung, welches alle nach `yield` spezifizierten Werte in einer passenden Kollektion sammelt. Die Syntax hierzu:

```
for ( p <- genExpr )
  yield expr
```

Ändern wir den letzten Code ein wenig ab:

```
val mailArr = Array("name1@addr1.org", "name2@addr2.com",
                    "name3@addr3.de",  "name4@addr2.edu")

// Iteration über ein Array führt als Ergebnis zu einem Array
val res1= for { m <- mailArr
                dom= m.substring(m.lastIndexOf('.')+1,m.length)
                if (dom equals "org") || dom == "edu"
                name = m.substring(0, m.indexOf('@')) }
            yield (dom+": "+name)

// deep stellt auch mittels toString die Array-Elemente dar
println(res1.deep toString)
        → Array(org: name1, edu: name4)
```

```
// Iteration über eine Liste führt als Ergebnis zu einer Liste
val res2= for { m <- mailArr.toList
                dom= m.substring(m.lastIndexOf('.')+1,m.length)
                if (dom equals "org") || dom == "edu"
                name = m.substring(0, m.indexOf('@'))
              }
            yield (dom+": "+name)

println(res2 toString)                 → List(org: name1, edu: name4)
```

`yield` wählt die Ergebnis-Kollektion passend zur Sequenz, die durchlaufen wird.

Ein Beispiel aus der diskreten Mathematik

for-Comprehensions sind auch ideale Partner für die diskrete Mathematik. Denn die Algorithmen werden gerne in deklarativer bzw. rekursiver Form angegeben. Deshalb abschließend zwei Varianten zu der folgenden Aufgabe, die auch für mathematisch nicht Interessierte leicht verständlich ist. Zuerst eine Definition:

Coprime nennt man eine Zahl `p` zu einer Zahl `n` genau dann, wenn der *größte gemeinsame Teiler* **`gcd(n,p)`** gleich `1` ist.

Nun die Aufgabe: Bestimme alle Coprimes zu den ersten `n` natürlichen Zahlen. Zum besseren Verständnis nachfolgend eine Tabelle zu `n=8`:

n	*Coprime zu n*
1	1
2	1
3	1,2
4	1,3
5	1,2,3,4
6	1,5
7	1,2,3,4,5,6
8	1,3,5,7

Zuerst die unvermeidliche, aus allen Lehrbüchern bekannte rekursive Lösung zum `gcd`, gefolgt von der ersten Lösungs-Variante in genau einer `println`-Anweisung:

```
def gcd(a: Int, b: Int): Int =  if (b == 0) a else gcd(b, a % b)

println( for { i <- 1 to 8
               j <- 1 to i
               if gcd(i,j)==1 } yield j )
→ Vector(1, 1, 1, 2, 1, 3, 1, 2, 3, 4, 1, 5, 1, 2, 3, 4, 5, 6, 1, 3, 5, 7)
```

Wie oben bereits angemerkt, liefern `to` bzw. `until` Objekte vom Typ `Range`. Als Ausgabe kann kein `Range` gewählt werden. Aber auch `Array` wird als eine mutable (veränderbare)

Kollektion als ungeeignet erachtet. Deshalb fiel die Wahl auf `Vector`, die immutable `Array`-Variante.

Was im Vergleich zu der Tabelle negativ auffällt, ist allerdings die Tatsache, dass die Ausgabe die Zuordnung der Coprimes zu dem jeweiligen `n` nicht explizit wiedergibt. Die folgenden Code-Varianten beheben auch diesen Schönheitsfehler.

```
println( ( for { i <- 1 to 8
                 cprimes= ( for { j <- 1 to i
                                  if gcd(i,j)==1 } yield j ).toList
               } yield cprimes ).toList )

println( ( for { i <- 1 to 8
                cprimes= for { j <- 1 to i
                               if gcd(i,j)==1
                             } yield j
               } yield cprimes ).toList )

// die Ausgabe ist passend umgebrochen
→ List(Vector(1), Vector(1), Vector(1, 2),
       Vector(1, 3), Vector(1, 2, 3, 4), Vector(1, 5),
       Vector(1, 2, 3, 4, 5, 6), Vector(1, 3, 5, 7))
```

Im ersten `yield` werden die Coprimes zu `i` in einem `Vector` festgehalten. Im zweiten `yield` wird mittels `toList` eine Liste als äußere Kollektion erzwungen.

Verwandtschaft mit SQL

Das abschließende Beispiel zeigt die Verwandtschaft der for-Comprehension mit LINQ von C# und der Datenbanksprache SQL. In SQL werden Datenbank-Abfragen bekanntlich mittels SELECT formuliert. Hat man beispielsweise zwei Tabellen `Citizen(name,male,nation)` und `Country(id)` und möchte alle männlichen Bürger aus der *BRD* selektieren, kann eine SQL-Abfrage wie folgt formuliert werden:

```
SELECT c.* FROM citizen c JOIN Country n ON c.nation= n.id
           WHERE c.male= true AND n.id= 'BRD'
```

Legt man analog zu den Tabellen zwei Klassen `Citizen` und `Country` mit zugehörigen Listen an, kann diese Abfrage auf eine *for*-Comprehension abgebildet werden. Da Klassen und Konstruktoren erst im folgenden Abschnitt besprochen werden, sind sie im Beispiel nur sehr rudimentär implementiert. Allerdings geht es hier ja auch nur um die Abfrage.

```
def testSQL = {

  class Citizen(val name: String, val male: Boolean, val nation: String) {
    override def toString= name+ "("+(if (male) "m" else "w")+")"
  }

  class Country(val id: String) {
    override def toString= id
  }
```

```
  val persons= List(new Citizen("Maier",true,"BRD"),
                    new Citizen("Brown",true,"GB"),
                    new Citizen("Wolter",false,"BRD"),
                    new Citizen("Porter",false,"USA"),
                    new Citizen("Tobin",true,"BRD"))

  val nations= List(new Country("BRD"),new Country("GB"),
                    new Country("USA"))

  val citizen = for { p <- persons
                      if p.male
                      n <- nations
                      if n.id == "BRD"
                      if p.nation == n.id } yield p +" "+n.id

  println(citizen)  → List(Maier(m) BRD, Tobin(m) BRD)
}
```

Dieses letzte Beispiel zeigt wieder den deklarativen Charakter „Was will man haben" im Gegensatz zu „Wie berechnet man das Ergebnis" der for-Comprehension.

1.7 Member: Felder & Methoden

Abgesehen vom letzten Beispiel haben wir uns bisher auf `AnyVal`- und `String`-Typen sowie bekannte Kollektionen wie Arrays und Listen konzentriert. Dies reichte, um die Kontrollstrukturen vorzustellen. Nun wenden wir uns der Konstruktion eigener Klassen zu.

Gegenüber Java oder C++, die zwischen primitiven Typen und Referenz-Typen unterscheiden, ist Scala eine *reine* OO-Sprache. „Alles ist ein Objekt!" Sonst könnte man wohl kaum `1 to 10` schreiben, was nichts anderes als ein Aufruf der Methode `to` des Typs `Int` ist. Es ist nur die elegante Form von `1.to(10)`. Wenden wir uns zuerst der Definition von Klassen zu. Bisher wurden in den Beispielen ausschließlich lokale Variablen in Methoden verwendet, die direkt in Singleton-Objekte vom Typ `object` definiert wurden. Lokale Variablen referenzieren wie in C# oder Java die zugehörige Speicherstelle direkt, unabhängig davon ob sie als `var` oder `val` definiert sind. Dies steht im Gegensatz zu Feldern von Instanzen bzw. Objekten.

Einfache Klassen-Definition

Eine Klasse bzw. ein Singleton-Objekt kann neben Methoden auch Felder enthalten. Ihre Aufgabe ist es, den Zustand jeder Instanz bzw. jedes Singleton-Objekts festzuhalten. Hier weist Scala gegenüber OO-Sprachen wie C++ oder Java Besonderheiten auf, die im weiteren besprochen werden.

Die Basissyntax zu einer einfachen Klasse `ClassName` mit öffentlichen Feldern und Methoden sieht wie folgt aus:

1.7.1 Einfache Klasse mit öffentlichen Feldern und Methoden

```
class ClassName {
  val roField: fldType = initExpr      // read-only
  ...
  var rwField: fldType = initExpr      // read-write
  ...
  def method(...): mType = ...
  ...
}
```

- Der Typ **`fldType`** kann bei Feldern vom Compiler aufgrund der Initialierung **`initExpr`** – sofern gegeben – ermittelt werden.
- Bei Methoden sind die Klammern nur notwendig, sofern sie Parameter besitzen.
- Der Ergebnistyp **`mType`** kann vom Compiler ermittelt werden, sofern die Methode *nicht-rekursiv* ist und kein **`return`** enthält.

Diese Klassendarstellung ist deshalb einfach, da sie noch keine Syntax für explizite Vererbung einbezieht. Allerdings ist auch eine einfache Klasse wie `ClassName` in IBox 1.7.1 bereits in eine Hierarchie eingebettet. So wie in Java jede Klasse implizit von `Object` als Superklasse abgeleitet wird, hat jede Scala-Klasse `Any`, `AnyRef` und `ScalaObject` als Superklassen (siehe Abbildung 1.7.1).

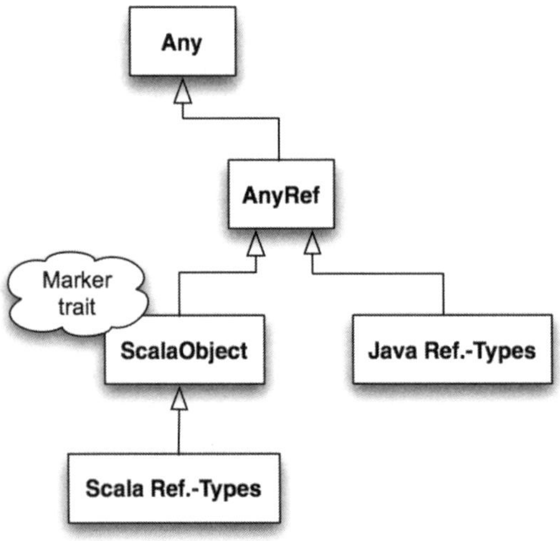

Abbildung 1.7.1: Scala- und Java-Referenz-Typen

Um diese Supertyp-Beziehungen zu zeigen, wählen wir den einfachsten Fall. Im folgenden Beispiel besteht die Klasse `DoNothing` nur aus dem Schlüsselwort `class` und ihrem Namen.

```
package part01

object Main {

  def test = {
    class DoNothing

    // Anlage einer Instanz
    val dn= new DoNothing

    // Ausgabe des zur Klasse DoNothing gehörigen class objects
    println(classOf[DoNothing]) → class part01.Main02$DoNothing$1

    // Ausgabe des zur Instanz gehörigen Class-Objekts
    println(dn.getClass)          → class part01.Main02$DoNothing$1

    // Ausgabe der Instanz selbst: Klasse mit angehängtem Hashcode
    println(dn)                   → part01.Main02$DoNothing$1@1f5b0afd

    // Prüfungen einer DoNothing-Instanz auf Klassen-Zugehörigkeit
    println(dn.isInstanceOf[Any])                          → true

    println(dn.isInstanceOf[AnyRef])                       → true

    // Anlage und Verwendung in einem
    println(new DoNothing().isInstanceOf[ScalaObject])     → true

    println("hello".isInstanceOf[ScalaObject])             → false

    println("hello" getClass)    → class java.lang.String
  }

  def main(args: Array[String]) = {
    test
  }
}
```

An der Ausgabe erkennt man die o.a. Beziehungen. `ScalaObject` ist dabei ein ***Trait***, eine besondere Art von Klasse. Er dient in diesem Fall nur als *Marker* dazu, Scala-Klassen von den Java-Klassen der Infrastruktur zu unterscheiden. Somit ist `ScalaObject` ein

Marker Ein Interface (in Java) bzw. ein Trait (in Scala) dient dazu, Klassen in zwei *disjunkte* Gruppen von Typen einzuteilen.

Typische Beispiele sind in Java `Serializable` oder `Cloneable`. Diese beiden Marker werden in Scala durch eine Annotation `@serializeable` und `@cloneable` ersetzt. Annotationen, die vom Compiler ausgewertet werden, haben gegenüber Markern den Vorteil, den Code nicht zu verändern, sondern nur mit Zusatzinformationen auszustatten (Annotationen werden in Abschnitt 2.19 besprochen). Wie man an der letzten beiden Ausgaben erkennt, ist ein `String` keine Instanz einer Scala-Klasse, sondern eine Instanz von `java.lang.String`.

Abstrakt vs. konkret

Im Zusammenhang mit Klassen benötigt man noch die Begriffe *abstrakt* und *konkret*.

1.7.2 Abstrakte vs. konkrete Member

Eine Klasse kann abstrakte Member – Felder und/oder Methoden – besitzen:

```
abstract class AbstractClass {
  val/var abstractField: fldType
  ...
  def abstractMethod (...): mType
  ...
}
```

- Abstrakte Felder haben nur einen Typ, aber keinen Wert, abstrakte Methoden haben keine Implementierung.
- Besitzt eine Klasse mindestens einen abstrakten Member, muss sie dies mit `abstract class` ankündigen.
- Eine Klasse, die nicht `abstract` deklariert ist, nennt man ***konkret***. Nur von konkreten Klassen können mittels `new` Instanzen angelegt werden.
- Ein ***Singleton-Objekt*** wird wie eine konkrete Klasse definiert, wobei `class` durch `object` ersetzt wird. Die Anlage des Objekts geschieht automatisch, `new` entfällt somit.

Dazu ein sehr einfaches Beispiel:

```
// diese Klasse muss aufgrund des Feldes abstrakt erklärt werden:
abstract class AbstrCls1 {
  val i: Int
}

// diese Klasse muss aufgrund der Methode abstrakt erklärt werden:
abstract class AbstrCls2 {
  def f: Int
}

// Obj darf keine abstrakten Member haben
// Obj wird ohne new automatisch erzeugt
object Obj {
  // ohne Long würde i vom Type Int sein
  val i: Long = 1

  // die Typ-Angabe String ist dagegen überflüssig
  def f: String = "String"
}
```

1.8 Class-Basics

In diesem Abschnitt werden hauptsächlich anhand von drei Versionen einer Klasse `Student` und einer „Laborratte" `Complex` die allgemeinen Grundlagen zu Klassen behandelt. Das umfasst u.a. Initialisierung, Overriding, Konstruktoren, Gleichheit und Cloning. Starten wir mit den ersten beiden Begriffen. Bei der Anlage von konkreten Feldern, deren Werte vorläufig sein sollen, hat man folgende Option.

1.8.1 Default-Initialisierung & null

- Bei `var`-Feldern ist der Unterstreichungsstrich _ als Default-Wert möglich, und – sofern vom Typ `AnyRef` – auch der Wert `null`. Für `val`- Felder ist die Initialisierung mit _ nicht erlaubt.
- Der Unterstreichungsstrich steht bei `AnyVal` Typen für `0`, `0.0` oder `false` und bei `AnyRef` Typen für `null`.
- Die Bedeutung von **`null`** ist ***ungültig*** bzw. ***Fehler***.

Die Initialsierung mit _ oder `null` mag bequem sein, sollte aber möglichst vermieden werden. Insbesondere ist die Initialisierung mit `null` für `val` unsinnig.

Override

OO ist quasi ein Synonym für Typ- oder Klassen-Hierarchien. Dabei „vererben" Superklassen an die Subklassen ihr Verhalten in Form von Methoden (wobei allerdings auch ihre Felder implizit übertragen werden). Das Verhalten ist dabei in der Regel in den Subklassen anzupassen, d.h. die Methoden müssen mit einem anderen Verhalten überschrieben werden. Dabei unterscheidet Scala Methoden, die im Supertyp implementiert sind von denen, die abstrakt deklariert wurden.

1.8.2 Override: Konkret vs. Abstrakt

- Hat eine Methode einer Subklasse die gleiche Signatur[a] wie die einer Superklasse, spricht man von ***Override*** bzw. ***Überschreiben***.
- Wird eine konkrete Methode einer Superklasse in einer Subklasse überschrieben, muss die Methode mit dem Schlüsselwort **`override`** gekennzeichnet werden.

[a] siehe zum Begriff der Signatur auch die IBox 1.1.1

Somit müssen alle konkreten Methoden in `Any` wie beispielsweise `toString` beim Überschreiben mit `override` gekennzeichnet werden. Ein Grund für diese Änderung (gegenüber Java) besteht darin, dass eine fehlerhafte Signatur beim Überschreiben vom Compiler als Fehler erkannt wird.

Value-Objekte

Eine besonders einfache Art von Klassen bezeichnet man mit

Value-Objekt, die – mit Ausnahme der von `Any` geerbten Methoden – nur aus Feldern bestehen.

Value-Objekte bestehen im Prinzip nur aus Feldern, die man setzen oder lesen kann. Nachfolgend die erste Version `Student1` mit vier Feldern als Value-Objekt:

```
import java.util.Date

class Student1 {
  var matrNum= 0
  var name= "?"

  // abstrakte Felder sind nicht zulässig!
  // var name: String

  // ein immutable birthday mit Wert null ist unsinnig!
  // val birthday: Date= null

  // Compiler warning:
  // der Date-Konstruktor ist in Java deprecated, siehe unten
  var birthday = new Date(0,0,0)

  var age= 0

  // override ist ein Schlüsselwort und hier notwendig
  override def toString=
      "Student("+ matrNum+", "+name+", "+birthday+", "+age +")"
}

// --- ein Test ---

val stud= new Student1
println(stud)            → Student(0, ?,
                           Sun Dec 31 00:00:00 CET 1899, 0)

stud.matrNum= 123456
stud.name= "Eva Meier"

// Date-Konstruktor ist in Java deprecated, siehe unten
stud.birthday = new Date(89,7,15)

// die Initialisierung des Alters ist einfach, aber keine gute Idee
stud.age= 20

// Überraschung: 7 steht für August
println(stud)           → Student(123456, Eva Meier,
                                  Tue Aug 15 00:00:00 CEST 1989, 20)
```

Die Klasse `Student1` ist offensichtlich ein Value-Object. Die auskommentierte nicht initialisierte Version `var name: String` würde vom Compiler nur akzeptiert, außer `Student1` wäre `abstract` definiert. Auch die Initialisierung eines `val`-Werts `birthday` mit `null` wäre reichlich unsinnig. Die Methode `toString` der Basisklasse `Any` übernimmt wie in Java die Aufgabe, jede Instanz einer Klasse in eine `String`-Repräsentation umzuwandeln. Anhand des Tests ist folgende Kritik erlaubt.

Kritik an Student1

Die Klasse `Student1` zeigt große Design-Schwächen:

1. Der Ausdruck `new Student1` erzeugt einen ungültigen Studierenden. Erst wenn nachfolgend alle vier Zuweisungen korrekt erfolgt sind, ist die Instanz gültig.
2. Das Setzen des Geburtsdatums ist „grauenvoll", auch `new Date(-100,100,1000)` würde akzeptiert werden. Bei der Angabe `Date(jj,mm,tt)` muss für Januar `mm= 0` gesetzt werden. In Java wurde diese Form der Anlage *deprecated*, d.h. für ungültig erklärt. Aber erst in Java 7 (und somit auch in Scala) gibt es dann wohl hoffentlich ein neues Datum/Zeit-API.
3. Die Variable `birthday` ist an sich eine `val`. Einmal gesetzt, sollte der Wert nicht mehr verändert werden können. Da bei der Anlage einer Instanz von Student1 aber kein sinnvolles Datum gesetzt wird, muss `birthday` als `var` angelegt werden.
4. Lässt man `birthday` wegen der `Date`-Probleme einfach weg, ist das Feld `age` nicht mehr korrekt zu setzen bzw. zu überprüfen. `age` resultiert aus der Differenz des aktuellen Datums und des Geburtsdatums. Somit ist `age` kein Feld, sondern eine Methode, die in Abhängigkeit vom Datum das Alter ermittelt.

In OO gibt es zwei einfache *Clean Code*-Prinzipien, die in diesem Zusammenhang vorgestellt werden sollen.

1.8.3 Good Citizen & Principle of least Surprise

- *Good Citizen*: Objekte bzw. Instanzen sollten *immer* in einem gültigen Zustand sein.
- *Least Surprise*: Die Bedeutung und Verwendung von Feldern und Methoden sollte für Klienten intuitiv verständlich sein.

Gegen den ersten Punkt wird häufig dadurch verstoßen, dass Konstruktoren nur teilweise sinnvolle Werte setzen. Der zweite Punkt ist sehr allgemein. Bei Feldern kann meistens durch einen gut gewählten Namen deren Bedeutung vermittelt werden. Bei Methoden reicht der Name jedoch nur in einfachen Fällen aus, da die Namen und Typen (und somit die Wertebereiche) der Parameter eine wichtige Rolle spielen.

> „Je komplexer die Signatur einer Methode, um so höher ist das Risiko einer unangenehmen Überraschung für den Klienten."

Ein typisches Beispiel, bei dem das Prinzip von *Least Surprise* verletzt wird, ist der oben verwendete Konstruktor zu `Date`. Was ergibt `new Date(100,100,100)`? Das ist zumindest für Java ein gültiges Datum und sicherlich auch eine Überraschung!

Konstruktoren

Die Klasse `Student1` hat keinen expliziten Konstruktor. Führen wir daher als Nächstes den *primären Konstruktor* ein.

1.8.4 Primärer Konstruktor & Klassen-Parameter

```
class ClassName( param1: Type1, param2: Type2, ... ) {
  // außerhalb von Methoden
  constructorCode
}
```

1. Der sogenannte *primary constructor* wird immer nach dem Klassennamen definiert. Dazu werden die Parameter in Klammern direkt hinter dem Klassennamen angegeben. Gibt es keine Parameter, können auch die Klammern weggelassen werden.
2. Die Klassen-Parameter **param**$_i$ können ohne oder mit **`var`**, **`val`** Modifiern definiert werden. Mit diesen Modifiern werden Felder in den Instanzen angelegt, die bei `val` über den Parameternamen nur gelesen oder bei `var` gelesen und geschrieben werden können.
3. Parameter ohne `var` bzw. `val` erzeugen keine Felder, sind normale Methoden-Parameter, die *nur* zur Initialisierung von Feldern benutzt werden.[a]
4. Code zum primären Konstruktor wird in der Klasse außerhalb der Feld- und Methoden-Definitionen geschrieben und sollte – sofern möglich – zusammenhängend sein.

[a] Sie sollten ***nicht*** wie Felder in Methoden benutzt werden (siehe dazu IBox 1.8.8).

Der einfachste Konstruktor ist der sogenannte ***No-Arg*** -Konstruktor ohne Parameter. Nach dem ersten Punkt in 1.8.4 können dann auch im Klassenkopf die leeren Klammern entfallen.

Für eine Klasse mit einem *No-Arg*-Konstruktor, bei der Instanzen ohne Wertangabe angelegt werden können, gibt es an sich nur zwei Alternativen, sofern sie das *Good Citizen*-Prinzip einhält. Die Instanzen haben entweder keine Felder, d.h. die Klasse ist *stateless* (bzw. arbeitet nur mit Konstanten), oder es gibt für alle Felder sinnvolle Defaultwerte wie es beispielsweise bei mathematischen Objekten sinnvoll ist. Im ersten Fall gibt es keinen Grund, mehrere Instanzen anzulegen, da sich alle Instanzen gleich verhalten. Im zweiten Fall muss die Klasse mutable sein, da sich die Werte der Felder nachträglich ändern lassen müssen (ansonsten hätte man den ersten Fall).

Betrachten wir die Anlage eines Studierenden. Dabei lässt sich bestenfalls die Matrikel-Nr. automatisch vergeben. Um einen Studierenden anzulegen, benötigt man konkrete Daten, gute Default-Werte findet man nicht. Eine Instanz von `Student1` als *Good Citizen* anzulegen, ist nur mit Hilfe von Konstruktoren mit Parametern möglich. Also legen wir in der zweiten Version

Student2 einen primären Konstruktor mit Parametern an, der als positiven Nebeneffekt sogar den Code reduziert.

```
import java.util.Date
import java.text.DateFormat._

// Hinweis:
// Bis auf den Konstruktor new Date sind alle Date-Methoden deprecated
// Sie werden trotzdem benutzt, da sie hier unwichtig sind.

class Student2 (val matrNum: Int, var name: String,
                val birthday: Date) {

  // age ist kein Feld, sondern wird (nicht ganz korrekt) berechnet.
  def age = new Date().getYear - birthday.getYear

  // die Java-Klasse DateFormat bietet Methoden zur Formatierung an:
  override def toString= "Student("+ matrNum+", "+name+", "+
              getDateInstance(SHORT).format(birthday)+", "+age+")"
}

// --- ein Test ---
val stud= new Student2(123456,"Eva Meier",new Date(89,7,15))

println(stud)          → Student(123456, Eva Meier, 15.08.89, 21)
stud.name= "Eva Maier"

// folgende Zuweisungen sind nicht mehr möglich!
// stud.matrNum= 123457
// stud.birthday = new Date(89,7,20)
// stud.age= 20

println(stud.age)      → 20
println(stud)          → Student(123456, Eva Maier, 15.08.89, 20)
```

Vergleicht man die Kritik an Student1 mit der Klasse Student2, sind bis auf den zweiten Punkt alle Mängel mit Hilfe des primären Konstruktors beseitigt. Drei der Zuweisungen des o.a. Test-Codes zu Student1 sind bei Student2 nicht mehr zulässig. Der Test scheint ok.

Kritik an Student2

Die Eingabe des Namens lässt unzulässige Werte wie null oder einen leeren String zu. Wird die Matrikel-Nummer nicht automatisch vergeben, muss sie sicherlich auf Korrektheit (im einfachsten Fall auf Anzahl der Stellen) geprüft werden. Das wird aber noch nicht sichergestellt, wie der folgende Test zeigt:

```
// The Principle of least surprise? Doch eher wohl most surprise!
println(new Student2(-1,null,new Date(-1,10,100)))
        → Student(-1, null, 08.02.00, 109)
```

Beide in IBox 1.8.3 angesprochenen Prinzipien werden verletzt. Erstens kann ein ungültiger Studierender angelegt werden und zweitens ist die Eingabe des Datums wirklich eine Zumutung, d.h. das Ergebnis ist immer noch eine Überraschung.[14]

Val und var als Getter und Setter

Bevor wir eine endgültige Version als Klasse `Student` vorstellen, soll ein entscheidender Unterschied von Scala zu Java und C++ angesprochen werden. Mit Hilfe der Modifier `val` und `var` werden zwar intern Felder in der Instanz angelegt, aber auf diese kann der Klient der Klasse nicht mehr unmittelbar zugreifen. Denn die `val`- bzw. `var`-Parameter im Konstruktur sind nur Getter bzw. Getter und Setter und nicht etwa die Felder selbst. Zugehörig zu diesen Gettern und Settern erschafft der Compiler automatisch interne Felder. Die Felder stehen somit nur noch indirekt über die Getter und Setter im Zugriff.

1.8.5 UNIFORM ACCESS PRINCIPLE: VAL, VAR UND DEF

Das einheitliche Zugriffsprinzip besagt nichts anderes, als dass auch Feldzugriffe Methodenaufrufe sind.

- Eine *immutable* Variable in einer Klasse ist äquivalent zu der rechts stehenden Getter-Methode auf ein privates Feld `privFld`:

  ```
  val fld: Type = vExpr   ↔   def fld: Type = privFld
  ```

- Eine *mutable* Variable ist äquivalent zu dem Getter des 1. Punkts und einer zusätzlichen Setter-Methode, die in `privFldExpr` den Wert des privaten Feld `privFld` setzt:

  ```
  var fld: Type = vExpr   ↔   def fld_= (v: Type): Unit=
  privFldExpr
  ```

- Felder, die nicht vom Compiler generieren werden sollen, müssen die angegebene Syntax (inklusive des _= als Postfix zum Feld- bzw. Methodennamen) *genau* einhalten.

Im einfachsten Fall (der auch vom Compiler generiert wird) ist `privFldExpr` nichts anderes als der Parameterwert `value`, wobei der Setter dann wie folgt aussieht:

```
def fld_= (value: Type)= value.
```

Der Name `fld_=` mag vielleicht verwirren, ist aber als Methodenname in Scala erlaubt.

Vorteile des Uniform Access Principles

- Ein wesentlicher Vorteil der Getter und Setter liegt darin, dass man nicht mehr zwischen Feldern und Methoden einer Instanz unterscheiden muss. Alle drei Konstrukte `val`, `var` oder `def` sind nur noch Methoden.
- Nach der o.a. Konvention kann man die Getter und Setter auch selbst schreiben, um beispielsweise Konvertierungen oder Prüfungen beim Lesen und Schreiben vorzunehmen.

[14] Nun wird auch das *deprecated* zur `Date`-Klasse verständlich!

Dies kann man recht gut an einer einfachen Implementierung von komplexen Zahlen zeigen. Die Klasse `Complex` ist in der Informatik eine sogenannte *Lab Rat*[15], ideal geeignet für die Erprobung verschiedener Arten von Design- und Implementierungs-Ideen.

```
import scala.math._

class Complex {
  // Standard-Ein/Ausgabe:  Real- und Imaginär-Teil
  var re = 0.0
  var im = 0.0

  // optionale Ausgabe in der polaren Form:
  def radius= sqrt(re*re + im*im)

  // vereinfachte Berechnung des Winkels, denn sie gilt
  // nur für positive re und im, d.h. im 1. Quadranten
  def phi= if (re==0.0 && im==0.0)
             0.0
           else
             atan(im/re)

  def degree= phi*180.0 / Pi

  // Optionale Eingabe in der polaren Form:
  // Radius, Winkel in Bogenmass phi oder Gradmass degree
  def radius_= (r: Double) = setReIm(r,phi)

  def phi_= (p: Double) =    setReIm(radius,p)

  def degree_= (p: Double) = setReIm(radius,p * Pi/180.0)

  // diese Konvertier-Methode soll nur intern verwendet werden!
  private def setReIm (r: Double, p: Double) = {
    re= cos(p) * r
    im= sin(p) * r
  }

  override def toString = "Complex("+ re +"," + im +")"

  def toPolarString = "Complex("+ radius + "," + degree +")"

  // equals verwendet match, um auf Werte-Gleichheit zu testen
  // das erste case lässt nur Complex Objekte zu
  override def equals(that: Any) =
    that match {
      case that: Complex => re==that.re && im==that.im
      case _             => false
    }
}
```

[15] Im Gegensatz zu ihren biologischen Pendants leiden nicht die lab rats, sondern die Informatiker.

Die Klasse `Complex` hat genau zwei interne `var`-Felder `re` und `im`. Dem Klienten werden dagegen drei weitere *virtuelle* Felder angeboten: `radius`, `phi` und `degree`. Obwohl als Methoden definiert, können sie wie Felder benutzt werden. Dazu ein Test:

```
val c1= new Complex
c1.re= 1
c1.im= 1

println(c1)                     → Complex(1.0,1.0)
println(c1.toPolarString)       → Complex(1.4142135623730951,45.0)
println(c1.radius+", "+c1.phi)  → 1.4142135623730951, 0.7853981633974483

c1.radius= 1
println(c1.toPolarString)       → Complex(1.0,45.0)

c1.phi= Pi/6
println(c1.toPolarString)       → Complex(1.0,29.999999999999993)

c1.degree= 60
println(c1)     → Complex(0.5000000000000001,0.8660254037844386)

println(c1.toPolarString)       → Complex(1.0,59.99999999999999)
```

Das gleiche vs. dasselbe

Anhand der Klasse `Complex` kann man die Semantik von `equals`, `eq` und dem Operator `==` zeigen. Wie bereits erklärt, verwendet der Operator `==` die Methode `equals` einer Klasse. `Complex` überschreibt die Methode `equals` von `Any`. Somit liefert `==` wie `equals` das Ergebnis `true`, wenn die Werte zweier komplexen Zahlen gleich sind. Dies nennt man *Wertesemantik*. Wird bei `AnyRef`-Typen `equals` nicht überschrieben, liefern somit `==` wie `equals` nur dann `true`, wenn dieselbe Instanz referenziert wird. Da jede Klasse `equals` anhand einer passenden Wertesemantik überschreiben sollte, benötigt man dann zusätzlich in `AnyRef` eine Methode, die auf Identität prüft, und das ist `eq`.

1.8.6 Instanz-Vergleiche bei AnyRef Typen

- Der Vergleich mittels **`==`** ist für Referenzen, die nicht `null` sind, identisch zu ***`equals`***.
- Der Vergleich auf Identität wird bei Referenzen mittels der Methode ***`eq`*** durchgeführt.[a]

[a] Für den Zusammenhang zwischen den Methoden `equals` und `hashCode` sei auf IBox 1.16.1 verwiesen.

Dazu eine erste Demonstration:

```
val c1= new Complex
c1.re= 1
c1.im= 1
val c2= new Complex
c2.re= 1
c2.im= 1
```

```
// beide Vergleiche müssen jeweils true oder false liefern
println(c1==c2)          → true
println(c2==c1)          → true

println(c1 equals c2)    → true
println(c2 equals c1)    → true

val c3= c1

// Identitäts-Prüfung
println(c1 eq c2)        → false
println(c1 eq c3)        → true
```

Die Methode `equals` sollte wie in der Mathematik die Werte (states) von Instanzen vergleichen. Zwei voneinander verschiedene Objekte sind dann gleich, wenn sie dieselben (Feld-) Werte haben. Das lässt sich zwar einfach formulieren und ist für isolierte Klassen wie `Complex` – ohne Subklassen und `AnyRef` als direkte Superklasse – auch einfach zu implementieren.

Zur Wertesemantik: Problem Single- vs. Double-Dispatch

Das Problem beginnt dann, wenn man `equals` konsistent in einer Klassenhierarchie implementieren muss. Für einen *singulären abstrakten Datentyp* wie `Complex` ist dies einfach, wie man an der Implementierung von `equals` sieht. Es ist aber bereits nicht mehr trivial, wenn man beispielsweise noch eine weitere Klasse `Real` zusammen mit einer `Complex` in eine Klassenhierarchie einbettet. Dann gibt es zu einer `Complex`-Instanz mit Imaginär-Teil `0` eine mathematisch gleiche `Real`-Instanz. Somit muss man `equals` über Subklassen hinweg konsistent implementieren und steht vor schwierigen Problemen.

Die Methode `equals` ist mathematisch gesehen eine *Äquivalenz-Relation* mit *Antisymmetrie* und hängt gleichermaßen von beiden Argumenten ab. Somit müssen `o1 equals o2` und `o2 equals o1` für zwei (beliebige) Objekte `o1` und `o2` immer identische Werte liefern. Solange Objekte nur wertegleich sein können, wenn sie aus derselben Klasse sind (wie bei `Complex` oben), ist die Sache in OO recht einfach. Aber sobald auch zwei Instanzen gleich sein können, die nicht in derselben Klasse liegen, wird die Sache schwierig. Denn logisch gesehen kann `equals` dann nicht mehr einer Klasse zugeordnet werden. `equals` müsste außerhalb dieser Klassen liegen und im Pseudo-Code wie folgt aussehen:

```
equals(o1: firstClass, o2: secondClass): Boolean = ...
```

Dies wird mit dem kurzen Ausdruck ***Double-Dispatch*** umschrieben. In Scala wie in Java ist aber `equals` nur in jeweils einer Klasse definiert und sieht dann in Pseudo-Code immer wie folgt aus:

```
this.equals(that: otherClass): Boolean = ...
```

Die Objekt-Orientierung erzwingt also die Zuordnung der Methoden zu genau einer Klasse, der des `this`-Objekts, was man kurz ***Single-Dispatch*** nennt. Daraus resultiert unmittelbar die Aufgabe, die `equals`-Methoden *aller* beteiligten Klassen, deren Instanzen in der Hierarchie gleich sein können, aufeinander abzustimmen. Diese Aufgabe ist das Gegenteil von *trivial*!

Operator ==

Die korrekte Verwendung des Vergleichs-Operators == ist in Java immer eine Hürde, zumindest für Anfänger. Denn für primitive Typen (in Scala `AnyVal`) führt Java mit dem Operator == ein Wertvergleich durch. Für Referenztypen führt dagegen == ein Vergleich auf Identität der Instanzen aus. Gerade bei `String`, dem meist genutzten Datentyp, führt das gerne zu merkwürdigen Fehlern, die beim Test nur mit `String`-Literalen nicht auftreten. Scala begegnet dem Problem deshalb pragmatisch, da equals und == die gleichen Ergebnisse liefern. Der zweite Test zeigt die Eingabe der virtuellen Felder, d.h. der Polarkoordinaten sowie anschließend eine Änderung des Realteils.

```
val c1= new Complex
c1.radius= 1
c1.degree= 60

val c2= new Complex
c2.radius= 1.0
c2.degree= 60

println(c2.toPolarString)       → Complex(1.0,59.99999999999999)
println(c1 == c2)               → true

c1.re= 0.0
c2.re= 0.0

println (c1.toPolarString)      → Complex(0.8660254037844386,90.0)
println(c1 == c2)            → true
```

Bedingungen prüfen: assert, assume und require

Die Klasse `Complex` wurde bewusst einfach gehalten. Unter anderem wurde nicht die Vorbedingung geprüft, dass Real- und Imaginär-Teile für die gewählte `phi`-Berechnung positiv sein müssen. Dazu zwei Begriffe:

1.8.7 Vorbedingungen und Klassen-Invariante

Preconditions prüfen, ob die Argumente für Konstruktoren, Methoden und Funktionen im erlaubten Bereich liegen. Nach dem ***Fail-fast*** Prinzip sollten solche Fehler sofort abgefangen werden. Ansonsten drohen ungültige Instanzen oder fehlerhafte Ergebnisse.

Klassen-Invarianten knüpfen Bedingungen an Felder, die über die gesamte Lebenszeit eines Objekts bzw. Instanz erfüllt sein müssen. Ist eine Instanz mutable, müssen bei jeder Änderung erneut die Invarianten überprüft werden.

Für die Überprüfung von Vorbedingungen und Invarianten spielen die `assert`-, `assume`- und require-Anweisungen eine wichtige Rolle. Sie führen zu Ausnahmen, wenn die übergebenen Bedingungen nicht eingehalten werden. Das erscheint zwar „brutal", aber die Alternative ist ebenfalls nicht attraktiv. Denn ungültige Objekte oder fehlerhafte Ergebnisse, die erst in anderen Teilen des Codes oder gar zur Laufzeit beim Klienten sichtbar werden, sind eindeutig schlimmer. Dann ist der Programmabbruch beim Entwickler eindeutig besser.

Der sinnvolle Einsatz der drei Anweisungen beschränkt sich auf die Entwicklung eines Programms und sollte beim produktiven Einsatz beendet sein, da ihre Aufgabe eindeutig zur Testphase gehört.

Die folgenden drei Methoden sind im `object Predef` definiert, und jede von ihnen gibt es in zwei Varianten.

```
// 1. Variante
def assert  (assertion :   Boolean): Unit
def assume  (assumption:   Boolean): Unit
def require (requirement: Boolean): Unit

// 2. Variante
def assert  (assertion :   Boolean, message: => Any): Unit
def assume  (assumption:   Boolean, message: => Any): Unit
def require (requirement: Boolean, message: => Any): Unit
```

Alle Methoden haben bis auf ihre Namen identische Parameter-Typen. Evaluiert das erste Argument zu `true`, wird die Ausführung fortgesetzt, ansonsten wird bei `assert` und `assume` ein `AssertionError` und bei `require` eine `IllegalArgumentException` ausgelöst. Die Standardmeldung ist *assertion failed*, *assumption failed* oder *requirement failed*. In der zweiten Variante kann noch ein `message` Objekt übergeben werden, das hinter der Standardmeldung mit Hilfe seiner `toString`-Methode ausgegeben wird. Der Parameter `message: => Any` ist kein Fehler, sondern eine besondere Art der Argument-Übergabe.[16] Welche der Methoden man wählt, ist von der Art der Überprüfung abhängig oder einfach nur Geschmacksache. Denn in der Wirkung unterscheiden sie sich höchstens in der Art der Ausnahme.

Um Vorbedingungen und Klassen-Invarianten zu demonstrieren, kann man an die beiden oben vorgestellten Studierenden-Klassen anknüpfen. Hier haben wir immer noch die Eingabe-Probleme der Klasse `Student2` zu beseitigen. Die Vorbedingungen für die nachfolgende letzte Version `Student` sind wie folgt:

1. Die Matrikel-Nummer ist immer `6`-stellig, der Name besteht zumindest aus zwei Buchstaben und das Alter muss zwischen `17` und `97` Jahren liegen.[17]

2. Die Bedingung zum Namen des Studierenden muss über die Lebenszeit der Student-Instanz eingehalten werden. Da der Name im Gegensatz zur Matrikel-Nr. und zum Geburtsdatum mutable ist, ist die zugehörige Bedingung eine Invariante.

3. Es sollte eine einfache Eingabe des Geburtsdatums als String im Format `tt.mm.jjjj` möglich sein.

[16] Sie wird kurz im Zusammenhang mit Companions in Abschnit 1.11 vorgestellt und ausführlich dann im funktionalen Teil behandelt.

[17] Senioren müssen angesichts der demografischen Katastrophe Deutschland retten helfen!

4. Um `equals` zu testen, wird noch die `clone`-Methode in `Any` überschrieben. Somit sind einfache Kopien von Instanzen möglich.

Der letzte Punkt wurde zusätzlich aufgenommen, um die o.a. Werte-Semantik von `equals` auch am Beispiel `Student` zu demonstrieren.

Shallow vs. deep copy

Vorab ein Hinweis zum *Clonen*: Kopien können flach bzw. *shallow* oder tief bzw. *deep* erstellt werden. Bei der flachen Kopie werden nur die Bytes kopiert, die eine Instanz im Speicher belegt. Für Felder vom (Sub-)Typ `AnyRef`, die also nur Referenzen sind, umfasst die Kopie nur die Bytes, die der Pointer benötigt und nicht etwa das referenzierte Objekt selbst. Beim *deep copy* werden dagegen nicht die Referenzen, sondern die Werte der referenzierten Objekte selbst kopiert. Dies ist eine rekursive Operation (da die referenzierten Objekte ihrerseits wieder Referenzen enthalten können).

Die ***`clone`***-Methode ist bereits in `AnyRef` als *shallow copy* implementiert und kann mittels `super.clone` aufgerufen werden. Da Scala auf Java aufsetzt, muss die Klasse `Student` noch mit der Annotation `@cloneable` versehen werden. Sonst löst der Aufruf von `clone` im Klienten-Code eine Ausnahme vom Typ `CloneNotSupportedException` aus.

```
import java.util.Date
import java.text.SimpleDateFormat

// Hinweis: Bei den beiden letzten Parametern fehlt val oder var
// siehe dazu nächsten Abschnitt!
@cloneable
class Student(val matrNum: Int, sName: String, sBirthday: String) {

  // --- Start des Konstruktor-Codes (vgl. Info Box 1.8.4) ---
  require (100000 < matrNum && matrNum <= 999999, "Matr.Nr. " +
           matrNum+ " muss zwischen 100000 und 999999 liegen!")
  require (sBirthday.length==10, "Datum " + sBirthday +
           " muss im Format tt.mm.yyyy eingegeben werden")

  // ein Äquivalent zu var name besteht aus:
  // einem Feld nam sowie def name und def name_=
  private var nam= validateName(sName)

  private val sdf = new SimpleDateFormat("dd.MM.yyyy")
  // mit dieser Anweisung wird die Eingabe der Datums strikt geprüft
  sdf.setLenient(false)

  val birthday= try {
                  sdf parse sBirthday
                } catch {
                  case _ => error("gültiges Datum erwartet")
                }
  require (17<=age && age <=97,"Alter muss zwischen 17 und 97 liegen!")

  // --- Ende Konstruktor-Code, Start der Methoden ---
```

```
  private def validateName(n: String) = {
    assert (n!= null && n.trim.length >1, "Der Name " + n +
            " muss mindestens aus zwei Buchstaben bestehen!")
    n.trim
  }

  def name= nam

  // der Setter name_= prüft sName und setzt das interne Feld nam
  def name_= (sName: String) = nam= validateName(sName)

  // getYear() ist deprecated!
  // Aber für diese Demonstration sei es erlaubt
  def age = new Date().getYear - birthday.getYear

  override def toString= "Student("+ matrNum+", "+nam+", "+
                         sdf.format(birthday)+", "+age+")"

  override def equals(that: Any)= that match {
    case stud: Student => matrNum==stud.matrNum
    case _ => false
  }

  // override def clone: Student = super.clone.asInstanceOf[Student]
  override def clone = super.clone.asInstanceOf[Student]
}
```

Der Name muss bei jeder Änderung mittels des Setters erneut geprüft werden. Genau das ist der Grund für eine `private` deklarierte Methode `validateName`, die im Konstruktor und im Setter die Invariante „Name besteht aus mindestens zwei Buchstaben" prüft. Mit Hilfe von `setLenient(false)` wird geprüft, ob ein String wirklich ein gültiges Datum repräsentiert. Da `super.clone` den Rückgabetyp `AnyRef` hat, muss dieser noch zu `Student` gecastet werden. Im Code kann durchaus der Typ `Student` hinter dem Methodenname `clone` wegfallen. Testen wir die endgültige Version.

```
val stud1= new Student(123456,"Eva Meier","15.10.1992")

println(stud1)            → Student(123456, Eva Meier, 15.10.1992, 17)
println(stud1.birthday)   → Thu Oct 15 00:00:00 CET 1992
println(stud1.name + " hat ein Alter von "+stud1.age)
                          → Eva Meier hat ein Alter von 17
val stud2= stud1.clone
stud2.name= "Eva Schmitt"

println(stud2)            → Student(123456, Eva Schmitt, 15.10.1992, 17)
println(stud1 == stud2)   → true
```

Da der Clone `stud2` die Matrikelnummer übernimmt, gilt er nach der `equals`-Semantik als gleich. Mathematisch sind zwei Objekte gleich, wenn sie in allen Werten übereinstimmen. Die Modellierung realer Objekte (hier Studierender) beschränkt den `equals`-Vergleich aber häufig auf einen oder mehrere `immutable`-Wert(e). Dies ist hier die Matrikel-Nummer. In RDBMS-Parlance werden solche Werte auch *Primärschlüssel* genannt. Objekte sind somit gleich, wenn sie in ihrem Primärschlüssel übereinstimmen. Ein Namenswechsel darf beispielsweise keinen

Einfluss auf die Identität des Studierenden haben. Noch ein abschließender Test zu einem fehlerhaften Datum (geprüft aufgrund von `setLenient`).

```
val stud3= new Student(123456,"Eva Meier","29.02.1993")
    → Exception in thread "main" java.lang.RuntimeException:
      gültiges Datum erwartet
      ...
```

Konstruktor-Parameter

Die Klasse `Student` verwendet eine bisher noch nicht benutzte Variante des Konstruktors. Die Parameter `sName` und `sBirthday` haben nämlich kein `val`- oder `var`-Präfix.

1.8.8 Konstruktor-Parameter ohne val bzw. var Modifier

- Für Parameter ohne `val`-, `var`-Präfix schreibt der Compiler weder Getter noch Setter. Sie stehen außerhalb der Instanz nicht im Zugriff und dienen (meistens) zur Initialisierung von `val`- bzw. `var`-Feldern in der Klasse, bei denen Vorbedingungen geprüft werden müssen.
- Werden diese Parameter nur im Konstruktor-Code zur Initialisierung verwendet, legt der Compiler keine internen Felder in der Instanz an.
- Grundsätzlich sind alle Parameter – von Konstruktoren wie auch Methoden – immutable, ohne dass sie den Modifier `val` benötigen.

Der dritte Punkt steht im Gegensatz zu Java, das zulässt, dass man Parameter im Code der Methoden oder Konstruktoren ändern kann. Der zweite Punkt ist erklärungsbedürftig. Aufgrund des *Uniform Access Principles* hat man im Gegensatz zu C++ und Java nur noch einen indirekten Einfluss auf die internen Felder eines Objekts. Aber man sollte durchaus Einfluss darauf haben, wann sie angelegt werden.

Verwendet man `val` oder `var` bei Konstruktor-Parametern oder in der Klasse, sind dies Getter und Setter, zu denen der Compiler passende private Felder in der Instanz anlegt. Fehlt dagegen im Konstruktor `val` oder `var` vor einem Parameter, entscheidet der Compiler anhand der Verwendung des Parameters, ob dazu ein Feld in der Instanz notwendig wird.

In `Student` werden die Parameter `sName` und `sBirthday` nur im Konstruktor-Code zur Initialisierung von `val birthday` und der `private var nam` benutzt. Dies ermöglicht es, vor der Initialisierung beide Werte zu prüfen und anzupassen. Bei `sName` werden die Leerzeichen entfernt und `sBirthday` in eine interne `Date`-Instanz konvertiert. Die Klasse `Student` enthält also wie die beiden ersten Versionen nur drei interne Felder: `matrNum`, `nam` und `birthday`.

Da ein Verstoß gegen den zweiten Punkt der Regel 1.8.8 kaum auffällt, soll eine menschliche Eigenschaft berücksichtigt werden:

„Menschen lernen an sich nur pathologisch.“
(individuell: heiße Herdplatten, Unfälle bzw. kollektiv: Katastrophen)

Die folgende kleine Aufgabe besteht somit darin, in verschiedenen Versionen einer Klasse `Square` „Programmierunfälle“ zu erkennen. `Square` steht dabei für ein Quadrat mit genau einem Längen-Parameter im Konstruktor, für den die Invariante `length >=0` eingehalten werden muss. Diese Aufgabe macht nur dann Sinn, wenn man den Code auf Fehler untersucht, *bevor* man den nachfolgenden Kommentar liest.[18]

```
class Square1 (val length: Int) {
  require(length>=0)

  override def toString= "Square1("+length+")"
}

class Square2 (var length: Int) {
  require(length>=0)

  override def toString= "Square2("+length+")"
}

class Square3(len: Int) {
  require(len>=0)
  val length= len

  override def toString= "Square3("+length+")"
}

class Square4(len: Int) {
  require(len>=0)
  val length= len

  override def toString= "Square4(" + len + ")"
}
```

Anmerkungen

`Square1`: Ist immutable und die Invariante (= Precondition) wird eingehalten.

`Square2`: Ist einfach, kurz und falsch, wie der folgende Test zeigt:

```
val s2= new Square2(1)
s2.length= -1
println(s2)          → Square2(-1)
```

Das Problem von `Square2` liegt offensichtlich im `mutable` Feld. Deshalb muss bei jeder Änderung der Länge erneut die Invariante geprüft werden.

`Square3`: Ist immutable und äquivalent zu `Square1`, also auch ok!

`Square4`: Ist immutable, aber *nicht* äquivalent zu `Square1`!

[18] Denn man lernt nicht aus Fehlern der anderen, was viele Eltern leidvoll bestätigen können.

Das Problem von `Square4` liegt in der Verletzung des 2. Punkts der Regel in IBox 1.8.8. Aus „Versehen“ wird `len` zu einem Feld in `Square4`, das von außen nicht im Zugriff steht. Denn `len` wird auch in der Methode `toString` verwendet und muss deshalb vom Compiler in einem zusätzlichen internen Feld gespeichert werden. `Square4` hat somit zwei Felder, beide immutable und mit dem gleichen Wert. Das war sicherlich nicht im Sinne des Programmierers!

Es gibt bisher noch keine korrekte mutable Variante. Hier zwei Versionen zur Auswahl:

```
class Square5(len: Int) {
  require(len>=0)

  var length= len

  override def toString= "Square5("+length+")"
}

class Square6(len: Int) {
  require(len>=0)
  private var _len= len

  def length= _len

  def length_= (len: Int) = {
    require(len>=0)
    len
  }

  override def toString= "Square6("+length+")"
}
```

Anmerkungen

`Square5`: Ist mutable und äquivalent zu `Square2`, d.h. nicht ok!

`Square6`: Ist mutable, aber die Getter/Setter wurden selbst geschrieben. Somit ok!

Fazit

- Bei immutable Objekten reicht der Check der Precondition im Konstruktor. Die Programmierung gestaltet sich recht einfach.
- Bei mutable Objekten müssen die Invarianten zusätzlich in den Settern überprüft werden. Die Programmierung wird dadurch recht aufwändig.
- Konstruktor-Parameter ohne `val` oder `var` sind nur zur Initialisierung gedacht, wobei *case Klassen* Ausnahmen sind, da ihre Parameter implizit `val` sind (`case`-Klassen werden erst in Abschnitt 1.16 behandelt).

Varargs

Bevor wir zu Klassen mit mehr als einem Konstruktur kommen, vorab noch die Einführung der sogenannten *Varargs*. Scala erlaubt es wie Java, den letzten Parameter einer Methode oder eines Konstruktors null bis beliebig oft zu wiederholen. Varargs ist ein Kürzel für eine „variable Anzahl von Argumenten“. Dazu wird einfach ein Stern hinter den letzten Parameter-Typ geschrieben. Innerhalb der Methode wird der Varargs-Typ wie ein Array oder eine Sequenz benutzt. Als Varargs-Beispiel soll die Weglänge vom ersten zum letzten Punkt eines Polygons berechnet werden.

```
import scala.math._

class Point(val x: Int,val y:Int)

def distance1(points: Point*) = {
  // d= distance, p= previous point, n= next point
  var d= 0.0
  for (i <- 1 until points.length; p= points(i-1); n= points(i))
    d+= sqrt((p.x - n.x)*(p.x - n.x)+(p.y - n.y)*(p.y - n.y))
  d
}

// ein Test:

println(distance1(new Point(0,0),new Point(1,1),
                  new Point(2,1)))                → 2.414213562373095
println(distance1(new Point(10,11)))              → 0.0
println(distance1())                              → 0.0

// 2. Version: Mindestens ein Punkt
def distance2(point: Point, points: Point*) = {
  var d= 0.0
  for { i <- 0 until points.length
        p= if (i==0) point else points(i-1)
        n= points(i) }
    d+= sqrt((p.x - n.x)*(p.x - n.x)+(p.y - n.y)*(p.y - n.y))
  d
}
```

Wie der Test zeigt, ist die Funktion `distance1` recht gutmütig. Da allerdings der Aufruf von `distance1` ohne einen Punkt wenig Sinn macht, wird durch eine Änderung der Signatur in `distance2` zumindest die Angabe von einem Punkt erzwungen. Somit wird der Aufruf `distance2()` vom Compiler nicht mehr akzeptiert. Obwohl Varargs intern wie Arrays benutzt werden, können sie umgekehrt nicht beim Aufruf als einziges Varargs-Argument einfach als Array oder Liste übergeben werden. Die Umwandlung ist einfach:

Das *Postfix* **`:_*`** wandelt ein Array oder eine Liste in ein VarArgs um.

```
val pointArr= Array(new Point(0,0),new Point(1,1),new Point(2,1))
val pointLst= List(new Point(0,0),new Point(1,1),new Point(2,1))

println(distance1(pointArr:_*))      → 2.414213562373095
println(distance1(pointLst:_*))      → 2.414213562373095
```

Sekundäre Konstruktoren

Natürlich erlaubt Scala neben dem primären Konstruktor im Kopf der Klasse auch weitere sekundäre Konstruktoren oder – angelehnt an die englisch Bezeichnung – *auxiliary constructors*. Die Syntax der Anlage ist einfacher als in Java.

1.8.9 Anlage von sekundären Konstruktoren

- Jeder sekundäre Konstruktor muss mit

```
def this (...) = {
  this(...)
  // ... weiterer Code
}
```

  angelegt werden.

- Die erste Anweisung in einem Konstruktor *muss* der Aufruf eines anderen Konstruktors der eigenen Klasse sein. Erst dann kann weiterer Code folgen. Letztendlich ruft jeder Konstruktor somit den primären auf.

- Der Aufruf eines Konstruktors der Superklasse erfolgt immer hinter dem primären Konstruktor im Kopf der Klasse.[a]

[a] siehe hierzu Abschnitt 1.12

Durch den Aufruf von `this` direkt als erste Anweisung eines sekundären Konstruktors ist gewährleistet, dass das Objekt gültig angelegt wird und danach auch Felder und Methoden der Klasse bzw. Instanz verwendet werden können. Im ersten Aufruf von `this` kann dagegen noch nicht auf die Member zugegriffen werden. Das verhindert der Compiler. Die Regel ist klar und einfach, dafür nicht ganz so flexibel wie in Java.

Im folgenden Beispiel wird eine Klasse gewählt, die zwei Konstruktoren mit Parametern hat, deren Typen verschieden sind. Benötigt man dagegen Konstruktoren, die sukzessiv nur weitere Parameter benötigen, gibt es hierfür eine elegantere Methode. Man verwendet einfach Konstruktoren mit Default-Argumenten (siehe nächsten Abschnitt).

Jeder Informatiker hat in der Schulzeit wohl Polynome „lieben“ gelernt, denn sie sind in der Analysis äußerst beliebte Objekte.

$$p(x) = a_n x^n + \ldots + a_1 x + a_0$$

Die höchste Potenz `n` wird der *Grad* des Polynoms genannt, wobei für `n>0` der zugehörige Koeffizient a_n ungleich Null sein muss (sonst hätte das Polynom keinen eindeutigen Grad!). Um Polynome flexibel anzulegen, bietet man mehrere Konstruktoren an. Die Klasse `Polynom1` im folgenden Beispiel ist minimal gehalten, da sie nur zur Demonstration von zwei unterschiedlichen Konstruktoren dient (es folgen noch weitere Varianten).

```
class Polynom1(firstCoeff: Double, coeff: Double*) {
  require(firstCoeff != 0.0,
```

```
        "Der erste Koeffizient muss ungleich 0.0 sein")

  private val a= new Array[Double](coeff.length+1)

  // "zu Fuss" kopieren
  a(0)= firstCoeff
  for(i <- 0 until coeff.length)
    a(i+1)= coeff(i)

  // Anlage eines Polynoms:  a x^n
  def this(n: Int, a: Double)= this(a,new Array[Double](n): _*)

  // Anlage eines Polynoms: x^n
  def this(n: Int)= this(n,1.0)

  // Polynom-Darstellung möglichst ähnlich zu der von p(x) oben!
  override def toString= {
    // StringBuilder: Java mutable String-Klasse mit append statt
       +
    val s= new StringBuilder
    for (i <- 0 until a.length) {
      if (a(i) != 0.0) {
        if (a(i)>0.0 && i!=0)
          s.append("+")
        if (a(i)!=1.0 || i==a.length-1)
          s.append(a(i))
        if (i<a.length-1) {
          s.append("x")
          if (i<a.length-2)
            s.append("^").append(a.length -i-1)
          s.append(" ")
        }
      }
    }
    s.toString
  }
}
```

Zur Anlage eines Polynoms mit nur einer Potenz wie beispielsweise `p(x)= ax`^{50} ist der primäre Konstruktor nicht sehr gut geeignet. Für diese Fälle wurden noch zwei weitere Konstruktoren angelegt. Wie man aber sieht, wird von beiden sekundären Konstruktoren letztendlich immer der primäre aufgerufen. Dieser sollte dann zwangsläufig der generellste sein, da man sich sonst nur Schwierigkeiten einhandelt.

Ein kurzer Test demonstriert u.a. auch die `toString`-Methode:

```
val p= new Polynom1(1.0,2.0,-1.0)

println(p)                          → x^2 +2.0x -1.0
println(new Polynom1(0.01,-10,2.0,1)) → 0.01x^3 -10.0x^2 +2.0x
   +1.0
```

```
println(new Polynom1(4,-1.0))          → -1.0x^4

// Default-Wert des Koeffizienten ist 1
println(new Polynom1(50))              → x^50
```

Default-Argumente

Die verschiedenen Konstruktoren-Aufrufe in dem o.a. Test zeigen, wie nützlich Default-Werte für Argumente sein können. In `Polynom1` wird dies mit Hilfe von Overloading der `this`-Konstruktoren erreicht. Um die Eingabe wie im Fall `p(x)=` x^{50} noch weiter zu vereinfachen, wurde im dritten Konstruktor für den ersten Koeffizienten ein Default-Wert von `1.0` angegeben.

Allerdings bietet Scala (ab Version 2.8) auch die Angabe von Default-Werten direkt hinter dem Parameter an. Diese elegante Art der Angabe von Default-Werten ist nicht neu. Es gibt sie bereits in C++. Nur Java hat sie dann wieder abgeschafft. Denn die Alternative ist immer Overloading, was mit Schreibarbeit verbunden ist. Bei der Angabe des Default-Werts direkt hinter dem Parameter (eines Konstruktors oder einer Methode) kann man sich das lästige Overloading meistens sparen (jedoch nicht im Fall von `Polynom1`, wie noch zu zeigen ist).

1.8.10 Default Argument

- Ein Methoden-Parameter mit einem Default-Argument bzw. -Wert hat die Form:

  param: Type = expr

  wobei `expr` jedes Mal berechnet wird, wenn die Methode ohne einen Wert für diesen Parameter aufgerufen wird.
- Default Argumente können nicht verwendet werden, wenn der letzte Parameter vom Varargs-Typ ist.
- Ist eine Methode überladen (overloaded) und wird aufgerufen, sucht der Compiler zuerst eine zum Aufruf passende Methode ohne Default-Werte. Erst wenn keine der überladenen Methoden ohne Default-Werte passt, wählt er die Methode mit Default-Werten.

Der letzte Punkt ist durchaus wichtig, aber vielleicht auch erklärungsbedürftig. Zuerst aber ein Beispiel zu den ersten beiden Punkten.

```
def defaultArg1(s1: String, s2: String = " Welt")= println(s1 + s2
    )

defaultArg1("Hallo"," Welt")                  → Hallo Welt
defaultArg1("Hallo")                          → Hallo Welt

def defaultArg2(d: Double = random) = println(d)
```

```
// Ausgabe abhängig vom jeweiligen random-Wert
defaultArg2()                                    → 0.4581174078111575
defaultArg2()                                    → 0.2632109158050435

// Nur eine Methode möglich, da beide beim Aufruf
// nicht unterschieden werden können!
def ambigious(i: Int, j: Int = 1)= println(i+j)
// def ambigious(i: Int, s: String = "1")= println(i+s)

ambigious(10)                                    → 11

// VarAgrs können keine Default-Werte haben
// def noDefaultVarArgs(iSeq: Int* =1) = println(iSeq)
```

Wie anhand von `defaultArg2` zu sehen, ist die Möglichkeit, Ausdrücke anstatt Literale als Default-Argument anzugeben, recht interessant. Sie werden immer erst bei Ausführung der Methode berechnet.

Default-Argumente sind gut geeignet, die Zahl der Konstruktoren in vielen Fällen zu reduzieren. Denn gibt man allen sinnvollen Parametern im primären Konstruktor Default-Argumente, ersetzt dies einfachere Konstruktoren, die weniger Parameter benötigen und für den Rest diese Defaultwerte benutzen können. Wählen wir dazu im nächsten Beispiel eine `IMatrix`-Klasse mit ganzen Zahlen. Der Sinn der Implementierung besteht nur darin, die verschiedenen Möglichkeiten der Anlage einer `IMatrix`-Instanz zu zeigen. Aufgrund der beiden Default-Argumente hat man effektiv drei Konstruktoren anstatt einen.

```
class IMatrix(val rows: Int= 1, cols: Int= 0) {

  require (rows >0, "Anzahl Zeilen muss größer 0 sein!")

  // hat cols den Wert <= 0, wird eine quadratische Matrix
     angelegt
  val columns= if (cols<=0) rows else cols

  // mit ofDim kann man ohne new mehr-dimensionale Arrays
  // mit Default-Werten anlegen
  private val elements= Array.ofDim[Int](rows,columns)

  // deep in Verbindung mit toString wandelt ein Array mit
  // seinen Elementen in eine String-Repräsentation um
  override def toString= elements.deep toString
}

// --- ein Test ---

println(new IMatrix(2,3))      → Array(Array(0, 0, 0), Array(0, 0,
   0))
println(new IMatrix(2))        → Array(Array(0, 0), Array(0, 0))
println(new IMatrix(2,-3))     → Array(Array(0, 0), Array(0, 0))
println(new IMatrix())         → Array(Array(0))
```

```
val iMat= new IMatrix(2,3)
println(iMat.rows+" "+iMat.columns) → 2,3

// Ausgabe passend umgebrochen
println(new IMatrix(0))
    → Exception in thread "main" java.lang.
        IllegalArgumentException:
      requirement failed: Anzahl Zeilen muss größer 0 sein!
```

Die Klasse `IMatrix` hat zwei Felder `val rows` und `val columns`. Sie legt aber nur Matrizen mit Elementen vom Typ `Int` und dem Wert `0` an. Die Klasse ist nach außen hin immutable und dient somit nur dazu, zu zeigen, wie mit Hilfe von Default-Werten im primären Konstruktor sekundäre Konstruktoren überflüssig werden.

Nun könnte man mit Hilfe eines Default-Werts auch den ersten und zweiten sekundären Konstruktor von `Polynom1` (im Beispiel oben) zusammenfassen. Hier eine Klasse `Polynom1_2`, die identisch zu `Polynom1` ist, nur dass sie den zweiten und dritten Konstruktor mit Hilfe eines Default-Werts verbinden will.

```
class Polynom1_2(firstCoeff: Double, coeff: Double*) {
  private val a= new Array[Double](coeff.length+1)
  ...

  // Anlage eines Polynoms:  a x^n,
  // wobei a einen Defaultwert 1.0 bekommt
  def this(n: Int, a: Double= 1.0)= this(a,new Array[Double](n): _
      *)

  // damit wäre dieser Konstruktor an sich überflüssig
  // def this(n: Int)=  this(n,1.0)
  ...
}
```

Doch nun erfolgt eine Überraschung beim Test:

```
println(new Polynom1(5,1.0))          → x^5
println(new Polynom1_2(5,1.0))        → x^5

println(new Polynom1(5))              → x^5
println(new Polynom1_2(5))            → 5.0
```

Mit new `Polynom1_2(5)` wird nicht etwa der Konstruktor `def this(n: Int, a: Double= 1.0)` mit dem Default-Wert `1.0` aufgerufen, sondern der primäre Konstruktor.

Grund: Hier kommt der 3. Punkt der IBox 1.8.10 zur Anwendung. Zuerst versucht der Compiler eine überladene Methode zu finden, die ohne Defaultwerte passt. Gibt es keine, versucht er unter Einbeziehung von Default-Werten eine passende Methode zu finden. In diesem Fall ist das wirklich übel. Der Compiler bezieht bei der Suche nach einer überladenen Methode auch ein impliziten Widening ein. Denn `Int 5` kann nach `Double 5.0` umgewandelt werden. Somit ist `new Polynom1_2(5)` gleichbedeutend mit `new Polynom2(5.0)` und die Wahl fällt auf den primären Konstruktor. Also Vorsicht!

„Default-Werte haben *unterste Priorität*.“

Zur Abschreckung ein letztes Beispiel:

```
object Obj {
  def f(x: Double, s: String*)= println("first")
  def f(c: Char, cDefault: Char= 'b')= println("second")
}

// --- ein Test ---

Obj.f('a')      → first
```

Auch Zeichen werden aufgrund eines impliziten Widenings von `Char` nach `Double` umgewandet, was zur Ausführung der ersten Methode `f` führt. Aber dies kann verhindert werden, womit wir beim nächsten Punkt wären.

Benannte Argumente

Scala 2.8 führte zusätzlich eine Neuerung ein, die es so weder in C++ noch in Java gibt. Sie unterstützt eine besonders „sichere“ Art des Aufrufs von Methoden mit oder ohne Default-Argumenten. Wie im letzten Abschnitt gezeigt, steht die Wahl einer überladenen Methode durch den Compiler evt. konträr zum Wusch des Anwenders. Aber auch dann, wenn verschiedene Parameter vom gleichen Typ in einer Parameter-Liste vorkommen, ist ein Vertauschen der Werte beim Aufruf der Methode leicht möglich, ohne dass der Compiler dies anhand des Parametertypen erkennen könnte.

Der einfachste Fall liegt bei `IMatrix` im oberen Beispiel vor. Die Klasse hat einen Konstruktor mit zwei Parametern vom Typ `Int`. Ein Vertauschen von `row` und `col` ist deshalb möglich und hätte fatale Folgen. In Fällen, bei denen mehr als zwei Parameter vom gleichen Typ sind, kann das Benennen der gewünschten Parameter beim Aufruf einer Methode besonders hilfreich sein.

1.8.11 Benannte Argumente

- Beim Aufruf von Methoden können Argumente mit dem Namen eines Parameters übergeben werden. Die Syntax ist die gleiche wie die beim Setzen von Variablen:

  ```
  method(..., paramName = expr, ...)
  ```

- Die Übergabe von Argumenten per Position und die per Parameter-Namen kann beim Aufruf gemeinsam genutzt werden. Die Argumente, die per Position übergeben werden, müssen dabei vor denen per Namen erfolgen.

Wählen wir als erstes Beispiel ein reines *Value Object* `SalesItem` mit einem Konstruktor mit drei Parametern vom Typ `String` und vier vom Typ `Double`.

```
class SalesItem(val id: String, val name: String,
                val description: String ="",
                val length: Double= 0.1, val width: Double=0.1,
                val high: Double= 0.1,val weight: Double= 1.0) {

  override def toString= "Artikel Id: "+id+", Bezeichnung: "+name+
                         ", Beschreibung: "+ description+ "\n" +
                         "Abmessung in Meter: "+length+","+width+","+
                         high+", Gewicht in kp: "+weight
}

// --- ein Test ---

// drei erlaubte und zwei unerlaubte Konstruktoraufrufe

   val part1= new SalesItem("123",description="Eiche",name="Tisch")

// val part2= new SalesItem("123",description="Eiche",name="Tisch",0.2)

   val part3= new SalesItem("123","Tisch", width= 0.3, length = 0.2)
   val part4= new SalesItem("123","Tisch", weight= 5.0, high = 0.2)

// val part5= new SalesItem("123","Tisch", high= 0.2, 3.0)

println(part1) → Artikel Id: 123, Bezeichnung: Tisch, Beschr.: Eiche
                 Abmessung in Meter: 0.1,0.1,0.1, Gewicht in kp: 1.0
println(part3) → Artikel Id: 123, Bezeichnung: Tisch, Beschreibung:
                 Abmessung in Meter: 0.2,0.3,0.1, Gewicht in kp: 1.0
println(part4) → Artikel Id: 123, Bezeichnung: Tisch, Beschreibung:
                 Abmessung in Meter: 0.1,0.1,0.2, Gewicht in kp: 5.0
```

Der primäre Konstruktor ist mit 7 Parametern so gerade noch akzeptabel. Es werden allerdings nur zwei unterschiedliche Typen verwendet und somit ist die Verwechslungsgefahr groß. Im Test-Code werden Argumente per Position oder per Namen angegeben oder auch einfach weggelassen. In den beiden auskommentierten Zeilen des Tests verstoßen die Konstruktorenaufrufe gegen die o.a. Syntax-Regel 1.8.11.

Mit der Benennung der gewünschten Parameter bei der Übergabe von Argumenten kann man auch das im letzten Abschnitt angesprochene Overloading-Problem beseitigen:

```
// Obj und Polynom2 wurden im letzten Abschnitt definiert
Obj.f(c='a')                        → second

println(new Polynom2(degree= 5))    → x^5
```

Im Zweifelsfall hilft also auch hier eine Benennung. Allerdings zeigt das Beispiel `SalesItem` auch die Grenzen der Sicherheit auf. In der `toString`-Methode wird einfach davon ausgegangen, dass die Werte der Abmessung und des Gewichts auch in Meter bzw. kp übergeben werden. Das wird bei der Anlage eines Artikels aber nicht geprüft. Wie auch, `Double` ist wie alle Zahlen dimensionslos!

1.9 Tupel

Ein Tupel-Typ ist in Java und C++ unbekannt. Tupel sind aber recht nützliche Objekte und nicht zu verwechseln mit Arrays. Bevor sie im Folgenden vorgestellt werden, soll gezeigt werden, dass ohne sie eine unschöne Art der Programmierung im Stil von C++ und Java entstanden ist. Das hat mit der unangenehmen Einschränkung zu tun, dass Methoden *nur ein Ergebnis* zurückgeben können. Dies verleitet zu einem Programmierstil, der mit dem Begriff Seiteneffekt beschrieben wird.

Seiteneffekte

Betrachten wir eine Methode **`swap`**, deren Implementierung man gerne an Anfänger delegiert. Die Aufgabe von `swap` besteht darin, die Werte zweier Variablen zu vertauschen. Hier der Pseudo-Code mit dem erwünschten Ergebnis:

```
a= 1; b= 2
swap(a,b)
println(a+ " "+ b)   → 2 1
```

Weder in Java noch in Scala ist dies möglich. Alle Argumente werden beispielsweise in Java *per Value* übergeben. In C++ ist dagegen diese Art von Funktion durchaus möglich. Denn in C++ lassen sich die `swap`-Parameter als Referenzen definieren. Aus funktionaler bzw. mathematischer Sicht ist diese Lösung keinesfalls befriedigend.

1.9.1 Code Smell: Seitenefeekte

Der Begriff *Code Smell* steht für Code mit einem „üblem Beigeschmack“.[a] Allerdings wird unter diesem Begriff eine ganze Reihe von Symptomen geführt, die letztendlich zu Problemen führen. Eines beruht auf

Methoden, die beim Aufruf kein Ergebnis liefern, sondern ihre Wirkung über einen *Seiteneffekt* erzielen.

Diese Methoden liefern im Fall von Java und C++ meistens `void`, bei Scala dann den Typ `Unit`, was logisch gesehen für „kein Ergebnis“ steht. Der Aufruf muss somit irgend etwas in der Code-Umgebung der Methode ändern (sonst wäre der Aufruf sinnlos!).

Funktionen oder Methoden sollten möglichst keine Seiteneffekte haben!

[a] siehe hierzu auch: `http://en.wikipedia.org/wiki/Code_smell`

Bei `swap` beruht der Seiteneffekt darauf, dass die Argumente – in diesem Fall die Variablen `a` und `b` – ihre Werte getauscht haben. Das sieht im Fall von `swap` vergleichsweise harmlos aus. Es ist sogar recht verständlich, da der Name unmissverständlich vermittelt, dass nach dem Aufruf die übergebenen Argumente ihre Werte getauscht haben. Nach dem Aufruf von `swap` kann man sogar noch an den Originalwert von `a` gelangen, indem man einfach `b` benutzt (und umgekehrt). Das ist zwar „code-smell*ig*", aber verzeihlich. Nur mathematisch gesehen ist es Unsinn und funktional untragbar!

In C++ sind diese Art von Funktionen nicht ungewöhnlich, sie sind gängige Praxis. Dafür wurde die Übergabe per Referenz geradezu „erfunden". Es gibt bei dieser Art von Methoden zwei Möglichkeiten, sofern der Klient des API's die Originalwerte der Parameter weiter verwenden muss.

- **Der Klient ist ahnungslos**: Das Programm compiliert ohne Probleme, nur die weiteren Ergebnisse sind ein wenig überraschend.
- **Der Klient kennt den Seiteneffekt**: Der Klient rettet vorher die Werte in Kopien, ruft die Methode auf, extrahiert die Ergebnisse und restauriert anschließend die Originalwerte der Argumente mit Hilfe der Kopien.

Denkt man an Matrix-Operationen mit `1000x1000`-Matrizen, ist diese Art von Programmierstil unangenehm. Nun werden C++-Programmierer einwenden, dass man Parameter in Input- und Output-Parameter separieren kann. Sieht man das wieder mathematisch, ist es ein „Kurieren am Symptom".

IO, die große Ausnahme

Ein reales Programm hat ohne Seiteneffekte keine Wirkung, es wäre nutzlos. Somit bilden IO-Methoden wie `println` die große Ausnahme. Denn Kommunikation mit der Programmumgebung ist halt ein Seiteneffekt. Man sollte allerdings darauf achten, Seiteneffekte in einem eng begrenzten und gekennzeichneten Bereich zu verwenden.

swap ohne Seiteneffekt

Eine funktional saubere Lösung zu `swap` besteht darin, die Vertauschung einfach als Ergebnis zu liefern und die Argumente „in Ruhe zu lassen". Im einfachsten Fall – wie bei `swap` – ist dies ein sogenanntes 2er-Tupel oder Paar.

```
def swap(a: Int, b: Int) = (b,a)
```

Betrifft das Ergebnis `n` Parameter (mit `n >= 2`) , muss ein **n-Tupel** geliefert werden. Fazit: Tupel sind für seiteneffektfreie Methoden sehr wertvoll.

Pair, TupleN

Bevor wir Tupel näher behandeln, sollen sie eingeordnet werden. Tupel sind keine Kollektionen haben aber sicherlich gewisse Ähnlichkeiten mit Arrays. Aber sie unterscheiden sich insbesondere in drei Punkten:

- Arrays bekommen erst im Konstruktor eine feste Länge, Tupel werden dagegen bereits aufgrund ihres Typs in der Länge fixiert.
- Jedes Element in einem Tupel kann im Gegensatz zu Arrays (oder allgemeiner: Kollektionen) von einem anderen *statischen Typ* sein.
- Tupel sind immutable, Arrays nicht.

Tupel spielen somit eine Sonderrolle und sind daher nicht wie alle anderen Kollektionen im Package `scala.collection` enthalten. Der Typ ***TupleN*** ist ein Subtyp von ***ProductN***, einen Trait in dem Haupt-Package `scala`. Bemühen wir kurz *REPL*, um den praktischen Gebrauch kennenzulernen:

```
scala> ("Double und Int",1.0,1)
res0: (java.lang.String, Double, Int) = (Double und Int,1.0,1)

scala> Tuple4(true,1,'a',"b")
res1: (Boolean, Int, Char, java.lang.String) = (true,1,a,b)

scala> val tuple4= (true,1,'a',"b")
tuple4: (Boolean, Int, Char, java.lang.String) = (true,1,a,b)

scala> tuple4._1
res2: Boolean = true

scala> tuple4._2
res3: Int = 1

scala> tuple4._3
res4: Char = a

scala> tuple4._4
res5: java.lang.String = b

scala> 1 -> "Montag"
res6: (Int, java.lang.String) = (1,Montag)

scala> val t= 1->"Montag"->100.0
t: ((Int, java.lang.String), Double) = ((1,Montag),100.0)

scala> t._1
res8: (Int, java.lang.String) = (1,Montag)

scala> t._1._1
res9: Int = 1

scala> t._1._2
res10: java.lang.String = Montag

scala> Pair(1,2.0)
res11: (Int, Double) = (1,2.0)

scala> def swap(a: Int, b: Int): Pair[Int,Int] = (b,a)
swap: (a: Int,b: Int)(Int, Int)
```

Die Eingabe mit einem Pfeil `->` erzeugt also ein 2er-Tupel. Bei Hintereinanderschaltung wird daraus dann ein geschachteletes 2er-Tupel. ***Pair*** ist offensichtlich ein Synonym für `Tuple2`. Fassen wir das Ganze in einer Regel zusammen:

1.9.2 TUPLE, PAIR

1. Der Wert eines Tupels ist eine komma-separierte Sequenz von mindestens zwei Werten bzw. Ausdrücken, die in Klammern eingefasst sind (n steht für die Anzahl):

   TupleN(expr$_1$,...,expr$_n$) oder nur ***(expr$_1$,...,expr$_n$)***

2. Das Tupel selbst ist immutable. Jedes seiner (mutable oder immutable) Elemente kann von einem anderen Typ sein.

3. Der Zugriff auf das **i-te** Elemente eines Tupels `tuple` erfolgt mit *`tuple._i`* .

4. Der zugehörige Typ eines Tupels mit n Elementen ist:

   TupleN[Type$_1$,...,Type$_n$] oder nur **(Type$_1$,...,Type$_n$)**

5. Für `Tuple2` gibt es das Alias **`Pair`**. Werte vom Typ `Tuple2` bzw. `Pair` können auch mit einem Pfeil geschrieben werden:

   `(a,b)` ist gleichbedeutend mit **`a -> b`**

Die Art des Zugriffs mit einem `._i` auf das `i`-te Elemente mag überraschen und widerspricht dem normalen Zugriff auf die Elemente einer Kollektion, die immer mit dem Index `0` beginnen. Das ist jedoch historisch bedingt, und der funktionalen Welt (*Haskell*) geschuldet. Nachfolgend eine weitere Kostprobe, die u.a. zeigt, dass Tupel immutable sind.

```
val id= "321"

class Units(var numOf: Int) {
  override def toString= numOf.toString
}

// SalesItem: siehe vorherigen Abschnitt!
val tuple= ("Kunde Nr. "+id,
            new SalesItem("123","Vase",high=0.3),new Units(10))

println(tuple._1)  → Kunde Nr. 321
println(tuple._2)  → Artikel Id: 123, Bezeichnung: Vase, Beschreibung:
                     Abmessung in Meter: 0.1,0.1,0.3, Gewicht in kp: 1.0
println(tuple._3)  → 10

// Verstößt gegen Immutable Regel: 2. Punkt in IBox 1.9.2
// tuple._1= "Kunde Nr. 1234"

// Dies ist ok, da die Klasse Units mutable ist!
tuple._3.numOf= 5

println(tuple)
   -> (Kunde Nr. 321,Artikel Id: 123, Bezeichnung: Vase, Beschreibung:
    Abmessung in Meter: 0.1,0.1,0.3, Gewicht in kp: 1.0,5)
```

Ein Tupel ist zwar immutable, allerdings können mutable Elemente durchaus geändert werden. Interessant ist die Typsicherheit. Jedes Element hat einen Typ, der festgehalten wird. Somit kann man über `tuple._3` unmittelbar auf das Feld `numOf` zugreifen. Die Typen der Elemente von Tupel wurden im oberen Beispiel implizit über die Werte festgelegt, man kann sie allerdings auch explizit angeben:

```
def aMethod: Tuple3[String,Part,Int] = ...
```

Mit Hilfe von `swap` bzw. `println` sollen kurz die verschieden Schreibweisen zu `Tuple` vorgestellt werden:

```
def swap1(a: Int, b: Int): Tuple2[Int,Int] = (b,a)

def swap2(a: Int, b: Int): Pair[Int,Int] = (b,a)

def swap3(a: Int, b: Int): (Int,Int) = (b,a)

def swap(a: Int, b: Int) = (b,a)

println(Pair(1,"Hallo") == (1,"Hallo"))          → true
println(Tuple2(1,"Hallo") == (1,"Hallo"))        → true
println((1,"Hallo") == 1->"Hallo")               → true
println(swap(1,2))                               → (2,1)
```

Ohne Zweifel ist die letzte Methode `swap` die eleganteste. Hier überlässt man dem Compiler das Finden des Resultat-Typs.

Multiple Zuweisung

Tupel – zusammen mit Pattern Matching – erlauben *multiple assignments*. Sie existieren gleichermaßen für `val`- und `var`-Variablen und werden hier in einer einfachen Form vorgestellt.

```
// a und b sind beide val
val (a,b)= (1,2)
// a= 2

// c und d sind beide var
var (c,d)= (a,b)
c= -1

// Ausgabe von Pairs: doppelte Klammern notwendig
println((a,b))          → (1,2)
println((c,d))          → (-1,2)

println(a+","+b)        → 1,2

// c= 1.0
```

Da `a` und `b` als `val`s definiert sind, ist eine erneute Zuweisung weder zu `a` noch zu `b` möglich, dafür aber bei `c` und `d`. Der Compiler prüft auch bei multiplen Zuweisungen die Typen. `c` ist vom Typ `Int` und somit würde die letzte Zuweisung `c= 1.0` nicht akzeptiert werden.

1.10 Methoden apply & update

Bisher wurden in einigen Beispielen Arrays verwendet. Da der Typ `Array` nicht fest in die Sprache Scala eingebaut ist, sondern als normale Klasse in einer Bibliothek definiert ist, tauchen doch angesichts des folgenden Codes Fragen auf:

```
val arr= Array(1,2,3,4)
println(arr(0)+".."+arr(arr.length-1))     → 1..4
arr(1)= 0
println(arr(1))                            → 0
```

Warum muss man nicht umständlich `new Array[Int](4)` schreiben, sondern einfach nur `Array(1,2,3,4)`?

Wie kann ein Getter `arr(i)` bzw. Setter `arr(i)= x` ohne Angabe eines Namens aufgerufen werden?

Die zweite Frage zuerst: Für diese einfache Schreibweise sind in Scala zwei Methoden `apply` und `update` zuständig, die einen besonderen Status in Klassen haben.

1.10.1 Methode apply und Update

- Wird in einer Klasse oder einem Singleton-Objekt eine Methode mit Namen `apply` definiert, kann beim Aufruf der Name `apply` weggelassen werden. Die Argumente werden nach der Instanz einfach in Klammern übergeben:

  $obj.apply(arg_1,...,arg_n)$ ist äquivalent zu $obj(arg_1,...,arg_n)$

- Wird in einer Klasse oder einem Singleton-Objekt eine Methode mit Namen `update` mit `n` Parametern definiert, kann beim Aufruf der Name `update` weggelassen werden. Die ersten `n-1` Argumente werden nach der Instanz in Klammern übergeben, das letzte Argument folgt dann nach dem Gleichheitszeichen:

  $obj.update(arg_1,..,arg_n)$ ist äquivalent zu $obj(arg_1,..,arg_{n-1})= arg_n$

  Ist `n=1`, bleiben die Klammern leer.

Das erste Beispiel ist nur eine Demonstration dieser Regel, der Klassenname *C* ist unwichtig. Der Test zeigt dann die Compiler-*Magie*:

```
class C {

  // alle Methoden melden sich mit ihrem Namen und den Argumenten
  def apply(arg: Any)= println("apply("+arg+")")

  def update(arg: Any)= println("update("+arg+")")

  def update(i: Int, arg: Any) = println("update("+i+","+arg+")")
```

```
  def update(i: Int, j: String, arg: Any) =
               println("update(" + i + "," + j + "," + arg +")")
}

// --- ein Test ---

val c= new C

c("Hallo")              → apply(Hallo)
c()= 42                 → update(42)
c(1)= "hallo"           → update(1,hallo)
c(1,"Welt") = 1.234     → update(1,Welt,1.234)
```

Wie bereits bei den Arrays zu sehen, sind `apply` und `update` für Kollektionen besonders nützlich. Denn hier stören nur die Methoden-Namen beim Zugriff auf die Elemente. Es ist intuitiv klar, was die Klammern bedeuten: *Lesen und Setzen der Elemente eines Arrays.*

Dies kann man natürlich auch für eigene Kollektionen nutzen. Nachfolgend ein Beispiel, das dies exzessiv nutzt. Ob es auch „guter Stil" ist, sei dahingestellt.

```
// Anlage von Value-Objekten Employee, Department und Organisation
// Jeweils mit  toString-Methode (case-Klassen kommen noch!)
class Employee(val name: String) {
  override def toString= name
}

class Department(val id: String) {
  private val employee= Array(new Employee("?"),
                              new Employee("?"),
                              new Employee("?"))

  def apply(i: Int)= employee(i)

  def update(i: Int, e: Employee) = employee(i)= e

  override def toString= id + ":" + employee.deep.toString
}

class Organisation {
  private val department= Array(new Department("GF"),
                                new Department("EPV"))

  def apply(i:Int) = department(i)

  def update(d: Int, e:Int, name: String)=
            department(d)(e)= new Employee(name)

  // deep zur Darstellung eines 2-dim Arrays notwendig
  override def toString= department.deep.toString
}

// --- ein Test ---

val org= new Organisation
```

```
println(org)       → Array(GF:Array(?, ?, ?), EPV:Array(?, ?, ?))
println(org(1))    → EPV:Array(?, ?, ?)
println(org(1)(0)) → ?

org(0)(0)= new Employee("Maier")
org(1,2)= "Schmitz"
println(org)    → Array(GF:Array(Maier, ?, ?), EPV:Array(?, ?, Schmitz))
```

Fazit: Die Methoden `apply` und `update` sollten nur eingesetzt werden, wenn intuitiv klar ist was der Einsatz der Klammern bedeutet.

1.11 Singleton-Objekte

Bereits am Anfang dieses Kapitels wurde das Konzept von Scala vorgestellt, statische Methoden in Singleton-Objekte auszulagern, womit sie zu normalen Instanz-Methoden mutieren. Betrachten wir als Erstes Stand-alone-Objekte allgemein, um dann später auf eine wichtige Sonderform – die *Companions* – einzugehen.

1.11.1 Singleton-Objekte alias Module

Objekte sind benannte Instanzen eines Typs und sind selbst keine Typen.[a] Zur Syntax:

```
object objName extends aType(...) { ... }
```

1. Die `extends` Klausel ist optional. Fehlt sie, ist `objName` vom Typ `AnyRef`, ansonsten erbt sie alle Methoden und Felder von `aType`.
2. `aType` kann mit einem passenden Konstruktor aufgerufen werden.
3. Nach dem Kopf können die Methoden von `aType` überschrieben werden bzw. neue Felder und Methoden definiert werden.
4. Ein Objekt kann den Namen eines Typs tragen, da der Namensraum für Typen und *Terme* nicht gleich ist (siehe nachfolgend Companion).
5. Ein Objekt kann Referenzen von `aType` zugewiesen werden.
6. Ein Objekt wird automatisch erschaffen, und zwar erst dann, wenn es zum ersten Mal benötigt wird (dieses Verhalten nennt man auch *lazy*!).

[a] einmal abgesehen vom Singleton Type, der einzig zum Singleton-Objekt selbst gehört.

Der Begriff *Modul* deutet bereits an, dass Objekte vielfältige Aufgaben übernehmen, für die Java nur Klassen oder Packages kennt. Das berühmteste Objekt in Scala ist wohl *`Predef`*. Es wird automatisch importiert und enthält wichtige Definitionen, die überall zur Verfügung stehen. Aus Java-Sicht nehmen Objekte Java's statische Methoden auf. Die Scala-Sicht ist dagegen die einer Komponente, die Typen, Objekte und Klassen kapselt. Deshalb ist der Begriff Modul auch passend(er).

Wählen wir zwei kleine Beispiele, an denen wir die letzten drei Punkten in IBox 1.11.1 verdeutlichen können. Das erste Beispiel ist aus der Welt der Threads und zeigt eine der Eigenschaften von Modulen. Es hat Ähnlichkeiten mit den *Utility*-Klassen `Arrays` und `Collections` in Java, die nur statische Methoden kapseln und deshalb auch keine Instanzen zulassen.

```
object ThreadUtil {

  // Der Parameter block steht für einen beliebigen Code-Block,
  // der der Methode spawn beim Aufruf übergeben werden kann.
  def spawn(block: => Unit) = {
    val t = new Thread() {
              override def run()= block
            }
    t.start()

    // liefert die Thread-Instanz als Ergebnis
    t
  }

  // da yield ein Schlüsselwort in Scala ist, muss die Methode
  // Thread.yield in backticks eingeschlossen werden.
  def pause = Thread.`yield`
}
```

Drei Punkte sind bemerkenswert:

- Da ein Singleton-Objekt nur einmal angelegt wird, existieren seine Methoden – wie die statischen Klassen-Methoden in Java – auch nur einmal.
- In ***`block: => Unit`*** bedeutet der Pfeil, dass der Parameter `block` nicht sofort ausgewertet wird. Es kann hier somit Code übergeben werden, der erst bei der Verwendung ausgeführt wird. Im Code oben wird `block` erst mit *`run() = block`* ausgeführt. Diese Art der Parameter-Übergabe nennt man *by-name*.
- Um Namenskollisionen mit den Schlüsselwörtern in Scala zu vermeiden, kann man Bezeichner in sogenannte Backticks ` einbetten. Für den Compiler ist dann `` `idName` `` ein Identifier.[19]

Die Methode `yield` hatte einmal zur Zeiten des *cooperativen Multitasking* eine wichtige Aufgabe. Die gerade aktiv laufende Thread konnte sich mittels `yield` suspendieren (lassen), um die Ausführung einer anderen wartenden Threads zu ermöglichen. Allerdings hat die Anweisung `yield` bei einem *preemptive multitasking Scheduling* praktisch keinen Einfluss mehr. Es ist ein (nutzloser) Hinweis an den Scheduler.

[19] Es gibt noch einen weiteren Einsatz von Backticks, den wir aber erst beim zweiten Teil vom Pattern Matching ansprechen werden (d.h am Anfang des 2. Kapitels).

Für den direkten Zugriff auf die Member eines Objektes über den einfachen Namen kann man das Objekt importieren, was im folgenden Test auch gemacht wird. Dadurch kann man `spawn` und `pause` ohne Präfix `ThreadUtil` aufrufen.

```
// Hinweis zur Ausgabe: test wird aus der main-Methode gestartet
def test = {

  // import kann da verwendet werden, wo es benötigt wird!
  import ThreadUtil._

  println(Thread.currentThread)      → Thread[main,5,main]

  // Die Ausgabe zum folgenden Code ist einzeilig und wurde passend
  // umgebrochen. Die Reihenfolge ist mehr oder minder zufällig.
  print(spawn(for (i <- 0 until 5) {
                  pause
                  print("A"+ i + " ")
                }})
  )
  print(spawn(for (i <- 0 until 5) print("B" + i + " ")) + " ")
  print(" ende ")
                    → Thread[Thread-0,5,main] Thread[Thread-1,5,main]
                      ende A0 B0 B1 B2 B3 B4 A1 A2 A3 A4
}
```

Wie man an den Threadnamen erkennt, laufen drei Threads *concurrent*. Die Threadnamen werden dabei von der Haupt- bzw. `main`-Thread auf die Konsole ausgegeben. Parallel dazu werden von den beiden anderen jeweils `Ai`'s und `Bi`'s ausgegeben. Auf `yield` könnte man zurückführen, dass nach `A0` erst einmal die Ausgabe `B0...B4` erfolgt. Aber diese Ausgabe ist auch ohne den Einsatz von `yield` im Code möglich. Wichtig ist nur, dass der quasi-parallele Ablauf von Threads und damit die letzte Ausgabe *nicht deterministisch* ist.

Das nächste Beispiel ist als vollständige Applikation implementiert und demonstriert wichtige Punkte der IBox 1.11.1.

```
package part01

// dieser Modul enthält Klassen und Objekte
object ThingModule {

  // wichtig: Die Ausgabe erfolgt im Konstruktor, also
  // genau dann, wenn eine Thing-Instanz angelegt wird.
  class Thing(val name: String) {
    println(name + " angelegt!")
  }

  // Das Objekt hat den Namen seiner Klasse,
  // keine Namens-Kollision: 4.Punkt IBox 1.11.1
  object Thing extends Thing("Thing")

  // dieses Objekt überschreibt Verhalten und hat zusätzliche
  // Felder und Methoden: 3.Punkt IBox 1.11.1
```

```
  object Laptop extends Thing("Laptop") {
    val brand= "ApplePie"

    override def toString= "Laptop("+brand+", "+ currentPrice+")"

    // addiert pseudo-random einen Wert von 0..99 zu 900
    def currentPrice= 900 + util.Random.nextInt(100)
  }

  def printName(thing: Thing) {
    println("Thing: "+ thing.name)
  }
}

// --- ein Test ---

object Main {

  def test= {
    // Zugriff über einfache Namen auf die Member von ThingModule
    import ThingModule._

    // Anlage bei erster Verwendung: 6.Punkt IBox 1.11.1
    println(Thing.name)                  → Thing angelegt!
                                           Thing

    // bei einer var/val Definition wird sofort die Instanz angelegt
    var thing= new Thing("Player")       → Player angelegt!
    printName(thing)                     → Thing: Player

    thing= new Thing("Handy")            → Handy angelegt!

    // Anlage bei erster Verwendung: 6.Punkt IBox 1.11.1
    println(Laptop)                      → Laptop angelegt!
                                           Laptop(ApplePie, 986)
    printName(Laptop)                    → Thing: Laptop
  }

  def main(args: Array[String]): Unit = {
    test
  }
}
```

Der 6. Punkt in IBox 1.11.1 soll noch einmal hervorgeholen werden:

Lazy vs. Eager

Das hier gezeigte Verhalten bei der Anlage von Singleton-Objekten ist ein Kennzeichen aller funktionalen Sprachen. Evaluierungen werden zum spätest möglichen Zeitpunkt ausgeführt.

Objekt-orientierte Sprachen wie Java und C++ kennen dagegen fast ausschließlich ein *eager* Verhalten. Scala kennt als Hybridsprache sowohl `eager` als auch lazy Evaluierungen.[20]

[20] Dies ist sicherlich sehr flexibel, führt aber u.a. bei der Verwendung von Methoden bei Kollektionen zu Irritationen, da man nun `eager` von `lazy`-Methoden unterscheiden muss.

Companion

Singleton-Objekte lösen sehr elegant das allgemeine Problem „statische Methoden“. Java erlaubt allerdings die enge Zusammenarbeit von Instanz- und statischen Methoden einer Klasse und lässt den gegenseitigen Zugriff auf alle `private` deklarierten Member zu. Auch dieses Problem löst Scala elegant mit Hilfe von sogenannten *Companion Objects* bzw. *Modules*.

1.11.2 Companion-Objekte

Wird zu einer Klasse ***Cls*** in derselben Source-Datei ein Singleton-Objekt ***Cls*** angelegt, heißt es Companion-Objekt und die zugehörige Klasse Companion-Klasse.

Zusätzlich zu denen in IBox 1.11.1 angegebenen Eigenschaften gilt noch:

- Klasse sowie Companion-Objekt können gegenseitig auf ihre *privaten Member* zugreifen.

Der o.a. gegenseitige `private` Memberzugriff wird in Beispiel `Polynom2` demonstriert.

Companion Object als Factory

Zusammen mit der Methode `apply` eröffnet ein Companion-Objekt eine interessante Perspektive als Fabrik zur Anlage von Instanzen von Klassen. Dies wird in den Scala-APIs auch häufig genutzt, unter anderem auch bei Arrays. Ein Grund liegt darin, dass Konstruktoren an sich private Details einer Klasse sind. Der ungehinderte Aufruf von `new` durch einen Klienten bringt oft nur Probleme mit sich und kann nachträglich kaum noch korrigiert werden, will man nicht alle existierenden Programme ungültig werden lassen.[21] Die Version `Polynom1` in Abschnitt 1.8 „Sekundäre Konstruktoren“ war recht rudimentär, selbst `equals` fehlte. Allerdings gibt es auch durchaus Schwierigkeiten mit sekundären Konstruktoren.

```
class Polynom1(firstCoeff: Double, coeff: Double*) {
  ...
  // Anlage eines Polynom:  a x^n
  def this(n: Int, a: Double)= this(a,new Array[Double](n): _*)

  // Anlage eines Polynoms: x^n
  def this(n: Int)=  this(n,1.0)
  ...
}
```

[21] Dies führte zu Beiträgen mit dem Titel *„new considered harmful“*. Die Erfahrung musste man auch in Java bei den Wrapper-Klassen zu den primitiven Typen machen. Mehr als ein `new Boolean(true)` bzw. `new Integer(1000)` macht keinen Sinn, ist aber beliebig oft möglich. Das ist wieder eine Art von *Code Smell*, da es zu schwer durchschaubaren Seiteneffekten führt.

Zwei Probleme

- Beide Konstruktoren akzeptieren jeden Wert von `n`. Sicherlich hätte aber zuerst `n>=0` mittels `require` geprüft werden müssen. Dies ist aber in den Konstruktoren nicht möglich, da `this` die *erste Anweisung* in jedem sekundären Konstruktor sein muss.

Der zweite Kritikpunkt ist diffiziler. Für Polynome – wie für viele abstrakte Datentypen – gibt es wichtige Konstanten, die man direkt über ihren Namen identifiziert. Dazu gehört sicherlich das *Null*-Polynom ***`Zero`*** und das *Eins*-Polynom ***`One`*** (beide mit Grad `0` und dem einzigen Koeffizienten `0.0` bzw. `1.0`).

- Als Konstante muss die Einzigartigkeit von `Zero` und `One` gewährleistet sein, d.h. es darf nur jeweils eines existieren.

Diese beiden Anforderungen können ideal in einem Companion-Objekt realisiert werden. Passen wir dazu das Polynom in einer Version `Polynom2` an das nachfolgende Companion-Objekt an. Auch diese Implementierung konzentriert sich dabei auf die für diesen Abschnitt relevanten Methoden (deshalb fehlt u.a. auch die Methode `hashCode`).

```
// privater primärer Konstruktor durch Einfügen
// eines private nach Klassen-Name und vor den Parametern.
class Polynom2 private (coeff: Array[Double]) {

  // auch hier kein new!
  // Anlage des Arrays über sein Companion und ofDim
  private val a= Array.ofDim[Double](coeff.length)
  coeff.copyToArray(a,0)

  override def equals(that: Any) = that match {
    // nur Objekte vom Typ Polynom2 können gleich sein
    case p: Polynom2 => a.deep.equals(p.a.deep)
    case _ => false
  }

  override def toString= {
    // besondere Behandlung von Polynomen 0.Grads
    if (a.length==1)
      a(0).toString
    else {
      val s= new StringBuilder
      for (i <- 0 until a.length) {
        if (a(i) != 0.0) {
          if (a(i)>0.0 && i!=0)
            s.append("+")
          if (a(i)!=1.0 || i==a.length-1)
            s.append(a(i))
          if (i<a.length-1) {
            s.append("x")
            if (i<a.length-2)
```

```
                    s.append("^").append(a.length -i-1)
                  s.append(" ")
              }
            }
          }
          s.toString
        }
      }
    }
```

Es gibt nur noch einen `private` deklarierten primären Konstruktor, dem ein Koeffizienten-Array übergeben wird. Der Konstruktor kann von keinem Klienten, sondern nur noch von einem Companion-Objekt aufgerufen werden (siehe hierzu IBox 1.11.2). Deshalb finden auch in dieser Klasse keine Prüfungen mittels `require` auf Einhalten von Vorbedingungen mehr statt.

Zusätzlich wurde eine Methode `equals` hinzugefügt. Sie prüft, ob alle Koeffizienten der beiden Polynome gleich sind, denn dies bedeutet, dass die Polynome gleich sind. Hier hilft die Methode `deep` in Verbindung mit `equals`. Sie überprüft die Gleichheit auf der Element-Ebene der Arrays. Die Methode `toString` behandelt ein Polynome 0. Grads anders als das eines von einem höheren Grads (sie spielen auch mathematisch eine Sonderrolle, da jede reelle Zahl als Polynom 0. Grads angesehen werden kann).

Kommen wir nun zum Companion-Objekt (in der gleichen Source-Datei). Die drei Konstruktoren in `Polynom1` mutieren hier zu entsprechenden `apply´s` im Companion. Hier tauchen auch wieder die `require` auf, und zwar bevor die Polynome angelegt werden.

```
object Polynom2 {

  // Anlage über die Angabe aller Koeefizienten
  def apply(coeff: Double*)  = {
    require(if (coeff.length>1) coeff(0)!=0.0 else true,
      "Der erste Koeffizient für ein Grad>0 muss ungleich 0.0 sein")

    // coeff muss explizit in ein Array umgewandelt werden!
    createPoly(coeff.toArray[Double])
  }

  // für Polynome der Form a x^n
  def apply(degree: Int, coeff: Double) = {
    require(degree>=0, "Der Grad muss >= 0 sein")

    val a= Array.ofDim[Double](degree+1)
    a(0)= coeff
    createPoly(a)
  }

  // für Polynome der Form x^n
  // Delegation an das vorherige apply
  def apply(degree: Int): Polynom2 = apply(degree,1.0)


  // die Anlage der Konstanten als val und nicht als object ist eager!
  val Zero= new Polynom2(Array(0.0))
  val One=  new Polynom2(Array(1.0))
```

```
  // hier wird überwacht, dass es nur ein Zero und One Polynom gibt
  private def createPoly(a: Array[Double]) = a.length match {
    case 0 => Zero                       // kein Koeffizient übergeben
    case 1 if a(0)==0.0 => Zero          // genau ein Koeffizient 0.0
    case 1 if a(0)==1.0 => One           // genau ein Koeffizient 1.0
    case _ => new Polynom2(a)            // ansonsten: neues Polynom
  }
}
```

In den ersten beiden `apply`'s werden die entsprechenden Vorbedingungen getestet. Danach wird die Anlage eines Polynoms an eine gemeinsam genutzte private Methode `createPoly` ausgelagert. Dies erfolgt nach einem *Clean-Code*-Prinzip (siehe auch Einleitung!):

> ***DRY*** (*Don´t Repeat Yourself*) im Gegensatz zu ***WET*** bedeutet die Vermeidung von Code-Verdopplung.

Denn beide `apply`-Methoden müsste prüfen, dass keine weiteren Null- oder Eins-Polynome außer den Konstanten `Zero` und `One` erschaffen werden. Die Methode `createPoly` verwendet kein tief geschachteltes `if-else`, sondern einen einfachen `match`-Ausdruck.

Namespace

Die Polynome `One` und `Zero` können durchaus auch außerhalb des Companion-Objekt angelegt werden. Aber ihre Namen sind sehr gebräuchlich und Kollisionen nicht ausgeschlossen. Neben Packages besteht eine Art des Schutzes vor Namens-Kollisionen darin das Companion-Objekt `Polynom2` als Namespace„ zu nutzen. Ohne Import muss man sie mittels `Polynom2.Zero` bzw. `Polynom2.One` ansprechen.

Im folgenden Test-Code werden sie aufgrund eines Imports mit einfachem Namen verwendet.

```
def testPolynom = {

  // Test verschiedener apply-Aufrufe
  println(Polynom2())                                      → 0.0
  println(Polynom2(0))                                     → 1.0
  println(Polynom2(2,0,1,-1))                              → 2.0x^3 +x -1.0

  // zwei gleiche Polynome, mit verschiedenen apply's angelegt
  val p1= Polynom2(3,-1)
  val p2= Polynom2(-1.0,0,0,0)

  // im Gegensatz zu == überprüft eq, ob die Objekte identische sind,
  // d.h. p1 und p2 dasselbe Objekt referenzieren
  println(p1+ " == " + p2 + " ist " + (p1==p2))
                                     → -1.0x^3  == -1.0x^3  ist true
  println(p1+ " eq " + p2 + " ist " + (p1 eq p2))
                                     → -1.0x^3  eq -1.0x^3  ist false

  // Ein import kann da geschrieben werden, wo es benötigt wird.
  // Member von Polynom2 werden per einfachem Namen benutzt.
  import Polynom2._

  println(Zero)                                          → 0.0
```

```
  println(One)                                              → 1.0

  // Test auf Existenz von nur genau einem Zero und One Polynom:

  // Dazu werden die verschieden Möglichkeiten der Anlage eines
  // Null/Eins-Polynoms aufgrund der beiden Konstruktoren getestet!
  println(Zero eq Polynom2())                               → true
  println(Zero eq Polynom2(0.0))                            → true
  println(Zero eq Polynom2(0,0.0))                          → true
  println(One  eq Polynom2(0))                              → true
  println(One  eq Polynom2(1.0))                            → true
}
```

Die Anlage von Instanzen über das Companion-Objekt zusätzlich zu Konstruktoren der Klasse oder – wie bei `Polynom2` – exklusiv nur über `apply` findet man in jedem Scala-API. Auch die Klasse `Array` ist ein prominentes Beispiel dafür. Die Auslagerung von statischen Methoden und die `apply`-Methoden als Ersatz für Konstruktoren ist allerdings nicht nur die einzige Aufgabe von Companion-Objekten. Weitere werden noch folgen.

Companion vom Typ AnyRef

Aufgrund der Namensgleicheit muss man ein Companion-Objekt unbedingt von dem Typ der Companion-Klasse trennen.

`MyClass` ist das Companion-Objekt vom Typ **`AnyRef`** einer Klasse **`MyClass`**, die den Typ **`MyClass`** repräsentiert.

Das sollte man auch bei `match`-Ausdrücken auseinanderhalten. Nachfolgend noch eine kleine *REPL*-Demonstration, das die Unterschiede anhand einer Klasse `Foo` mit einer Methode `bar` mit einem Companion `Foo` mit einer inneren Klasse `bar` aufzeigt (zur „Verwirrung" wurde `bar` beide Male klein geschrieben).

```
scala> class Foo {
     |   def bar= println("bar")
     | }
defined class Foo

scala> object Foo {
     |   class bar { println("class bar") }
     | }
defined module Foo

scala> new Foo
res0: Foo = Foo@5b09062e

scala> new Foo.bar
class bar
res1: Foo.bar = Foo$bar@58a1a199
```

```
scala> new Foo().bar
bar
```

Interessant daran ist, dass `new Foo` wie `new Foo()` eine Instanz von `Foo` anlegt. Greift man dagegen auf Member wie `bar` zurück, bedeutet `Foo.bar` immer das Objekt `Foo`. Man muss also explizit `new Foo().bar` schreiben. **Fazit**: `new Foo()` ist in jedem Fall klarer!

1.12 Einfache Vererbung

Betrachtet man die Anlage von Singleton-Objekten aus der Sicht traditioneller OO-Sprachen, sieht die Syntax zur Anlage mittels `extends` wie Vererbung (in Java) aus. Sie ist es an sich auch, nur dass man keine neue *Subklasse*, sondern ein einzelnes *Subobjekt* erschafft. Dabei kann man genau so wie bei der normalen Vererbung Methoden der *Parent-Klasse* überschreiben bzw. zusätzliche Felder und Methoden hinzufügen. Singleton-Objekte sind aus dieser Sicht ein Spezialfall der normalen Vererbung und das zeigt sich auch in der gemeinsamen Syntax.

Stellen wir dazu einen kleinen Vergleich an. Dazu nehmen wir eine Parent-Klasse `Person`. Von dieser erstellen wir ein Singleton-Objekt `Maier` sowie eine Subklasse `Student`, von der wir eine Instanz `maier` anlegen. Um die Sache zumindest ein wenig interessanter zu machen, fügen wir bei beiden neben der Matrikelnummer noch eine Methode `curSemester` ein, die auf das aktuelle Jahr mittels „Java-Bordmittel" zurückgreifen muss.

```
import java.util.Calendar
import java.text.SimpleDateFormat

class Person(val name: String)

object Maier extends Person("Maier") {
  val matrNum= 123456

  def curSemester= "WS-"+new SimpleDateFormat("yyyy").
                              format(Calendar.getInstance().getTime())
}

class Student1(val matrNum: Int, studName: String)
      extends Person(studName) {

  def curSemester= "WS-"+new SimpleDateFormat("yyyy").
                              format(Calendar.getInstance().getTime());
}

// --- ein Test ---

val maier= new Student1(654321,"maier")

println(Maier.matrNum +": "+Maier.curSemester)  → 123456: WS-2010
println(maier.matrNum +": "+maier.curSemester)  → 654321: WS-2010

def usePerson(p: Person)= println(p.name)

usePerson(Maier)                                 → Maier
usePerson(maier)                                 → maier
```

Die folgenden Regeln für die Anlage einer Subklasse gleichen in drei Punkten denen für die Anlage eines Singleton-Objekts (siehe IBox 1.11.1), werden aber der Vollständigkeit halber noch einmal aufgeführt.

1.12.1 ANLAGE EINER SUBKLASSE

Eine Subklasse wird von einer Parent-Klasse wie folgt abgeleitet:

```
class SubClsName(parm1,...,paramn)
      extends ParentClsName(arg1,...,argk) {
  ...
}
```

1. `ParentClsName` kann mit einem seiner Konstruktoren aufgerufen werden.
2. Die Klasse`SubClsName` kann die Methoden von `ParentClsName` überschreiben bzw. neue Felder und Methoden definieren.
3. Eine Instanz von `SubClsName` kann einer Referenzen von `ParentClsName` zugewiesen werden.

Ein Hauptunterschied zu Singleton-Objekten besteht darin, dass eine Subklasse einen *primären Konstruktor* zur Erzeugung von Instanzen hat, auch wenn dieser nicht explizit geschrieben wird. Ein Singleton-Objekt benötigt dagegen keinen Konstruktor, da es nur genau eine Instanz einer Klasse ist, die automatisch bei Bedarf angelegt wird.

`Student1` enthält eine syntaktische Feinheit, die mit dem Erben von Feldern aus der der Parent-Klasse zu tun hat. Denn es gibt zwei Möglichkeiten, um Felder der Parent-Klasse zu erben.

- Man wählt im Konstruktor der Subklasse Parameter *ohne* **`val`**-Präfix und benennt sie anders als die Felder in der Parent-Klasse.
- Man wählt im Konstruktor der Subklasse Parameter *mit* Präfix **`override val`**, die die gleichen Namen wie die Felder in der Parent-Klasse haben.

In beiden Fällen übergibt man diese Parameter den entsprechenden Feldern im Konstruktor des Parents. Im oberen Beispiel wurde der erste Weg gewählt. Stellen wir beide Möglichkeiten zur Übersicht nebeneinander:

```
class Student1(val matrNum: Int, studName: String)
      extends Person(studName) {...}
class Student2(val matrNum: Int, override val name: String)
      extends Person(name)     {...}
```

Warum `override`? Nach dem *Uniform Access Principle* – vorgestellt in IBox 1.8.5 – ist `val name` ein ***`Getter`***. Gleichnamige nicht-abstrakte Methoden in Superklassen müssen in Subklassen mit dem Schlüsselwort `override` überschrieben werden. Vergisst man es, beanstandet das der Compiler mit:

```
error: overriding value name in class Person of type String;
value name needs 'override' modifier ...
```

Verstößt man gegen den ersten Punkt und verwendet (versehentlich) nur `val`

```
class Student3(val matrNum: Int, val studName: String)
      extends Person(studName+" 1")

// --- ein Test ---

val maier= new Student3(123456,"Maier")
println(maier.studName + ", " + maier.name)   → Maier, Maier 1
```

hat die Klasse `Student3` zwei Felder mit Namen `studName` und `name`, nicht unbedingt das was man gewollt hat.

Sicherlich ist das Thema Klassen- bzw. Typ-Hierarchien mit dieser Einführung nicht beendet. Aber für eine schnelle Migration auf Scala reicht es. Im 2. Kapitel „warten" weitere innovative Konzepte des Objekt-Systems.

1.13 Typ-Parameter und Varianzen

Im Zusammenhang mit Arrays wurden bereits Typ-Parameter in natürlicher Weise benutzt. Selbst Java benötigt zu jedem Array einen Typ wie das einfache `int`- oder `String`-Array `int[]` bzw. `String[]` zeigt. Anstatt `Array` schreibt man halt nur eckige Klammern `[]`.[22]

Neben Typ-Parametern für Klassen und Methoden kennt Java sowie Scala Typ-Einschränkungen bzw. *Type-Bounds*. Zusätzlich gibt es in Scala noch Varianz, was nicht unbedingt ein Hype-Thema darstellt.[23] Java kennt es nicht, da es sich statt dessen für *Wildcards* entschlossen hat. Varianz ist aber mächtiger und lässt eine Feinsteuerung der Typ-Parameter zu. Dies hat dann Auswirkungen auf die Verwendung der Instanzen dieser Typen. All das soll Thema in diesem Abschnitt sein und ist auch ungemein wichtig für fortgeschrittene Techniken, unter anderem auch für den funktionalen Teil. Starten wir mit einfachen Typ-Parametern.

Wie Arrays fordern alle Kollektionen bei der Anlage explizit oder implizit den Typ ihrer Elemente. Dieser aktuelle Typ ersetzt dann zur Laufzeit den statisch definierten Typ-Parameter. Da es meist nur ein oder zwei Typ-Parameter gibt, reichen in der Regel kurze Idents für Typ-Parameter wie **T** (für *T*yp), **E** (für *E*lement), **K** (für *K*ey) oder **V** (für *V*alue). Allgemein – nicht nur beschränkt auf Kollektionen – wird eine einfache generische Klassen wie folgt definiert:

```
class GenType[T]( ... ) {
  // hier kann T (fast) wie ein normaler Typ benutzen werden
}
```

[22] Somit war Java seit seiner Geburt generisch.

[23] aber nicht unbedingt bei Studierenden. Deshalb auch diese Einführung!

In diesem (unbeschränkten) Fall kann `T` durch jeden beliebigen konkreten Typ ersetzt werden:

`GenType[Any], GenType[Int], ...`

Betrachtet man generischen Code, stellt man schnell fest, dass es neben dieser einfachen Form Klassen mit mehr als einem Typ-Parameter und/oder Typ-Ausdrücken gibt. Betrachten wir dazu zunehmend komplexere Klassen-Definitionen aus dem Scala API. Dabei steht das Schlüsselwort *`trait`* anstatt *`class`* aus der Sicht von Java für eine Symbiose von abstrakter Klasse und Interface (siehe auch Abschnitt 2.13). Für die Typ-Parameter ist dies aber ohne Bedeutung.

```
class Array[T] ...
class List[+E] ...
trait Map[K,+V] ...
trait Builder[-E,+To]
trait Reference[+T <: AnyRef]
```

Da diese Typ-Konstrukte Einfluss auf das Verhalten der Typen bzw. Klassen haben, ist ein Verständis der Semantik durchaus notwendig.

Typ-Einschränkungen

Einen uneingeschränkten Typ `T` kann man durch jeden beliebigen konkreten Typ ersetzen. Das ist vergleichbar einem Methoden-Parameter vom Typ Any, der jeden Wert als Argument akzeptiert. Will man als Argumente beispielsweise nur `AnyVal`-Werte zulassen, wählt man statt `Any` den Typ `AnyVal`. In Analogie dazu kann man auch die Wahl des konkreten Typs eines Typ-Parameters einschränken, und zwar durch obere oder untere Typ-Grenzen.

1.13.1 Lower und Upper Bound

Typ-Parameter können durch untere und/oder obere Grenzen – ***Lower*** bzw. ***Upper Bound*** – eingeschränkt werden:

- ***`T <: UpperBound`***
  Der Typ-Parameter ***`T`*** muss ein *Subtyp* von `UpperBound` sein.
- ***`T >: LowerBound`***
  Der Typ-Parameter ***`T`*** muss ein *Supertyp* von `LowerBound` sein.

Die jeweiligen Grenzen sind dabei ebenfalls als Typen für `T` erlaubt. Möchte man beispielsweise bei der Anlage von Geheimcode-Objekten mit Hilfe der Klasse `Cipher` nur einen Typ von Zeichensequenzen zulassen, wäre (aus Java-Sicht) folgende Definition möglich:

```
class Cipher[S <: CharSequence](s: S) { ... }
```

Nun sind für den aktuellen Typ der folgenden Objekte nur Subtypen von `CharSequence` erlaubt:

```
object Cipher1 extends Cipher[String]("Hallo Welt")
object Cipher2 extends Cipher[StringBuffer](new StringBuffer
                                              ("Hallo Welt"))
```

Eine Einschränkung nach oben und unten ist (unabhängig davon, ob sinnvoll oder nicht) ebenfalls möglich:

```
class SubSuperBounds[T >: String <: AnyRef] { ... }
```

`T` muss nun durch einen Typ ersetzt werden, der – inklusive der Grenzen – Subtyp von `AnyRef` und Supertyp von `String` ist, beispielsweise:

```
object SSB extends SubSuperBounds[CharSequence]
```

Varianz

Ein weiterer wichtiger Begriff ist die *Varianz* von Typ-Parametern. Sie beschreibt den Zusammenhang zwischen dem generischen Typ `GenType[T]` und seinem Typ-Parameter `T`, und zwar in Bezug darauf, wie sich Sub- bzw. Super-Typbeziehungen für `T` auf `GenType[T]` übertragen. Man unterscheidet dabei mit Hilfe der Symbole **+** oder **-** vor einem Typ-Parameter drei Fälle.

1.13.2 Invarianz, Ko- und Kontra-Varianz

Sei **`GenType[T]`** eine Typ mit einem Typ-Parameter **`T`** mit oder ohne Bounds. Dann ist

- ***`GenType[T]`* invariant** für einen Typ ***`T`***.
  Das heißt, für zwei verschiedene konkrete Typen **`A`** und **`B`** gibt es *keine* Sub-/Supertype-Beziehung zwischen **`GenType[A]`** und **`GenType[B]`**.
- ***`GenType[+T]`* covariant** für einen Typ ***`T`***.
  Das heißt, für zwei konkrete Typen **`A`** und **`B`** folgt aus **`A <: B`** auch **`GenType[A] <: GenType[B]`**.
- ***`GenType[-T]`* contravariant** für einen Typ ***`T`***.
  Das heißt, für zwei konkrete Typen **`A`** und **`B`** folgt aus **`A <: B`** die inverse Beziehung **`GenType[A] >: GenType[B]`**.

Das mag auf den ersten Blick ein wenig verwirrend sein. Alle drei Fälle haben aber Konsequenzen beim Einsatz dieser Klassen, was im Folgenden besprochen werden soll.

Invarianz

Arrays sind aufgrund ihrer Definition (siehe oben) invariant. Hat man also zwei konkrete Typen wie `String <: AnyRef`, so überträgt sich laut 1.12.2 diese Typbeziehung nicht auf ihre zugehörigen Arrays. Insbesondere gilt *nicht*: `Array[String] <: Array[AnyRef]`. Die praktische Konsequenz für den Einsatz von Arrays ist recht einfach mittels *REPL* zu zeigen:

```
scala> var arr: Array[Any] = null
arr: Array[Any] = null

scala> val sArr= Array("Hallo","Welt")
sArr: Array[java.lang.String] = Array(Hallo, Welt)

scala> arr= sArr
<console>:7: error: type mismatch;
 found   : Array[java.lang.String]
 required: Array[Any]
       arr= sArr
          ^
```

Wie der Code zeigt, kann dem Array `arr` des Supertyps `Any` von `String` kein Array von Strings zugewiesen werden. In Java ist es dagegen durchaus möglich, einem Array `Object[]` ein Array `String[]` zuzuweisen. Bei dem Typ `List` macht Java dann plötzlich eine Kehrtwendung. Der Typ `List` ist invariant und somit ist die gleiche Zuweisung in Form von Listen nicht mehr möglich.

Warum? Nun, in Java sind Arrays fest in die Sprache integriert, und zwar fehlerhaft. Arrays sind ***nicht*** typsicher! Dazu hätten sie als mutable Kollektionen invariant sein müssen. Das hat man in den 90ern nicht so eng gesehen. Statt dessen hat man bei fehlerhaften Zuweisungen einfach zur Laufzeit eine `ArrayStoreException` ausgelöst. Scala musste dies bereinigen.

Betrachten wir den Code oben. Würde die Zuweisung `arr= sArr` erlaubt sein, könnte man in das `sArr` beispielsweise eine Zahl oder eine Ausnahme einfügen:

```
// --- fehlerhafter Code, nur zur Erklärung unten ---

scala> arr= sArr

scala> arr(0)= 1

scala> arr(1)= new Exception

scala> sArr(0).contains(sArr(1))
```

Anschließend ruft man über `sArr` String-Operationen auf. Ein gruseliger Gedanke! Der Fehler liegt daran, dass Arrays mutable sind. Somit kann man jederzeit ihre Elemente ändern. Wären Arrays immutable, wäre eine nachträgliche Änderung der Elemente wie `arr(0)= 1` nicht möglich. String-Elemente blieben String-Elemente. Für eine `Array`-Variable (in Scala) bedeutet dies, dass nur Arrays vom selben Typ zugewiesen werden können.

Fazit: Ist ein generischer Typ `GenType[T]` invariant, können einer Variablen vom Typ `GenType` nur `Gentype`'s mit gleichem konkreten Typ `T` zugewiesen werden. `GenType` kann dann mutable sein, d.h. die Elemente vom Typ `T` können ohne Probleme gelesen und geschrieben werden.

Kovarianz

Invarianz ist reichlich restriktiv. Deshalb gibt es Co- und Contra-Varianz. Sie decken genau zwei Fälle ab: Entweder nur Lesen oder nur Schreiben!

Covarianz lässt für `GenType[T]` nur das Lesen der Elemente vom Typ `T` zu.

Nach 1.13.2 sind Arrays in Java covariant definiert. Das wäre dann ok, wenn die Elemente nach Anlage des Arrays nur noch gelesen und nicht mehr geändert werden könnten. Denn an den letzten beiden Beispielen erkennt man recht deutlich, dass nur über das Setzen von neuen Werten im generelleren Array das spezielle Array korrumpiert werden kann. In ein `Int`-Array fügt man einfach Strings ein und „Zoom"! Wäre dieser Fehler nachträglich in Java bereinigt und das Verändern von `Array`-Elementen wäre verboten worden, hätte es die Sprache „hinweggefegt". Denn nahezu alle Programme wären über Nacht ungültig geworden! Generische Listen wurden erst in Java 1.5 eingeführt und da konnte man den Fehler direkt von Anfang an vermeiden, nur leider nicht optimal (wie der folgende Abschnitt noch zeigen wird).

Wählen wir zur Demonstration nur ein kleines Beispiel, da das Scala API unzählige größere bereithält, die alle diesem Muster folgen. Die Klasse `ReadN` enthält genau ein Feld `n` eines covariant deklarierten Typs `N`. Da nun Schreiben, d.h. das Verändern von Instanzen vom Typ `N` verhindert werden muss, hat der Compiler sicherzustellen, dass das Feld `n` nur gelesen wird.

```
scala> class ReadN[+N<:AnyVal](var n: N)
<console>:5: error: covariant type N occurs in
                   contravariant position in type N
of parameter of setter n_=
       class ReadN[+N<:AnyVal](var n: N)                    ^
             ^
```

Somit kann der Compiler kein Feld `n` als `var` erlauben, denn `n` kann dann über seinen Getter geändert werden. Verbessern wir den Fehler und zeigen das covariante Verhalten von `ReadN`.

```
scala> class ReadN[+N<:AnyVal](val n: N) {
     |   override def toString = n.toString
     | }
defined class ReadN

scala> val r1= new ReadN(1)
r1: ReadN[Int] = 1

scala> val r2= new ReadN(2.0)
r2: ReadN[Double] = 2.0

scala> var r: ReadN[AnyVal]= null
r: ReadN[AnyVal] = null

scala> r= r1
r: ReadN[AnyVal] = 1

scala> r= r2
r: ReadN[AnyVal] = 2.0
```

Kontravarianz

Kontravarianz erlaubt nur das Schreiben bzw. Ändern von Feldern des Typs `T` einer generischen Klasse `GenType[-T]`. Wählen wir wieder ein möglichst einfaches Beispiel, bei dem nur Schreiben einer Variablen vom Typ `T` erlaubt ist. Dies ist immer dann gewährleistet, wenn `T` nur als Typ eines Parameters einer Methode verwendet wird. Wird die Methode aufgerufen, kann nur der Wert des Parameters gesetzt werden.

```
scala> abstract class Eval[-X<:AnyVal] {
     |   def apply(x: X): Double
     | }
defined class Eval

scala> object Square extends Eval[AnyVal] {
     |   def apply(x: AnyVal)= x match {
     |     case i: Int => i * i
     |     case d: Double => d * d
     |     case _  => Double.NaN
     |   }
     | }
defined module Square

scala> println(Square(3.0))
9.0

scala> val eval: Eval[Int]= Square
eval: Eval[Int] = Square$@3961b9b2

scala> eval(5)
res0: Double = 25.0

scala> eval('0')
res1: Double = 2304.0

scala> eval(5.0)
<console>:9: error: type mismatch;
 found   : Double(5.0)
 required: Int
       eval(5.0)
            ^
```

Da die Methode `apply` abstrakt ist, muss die Klasse `Eval abstract` definiert werden. Das Singleton Object `Square` liefert nur für `Int` und `Double` das Quadrat als Ergebnis, für alle anderen Typen `NaN`. Aus `Int<:AnyVal` folgt bei Kontravarianz `Eval[AnyVal]<:Eval[Int]`. Somit ist die Zuweisung `val eval: Eval[Int]= Square` erlaubt.

Das ist durchaus logisch. Denn eine Funktion, die für beliebige `AnyVal`-Werte ein Ergebnis liefert, kann man sicherlich auf `Int`-Werte einschränken. Das umgekehrte würde dagegen nicht gehen: Ist eine Funktion nur für `Int`-Werte definiert, kann man nicht mit `Double` oder `Boolean` Werte aufrufen. Der Aufruf von `eval('0')` ist durchaus korrekt. Ein Zeichen wird aufgrund von Widening in eine `Int` umgewandelt und `'0'` steht an Position `48` in der Unicode-Tabelle. Ein `Double` wird zwar von `Square`, aber nicht von `eval` akzeptiert.

1.14 Collection Basics

Arrays sind als Typ in Java fest integriert und die Sprache hat zusätzlich eine spezielle Syntax zur Benutzung. Java kennt aber keine Tupel-Typen. Scala geht hier einen umgekehrten Weg. Tupel wie Arrays sind in Scala normale Klassen, sie erhalten aber eine besondere syntaktische Unterstützung. Arrays können – wie alle anderen Klassen auch – auf die Methoden `apply` bzw. `unapply` zugreifen. Somit sind die Getter und Setter benutzerfreundlich. Tupel wirken aufgrund der Klammer-Notation wie feste Sprachkonstrukte. Arrays wie Tupel aggregieren Objekte. Ist diese Aggregation homogen, d.h. sind alle Elemente vom gleichen Typ, spricht man bei statisch typisierten Sprachen von einer Kollektion.

Scala's Spagat

Zu jeder Sprache gehört heute eine Standardbibliothek, die verschiedene Arten von Kollektionen mit ihren Standard-Operationen anbietet. Bei Java findet man sie im Package *`java.util`*, das die wichtigsten Arten wie `List`, `Set`, `Map` und `Queue` umfasst. Scala als Hybridsprache muss einen Spagat zwischen funktionaler und OO-Welt vollziehen. Die OO-Welt setzt voll auf eine tiefe Klassenhierarchie. Im Mittelpunkt steht das Objekt. Die Methoden sind objektbezogen, hängen also immer von einem speziellen Objekt ab. Bei FP-Sprachen stehen dagegen die Funktionen im Mittelpunkt. Sie hängen nicht an Objekten, diese sind nur noch Parameter, wobei high-order Functions auch Funktionen als Parameter erlauben.

Scala hatte somit einen steinigen Weg bei der konsistenten Entwicklung einer Collection-Library, die beiden Welten genügt. Sieht man Kollektionen aus der Sicht von Java bzw. OO, sind sie mutable. Die Instanzen von Kollektionen unterstützen das Einfügen, Löschen und Ändern von Elementen. Aus FP-Sicht müssen Kollektions-Instanzen als Parameter immutable sein. Jede Mutator-Operation muss deshalb zu einer neuen Kollektion führen. Sonst könnten Kompositionen von Funktionen und Operationen auf Kollektionen kaum konsistent gehandhabt werden. Erschwerend kam noch hinzu, dass man in Scala aus Performance-Gründen Arrays auf die nativen, fest in Java eingebauten Arrays abbilden wollte.

Aufgrund dieser Schwierigkeiten wurde das Collection-API in Scala 2.8 einem Redesign unterworfen, in der Hoffnung, dass nun Ruhe einkehrt. `Array` zählt zwar weiterhin zu den Kollektionen, wurde aber aus diversen Gründen aus der allgemeinen Kollektions-Hierarchie herausgenommen. Es wurde durch den immutable Typ *`Vector`* ersetzt. Um OO und FP zu bedienen, muss man in Scala – ausgehend von einem Grundtyp – eine Wahl zwischen einer mutable oder immutable Variante treffen. Ein Vereinfachung besteht darin, dass mutable und immutable Varianten aufgrund eines gemeinsamen Basistyps viele Operationen gemeinsam haben. Greift man nur auf diese zurück, kann man in der Regel die beiden Varianten nur durch Wahl des zugehörigen Packages wechseln.

Schwerpunkt

Eine vollständige Übersicht aller möglichen Kollektionen mit ihren mutable und immutable Varianten sowie den zugehörigen Funktionen würde ein eigenes Kapitel füllen. Es ist an sich auch nicht notwendig, da man die Scala-Kollektionen durchaus aus zwei Perspektiven betrachten kann. Einmal aus OO-Sicht und unabhängig davon aus der FP-Sicht. Für den Umstieg von Java (oder einer anderen OO-Sprache) auf Scala ist es nicht unbedingt erforderlich, sofort mit der FP-Sicht zu starten. Man kann das durchaus trennen. Deshalb verschieben wir den funktionsorientierten Teil auf eine passende Stelle im zweiten Teil.

Selbst wenn man FP außen vor lässt, kommt man nicht umhin, eine Auswahl zu treffen. Deshalb beschränken wir uns auf die Basistypen `List`, `Set` und `Map`, die aus Java hinreichend bekannt sind. Sie decken ohnehin den Großteil des Einsatzes von Kollektionen ab. Da *OOler* in der Regel nur mutable Kollektionen kennengelernt haben, wählen wir im Fall von `Set` und `Map` die immutable Varianten. Bei dem Typ `List` gibt es ohnehin keine Wahl, sie gibt es nur immutable!

Für alle, die mit dieser Einschränkung nicht „leben" können, eine Anmerkung: Gerade zu Kollektionen gibt es sehr gute Dokumentationen im Netz. Die bekannteste stammt von *Martin Odersky* und hat den bezeichnenden Namen „Scala 2.8 Collection".[24] Sie beschreibt auf etwa 25 Seiten neben dem grundlegenden Design Details zum Aufbau und die wichtigsten Methoden. Sie gehört somit zur *Pflichtlektüre* bzw. zum Ausgangspunkt einer detaillierten Untersuchung aller Kollektionen.

Hierarchie-Design

Die ersten drei Stufen der Kollektions-Hierarchie bestehen aus Traits. Der Ausgangspunkt ist der Trait *`Traversable`*, gefolgt von *`Iterable`*. Zwischen beiden Typen gibt es nur den minutiösen Unterschied, dass `Traversable` einzig die Methode `foreach` benötigt, um seine Elemente zu durchlaufen, wogegen `Iterable` dazu einen zusätzlichen Trait `Iterator` fordert. Die Trennung – erst in Scala 2.8 vollzogen – lässt wohl eine „Hintertür" für die Zukunft offen. Bei beiden findet man bereits je nach Zählweise mehr als 50 Operationen bzw. Methoden, die alle nachfolgenden Arten von Kollektionen gemeinsam haben *müssen*.[25]

Dann verzweigt der Hierarchie-Baum in „Drei-Buchstaben"-Traits `Map`, `Set` und `Seq` (steht für Sequenz). Alle zugehörigen Operatoren und Funktionen unterscheiden noch nicht zwischen mutable oder immutable Varianten. Sie sind im Package `scala.collection` definiert und erst durch die Implementierungen in den beiden Sub-Packages `scala.collection.mutable` und `scala.collection.immutable` wird die jeweilige Variante festgelegt.

Aufgrund der Companions lassen sich Instanzen zu allen Traits – beginnend mit `Traversable` – anlegen. Die Wahl der konkreten Implementierung überlässt man in diesem Fall dem Compiler. Seine Wahl fällt in jedem Fall auf eine immutable Kollektion, wie diese kleine *REPL*-Demo zeigt:

```
scala> Traversable(1,2,3)
res0: Traversable[Int] = List(1, 2, 3)

scala> Iterable(1,2,"3")
res1: Iterable[Any] = List(1, 2, 3)
```

[24] Sie kann als PDF von der Scala-Homepage heruntergeladen werden.

[25] Mit „müssen" ist folgendes gemeint: Bei einer Erweiterung der Kollektionen um einen eigenen Typ müssen dann alle 50+ Methoden/Operationen Sinn machen. Somit stehen einige Arten von Kollektionen „vor der Tür".

```
scala> Seq(1,2.0,3)
res2: Seq[Double] = List(1.0, 2.0, 3.0)

scala> Set((1,2),(2,3))
res3: scala.collection.immutable.Set[(Int, Int)] = Set((1,2), (2,3))

scala> Map(1->"Mo",2->"Di")
res4: scala.collection.immutable.Map[Int,java.lang.String] =
      Map((1,Mo), (2,Di))
```

Es fällt vielleicht nicht unmittelbar auf, aber alle diese Anweisungen erfolgten, ohne dass das Package `scala.collection` mit allen seinen Sub-Packages importiert wurde. Das liegt an dem impliziten Imports von:

```
import scala.package._      // Package Object, siehe Abschnitt 2.11
import scala.Predef._       // Object
import scala.runtime._      // Package
```

Die wichtigen Kollektionen stehen somit über ihre einfachen Namen direkt im Zugriff. Bereits in Abschnitt 1.6 wurde neben Arrays der Einsatz von Listen in einer *for-Comprehension* gezeigt. Diese Eigenschaft erben die Listen von `Traversable`. Bereits der Basis-Trait stellt sicher, dass alle Kollektionen in *for-Comprehensions* benutzt werden können.

Da *REPL* zusätzlich auch interessante Typ-Informationen zeigt, werden wir auch für die Kollektionen weiter darauf zugreifen.

List

Beginnen wir mit dem Typ `List`. Er ist in Sub-Package `scala.collection.immutable` als *einfach verlinkte* Liste implementiert. Diese Art der Implementierung bedeutet u.a., dass das Einfügen eines Elementes am Kopf wesentlich schneller ist als am Ende der Liste. Was heißt schneller? In ***Big-O*** Notation ***O(1)*** gegenüber ***O(n)***. Die Eins steht für ein Einfügen am Kopf in konstanter Zeit, unabhängig von der Größe der Liste. Einfügen am Ende geschieht in linearer Zeit, wobei diese proportional zur Länge `n` der Liste ist. Obwohl `List` gleichnamig mit der von Java ist, ist das Design sehr unterschiedlich. Denn

`List` ist *immutable* und *covariant.*

Beides geht Hand in Hand. Da Listen immutable sind, kann man sie covariant gestalten. Jede Erweiterung einer Liste führt zu einer neuen, die seinen Typ anhand des eingefügten Element erneut bestimmt. Man kann mit einer leeren Liste auf drei Arten starten: als Singleton-Objekt `Nil`, mit Hilfe des Companions als `List()` oder mittels der Methode `List.empty` (die `Nil` liefert). Die leere Liste hat den Typ `List[Nothing]`, was soviel bedeutet wie „Typ unbekannt“. Erst durch Einfügen der Elemente bestimmen die neu entstandenen Listen ihren Typ. Zeigen wir anhand eines Beispiels diese Art der Anlage bzw. Erweiterung von Listen:

```
scala> List(1,2,3)
res0: List[Int] = List(1, 2, 3)
```

```
scala> 1::2::3::Nil
res1: List[Int] = List(1, 2, 3)

scala> val nil= List()
nil: List[Nothing] = List()

scala> val eLst= List.empty
eLst: List[Nothing] = List()

scala> "Hallo"::"Welt"::eLst
res0: List[java.lang.String] = List(Hallo, Welt)

scala> val l1= 3::Nil
l1: List[Int] = List(3)

scala> val l2= 2.0::l1
l2: List[AnyVal] = List(2.0, 3)

scala> val l3= "1"::l2
l3: List[Any] = List(1, 2.0, 3)

scala> l1
res0: List[Int] = List(3)

scala> l2
res1: List[AnyVal] = List(2.0, 3)
```

Der Operator **::** ist wohl der funktionalen Welt geschuldet. Ausgehend von der leeren List können mit `::` Elemente am Kopf der Liste angefügt werden, eine *O(1)*-Operation (siehe oben). Es entsteht jeweils eine neue Liste. Die alte Liste – sofern es eine Referenz auf sie gibt – bleibt erhalten. Bei dem Operator `::` fällt auf, dass das neue Element links und die alte Liste rechts vom Operator steht. Das entspricht auch der Logik „am Kopf einfügen". Diese Art von Operatoren werden im zweiten funktionalen Teil näher besprochen.

Interessant ist der Typ der Listen `l1`, `l2` und `l3`. Er ist `Int`, `AnyVal` und letztendlich `Any`. Aufgrund des neuen Elements wird der Typ der neuen Liste passend gewählt. Es ist jeweils der *kleinste gemeinsame Typ* aller Elemente der Liste. Eine mutable Liste (wie die von Java) hätte da keine Chance. Denn ein neues Element wird im mutable Fall in die bereits existierende Liste eingefügt und dessen Typ kann nur einmal am Anfang gewählt werden und ist danach fix.

Die *inverse* Operation zum Einfügen eines Elements am Kopf ist die Methode `tail`, denn sie liefert eine Liste ohne den Kopf. Auch diese Operation ist *O(1)*. Neben `tail` gibt es diverse Methoden, die Teillisten einer Liste liefern. Eine zu `tail` spiegelbildliche Methode `init` liefert beispielsweise die Liste ohne das letzte Element und die Methode `slice(start: Int, end: Int)` liefert eine Teilliste bestehend aus allen Elementen von Index `start` (einschließlich) bis Index `end` (ausschließlich). Die Länge `size` bzw. das Synonym `length` der Teilliste `slice` ist somit `end - start`. Für random Zugriffe auf Elemente der Liste steht wie bei Arrays die Methode `apply` zur Verfügung. Die Methode `update` ist als Mutator wegen der Covarianz nicht erlaubt. Hier der Einsatz der angesprochenen Methoden:

```
scala> val iLst = List(1,2,3,4,5)
iLst: List[Int] = List(1, 2, 3, 4, 5)

scala> iLst.size
res0: Int = 5

scala> iLst.tail
res1: List[Int] = List(2, 3, 4, 5)

scala> iLst.init
res2: List[Int] = List(1, 2, 3, 4)

scala> iLst.head
res3: Int = 1

scala> iLst.last
res4: Int = 5

scala> iLst.reverse
res5: List[Int] = List(5, 4, 3, 2, 1)

scala> iLst.slice(1,3)
res6: List[Int] = List(2, 3)

scala> iLst.drop(2)
res7: List[Int] = List(3, 4, 5)

scala> iLst(3)
res8: Int = 4

scala> iLst(3) = 0
<console>:7: error: value update is not a member of List[Int]
       iLst(3) = 0
       ^
```

Bei den beiden Beispielen fällt auf, dass man im Gegensatz zu anderen statisch typisierten Sprachen wie Java explizite Typ-Angaben vermeidet. Insbesondere ist dies auch oportun, da dann der Compiler den optimalen Typ der Liste selbst bestimmen kann.

Set

Der Typ `Set` repräsentiert mathematisch gesehen Mengen. Er ist invariant, denn im Gegensatz zu `List` gibt es zu einem `Set` eine mutable und eine immutable Implementierung. Wählt man wieder den Weg über den Companion, stehen einem die beiden Methoden `empty` und `apply` zur Verfügung, womit man leere oder nicht-leere Mengen anlegen kann. Allerdings gibt es ein gravierenden Unterschied zu Listen. Man muss nun bereits bei einem leeren `Set` den passenden Typ des `Set` angeben. Denn beim Einfügen von Elementen muss der Typ des `Set` aufgrund der Invarianz erhalten bleiben. Variablen auf einen Typ von `Set` können nur auf denselben Typ von `Set` verweisen.

```
scala> var iSet= Set.empty[Int]
iSet: scala.collection.immutable.Set[Int] = Set()

scala> iSet= Set[Int]() + 1 + 2 + 3 + 5
iSet: scala.collection.immutable.Set[Int] = Set(1, 2, 3, 5)

scala> iSet(2)
res0: Boolean = true

scala> iSet(4)
res1: Boolean = false

scala> iSet('1')
res2: Boolean = false

scala> iSet(1.0)
<console>:7: error: type mismatch;
 found   : Double(1.0)
 required: Int
       iSet(1.0)
            ^
```

Im Code wird die leere `Int`-Menge auf zwei Arten erzeugt. Beides führt zu einem immutable Set. Die Methode `apply` hat bei Mengen eine andere Semantik als in Listen. Sie liefert zum übergebenen Element `true`, sofern es in der Menge liegt, sonst `false`. Der Compiler akzeptiert dabei nur Elemente vom gleichen Typ (sofern *Widening* nicht greift!).

Mengen sind im Gegensatz zu Listen keine Sequenzen. Ihre Elemente sind nicht in einer festen Reihenfolge angeordnet, insbesondere nicht anhand der Reihenfolge ihrer Einfügung. Allerdings gibt es auch Mengen mit einer *Ordnung*, vertreten durch den Typ ***`SortedSet`***. Er wird nicht automatisch importiert, womit man den Import aus `scala.collection` selbst vornehmen muss. Wie der Name schon sagt, müssen nun die Elemente implizit eine Ordnung haben, sonst könnten sie nicht sortiert werden. Fassen wir das in einem Test zusammen:

```
scala> val iSet= Set(1,2,3,4,5,6,7)
iSet: scala.collection.immutable.Set[Int] = Set(4, 5, 6, 1, 2, 7, 3)

scala> for (i <- iSet) print(i+" ")
5 1 6 2 7 3 4

scala> import scala.collection._
import scala.collection._

scala> val siSet= SortedSet(7,2,1,4,3,6,5)
siSet: scala.collection.immutable.SortedSet[Int] =
       TreeSet(4, 5, 6, 1, 2, 7, 3)

scala> for (i <- siSet) print(i+" ")
1 2 3 4 5 6 7

scala> val sSet= SortedSet(1,"1")
```

```
<console>:8: error:
could not find implicit value for parameter ord: Ordering[Any]
       val sSet= SortedSet(1,"1")
                          ^
```

BitSet

Eine weitere interessante Mengen-Spezialisierung ist **`BitSet`**. Es repräsentiert ein Array von Bits, wobei die Bit-Positionen in diesem Array als nicht-negative ganze Zahlen angegeben werden. Somit müssen die Werte `>=0` sein. Der Vorteil zu einem `Set[Int]` ist die kompakte Speicherung. Im folgenden Code werden die typischen Bit-Operationen vorgestellt. Seien `bs1` und `bs2` zwei BitSets, so ist

- **`bs1 | bs2`** die *Vereinigung* (union): Besteht aus allen Bits aus `bs1` und `bs2`.
- **`bs1 & bs2`** der *Durchschnitt* (intersection): Besteht aus allen gemeinsamen Bits von `bs1` und `bs2`.
- **`bs1 &~ bs2`** die *Differenz* (difference): Besteht aus allen Bits von `bs1`, die nicht auch in `bs2` sind.
- **`bs1 ^ bs2`** sie *symmetrische Differenz*: Besteht aus den nicht-gemeinsamen Bits von `bs1` und `bs2`.

Auf jedes Bit der Mengen muss also folgende Bit-Opertion ausgeführt werden:

Vereinigung	*Durchschnitt*	*Differenz*	*Sym. Differenz*
`0 | 0 = 0`	`0 & 0 = 0`	`0 &~ 0 = 0`	`0 ^ 0 = 0`
`0 | 1 = 1`	`0 & 1 = 0`	`0 &~ 1 = 0`	`0 ^ 1 = 1`
`1 | 0 = 1`	`1 & 0 = 0`	`1 &~ 0 = 1`	`1 ^ 0 = 1`
`1 | 1 = 1`	`1 & 1 = 1`	`1 &~ 1 = 0`	`1 ^ 1 = 0`

Die Differenz ist die einzige Operation, die nicht *kommutativ* ist. Für zwei (beliebige) Mengen gilt also *nicht*: `bs1 &~ bs2` == `bs2 &~ bs1`. Abschließend ein Test zu den Operationen:

```
scala> import scala.collection._
import scala.collection._

scala> val bs1= BitSet(3,0,8,1,16,31,4,1)
bs1: scala.collection.BitSet = BitSet(8, 4, 16, 1, 31, 0, 3)

scala> val bs2= BitSet(0,2,8,32)
bs2: scala.collection.BitSet = BitSet(0, 2, 8, 32)

scala> bs1 | bs2
res0: scala.collection.BitSet = BitSet(8, 4, 16, 32, 1, 31, 0, 2, 3)

scala> for (b <- (bs1 | bs2)) print (b+" ")
```

```
0 1 2 3 4 8 16 31 32

scala> bs1 & bs2
res1: scala.collection.BitSet = BitSet(0, 8)

scala> bs1 &~ bs2
res2: scala.collection.BitSet = BitSet(4, 16, 1, 31, 3)

scala> bs2 &~ bs1
res3: scala.collection.BitSet = BitSet(2, 32)

scala> bs1 ^ bs2
res4: scala.collection.BitSet = BitSet(4, 16, 32, 1, 31, 2, 3)
```

Map

Neben Listen spielen Maps eine wichtige Rolle. Sie sind eine einfache Variante einer *in-memory* Datenbank, da sie 2er-Tupel ***(key,value)*** mit einem *eindeutigen* Schlüssel `key` zusammen mit einem zugehörigen Wert `value` speichern. Der Schlüssel `key` spielt aus Sicht einer Datenbank die Rolle eines *Primärschlüssels*, kommt also im Gegensatz zu `value` nur einmal vor. Ein wesentlicher Unterschied zu *relationalen* Datenbanken besteht darin, dass die Werte `key` und `value` beliebig komplexe Typen sein können.

Der Typ `trait` **`Map[K,+V]`** ist *invariant* im Schlüsseltyp und *kovariant* im Wertetyp. Zur Anlage gibt es aufrund des Companions eine kurze literale Schreibweise, welche die Pfeil-Notation von `Tuple2` benutzt. Sie ist recht intuitiv.

```
Map(key1 -> value1, key2 -> value2, ...)
```

Der Compiler kann wieder anhand der `(key,value)`-Paare den Typ der Map selbständig erkennen. Natürlich können Maps auch explizit mit zwei zugehörigen Typen angelegt werden:

```
val aMap: Map[KeyType,ValueType] = ...
```

Im folgenden Code werden zuerst zwei Maps angelegt. Dann wird der Unterschied zwischen invariantem Schlüssel und kovariantem Wert anhand einer einfachen `true/false`-Map gezeigt. Abschließend wird die Semantik von `apply` demonstriert, die bei Maps einen *gültigen* Schlüssel erwartet, zu dem sie den zugehörigen Wert als Ergebnis liefert.

```
scala> val wday= Map(1->"Mo",2->"Di",3->"Mi",4->"Do",5->"Fr")
wday: scala.collection.immutable.Map[Int,java.lang.String] =
                        Map((5,Fr), (1,Mo), (2,Di), (3,Mi), (4,Do))

scala> val bbMap= Map(0->false) + (1->true)
bbMap: scala.collection.immutable.Map[Int,Boolean] =
                        Map((0,false), (1,true))

scala> val wrong= Map(0->false) + (1.0->true)
<console>:5: error: type mismatch;
found   : (Double, Boolean)
```

```
 required: (Int, ?)
       val wrong= Map(0->false) + (1.0->true)
                                     ^

scala> val right= Map(false->0) + (true->1.0)
right: scala.collection.immutable.Map[Boolean,AnyVal] =
                       Map((false,0), (true,1.0))

scala> wday(2)
res0: java.lang.String = Di

scala> wday(0)
java.util.NoSuchElementException: key not found: 0
```

Die Map `wrong` zeigt die Invarianz des Schlüsseltyps, wogegen die Map `right` die Kovarianz im Werte-Typ demonstriert. Der kleinste gemeinsame Supertyp von `Int` und `Double` ist `AnyVal`. Somit ist `right` vom Typ `Map[Boolean,AnyVal]`.

Mittels `apply` kann direkt ein Wert zu einem Schlüssel ermittelt werden. Dieses naive Suchen eines Werts hat aber einen Nachteil! Sie löst eine `NoSuchElementException` aus, sofern der Schlüssel nicht existiert. Es gibt mehrere Möglichkeiten, diese Ausnahme zu vermeiden. Dazu zählt u.a. die Methode `contains`, mit der man vorab testen kann, ob ein Schlüssel in der Map existiert. Neben der Methode `get`, die im nächsten Abschnitt besprochen wird, gibt es noch die Möglichkeit, mit `getOrElse` zu einem Schlüssel einen Default-Wert anzugeben, sofern zu diesem kein Wert in der Map existiert.

Wichtig ist auch die Aufsplittung einer Map in eine Schlüsselmenge mittels `keySet` und eine iterierbare Werte-Kollektion mittels `values`.

```
scala> val nMap= Map("A"->1.0,"B"->2.0) ++ Map("A"->0,"C"->2.0)
nMap: scala.collection.immutable.Map[java.lang.String,AnyVal] =
                       Map((A,0), (B,2.0), (C,2.0))

scala> nMap contains "A"
res0: Boolean = true

scala> nMap contains "D"
res1: Boolean = false

scala> nMap("c")
java.util.NoSuchElementException: key not found: c
...

scala> nMap.getOrElse("C",Double.NaN)
res2: AnyVal = 2.0

scala> nMap.getOrElse("c",Double.NaN)
res3: AnyVal = NaN

scala> nMap values
res4: Iterable[AnyVal] = MapLike(0, 2.0, 2.0)
```

```
scala> for (d <- nMap.values) print(d + " ")
0 2.0 2.0

scala> nMap keySet
res5: scala.collection.Set[java.lang.String] = Set(A, B, C)
```

Wie in der ersten Anweisung der *REPL* zu sehen, können mittels `++` Maps vereinigt werden. Kommt ein Schlüssel mehr als einmal vor, ist in der neuen Map nur der letzte Wert des Schlüssels gültig. Wieder wird die Kovarianz ausgenützt. Werte können mehrfach vorkommen, also ist das Ergebnis von `values` vom Typ `Iterable`. Da Schlüssel eindeutig sind, gibt `keySet` natürlich ein `Set` zurück.

1.15 Option

In `Map[K,V]` tritt u.a. ein Getter mit folgendem Kommentar auf:

`def get(key: K): Option[V]` „Liefert optional den Wert, der mit key verbunden ist".

Der Typ `Option` ist bei FP-Sprachen weit verbreitet, heißt nur manchmal anders. In Haskell wird er beispielsweise *`Maybe`* genannt. `Option` versucht ein Problem zu lösen, das in OO eher halbherzig gelöst ist. Methoden oder genereller Funktionen liefern nicht unbedingt für alle Argumente gültige Ergebnisse. In OO, speziell Java, greift man in solchen Situationen reflexartig zu zwei Arten von Lösungen.

Die erste besteht darin, `null` zu liefern, die radikalere darin, eine `Exception` auszulösen. Dem Klienten, der die Methode aufruft, wird dann die unangenehme Aufgabe überlassen, auf `null` zu prüfen oder sicherheitshalber sofort alles in ein *try-catch* einzuschließen. Java kann *try-catch* sogar mit der Ankündigung einer *checked Exception* im Methodenkopf erzwingen. Beide Möglichkeiten haben Nachteile. Die von `null` ist besonders unangenehm, weil eine Referenz, die den Wert `null` hat, jeden weiteren Methodenaufruf mit einer `NullPointerException` beantwortet.

Ein dritter konstruktiver Weg besteht darin, dass die Methoden, die nur partiell definierte Ergebnisse liefern, dies mit *jedem* Ergebnis mitteilen. Und hier kommt `Option` ins Spiel. Die Methoden liefern ein gültiges Ergebnis `result` nicht direkt, sondern als `Some(result)` zurück, ein ungültiges dagegen als `None`. ***`Some[R]`*** ist die einzige direkte Subklasse von ***`Option[+R]`***, wobei der Typ-Parameter **`R`** den Typ des eigentlichen Ergebnisses festhält. ***`None`*** ist dagegen ein Singleton-Objekt, abgeleitet von `Option[Nothing]`. `None` spielt somit die Rolle eines typ-sicheren `null`. Diese Art Ergebnisse zurückzugeben hat zwei Vorteile:

- Erstens wird man – analog zu der „großen Keule" *checked Exception* – dazu gezwungen, auf Fehler zu reagieren, allerdings in einer angemessenen bzw. angenehmen Weise.
- Zweitens hält `Option` und mithin auch `Some` und `None` über 20 Methoden bereit, mit denen man die Ergebnisse abhängig von der Umgebung auswerten kann.

Zeigen wir den Einsatz von `get` in einer Map, die die natürlichen Zahlen `1`, `2` und `3` auf ihre römischen Pendants abbildet.

```
scala> val rom= Map(1->"I",2->"II",3->"III")
rom: scala.collection.immutable.Map[Int,java.lang.String] =
                        Map((1,I), (2,II), (3,III))

scala> rom.get(2)
res0: Option[java.lang.String] = Some(II)

scala> rom.get(0)
res1: Option[java.lang.String] = None

scala> rom.get(3) match {
     |   case Some(x) => println(x)
     |   case None => println("gibt's nicht")
     | }
III

scala> rom.get(0) match {
     |   case Some(x) => println(x)
     |   case _ => println("gibt's nicht")
     | }
gibt's nicht
```

Die letzten beiden Eingaben zeigen, wie man mittels Pattern Matching das gültige Ergebnis extrahieren und gleichzeitig auf das ungültige angemessen reagieren kann. Das nächste Beispiel zeigt, wie dagegen Java mit Fehlersituationen umgeht. Wir benutzen weiterhin Scala, obwohl im Hintergrund an sich nur Java wirkt:

```
scala> 46340 * 46340
res0: Int = 2147395600

scala> 46341 * 46341
res1: Int = -2147479015

scala> import java.util._
import java.util._

scala> val q:Queue[String]= new LinkedList
q: java.util.Queue[String] = []

scala> q.add("A")
res2: Boolean = true

scala> q.remove
res3: String = A

scala> q.poll
res4: String = null
```

```
scala> q.remove
java.util.NoSuchElementException
```

Am Anfang sieht man den „leisen“ Übergang von einem gültigen zu einem ungültigen Ergebnis beim Quadrieren von `int` Zahlen in Java. Es kommt weder eine `null` noch ein `NaN`. Denn `Int` kennt weder einen Wert `null`, noch einen Fehlerwert `NaN` wie `Float` oder `Double`. Eine `ArithmeticException` wie bei `1/0` wäre zwar möglich, wird aber aufgrund einer *effizienten* (!) Berechnung verworfen.

Diese Art von Berechnung ist die *tödlichste* Art, auf Fehler zu reagieren!

Fazit: Sollte dies in einem lebenswichtigen Steuerungsprogramm auftreten, ist die Wirkung katastrophal und nicht mit Effizienz zu entschuldigen, zumindest nicht im Zeitalter von Gigahertz und Multi-Cores. Diese Art der Integer-Berechnung ist ein Relikt aus den 90er Jahren, als Java mit C/C++ konkurieren musste, und sollte an heutige Sicherheitsbedürfnisse angepasst werden. Da hilft auch nicht ein Hinweis wie „Man kann ja auf `BigInt` ausweichen, sofern man dies vermeiden will“.[26]

Queue

Für eine weitere Demonstration wählen wir eine Kollektion, die neben `List` eine wichtige Rolle spielt. Bei einer ***Queue*** bzw. *Warteschlange* können Elemente nur am Ende eingefügt und am Kopf entfernt werden. Die Implementierung zu `Queue` befindet sich aus Gründen der Rationalisierung bei Java in `LinkedList`. Zur Entnahme bietet eine Java-Queue zwei Methoden an, **`remove`** und **`poll`**. Beide liefern ein Element (am Kopf), sofern noch eines in der Queue vorhanden ist. Ist die Queue dagegen leer, liefert `poll` den Wert `null` und `remove` eine `NoSuchElementException`. Diese „kreative“ Art, auf Fehler bzw. ungültige Ergebnisse zu reagieren, ist nicht wirklich befriedigend, da sie sehr uneinheitlich ist.

Zeigen wir am Beispiel von Quadrieren, wie man einen *Overflow* bei `Int` vermeiden kann. Die nachfolgende Methode `square` kapselt die Operationen und ist ansonsten „straightforward“, d.h. keine hohe Ingenieurkunst.

```
scala> import scala.math._
import scala.math._

scala> def square(i: Int) = if (abs(i)< 46341) Some(i*i) else None
square: (i: Int)Option[Int]

scala> square(46341)
res0: Option[Int] = None

scala> square(46340)
res1: Option[Int] = Some(2147395600)
```

[26] Bei schnellen PKWs ist der Hinweis, auf einen langsamen LKW auszuweichen, wenn man mehr Sicherheit wünscht, auch nicht unbedingt „zielführend“.

```
scala> square(46341).getOrElse(Double.NaN)
res2: AnyVal = NaN

scala> square(46340).getOrElse(Double.NaN)
res3: AnyVal = 2147395600
```

`Option` bietet eine konsistente Art, mit Fehlern umzugehen. Dazu bietet es u.a. eine Methode `getOrElse`, die man dann einsetzen kann, wenn man im speziellen Fall eine Alternative zu `None` benötigt. Da `Int` kein `NaN` besitzt, wurde das `square` Ergebnis von `None` auf `Double.NaN` umgebogen. Da damit ein Wechsel des Typs nach `AnyVal` verbunden ist, ist diese Lösung nicht optimal.

Das abschließende Beispiel zeigt weitere Möglichkeiten und leitet auch zum folgenden Abschnitt über.

```
val wDays= Map(1->"Mo", 2->"Di", 3->"Mi",4->"Do", 5->"Fr")

println(wDays get 3)                              → Some(Mi)
println(wDays get 0)                              → None

def getOrDefault(i: Int) = wDays.get(i) match {
                               case Some(d)=> d
                               case None => "?"
                             }

println(getOrDefault(5))                          → Fr
println(getOrDefault(0))                          → ?

case class Weekday(name: String)

println(wDays getOrElse (0,"kein Wochentag")) → kein Wochentag
println(wDays getOrElse (0,Weekday("?")))      → Weekday("?")
```

Am letzten `println` ist zu erkennen, dass `getOrElse` im Gegensatz zu `get` auch Werte von einem anderen Typen zurückliefern kann, beispielsweise die ad hoc definierte `case`-Klasse `Weekday`. Sie ist nicht vom Value-Typ `String` der `Map[Int,String]`. Darüber hinaus sind case Klassen eine besondere Spezies, zu der im übrigen auch `Some` gehört. Das leitet zum letzten Abschnitt des Kapitels über.

1.16 Case-Klassen

Case-Klassen – Klassen mit dem Präfix **`case`** – sind eine Spezies, die ihren Ursprung in *algebraischen Datentypen* (*ADT*) haben. Ein ADT ist insbesondere sehr gut für Datenstrukturen mit einer beschränkten (kleinen) Menge von Subtypen bzw. Subobjekten geeignet, mit denen alle Funktionen des zugehörigen *abstrakten Datentyps* ausgeführt werden können.[27] Wie der

[27] Sowohl algebraische als auch abstrakte Datentypen haben dasselbe Akronym *ADT*. Nur der Kontext entscheidet, was gemeint ist.

Name bereits verrät, hat ein ADT seinen Ursprung in algebraischen Datenstrukturen. Eine sehr einfache algebraische Datenstruktur haben wir bereits kennengelernt: `Option[T]`. `Option` selbst ist abstrakt, lässt also keine Instanzen zu. Neben dem Singleton-Objekt `None` gibt es nur die Möglichkeit, Instanzen von der einzig möglichen *case Subklasse* `Some` zu erschaffen.

Aufgrund einer solchen algebraischen Beschränkung kann ein effektives Pattern Matching erschaffen werden. Das ist mit allgemeinen Klassen, die beliebige Konstruktoren und (noch unbekannte) Subklassen zulassen, so nicht möglich. Fassen wir die wichtigsten Eigenschaften von case Klassen in einer IBox zusammen, bevor wir anhand von Beispielen ihren Einsatz demonstrieren.

1.16.1 Überblick über case-Klassen

`case`-Klassen werden mit dem Präfix **`case`** definiert und können von beliebigen nicht-`case`-Klassen abgeleitet werden:[a]

```
case class CaseCls[TP_c](params_c) extends NormalCls[TP_n](params_n)
{
    ...
}
```

Der Compiler implementiert für `case`-Klassen

1. die folgenden Methoden (mit einer *strukturellen* Semantik):[b]
   `hashCode()`, `equals()`, `copy()` und **`toString()`**

2. ein Companion-Objekt, das die folgenden beiden Methoden enthält (wobei die Typ-Parameter TP_c optional sind, d.h. wegfallen können):

   ```
   object CaseCls {
     def apply[TP_c](params_c) = new CaseCls[TP_c](params_c)
     def unapply[TP_c](cc: CaseCls[TP_c]) =
                         Some[TP_c](cc.param_1,...,cc.param_n)
   }
   ```

   wobei $param_i$ die einzelnen Parameter von $params_c$ sind.

3. Sofern die Parameter $param_i$ ohne `val` oder `var` deklariert sind, ist der default **`val`**.

4. `case`-Klassen-Instanzen können beim Pattern Matching anhand der Argumente, die dem *primären* Konstrukur für $params_c$ übergeben wurde, getroffen werden. Dies wird durch die Methode `unapply` sichergestellt.

[a] Obwohl `case`-Klassen von `case`-Klassen abgeleitet werden können, ist dies seit Scala 2.8 deprecated.

[b] Details dazu werden nachfolgend besprochen.

Zum vierten Punkt ist insbesondere anzumerken, dass sekundäre Konstruktoren – sofern sie in der `case`-Klasse geschrieben werden – im Companion-Objekt ignoriert werden. Die Methoden `apply` und `unapply` werden nur zum primären Konstruktor geschrieben.

Neben ADTs mit ausgeprägter Funktionalität (d.h. entsprechend vielen Methoden) gibt es für `case`-Klassen ein Einsatzgebiet.

Value Objekte: `case`-Klassen vereinfachen die Anlage *value Objekte* (siehe Abschnitt 1.8 „Value-Objekte"). Sie übernehmen die Anlage von Konstruktoren, Gettern und Settern sowie die strukturelle Implementierungen der o.a. Methoden.[28] Insbesondere bedeutet dies, dass die Werte aller Felder in die Methoden einbezogen werden. Dies führt zu kürzerem Code und das bedeutet:

„Code, der nicht geschrieben wird, kann auch keine Fehler enthalten!"

Schreiben wir als Erstes für eine Gegenüberstellung von normalen zu `case`-Klassen einen kleinen Test. Dazu legen wir zwei Klassen `Company` und `Car` mit Feldern und zugehörigen Gettern an (was bereits gegenüber Java eine große Einsparung von Code bedeutet!):

```
package part01

class Company(val name: String)

class Car(val company: Company, val model: String, val yearBuilt: Int)

// --- ein Test ---

object Main {

  def testCC= {
    val com=  new Company("VW")
    val car1= new Car(com,"Golf",1997)
    val car2= new Car(com,"Golf",2007)
    val car3= new Car(com,"Golf",2007)

    // testen der Getter:
    println(com.name)                          → VW
    println(car1.company.name+","+
            car1.model+","+car1.yearBuilt)     → VW,Golf,1997

    // was ist mit toString?
    println(com)                               → part01.Company@4de13d52
    println(car1)                              → part01.Car@7e80fa6f

    // was ist mit equals?
    println(car2==car3)                        → false

    // eine Menge Set (angelegt mit dem Companion-Objekt Set)
    val cars= Set(car1,car2)

    // wie werden in cars mittels equals Car-Instanzen gefunden?

    // equals testet wie eq auf Identität, da nicht überschrieben!
    println(cars contains car2)                → true

    // car3 ist nur wertegleich, aber nicht identisch zu car2, also
```

[28] Die meisten Java-IDE's generieren automatisch ähnlichen Code. Aber das ist IDE-abhängig und nicht einheitlich. Besser sind da schon entsprechende Annotationen wie bei Beans. Eindeutig intelligenter ist aber ein entsprechendes Sprach-Feature.

```
    println(cars contains car3)                  → false

    /* schön wäre noch eine Art von copy-Methode (zusätzlich zu clone!)
       beispielsweise für ein neues Fahrzeug car4, bei dem alles bis
       auf dem Wert von model-Wert gleich zu car3 ist:

    val car4= car3.copy(model="Passat")
    */
  }

  def main(args: Array[String]): Unit =
    // Ausgaben: siehe oben!
    testCC
  }
}
```

Die Ausgaben sind keinesfalls überraschend. Es fehlen zumindest die Methoden `toString` und `equals` in beiden Klassen, abgesehen von einer nice-to-have Methode wie `copy`.

Erweitern wir nun die Klassen `Company` und `Car` um die fehlenden `equals`-Methoden und wiederholen den letzten Test mit `cars`.

```
class Company(val name: String) {
  override def equals(that: Any) = that match {
    case c: Company => name==c.name
    case _ => false
  }
}

class Car(val company: Company, val model: String, val yearBuilt: Int)
{
  override def equals(that: Any) = that match {
    case c: Car => company==c.company && model==c.model &&
                   yearBuilt == c.yearBuilt
    case _ => false
  }
}

// Wiederholung des equals Tests
println(car2==car3)                        → true

// Wiederholung des Tests, ob car3 in cars enthalten ist
println(cars contains car3)                → true
```

Der Test ist erfreulich. Vertraut man ihm, ist man ein *Pechvogel*! Denn man hätte den Test nur ein wenig erweitern müssen, um eine Überraschung zu erleben.

```
val moreCars= Set(car1,car2, new Car(com,"Polo",2000),
                  new Car(com,"Polo",2001),new Car(com,"Lupo",2005))

println(moreCars contains car3)            → false
```

In `cars` wird `car3` gefunden, in `moreCars` dann nicht mehr! Wie ist das zu erklären?

Der Typ `Set` wurde ja bereits in Abschnitt 1.14 vorgestellt. Allerdings wurde ein Detail nicht besprochen, was an sich auch nicht unbedingt wichtig ist. Nur in diesem Fall eben doch! Kleine Mengen von eins bis vier Elementen werden in der (aktuellen) Scala-Implementierung in den zugehörigen Klassen `Set1`, `Set2`, `Set3` und `Set4` gespeichert, erst ab fünf Elementen dann in der allgemeinen Klasse `Set`.

Für `Set1` bis `Set4` läuft die Suche direkt über `equals`, das geht am schnellsten. Erst in der allgemeinen Klassen `Set` erfolgt die Suche zweistufig. Zuerst wird mittels *Hashing* geprüft, ob das Element überhaupt in der Menge sein kann. Sofern es zu diesem Hashcode Elemente geben sollte, wird dann erst mittels `equals` auf Gleichheit geprüft. Somit wird von `car3` zuerst die Methode `hashCode` aufgerufen und anhand dieses `Int`-Werts nach `Set`-Elementen gesucht. Da `hashCode` aber nicht passend zu `equals` überschrieben wurde, schlägt die Suche fehl. Hier der Zusammenhang zwischen `hashCode` und `equals`.

1.16.2 EQUALS – HASHCODE KONTRAKT

- Liefert `equals` für zwei Objekte den Wert `true`, müssen ihre Methoden `hashCode` denselben `Int`-Wert liefern.
- Wird `equals` mit einer Werte-Semantik überschrieben, muss auch die Methode `hashCode` so überschrieben werden, dass sie für (wert-)gleiche Instanzen denselben `Int`-Wert liefert.

Somit hat man selbst für triviale Klassen `equals` zusammen mit `hashCode` zu schreiben. Denn man kann weder verbieten noch verhindern, dass Klienten Instanzen dieser Klassen in Kollektionen einfügen, die auf Hashing basieren. Über das o.a. Verhalten wären die Klienten wohl sehr ungehalten! Im Vergleich nun die `case`-Klassen `Company` und `Car`:

```
case class Company(name: String)
case class Car(company: Company, model: String, yearBuilt: Int)
```

Wie bereits im 3. Punkt o.g. IBox angemerkt, kann `val` entfallen, da es der Default ist. Will man `mutable` Felder haben, muss man wie bei normalen Klassen `var` vor diese Parameter schreiben. Der Test könnte ohne Änderung von oben übernommen werden. Hier nur der interessante Teil des vorherigen Tests, angewandt auf die beiden `case`-Klassen.

```
// kein new notwendig, da im Companion-Objekt, da
// ein apply() vom Compiler geschrieben wird
val com=  Company("VW")
val car1= Car(com,"Golf",1997)
val car2= Car(com,"Golf",2007)
val car3= Car(com,"Golf",2007)

val cars= Set(car1,car2, new Car(com,"Polo",2000),
              new Car(com,"Polo",2001), new Car(com,"Lupo",2005))

// die Methode toString enthält alle strukturellen Infos
```

```
println(com)                  → Company(VW)
println(car1)                 → Car(Company(VW),Golf,1997)

// die equals-Methoden führt ein Werte-Vergleich der Feldern aus
println(car2==car3)           → true

// ein zu equals passende hashCode-Methoden
println(cars contains car3)  → true

// eine copy-Methode, in der nur die zum Original
// verschiedenen Werte der Felder angegeben werden
val car4= car3.copy(model="Passat")
println(car4)                 → Car(Company(VW),Passat,2007)
```

Der Wertevergleich der equals-Methode beruht auf dem Vergleich aller Parameter bzw. Felder des primären Konstruktors. Die case-Klasse Car setzt bei Objekten wie Company natürlich auch eine entsprechende equals-Methode voraus. Da auch Company eine case-Klasse ist, beruht deren equals auf dem Vergleich der Namen. Zu jeder case Klasse wird auch eine hashCode-Methode geschrieben, deren Int-Ergebnis ebenfalls auf Basis der Werte der Felder gebildet wird.[29]

Die Methode copy ist eine ideale Ergänzung zur Methode clone. Die Aufgabe von clone besteht ja darin, eine *identische Kopie* zu erschaffen, wogegen copy eine *ähnliche Kopie* schafft, die nur in einem oder wenigen Werten abweicht. Dazu noch ein passendes Beispiel:

```
case class Lecture(name: String, weeklyHours: Int,
                   profId: String, semester: String)

val lec= Lecture("Programming Scala",4,"KB","SS 2009")

println(lec.copy(semester="SS 2010"))
       → Lecture(Programming Scala,4,KB,SS 2010)
```

Details zu case-Klassen

Es gibt einige Sonderfälle, die bei case-Klassen zu beachten sind. Sie treten dann auf, wenn man vom einfachen Schema abweicht, eine case-Klasse nur mit dem primären Konstruktor zu schreiben. Dazu gehören case-Klassen inklusive ihrer Superklassen, die Implementierungen zu den vier automatischen generierten Methoden enthalten oder die bereits von explizit geschriebenen Companion-Objekt begleitet werden. Ein weiterer Sonderfall ist eine abstrakte case-Klasse. Dazu die Regeln:

[29] Mithin ist die Regel 1.16.2 nur dann erfüllt, wenn sich wiederum die Klassen der Felder, die zur case-Klasse gehören, an diese Regel halten. Da das erste Feld von Car ebenfalls von einer case-Klasse Company kommt, ist 1.16.2 gültig (somit ist 1.16.2 rekursiv zu verstehen!).

1.16.3 Restriktionen zu `case`-Klassen

- Die Methoden `hashCode`, `equals`, `toString` und `copy` werden nur dann vom Compiler geschrieben, wenn es mit *Ausnahme* von `AnyRef` *keine* Implementierung zu der jeweiligen Methode in der `case`-Klasse oder einer ihrer Superklassen gibt.
- Existiert bereits ein Companion-Objekt zur `case`-Klasse, fügt der Compiler in diesen Companion die Methoden `apply` und `unapply` ein.
- Ist die `case`-Klasse *abstrakt*, wird vom Compiler *keine* Methode `apply` im Companion geschrieben.
- Eine `case`-Klasse darf nicht von einer `case`-Klasse abgeleitet werden (siehe hierzu 2.12 „`case`-Klassen und Vererbung“)

Explizit implementierte Methoden haben somit immer Vorrang vor denen des Compilers. Mit Ausnahme von `copy` enthält `AnyRef` default Implementierungen zu den drei anderen Methoden, die der Compiler jedoch überschreibt.

Es fehlt noch eine detaillierte Besprechung von `case`-Klassen in Verbindung mit Pattern Matching. Diese folgt unmittelbar im Abschnitt 2.1 des nächsten Kapitels.

Kapitel 2

Scala's innovatives Objekt-System

Das erste Kapitel hatte ein klares Ziel: Code nicht mehr in Java oder einer anderen „alten“ OO-Sprache zu schreiben, sondern einfach kürzer und eleganter in Scala. Dazu gehört natürlich nicht nur das Lesen von etwas über 100 Seiten, sondern vor allem Praxis. Wie misst man seinen Erfolg? Ganz einfach, schreibt man seinen Code lieber (und schneller) in Scala, war man erfolgreich und der Umstieg gilt als gelungen.

Dieses Kapitel hat die Vertiefung des Objekt-Systems zur Aufgabe. Es beginnt mit Pattern Matching, die in deser Form neu in OO-Sprachen ist. Allerdings kennt Scala noch weitere innovative Techniken. Das Ziel der nächsten 100+ Seiten besteht nun darin, komplexere Einheiten, besser gesagt Komponenten mit diesen Techniken bauen zu können. Denn genau hier bietet Scala mehr Unterstützung als andere OO-Sprachen. Scala steht ja für *skalierbar*. Der Begriff ist allerdings doppeldeutig: Skalierbar kann sich auf die Komplexität – von kleinen zu großen Komponenten – oder auf die Geschwindigkeit der Ausführung (in Multi-Core Umgebungen) beziehen. In diesem Kapitel geht es um das erstere.

2.1 Pattern Matching von Objekten

Pattern wurden bereits als Kontrollstrukturen in Abschnitt 1.6 vorgestellt. Dabei hatten wir uns auf die Typen `AnyVal` und `String` beschränkt. Beide sind von Natur aus immutable und bilden die Grundlage zum Matching. Beim Typ `Option` (in Abschnitt 1.15) wurde dann Matching zur Reaktion auf ein gültiges oder ungültiges Ergebnis einer Methode benutzt. Dabei wurde einfach angenommen, dass auch Objekte wie `Some(x)` oder `None` getroffen werden können. Das wollen wir nun vertiefen, denn Pattern können für wesentlich komplexere Aufgaben eingesetzt werden. Sie können aus Typen, Konstanten und Konstruktor-artigen Ausdrücken bestehen, die sogar eingebettete Variablen und Wildcard-Ausdrücke erlauben.

Die ersten Kandidaten für „fortgeschrittene“ Pattern sind die Instanzen von `case`-Klassen. Neben ihrer eleganten Art, Value-Objekte zu repräsentieren, wurden sie hauptsächlich zum Pattern Matching in Scala eingeführt. Matching wird durch `case`-Klassen und deren allgemeinere Form der Extraktoren[1] erstaunlich mächtig. Es geht weit über das hinaus, was man von `switch-case` in OO-Sprachen gewöhnt ist. Doch beantworten wir erst eine Frage.

Warum fehlt eigentlich Pattern Matching in der traditionellen OO?

1. Es ist *keine* OO-Technik, wird sogar als nicht OO-würdig kritisiert, da es u.a. interne Strukturen offenlegt und nicht erweiterbar ist.[2] Pattern Matching hat seine Wurzeln in funktionalen Sprachen wie Haskell, wird aber auch von neuen funktionalen Sprachen wie F# von Microsoft ausgiebig genutzt!

2. Es muss frei von Seiteneffekten sein, was aus OO-Sicht gerne „übersehen" wird. Ansonsten ist eine Match-Operation mathematisch unverständlich. Das Ergebnis einer Match-Operation muss wiederholbar sein.

2.1.1 Match-Operation ohne Seiteneffekte

Eine Match-Operation sollte bei gleichen Werten bzw. Argumenten gleiche Ergebnisse liefern.

Dieses einfache Prinzip garantiert verständlichen, nachvollziehbaren Code. Deshalb beschränkt sich auch good old OOP auf das primitive Matching alias `switch-case`, beschränkt auf ganzzahlige Werte. Das lässt sich allenfalls noch auf Enumerationen – den sogenannten *glorified integers* – oder String-Literale ausweiten. Aber Objekte „normaler" OO-Klassen in das Matching mit einzubeziehen, würde zwangsläufig das Prinzip in IBox 2.1.1 verletzen.

Objekte im OO-Sinn kapseln States – *mutable* Felder –, die über ihre öffentlichen Methoden manipuliert werden können. Die States bzw. Felder müssen daher privat sein, damit sie nicht von außen unkontrolliert verändert werden können.

Da Pattern zwangsläufig die States bzw. Felder der Objekte in das Matching einbeziehen, müssten aufgrund von 2.1.1 diese States aus *immutable Strukturen* bestehen. Denn sollten sich Felder eines Objekts aufgrund eines Methodenaufrufs (aufgrund anderer Code-Abschnitte) ändern, liefert die Match-Operation bei gleichen Werten unterschiedliche Ergebnisse. Anders ausgedrückt, hängt dann ein Match-Ergebnis von der zufälligen Abfolge von Methodenaufrufen seiner Pattern-Objekte (in anderen Code-Abschnitten) ab. Das ist mathematisch untragbar und angesichts von Concurrent-Programmierung katastrophal.

Als Hybridsprache erlaubt Scala aufgrund seiner *OO-Gene* durchaus die Verletzung des in 2.1.1 vorgestellten Prinzips. Allerdings wird dies im Folgenden nicht weiter verfolgt, sondern allenfalls kurz erwähnt. Die folgenden Abschnitte bauen auf Abschnitt 1.6 auf, insbesondere auf die dort bereits vorgestellten Regeln.

[1] Siehe Abschnitt 2.3

[2] Siehe hierzu auch „algebraische Datenstruktur" in Abschnitt 1.16)

Matching von Konstanten

Starten wir mit Objekten, die wie Literale als Konstanten benutzt werden können. Die zugehörige Regel ist sehr einfach.

2.1.2 Pattern Matching mit Konstanten

Jedes Singleton-Objekt oder jeder `val`-Wert kann als Konstante im `case`-Ausdruck benutzt werden und trifft nur sich selbst. Sofern benannt, muss der Name mit einem *Großbuchstaben* beginnen oder in Backticks ` eingeschlossen werden.

Verwenden wir für ein erstes Beispiele neben der bereits aus Abschnitt 1.16 bekannten `case`-Klasse `Company` eine weitere *nicht*-case Klasse `Complex`. Dazu legen wir ein Unternehmen `VW` an sowie zwei komplexe Zahlen, `One` als `val`-Wert und ein `i` als *singleton object*. Mit diesen Objekten führen wir anschließend ein Match durch.

```
case class Company(name: String)

class Complex(val re: Double, val im: Double)

val VW=  Company("VW")

val One= new Complex(1,0)

object i extends Complex(0,1)

// erlaubt Argumente mit einem beliebigen Typ
def check1(e: Any) = e match {
  case VW  => println(VW)
  case One => println("Eine Eins")
  case i   => println ("Die komplexe Zahl i")

// siehe Kommentar unten
// case _    => println("kein Match")
}

// --- ein Test ---

check1(VW)                    → Company(VW)
check1(Company("VW"))         → Company(VW)
check1(One)                   → Eine Eins
check1(i)                     → Die komplexe Zahl i

check1(new Complex(1,0))      → Die komplexe Zahl i
check1(10)                    → Die komplexe Zahl i
```

Die Ausgabe der letzten beiden `check1` ist unerfreulich, da logisch falsch.

Der Fehler zu `check1(10)` beruht einfach darauf, dass die Regel in IBox 2.1.2 verletzt wurde. Denn so schön das `i` aus mathematischer Sicht sein mag, es ist keine Konstante, sondern eine Variable. `i` matcht alles, was nicht bereits durch die ersten beiden cases gematcht wurde. Wird das vierte `case _` einkommentiert, wird `check1` nicht mehr übersetzt. Der Compiler argumentiert, dass `case _` „unreachable" ist. Der Grund:

catch-all: Das `case i` sowie `case _` sind sogenannte *catch-all* cases. Ein catch-all kann nur am Ende eines `match`-Ausdrucks stehen.

Der Fehler zu `check1(new Complex(1,0))` liegt nicht an Regel 2.1.2, sondern einfach daran, dass in `Complex` die Methode `equals` nicht überschrieben wurde. Bei `case`-Klassen geschieht dies automatisch und daran gewöhnt man sich recht schnell. Verbessern wir den Fehler in `check1` und erweitern den Test, indem wir auch eine Variable verwenden:

Variable: Mittels eines *at*-Zeichens `@` kann eine Variable an den gesamten oder an Teile des Patterns gebunden werden. Die Variable hat dann den Typ des Werts, den sie bindet.

Zusätzlich wird noch die aus dem Abschnitt 1.11 *Companion* bekannte Klasse `Polynom2` eingesetzt. Dazu importieren wir das Companion-Objekt, um die Konstanten `Zero` oder `One` mit einfachem Namen verwenden zu können.

```
case class Company(name: String)

class Complex(val re: Double, val im: Double) {
  override def equals(that: Any) = that match {
    case c: Complex => re==c.re && im==c.im
    case _ => false
  }
}

val VW=  Company("VW")
val One= new Complex(1,0)

object i extends Complex(0,1)

// anstatt Any wie im letzten Beispiel hier AnyRef
def check2(e: AnyRef) = e match {
  case VW  => println(VW)

  // Backticks
  case `i` => println("Die komplexe Zahl i")

  case One => println("Eine Eins")

  // Konstante für eine leere Liste
  case Nil =>  println("leere Liste")

  // Bindung einer Variablen an den \texttt{\small case}-Ausdruck
  case p@(Polynom2.Zero | Polynom2.One) => println("Polynom " + p)
```

```
  // irreführend, i ist eine Variable, Referenz-Test mit e
  case i =>   println(i + ", " + e + ", " + (i eq e))
}

// mit Polynom2._ wird an sich eine weitere One importiert
// aber der lokale Namespace hat Vorrang (siehe One unten)
import Polynom2._

check2(VW)                    → Company(VW)
check2(List())                → leere Liste

// das lokale One
check2(One)                   → Eine Eins
check2(new Complex(1,0))      → Eine Eins

// trotz import notwendig
check2(Polynom2.One)          → Polynom 1.0

// keine Namens-Kollision
check2(Zero)                  → Polynom 0.0
check2(Polynom2(5))           → x^5 , x^5 , true

// siehe Kommentar
// check2(10)
```

Zum 2. case: Aufgrund der Backticks ist `` `i` `` eine Konstante. Um den Unterschied zu demonstrieren, wurde bewusst im letzten `case` wieder eine Variable `i` verwendet.

Zum 3. case: Aufgrund des `equals` in der Klasse `Complex` trifft nun die Konstante `One` auch `new Complex(1,0)`.

Zum 5. case: Der senkrechte Strich | steht wie üblich für den logischen *Or-Operator*. Somit trifft dieses case entweder das `Zero` oder das `One` von `Polyom2`. Gleichzeitig wird mittels eines *at*-Zeichens `@` die Variable `p` an `Zero` oder `One` gebunden, was im nachfolgenden `println` überprüft wird.

Zum 6. case: Im catch-all wird `eq` verwendet. Es testet auf *Identität* (Referenz-Gleichheit) und gibt es deshalb nur für den Typ `AnyRef` und nicht für `Any`. Die Variable `i` ist ein Alias für den Parameter `e`, d.h. `i` ist identisch zu `e`, wie die Konsolausgabe zu `i eq e` im letzten case zeigt.

Bei `check1` wurde für den Parameter `e` der Typ `Any` verwendet, in `check2` dagegen `AnyRef`. Somit kann `check2` im Gegensatz zu `check1` nicht mit einem `AnyVal` aufgerufen werden. Das erklärt, warum `check2(10)` auskommentiert ist. Es würde nicht compilieren.

Matching von case-Klassen

Wie bereits erwähnt, können die Instanzen von `case`-Klassen in den `case`-Ausdrücken anhand ihrer Werte getroffen werden. Der dafür zuständige Code befindet sich im Companion-Objekt, ist aber für das Matching an sich erst einmal unwesentlich. Wichtiger ist dagegen, dass die case-Klassen mit val anstatt var-Feldern im Konstruktor definiert werden. Beides ist möglich, aber nur val-Felder garantieren die Einhaltung des in 2.1.1 vorgestellten Prinzips. Stellen wir zuerst einige zugehörigen Regeln vor.

2.1.3 Pattern Matching mit case-Klassen

Gegeben sei eine case-Klasse mit **n** Feldern:

$$\texttt{case class } C(param_1, \ldots, param_n)$$

Dann werden mit

$$\texttt{case } C(p_1, \ldots, p_n) \Rightarrow$$

alle Instanzen von C gematcht, deren **n** Feld-Werte von den Pattern $p_1, \ldots, p_n$ getroffen werden. Die p_i erlauben neben der Schachtelung von Ausdrücken von case-Klassen noch folgende Möglichkeiten:

- Wird für ein p_i eine Wildcard _ angegeben, steht es für einen beliebigen „don't care"-Wert.
- Eine Variable **x** kann mittels $x@C(p_1, \ldots, p_n)$ an die gesamte Instanz oder mit $x@p_i$ an das **i**-te Feld gebunden werden.
- In $C(p_1, \ldots, p_n)$ kann eine Variable **x** anstatt eines Wertes p_i angegeben werden. **x** bindet dann jeden Wert des Feldes, der dann über **x** im Zugriff steht.

Erweitern wir den Code des letzten Abschnitts um zwei weitere case Klassen Car und Owner sowie einem Array owners von Owner. In check3 werden dann Pattern angegeben, die die einzelnen Punkte in der o.a. Regel abdecken. Abschließend folgt ein einfacher Test mit Hilfer der owners.

```
case class Company(name: String)

case class Car(company: Company, model: String, yearBuilt: Int)

case class Owner(car: Car, licence: String)

val VW =  Company("VW")
val Bmw = Company("BMW")

val owners = Array(Owner(Car(VW, "Polo", 2002), "H-AB 42"),
                   Owner(Car(VW, "Golf", 2002), "S-BA 24"),
                   Owner(Car(Bmw, "318", 2008), "M-AB 42"),
                   Owner(Car(Bmw, "318", 2009), "S-BA 24"))

// lässt Argumente vom Typ Owner zu
def check3(o: Owner) = o match {

  // trifft Besitzer eines Golfs
```

```
  case Owner(Car(x@Company(n), "Golf",_),_)
        => println("[1. Case] " + x + "," + n)

  // trifft Besitzer eines BMW  mit Baujahr 2009
  case x@Owner(Car(Bmw,_, 2009),_)
        => println("[2. Case] " + x.licence)

  // trifft Besitzer eines VW
  case Owner(x@Car(VW,_, y),_)
        => println("[3. Case] " + x.model + "," + y)

  // catch-all: alle anderen Besitzer
  case _ => println("[4. Case] " + o)
}

// --- ein Test ---

for (owner <- owners)
  check3(owner)
      → [3. Case] Polo,2002
        [1. Case] Company(VW),VW
        [4. Case] Owner(Car(Company(BMW),318,2008),M-AB 42)
        [2. Case] S-BA 24
```

Allgemein

Wir haben drei ineinander geschachtelte `case`-Klassen, `Company` in `Car` und `Car` in `Owner`. Alle drei sind immutable, denn der Default der Felder ist `val`. In der Methode `check3` werden Variablen auf drei ineinander geschachtelten Ebenen eingesetzt: `Company` in `Car` und `Car` in `Owner`.

Um zu zeigen, dass auf allen Ebenen ein Match erfolgen kann, wird eine Variable `x` in den ersten drei case's auf verschiedenen Ebenen eingestzt. Sie wird gleichermaßen an eine Instanz von `Owner` (2. case), von `Car` (3. case) und von `Company` (1. case) gebunden. Eine Variable wie `x` ist also lokal auf das jeweilige case beschränkt (siehe nachfolgende Regel). Zusätzlich bindet `n` den Namen einer `Company` (im 1. case) und `y` das Baujahr von `Car` (im 3. case).

Daneben werden Wildcards an verschiedenen Positionen eingesetzt. Der Wert eines Wildcards kann beliebig sein, aber im Gegensatz zu einer Variablen nicht anschließend verwendet werden.

Zur Ausgabe: Der Besitzer bzw. `Owner` an der `Array`-Position

- `0`: wird vom dritten case getroffen, da im ersten case `"Golf"` und im zweiten case die Konstante `Bmw` nicht getroffen werden.
- `1`: hat einen `"Golf"`, also ist das erste case ein Treffer.
- `2`: hat zwar einen `Bmw`, aber `2008` trifft `2009` im dritten case nicht. Somit kommt das *catch-all* zum Zuge. Da man ein Wildcard nicht weiter verwenden kann, bleibt nur die Möglichkeit, direkt `o` auszugeben.
- `3`: wird aufgrund des Matchs `Bmw` und `2009` vom zweiten case getroffen. Weil `x` vom Typ `Owner` ist, kann mit `x.licence` ohne Cast die Lizenz ausgegeben werden.

Abschließend eine Regel, die aus dem letzten Beispiel abgeleitet werden kann.

2.1.4 Variable im Pattern Matching

Eine Variable

- ist nur in dem `case` gültig, in dem sie definiert ist. Sie verdeckt entsprechende Variablen mit gleichem Namen außerhalb des `case`.
- übernimmt implizit den Typ der Instanz, an die sie gebunden ist. Man kann somit *ohne Cast* auf die Methoden und Felder der Instanz zugreifen.

Matching von Tupeln

Tupel, d.h. die Typen `TupleN`, können als `case`-Klassen angesehen werden, da sie über ihre Supertypen `ProductN` die Eigenschaften von `case`-Klassen erben.[3] Deswegen ist das Matching von Tupel ähnlich zu `case`-Klassen und anders als bei den nachfolgenden Kollektionen.

Im folgenden Beispiel wird `Company` nicht als case Klasse, sondern nur als Klasse mit einem Companion definiert. Die beiden anderen Klassen `Car` und `Owner` bleiben wie im letzten Beispiel `case`-Klassen.

```
// Nur zur Demonstration des Unterschieds beim pattern matching
// zu einer \texttt{\small case}-Klasse Company
class Company(val name: String) {
  override def toString = name
}

object Company {
  def apply(name: String) = new Company(name)
}

case class Car(company: Company, model: String, yearBuilt: Int)

case class Owner(car: Car, licence: String)

def matchTuple(t: Any) = t match {
  case (e: Int, _)             => println("[1. Case] " + e)
  case e@(_,"Hallo")           => println("[2. Case] " + e)
  case (s: String,_,d: Double) => println("[3. Case] " + s + "," + d)
  case (c: Company, _ , o@Owner(Car(_,_,y),_)) if y > 2007
                        => println("[4. Case] " + c + "," + o + "," + y)

// compiliert nicht! Siehe hierzu Kommentar unten
// case c@Company("VW")        => println(c)

  case _                       => println("[5. Case] kein Match")
}
```

[3] `ProductN` sind zwar keine `case`-Klassen, haben aber augrund von Extraktoren ihre Eigenschaften (siehe Abschnitt 2.3).

```
// --- ein Test ---

matchTuple(10, "Hallo")                  → [1. Case] 10
matchTuple("Hallo", 10)                  → [5. Case] kein Match
matchTuple((), "Hallo")                  → [2. Case] ((),Hallo)
matchTuple("Hallo", "Welt", 1.0)         → [3. Case] Hallo,1.0
matchTuple("Hallo", "Welt", 1f)          → [5. Case] kein Match

matchTuple(Company("VW"),10,
           Owner(Car(Company("Ford"), "Ka", 2008), "K AB 01"))
           → [4. Case] VW,Owner(Car(Ford,Ka,2008),K AB 01),2008

matchTuple(Company("VW"),10,
           Owner(Car(Company("Ford"), "Ka", 2007), "K AB 01"))
           → [5. Case] kein Match
```

In der Methode `matchTuple` wurde das vorletzte case auskommentiert. Der Grund ist einfach, es würde nicht compiliert werden. Die Fehler-Meldung des Compilers beschreibt den Grund:

```
error: object Company is not a case class constructor,
nor does it have an unapply/unapplySeq method
```

Das Companion Object erfüllt nicht den *Kontrakt* einer case Klasse. Es fehlt zumindest eine der in „error“ angegebenen Methoden. Deshalb kann zwar ein Type-Checking wie `c: Company` im vierten `case` durchgeführt werden, aber eine Art von Konstruktor-Aufruf wie beispielsweise `c@Company("VW")` ist nicht erlaubt.

Der anschließende Test zeigt neben präzisem Type-Checking eine recht erfreuliche Eigenschaft des Compilers. Bei allen Aufrufen von `matchTuple` werden *nicht* explizit Tupel übergeben, sondern nur einfache, durch Komma separierte Werte. Denn als Tupel müssten sie noch in zusätzliche Klammern eingeschlossen werden. Der Compiler interpretiert sie in diesem Fall aber automatisch als Tupel, da er ein Tupel erwartet.

Beim Type-Checking ist der Compiler dagegen sehr genau. Im 5. Aufruf von `matchTuple` wird der `Float`-Wert `1f` nicht als `Double` akzeptiert. Die Typen sind für den Compiler verschieden. `Float` ist kein Subtyp von `Double`.[4] In den letzten beiden Aufrufen wird dann noch der *Guard* `if y > 2007` getestet.

2.2 Pattern Matching von Kollektionen

Kollektionen wurden bereits im ersten Kapitel behandelt. Deshalb beschränken wir uns im Folgenden speziell auf die Möglichkeiten, die Matching für Kollektionen bietet. Leider ist es eine „Baustelle“. Denn Kollektionen haben eine große Schwierigkeit. Sie kämpfen mit einer inhärenten Schwäche von Java, bekannt unter dem Begriff *Type-Erasure* des aktuellen generischen

[4] Dieser Unterschied wird seit Scala 2.8 immer unschärfer. Aufgrund von Widening konnte schon immer ein `Float`-Wert einer `Double` zugewiesen werden. Durch die Einführung von *weak conformance* werden dann bei Methoden numerische Typ-Parameter anhand der Widening-Beziehung in eine virtuelle Typ-Hierarchie eingebettet. Allerdings ist dies noch nicht beim Pattern Matching angekommen.

Typs. Erasure wurde damals heiß diskutiert.[5] Behandeln wir zuerst die rühmliche Ausnahme – die Arrays.

Matching Arrays

Arrays sind in der Java-Sprache fest eingebaut und werden somit besonders unterstützt. Insbesondere gilt dies auch für den Typ eines Arrays. Dieser wird in der `class`-Datei zu jedem Array festgehalten. So etwas nennt man dann in Java-Parlance *reified type*. Da zur Laufzeit alle `class`-Informationen zur Verfügung stehen, kann man somit ohne Probleme den Typ eines Arrays matchen.

Arrays sind mutable. Das widerspricht erst einmal dem Prinzip in 2.1.1, lässt sich aber leicht beheben. Ein Match auf Typen ist ohnehin unkritisch. Somit muss man nur bei einem Pattern vorsichtig sein, das aus `Array`-Instanz besteht. Eine `Array`-Instanz legt man am besten im `case` Ausdruck über das Companion-Objekt `Array` an. Somit wird vermieden, dass ein Array außerhalb des `match`-Ausdrucks über eine Referenz verändert werden kann. Das Array ist wie ein Literale quasi immutable.

Alle Sequenzen – vom Typ `Seq` und `Array` – kennen das sogenannte *Sequenz-Wildcard* `_*` am Ende eines Patterns. Eine `_*` trifft den Rest der Elemente der Sequenz. Wie bei Wildcards üblich, kann man nicht über `_*` auf die Elemente zugreifen. Allerdings ist es möglich, eine Variable an die Sequenz-Wildcard zu binden.

```
def testArray(x: AnyRef)= x match {

  // zum besseren Verständnis meldet sich jedes case
  // das zur Laufzeit getroffen wird
  case a: Array[Int]                 => print("1: ")      // die Meldung
                                        a.mkString(",")  // das Ergebnis
  case a: Array[Double]              => print("2: ")
                                        a.mkString(",")
  case Array(1,2,a@_*)               => print("3: ")
                                        a
  case a: Array[String] if a.size>1 => print("4: ")
                                        a(0) + " " + a(1)
  case a: Array[Array[Int]] if a.size>0 && a(0).size>1
                                     => print("5: ")
                                        a(0)(1)

  case _                             =>                  // liefert ()
}

// --- ein Test ---

// aufgrund von Widening ist das Array vom Typ Double
println(testArray(Array(1,2,3.0)))                 → 2: 1.0,2.0,3.0

// aufgrund von Widening ist das Array vom Typ Int
println(testArray(Array(1,'a')))                   → 1: 1,97
```

[5] Das Ergebnis war unerfreulich, denn Sun hielt trotz aller Kritk hartnäckig an seiner Meinung fest (geholfen hat es Sun wenig, wie wir wissen).

```
// bindet die Variable a an den Rest des Arrays
println(testArray(Array(1,2,"Hallo", "Welt"))) → 3: Vector(Hallo, Welt)

// erfüllt die Bedingung des Guard in 4: nicht
println(testArray(Array("Hallo")))             → ()

// erfüllt die Bedingung des Guard in 4:
println(testArray(Array("Hallo", "Welt")))     → 4: Hallo Welt

// erfüllt Typ und Guard in 5:
println(testArray(Array(Array(1,2))))          → 2
```

Bei der Anlage über den Companion wird der kleinstmögliche gemeinsame Typ aller Elemente vom Compiler als der Typ des Arrays gewählt. Somit sollten die ersten beiden Ausgaben verständlich sein. Das dritte `Array(1,2,"Hallo","Welt")` ist vom Typ `Array[Any]`. Es trifft die ersten beiden Werte des Arrays im 3. case. Überraschend ist die Ausgabe zu `a`, das als Variable den Rest des Arrays bindet. Es ist kein mutable `Array`, sondern die immutable Variante `Vector`. Auch der Compiler bevorzugt Ergebnisse, die immutable sind.

Erasure und das Problem Type-Matching

Bevor wir uns den „wahren“ Kollektionen zuwenden, sollte die Problematik zu Erasure kurz erörtet werden. Denn sie betrifft grundsätzlich alle Kollektionen. Wie Arrays erwarten Kollektionen explizit oder implizit den Typ ihrer Elemente. Mit Ausnahme von Arrays wird der aktuelle Elementtyp einer Kollektion nach Auswertung des Compilers durch einen sehr allgemeinen Typ, in der Regel `Object` bei Java, d.h. `AnyRef` bei Scala in der `class`-Datei ersetzt. Denn die `class`-Datei hat schicht und ergreifend keinen Platz für aktuelle Typ-Argumente. Laut *Sun* musste sie kompatibel zu allen `class`-Dateien der Versionen 1.1 bis 1.4 sein.

Die Technik nannte man *Erasure* und war der Trick von *Sun*, um im generischen Java (ab Version 1.5 alias 5) alten Code ohne Recompilierung ausführen zu können. Man wollte halt gute alte Kunden wie *Oracle* nicht vergraulen.

Damit stehen alle aktuellen Argumente zu den Typ-Parametern zur Laufzeit nicht mehr im Zugriff. Insbesondere kann somit auch ein Matching auf den Typ einer Kollektion nicht durchgeführt werden. Sollte man in einem Pattern dennoch Code schreiben, der auf den aktuellen Typ zugreift, erfolgt vom Scala-Compiler eine unmissverständliche *Erasure Warning*. Ignoriert man diese, gibt es im besten Fall eine `Exception` oder im schlimmsten Fall ein lauffähiges, aber fehlerhaftes Programm. Denn der Match liefert ein falsches Ergebnis – nicht schön für den Endkunden! Zur Zeit ist anstatt eines Typs nur die Angabe eines Wildcards sinnvoll. Anstatt beispielsweise `List[String]` anzugeben, ersetzt man das besser durch `List[_]`. Das Wildcard bedeutet, dass jeder Typ zulässig ist, aber wie jede Wildcard nicht abgefragt werden kann.

Schließen wir diese unerfreuliche Problematik mit einer Warnung ab, die gleichermaßen für alle Kollektionen gilt.

2.2.1 Erasure Warnings beim Pattern Matching

Kollektionen (außer Arrays) können bei einem Match nicht anhand ihres Elementtyps zur Laufzeit getroffen werden. Der Elementtyp wird nach Auswertung durch den Compiler gelöscht, d.h. er ist in der `class`-Datei und damit zur Laufzeit nicht mehr vorhanden. Insbesondere folgt daraus:

- Das Verhalten im Pattern Matching nach einer *erasure warning* ist (*offiziell*) *nicht* festgelegt. Somit folgen die Auswertungen der case's in einem match keiner festen Logik, selbst wenn Guards eingesetzt werden.
- Bei einer *erasure warning* sollte deshalb unbedingt nach Alternativen gesucht werden. Gibt es keine und die Tests sind korrekt, bezieht sich das nur auf die aktuelle Scala-Version, d.h. bei einem Versionswechsel *muss* der Code erneut getestet werden.

Matching Listen

Neben Arrays sind die beliebtesten Kollektionen Listen, dicht gefolgt von Maps. `List` ist ein Subtyp von `LinearSequence` und kann somit auch Sequenz-Wildcards benutzen. Das erinnert einen dann entfernt an reguläre Ausdrücke für Strings, ist aber weitaus restriktiver.

```
def testList(x: AnyRef)= x match {
  case List(_,List(x,_*),y,z@_*) => print("1: ")              // Meldung
                                    x + " " + y + " " + z    // Ergebnis
  case l: List[_]                => print("2: ")
                                    l
  case _                         => "kein Match"
}

// --- ein Test ---

println(testList(List(1, "ist", "ok")))          → 2: List(1, ist, ok)

// trifft erstes Pattern,
// da Rest der Liste leer sein kann
println(testList(List(1, List("ist"), "ok"))) → 1: ist ok List()

println(testList(List(1, "2")))                → 2: List(1, 2)
println(testList(Nil))                         → 2: List()

// der Rest der Liste ist 4, 5, 6
println(testList(List(1,List(2),3,4,5,"6")))  → 1: 2 3 List(4, 5, 6)

// ein Array ist keine Liste
println(testList(Array(1, "ist", "ok")))       → kein Match
```

Pattern können danach unterschieden werden, ob der Compiler sie als fehlerhat ansieht oder nicht. Pattern, die nicht compilieren, sind „gutmütig", denn man ist gezwungen, sie zu verbessern. Unangenehmer sind bereits die Pattern, die nur Warnungen erzeugen. Die „bösartigen“ Pattern sind dagegen solche, die einwandfrei compilieren und trotzdem logisch falsch sind. Dazu ein kleines Beispiel:

```
def itsWrong(x: Any)= x match {
   // error: _* may only come last
// case List(_*, x)     => println(x)

   // error: type List takes type parameters
// case l: List         => println(l)

   // warning: non variable type-argument Int in type pattern List[Int]
   // is unchecked since it is eliminated by erasure
   case l:List[Int]     => println("Int: " + l)

   // unerreichbar, siehe Kommentar
   case l:List[String] =>  println("String: " + l)
}

// --- ein Test ---

itsWrong(List("Hallo"))  → Int: List(Hallo)
```

Die ersten beiden cases werden nicht compiliert. Beim ersten case steht die Sequenz-Wildcard nicht an letzter Stelle, beim zweiten fehlt die Typ-Angabe zu den Elementen der Liste.

Beim dritten case wurde zwar der Typ der Liste korrekt angegeben, aber die Warnung in 2.2.1 missachtet. Also warnt der Compiler. Ignoriert man auch diese Warnung und lässt `case l:List[Int]` sowie `case l:List[String]` so stehen, wird das vierte case *de facto* unerreichbar. Der Code wird allerdings vom Compiler akzeptiert (nach der Warnung hofft er wohl auf bessere Zeiten). Hätte man in beiden Fällen – wie für diese Pattern erforderlich – `List[_]` geschrieben, wäre der Fehler dagegen sofort erkannt worden. Der abschließende Test führt nicht zu einer `Exception`, sondern nur zu einem ungültigen Ergebnis. Dies bestätigt wieder die Warnung in 2.2.1.

Matching Maps, Sets

Maps und Sets sind keine Sequenzen, sie sind von Natur aus ungeordnet. Da ihre Instanzen nicht wie `case`-Klassen in Pattern benutzt werden können, bleibt nur ihr Typ zum Matchen, allerdings ohne dass die Typ-Argumente benutzt werden können. Mit großen Einschränkungen kann man eventuell noch ein Guard hinter dem Typ nutzen. Somit sieht der Standardfall wie folgt aus

case map: Map[_,_] guard ***=> ...***

case set: Set[_] guard ***=> ...***

Sofern man einen Guard verwendet, gibt es ein Dilemma. Da ein sinnvoller Guard zwangsläufig auf Methoden von `Map` bzw. `Set` zurückgreift, können nur solche Methoden verwendet werden, die keine Typ-Informationen zu den Elementen benötigen, und das sind herzlich wenige. Ein kleines Beispiel zu Maps:

```
def testMS(x: AnyRef)= x match {
   // compiliert nicht!
// case m: Map[_,_]   if m contains 1 => println(m.get(1))

   // Warnung, siehe unten!
// case m: Map[Int,_] if m contains 1 => println(m.get(1))

   // liefert das Ergebnis als Option
   case m: Map[_,_] if m.size > 0 => print("1: ")
                                     Some(m.head._2)

   // liefert entweder das Kopfelement h von Set in Some(h)
   // oder None, wenn das Set leer ist
   case s: Set[_] =>  print("2: ")
                      s.headOption
   case _ => None
}

// --- ein Test ---

println(testMS(Map(1->"I", 2->"II", 3->"III")))    → 1: Some(I)
println(testMS(Map()))                             → None
println(testMS(Set("Hallo")))                      → 2: Some(Hallo)
println(testMS(Set()))                             → 2: None
```

Die Methode `contains` in den ersten beiden auskommentierten cases akzeptiert nur Werte, die denselben Typ `K` von `Map[K,V]` hat. Da aber `K` nicht bekannt ist, wird der Wert `1` nicht akzeptiert. Im zweiten auskommentierten case wird zwar K auf `Int` gesetzt, dies erzeugt aber eine Warnung:

```
warning: non variable type-argument Int in type pattern Map[Int,_]
        is unchecked since it is eliminated by erasure
```

Dies Warnung sollte man laut 2.2.1 nicht ignorieren, deshalb erneut:

Warnungen in Verbindung mit Type-Erasure bedeuten bei `match`-Ausdrücken, dass das Ergebnis des Matchs – bis auf triviale Ausnahmen – ungültig ist. Einfache `match`-Ausdrücke mögen eventuell noch richtig sein, komplexere sind dann garantiert falsch.

Alle drei nicht auskommentierten cases liefern Ergebnisse in Form eines `Option`-Typs. Dies erkennt man auch unschwer an den vier Ausgaben im Test. Das catch-all liefert immer `None`, auch im Fall einer leeren Map, bei dem das erste `case` wegen des Guards nicht trifft. Es wurden bei Map und Set nur Methoden gewählt, die keine Typ-Informationen zu den Elementen benötigen. Deshalb wird der `match`-Ausdruck vom Compiler akzeptiert.

2.3 Pattern Matching mit Extraktoren

Bisher wurden case-Klassen zum Matching von Werten von Objekten eingesetzt. Zwar hatten wir in Abschnitt *Matching von Tupel* eine normale Klasse Company mit einem Companion-Objekt angelegt, das auch eine apply-Methode enthielt. Aber ein Versuch, das Feld name von Company mittels case c@Company("VW") auf einen Wert zu testen, wurde vom Compiler mit einem Fehler „unapply/unapplySeq fehlt" bestraft. Das Extrahieren und der Vergleich von Werten in case-Klassen beruht offensichtlich auf zwei besonderen Methoden.

Die Methoden ***unapply*** und ***unapplySeq*** nennt man *Extractor*-Methoden, da sie im Fall von case-Klassen die gegenteilige Aufgabe von Konstruktoren übernehmen. Die Wahl des Namens beruht darauf, dass diese Methoden entgegengesetzte Aufgaben zu apply erledigen. apply ist im Companion eine *Factory*-Methode, der als Parameter die Felder übergeben werden, die zur Erschaffung eines Objekts der zugehörigen Klasse benötigt werden. Im Gegenzug stellt dann eine *Extraktor*-Methode diese Feldwerte für ein Matching in einem case wieder zur Verfügung. Bei einer case-Klasse schreibt der Compiler genau ein apply mit einem zugehörigen unapply. Um die Aussage zu verifizieren, legen wir eine case-Klasse CaseClass mit einem weiteren sekundären Konstruktor an. Dann testen wir die Möglichkeiten der Anlage sowie der Extrahierung der Felder einer Instanz:

```
case class CaseClass(s: String, i: Int= 1) {
  def this(i: Int) = this(i.toString, i)
}

def testCaseClass(cc: CaseClass) = cc match {
  /* die beiden cases sind fehlerhaft und würden nicht compilieren
  case CaseClass("Hallo")    => println(2)
  case CaseClass(1)          => println(3)
  */

  // in diesem Fall ein catch-all
  case CaseClass(_, i) => println(i)
}

// --- ein Test ---

// Beide Instanzen werden mittels apply im Companion erzeugt
// apply benutzt dazu nur den primären Konstruktor
testCaseClass(CaseClass("Hallo",1))          → 1
testCaseClass(CaseClass("Hallo"))            → 1

// die Erzeugung eine Instanz mittels sekundärem Konstruktor
// ist nur mit new möglich!
testCaseClass(new CaseClass(2))              → 2
```

Zum zweiten Konstruktor wird im Companion kein apply geschrieben, d.h. CaseClass(2) wird vom Compiler nicht akzeptiert. Die Implementierung von unapply im Companion zur Klasse CaseClass sieht prinzipiell wie folgt aus:

```
def unapply(cc: CaseClass) = if (cc==null) None else Some(cc.s,cc.i)
```

Im `Some` liefert `unapply` ein `Tuple2` mit den beiden Feldern, die `apply` zur Erstellung der Instanz benötigt hat. Nur im Fall von `null` ist dies nicht möglich und es muss `None` geliefert werden. `unapply` verhält sich somit ***invers*** zum primären Konstruktor, was anhand eines einfachen Beispiels demonstriert werden kann:

```
// mit apply zum besseren Verständnis
// die Konstruktionswerte "Ok" und 1 werden wieder extrahiert
println(CaseClass.unapply(CaseClass.apply("Ok",1))==Some("Ok",1))
                                                   → true

val ccNull: CaseClass = null

println(CaseClass.unapply(ccNull)==None)   → true
```

Alle Extraktor-Methoden von `case`-Klassen verhalten sich wie das `unapply` von `CaseClass`. In einem `match`-Ausdruck wird nun – unabhängig davon, ob ein `apply` existiert – ein Extraktor als Pattern zugelassen. Fassen wir die wesentlichen Punkte zu Extraktoren in drei IBoxen zusammen. Zuerst zum Begriff Extractor Pattern:

2.3.1 EXTRACTOR PATTERN

Unter einem *Extractor Pattern* ***`Extractor(`***p_1***`,...,`***p_n***`)`*** in einem `match`-Ausdruck versteht man ein Singleton-Objekt ***`Extractor`*** bzw. den Namen ***`Extractor`*** einer Instanz einer Klasse ***`EClass`***, wobei das Singleton-Objekt ***`Extractor`*** bzw. die Klasse ***`EClass`*** eine Methode `unapply` oder `unapplySeq` enthält.

Extraktoren sind in der Regel Singleton-Objekte, die allerdings nicht unbedingt Companion-Objekte wie bei `case`-Klassen sein müssen. Selten benötigt man dagegen ein Extractor Pattern, das an die Werte einer individuellen Instanz eine Klasse gebunden ist. Nur in diesem Fall enthält die Klasse die Methode `unapply` selbst.

2.3.2 EXTRAKTOREN-METHODEN

Die Methoden eines ***`Extractor`*** haben folgende Signatur:

- ***`unapply(v: Type)`*** zur Rückgabe einer festen Anzahl von Werten
- ***`unapplySeq(v: Type)`*** zur Rückgabe einer variablen Anzahl von Werten.

Den Parameter ***`v`*** nennt man *Selektor*, da es vor dem `match` stehen kann:

```
v match { ... }
```

Als Nächstes interessiert der genaue Zusammenhang zwischen gültigem Extractor Pattern und dem Ergebnis von `unapply` (die Methode `unapplySeq` wird in einem eigenen Unterabschnitt behandelt).

2.3.3 EXTRAKTOREN: UNAPPLY-ERGEBNISSE

Das zu einem Extractor Pattern **Extractor(p_1,...,p_n)** zugehörige **unapply(v)** hat in Abhängigkeit von **n** folgende Rückgabetypen:

- Für **n=0**, d.h. **Extractor()**:

  unapply(v): Boolean,

  Das Ergebnis **true** *bzw.* **false** ist ein bzw. kein Match des Selektors **v**.

- Für **n=1**, d.h. **Extractor(p)**:

  unapply(v): Option[R].

  Some(p) bzw. **None** ist ein bzw. kein Match. Das **p** ist vom Typ **R**.

- Für **n>1**, d.h. **Extractor(p_1,...,p_n)**

  unapply(v): Option[(R_1,...,R_n)].

  Some(p_1,...,p_n) bzw. **None** ist ein bzw. kein Match. Die p_i sind vom Typ R_i.

Da unapply sowohl in einer Klasse als auch in einem Singleton-Objekt benutzt werden kann, gibt es viele verschiedene Varianten, Extraktoren für ein Matching zu entwerfen. Der Vorteil gegenüber case Klassen ist klar: Bis auf die Regel in 2.3.3 ist man an kein striktes Schema gebunden. Diesen Vorteil erkauft man sich aber eindeutig mit höherem Codieraufwand.

Unapply anhand von Beispielen

Starten wir mit einigen Beispielen zu unapply, von einfach nach „elaboriert".

Nachbau einer case-Klasse

Eine einfache Übung besteht darin, eine case-Klasse nachzubauen, allerdings nur den für das Matching relevanten Teil, d.h. ohne equals, hashCode, etc. Die Methoden apply und unapply stehen in einer logisch inversen Beziehung (siehe letztes Beispiel). Für das Matching bedeutet dies, dass die Argumente, mit denen der primäre Konstruktor aufgerufen wird, im match-Ausdruck wieder getroffen bzw. mit Hilfe von Variablen extrahiert werden kann. Nehmen wir dazu die CaseClass des letzten Beispiels.

```
class MyCaseClass(val s: String, val i: Int= 1) {
  def this(i: Int) = this(i.toString,i)
}

object MyCaseClass {
  def apply(s: String, i: Int= 1) = new MyCaseClass(s,i)
  def unapply(mcc: MyCaseClass)= if (mcc==null) None
                                 else Some(mcc.s,mcc.i)
}
```

```
// --- ein Test ---

def test(x: Any)= x match {
  // Der Extraktor sieht genauso wie der Konstruktor aus
  case MyCaseClass(s,_) => println(s)
  case _ => println("keine MyCaseClass Instanz")
}

test(MyCaseClass("Hallo"))          → Hallo

val mcc: MyCaseClass = null
println(MyCaseClass.unapply(mcc))   → None

test(1)                             → keine MyCaseClass Instanz
```

Vom primären Konstruktor verschiedenes Extractor Pattern

Im nächsten Beispiel weichen die Felder, die `unapply` im Tupel von `Some` liefert, von den Parametern des Konstruktors ab.

```
// ein farbiges Pixel mit den Farbanteilen Rot, Grün und Blau
class Pixel(val x: Int, val y: Int, red: Byte, green: Byte, blue: Byte)
{
  // die red, green, blue Anteile werden in eine 32-Bit RGB Int gepackt
  val rgb= blue + (green << 8) + (red << 16)

  override def toString= "Pixel(" +x +"," +y +"," +rgb +")"
}

object Pixel {
  // im Gegensatz zu den 5 Parametern im Konstruktor wird
  // in Some nur eine Tuple3[Int,Int,Int] geliefert:
  // nach der x,y-Koordinate wird der RGB-Wert geliefert
  // somit kann nun nur der RGB-Wert im Match getroffen werden
  def unapply(p: Pixel)= if (p==null) None else Some((p.x,p.y,p.rgb))
}

// Konstante: der erste Buchstabe muss ein Grossbuchstabe sein
// RGB entspricht den Rot-, Grün- und Blau-Werten 1
val RGB= 1+256+256*256

// aufgrund von Any sind für pix alle Typen erlaubt
def test(pix: Any)= pix match {

  // analog zum unapply, das nur ein Tuple3 im Some liefert,
  // darf das Extractor-Pattern auch nur drei Werte enthalten
  // wir sind nur an Pixel mit dem RGB-Wert interessiert
  case p@Pixel(_,_,RGB) => println(p)
  case _                => println("existiert nicht!")
}
```

```
// --- Test ---

val pix= new Pixel(10,20,1,1,1)
test(pix)                          → Pixel(10,20,65793)
test(new Pixel(10,20,1,1,0))       → existiert nicht!
test(1)                            → existiert nicht!
```

Der entscheidende Unterschied zu einer case class `Pixel` besteht in Bezug auf Matching darin, dass dem Extractor Pattern `Pixel` drei anstatt fünf Werte übergeben werden. Sie müssen halt zum `Tuple`-Typ `Option[Tuple3[Int,Int,Int]]` des `Some` im `unapply` passen.

Singleton-Objekt: Extraktor mit oder ohne Boolean Wert

In Abschnitt 1.6 unter „Guard vs. Bedingung" wurden bereits Strings darauf getestet, ob sie *Palindrome* sind. Nun wollen wir dies mittels eines Singleton-Objekts als Extraktor wiederholen. Damit die Sache interessanter wird, werden auch Strings als Palindrome angesehen, wenn sie unter Weglassung von Leerzeichen vor- und rückwärts gelesen gleich sind. Das macht Sinn, da Leerzeichen „lautlos" sind. Der String *„Erika feuert nur untreue Fakire"* ist somit ein Palindrom. Da der Test auf Palindrom mittels `true` und `false` beantwortet werden kann, gibt es nach IBox 2.3.3 zwei Alternativen für den Extraktor `Palindrome`:

n=0: `Palindrome` *()* mit zugehörigem *unapply(s: String): Boolean*
n=1: `Palindrome` *(b)* mit zugehörigem *unapply(s: String): Option[Boolean]*

Zum Vergleich werden wir beide Alternativen implementieren.

```
// Fall n= 0
object Palindrome1 {
  def unapply(s: String) = {
    val ss= s.replaceAll(" ", "").toLowerCase
    ss == ss.reverse
  }
}

// Fall n= 1
object Palindrome2 {
  def unapply(s: String) = {
    val ss= s.replaceAll(" ", "").toLowerCase
    if (ss == ss.reverse)
      Some(true)
    else
      None
  }
}

// --- ein Test ---

def testPalindrome(s: String) = s match {
  case Palindrome1() => println("Ein Palindrom!")
```

```
   // zweite Möglichkeit:
// case Palindrome2(true) => println("Ein Palindrom!")

   case _ => println("Kein Palindrom!")
}

testPalindrome("Erika feuert nur untreue Fakire")  → Ein Palindrom!
testPalindrome("oha")                              → Kein Palindrom!
```

Die erste Alternative ist sicherlich eleganter.

Singleton-Objekt: Reguläre Ausdrücke und Raw Strings

Der nächste Extraktor ist aus zwei Gründen interessant: *Reguläre Ausdrücke* und sogenannte *raw Strings*. Die Aufgabe ist leicht verständlich: Das Singleton-Objekt soll für Strings, die gültige E-Mail-Adressen darstellen, die drei Hauptbestandteile der E-Mail-Adresse extrahieren.

```
local-part @ sub-domain . top-level-domain
```

Da E-Mail-Adressen viele Ausnahmen zulassen, machen wir nur mit Hilfe des folgenden regulären Ausdrucks einen vereinfachten restriktiven Test:

```
(?i)([A-Z0-9._%+-]+)@([A-Z0-9.-]+)\.([A-Z]{2,4})
```

Dabei ist `([A-Z0-9._%+-]+)` das Muster zum lokalen Teil, `([A-Z0-9.-]+)` das zu den Sub-Domains und `([A-Z]{2,4})` das zum Top-Level-Domain. Die Klammern um die drei Abschnitte teilen den regulären Ausdruck in drei Gruppen auf, so dass man das Ergebnis des regulären Matchs nach Gruppen getrennt abrufen kann. Aufgrund des Präfix `(?i)` werden gleichermaßen Groß- und Kleinbuchstaben akzeptiert.

Die Eingabe von regulären Ausdrücken als String ist in Java-Code sehr mühsam, da sie Meta-Zeichen der Java-Sprache enthalten. Insbesondere der Backslash \ spielt in der *Escape*-Sequenz eine besondere Rolle. Somit führen selbst einfache reguläre Ausdruck wie `\d\d:\d\d:\d\d` zu hässlichen String-Literalen. Abhilfe bietet hier der

Raw String: String-Literale können in drei Anführungszeichen `"""` eingebettet werden. Der Vorteil dieses `"""raw strings"""` besteht darin, dass

- die Zeichen im String nicht interpetiert werden und somit Zeichen wie \ oder `"` oder `'` keine Escape-Sequenzen einleiten können.
- Strings über mehrere Zeilen gehen können.

Das folgende Singleton-Objekt `EMailAddress` ist an sich nur ein Wrapper um einen weiteren Extraktor. Es ist die einzige **`Regex`**-Klasse mit einem zugehörigen Companion-Objekt aus dem Package `scala.util.matching`, die wiederum eine Methode `unapplySeq` enthält, so dass *jede* Instanz von `Regex` als Extractor-Pattern benutzt werden kann (siehe hierzu auch IBox 2.3.1).

```
object EMailAddress {

  def unapply(s: String) = {
    // mit Hilfe der Methode r wird zu einem String eine
    // passende Regex-Instanz angelegt
    val mailReg= """(?i)([A-Z0-9._%+-]+)@([A-Z0-9.-]+)\.([A-Z]{2,4})""".r

    // die Regex-Instanz mailReg kann als Extractor-Pattern
    // die Gruppen im regulären Ausdruck matchen
    s match {
      case mailReg(locP,subDom,topDom) => Some(locP.toLowerCase,
                                               subDom.toLowerCase,
                                               topDom.toLowerCase)
      case _ => None
    }
  }
}

// --- ein Test ---

val em= "Klaus.Mustermann@juhu.gooogel.com"

val (locPart,subDom,topLevelDom)= em match {
  // liefert die drei Teile als String-Tuple
  case EMailAddress(lp,sd,tld) => (lp,sd,tld)
  case _ => ("","","")
}

println(locPart)         → klaus.mustermann
println(subDom)          → juhu.gooogel
println(topLevelDom)     → com
```

Das Matching des regulären Ausdrucks in `EMailAddress`, wird über die Instanz `mailReg` der Klasse `Regex` ausgeführt. Somit muss eine Extraktoren-Methode in `Regex` definiert werden und *nicht* im Companion. Dieser Unterschied leitet dann zum letzten Beispiel zu `unapply` über.

Drei Extraktoren: In einer Klasse, in einem Companion- sowie in einem Singleton-Objekt

Um die drei unterschiedlichen Wirkungen eines Extractor Pattern, zugehörig zu einer Instanz einer Klasse, eines Companions sowie eines Singleton-Objekts möglichst einfach vergleichen zu können, greifen wir auf einen mathematischen Typ `QuadraticEquation` zurück.

Eine *quadratische Gleichung* hat die allgemeine Form ax^2+bx+c bzw. die *monadische* Form x^2+px+q. Zwei quadratrische Gleichungen sind äquivalent, wenn sie ineinander (bzw. in dieselbe monadischen Form) überführt werden können. Bekanntlich haben quadrarische Gleichungen maximal zwei reelle Lösungen. So weit zur Mathematik!

Die quadratische Gleichung kapseln wir in der Klasse `QuadraticEquation`. Da wir möglichst viel per Pattern Matching erledigen wollen, legen wir in der Klasse, ihrem Companion und einem zusätzliches Singleton-Objekt `Roots` (für die Lösungen) entsprechende `unapply`-Methoden an. Dabei ist die Methode `unapply` in `QuadraticEquation` für den Test auf Äquivalenz zuständig, die im Companion-Objekt für die Werte `p` und `q` der monadischen Form und `unapply` in `Roots` letztendlich für die Lösungen.

Hat man die verschiedenen Arten von Extraktoren einmal verinnerlicht, ist der Code „straightforward" (was aber nicht gleichbedeutend mit einfach ist!).

```
import scala.math._

class QuadraticEquation(val a: Double, val b: Double, val c: Double) {
  def roots= {
    // Berechnung der Diskriminante
    val d = b*b - 4*a*c

    // Lösung wird als Set[Double] geliefert
    if (d==0.0)
      Set(-b/(2*a))
    else if (d>0) {
      val r= sqrt(d)
      Set((-b + r)/(2*a),(-b - r)/(2*a))
    }
    else
      Set()
  }

   // Extractor mit n=0 (IBox 2.3.3), Match auf Boolean
  // true:  wenn quadratische Gleichung target mit this äquivalent ist
  // false: sonst
  def unapply(target: Any) = target match {
    case qe: QuadraticEquation
             if (qe.a/a == qe.b/b) && (qe.c/c == qe.a/a) => true
    case _ => false
  }
}

object QuadraticEquation {
  def apply(a: Double, b: Double, c: Double)=
      new QuadraticEquation(a,b,c)

  // Extractor mit n=2 (IBox 2.3.3), Match auf p und q
  // liefert p,q der monadischen Lösung: x^2 +px +q
  def unapply(qe: QuadraticEquation) =
      if (qe==null) None else Some(qe.b/qe.a,qe.c/qe.a)
}

object Roots {
  // Extractor mit n=1 IBox 2.3.3), Match auf Lösungsmenge
  def unapply(qe: QuadraticEquation)=
      if (qe==null) None else Some(qe.roots)
}

// --- ein Test ---

// x^2 + 4x - 5 = 0         Lösungen: 1,-5
val eq1= QuadraticEquation(1.0,  4.0,  -5.0)
```

```
// x^2 - 2x + 1 = 0        Lösungen: 1
val eq2= QuadraticEquation(1.0, -2.0,   1.0)
// 2x^2 + 8x - 10 = 0      Lösungen: 1,-5    äquivalent zu eq1
val eq3= QuadraticEquation(2.0,  8.0, -10.0)

def testEquivalence(e1: QuadraticEquation,
                    e2: QuadraticEquation) = e1 match {
  // Extraktor ist Instanz e2, wobei die Klammer wichtig ist
  case e2() => println("äquivalent")
  case _    => println("nicht äquivalent")
}

testEquivalence(eq1,eq2)  → nicht äquivalent
testEquivalence(eq1,eq3)  → äquivalent
testEquivalence(eq3,eq1)  → äquivalent

def testMonicForm(e: Any) = e match {
  // Extraktor ist Companion
  case QuadraticEquation(p,q) => println("p= " + p + ", q= " + q)
  case _ => println("keine quadratische Gleichung")
}

testMonicForm(eq3)          →  p= 4.0, q= -5.0
testMonicForm(1)            →  keine quadratische Gleichung

// R ist eine Konstante
val R= Set(1.0,-1.0)

// Test mittels Root: Entweder Match mit R oder Lösungen extrahieren
def testRoots(e: Any) = e match {
  case Roots(R)               => println("Lösung: "+R)
  case Roots(r) if r isEmpty  => println("komplexe Lösung")
  case Roots(r)               => println("Lösungen: "+r.head+","+r.last)
  case _                      => println("keine quadratische Gleichung")
}

testRoots(eq1)                                → Lösungen: 1.0,-5.0

// head und last liefern dasselbe Element der Menge
testRoots(eq2)                                → Lösungen: 1.0,1.0

// trifft die Konstante
testRoots(QuadraticEquation(1.0,0.0,-1.0)) → Lösung: Set(1.0, -1.0)

testRoots(QuadraticEquation(1.0,4.0,5.0))  → komplexe Lösung
```

UnapplySeq am Beispiel

Obwohl mit `unapply` die Standardfälle abgedeckt sind, benötigt man für gewisse Extraktoren eine spezielle Version. Sie ist immer dann notwendig, wenn beispielsweise der Konstruktor einer Klasse bzw. der Companion im `apply` eine variable Anzahl von Elementen zulässt. Dann müsste auch ein zugehöriges `unapply` im `Some` eines Companion eine variable Anzahl von Elementen liefern. Um genau diesen Fall abzudecken, gibt es `unapplySeq`:

2.3.4 UNAPPLYSEQ: MATCHING EINER VARIABLEN ANZAHL VON ELEMENTEN

Das zu einem Extractor Pattern ***Extractor(p: Seq[R])*** zugehörige ***unapplySeq(v)*** hat folgende Signatur

unapplySeq(v): Option[Seq[R]].

Some*(p)** bzw. ***None ist ein bzw. kein Match.

Regel 2.3.4 gilt insbesondere für den Typ `Array` im Scala-API. Sein Companion `Array` im API enthält u.a. ein `apply` und ein `unapplySeq`. Nachfolgend der relevante Auszug aus den Original-Sourcen:

```
object Array {
  // T mit zusätzlichen Typ-Infomationen in einem sogenannten
  // ClassManifest, welches Typ-Informationen zu T enthält
  // ClassManifest werden wegen type erasure benötigt
  def apply[T: ClassManifest](xs: T*): Array[T] = ...

  def unapplySeq[T](x: Array[T]): Option[IndexedSeq[T]] =
      if (x == null) None else Some(x.toIndexedSeq)
}
```

Nehmen wir diese Art von Code als *Blueprint* und implementieren wir zu dem hinreichend bekannten `Polynom` (siehe u.a. Abschnitt 1.11) einen Extraktor für die Koeffizienten:

```
// nur das notwendige: die Koeffizienten
class Polynom(c: Double*) {
  val coeff= c.toArray
}

object Polynom {
  // c muss als Argument zu Polynom wieder mittels _*
  // als VarArgs gekennzeichnet werden
  def apply(c: Double*) = new Polynom(c:_*)

  // Umwandlung des Arrays coeff in eine Seq notwendig
  def unapplySeq(p: Polynom) =
      if (p==null) None else Some(p.coeff.toIndexedSeq)
}

// --- ein Test ---

def testPolynom(p: Any) = p match {

  // nun Verwendung einer Sequenz-Wildcard möglich
  // Variable c bindet alle folgenden Koeffizienten
  case Polynom(1.0,c@_*) => println("1.0 " + c)
```

```
  case p: Polynom => println(p.coeff.deep toString)
  case _ => println("kein Polynom")
}

testPolynom(Polynom(1.0,2.0,3.0))        → 1.0 Vector(2.0, 3.0)
testPolynom(Polynom(-1.0,2.0,3.0))       → Array(-1.0, 2.0, 3.0)
testPolynom(2.0)                         → kein Polynom
```

2.4 Pattern Matching bei Tupel-Zuweisungen

Abschließend fehlt noch eine wichtige Ergänzung. Ohne dass es vielleicht direkt offensichtlich ist, beruhen multiple Zuweisungen wie sie in Abschnitt 1.9 bereits vorgestellt wurden auf Pattern Matching. Bei der multiplen Zuweisung werden benannte Variablen zu Tupel zusammengefasst, die dann per implizitem Matching dem Ausdruck hinter dem Gleichheitszeichen zugewiesen werden. Deshalb ist es an sich korrekter, nicht von multiplen Zuweisungen, sondern von *Tupel-Zuweisungen* (via Matching) zu sprechen.

Im Gegensatz zu zu `match-case`-Ausdrücken kann diese Variante des Matchings sehr elegant und kompakt sein. Sie hat allerdings einen Nachteil. Wie bei jedem „normalen" Matching kann es dabei zu einem Fehler kommen, was in diesem Fall – da ein *catch-all* fehlt – zu einem `MatchError` führt. Deshalb sollte man diese Art von Zuweisung besonders sorgfältig prüfen.

Dazu einführende Beispiele zum *tuple assignment* in *REPL*, da die zusätzlichen Typ-Informationen hilfreich sind:

```
scala> val t3 = (1,2.0,true)
t3: (Int, Double, Boolean) = (1,2.0,true)

scala> val (n,d,b) = t3
n: Int = 1
d: Double = 2.0
b: Boolean = true

scala> val (o: Any,d2:Double,v3: Boolean) = t3
o: Any = 1
d2: Double = 2.0
v3: Boolean = true
```

Wie man sieht, sind Typen im *tuple assignment* erlaubt. Das nachfolgende Beispiel zeigt sehr deutlich, dass es sich um Pattern Matching handelt.

```
scala> val i :: _ :: j :: l = List(1,2,3,4,5,6)
i: Int = 1
j: Int = 3
l: List[Int] = List(4, 5, 6)

scala> val i :: _ :: j :: _ = List(1,2,3,4,5,6)
i: Int = 1
j: Int = 3
```

```
scala>  case class Child(name: String, birthday: String)
defined class Child

scala> val cLst = List(Child("Uwe","01.02.1995"),
                                   Child("Ute","20.08.1997"))
cLst: List[Child] = List(Child(Uwe,01.02.1995),
                                   Child(Ute,20.08.1997))

scala> val Child(_,date1)::Child(_,date2)::_ = cLst
date1: String = 01.02.1995
date2: String = 20.08.1997

scala> val DatePattern = """(\d\d)\.(\d\d)\.(\d{4})""".r
DatePattern: scala.util.matching.Regex = (\d\d)\.(\d\d)\.(\d{4})
scala> val DatePattern(day1, month1, year1) = date1
day1: String = 01
month1: String = 02
year1: String = 1995

scala> val Child(_,DatePattern(day1, month1, year1))::_ = cLst
day1: String = 01
month1: String = 02
year1: String = 1995
```

Zur Extraktion der Daten wird u.a. eine `case`-Klasse und ein regulärer Ausdruck im letzten Pattern eingebettet. Wie bereits oben erwähnt, muss bei dieser Art von Matching das Pattern treffen:

```
scala> val DatePattern(day1, month1, year1) = "12.08.95"
scala.MatchError: 12.08.95
...
```

Diese Art von Fehler zur Laufzeit sind natürlich äußerst unangenehm. Im Zweifelsfall sollte man also Eleganz gegen Sicherheit tauschen.

Pattern in for Comprehensions

Pattern können zum Extrahieren der gewünschten Daten auch in *for Comprehensions* benutzt werden. Es ist die gleiche Technik wie beim *tuple assignment* in den letzten Beispielen, nur angewandt auf jedes Element einer Kollektion. Insbesondere können die gültigen Werte von Elementen vom Typ `Option` besonders einfach durch `Some(...)` selektiert werden. Dabei werden die `None`-Werte ignoriert.

Als Beispiel legen wir eine Liste von Daten an. Diese wird mit dem Pattern `Some(d)` durchlaufen. Aus jedem Wert `d` vom Typ `String` der Liste wird dann im zweiten Schritt mit Hilfe des Patterns `ShortDatePattern` das Jahr `year` extrahiert und anschließend ausgegeben.

```
scala> val ShortDatePattern = """(\d\d)\.(\d\d)\.(\d\d)""".r
```

```
ShortDatePattern: scala.util.matching.Regex = (\d\d)\.(\d\d)\.(\d\d)

scala> val optLst = List(Some("10.12.95"),None,Some("23.08.01"))
optLst: List[Option[java.lang.String]] =
        List(Some(10.12.95), None, Some(23.08.01))

scala> for (Some(d) <- optLst
     |        ShortDatePattern(_,_,year) = d)
     |   println(year)
95
01
```

Diese Art von Lösung ist aber auch nur sicher, solange im `Some` gültige Werte stehen. Ansonsten hat man das gleiche Problem wie beim *tuple assignment*:

```
scala> val optLst = List(Some("10.12.95"),Some("23.08.2001"))
optLst: List[Some[java.lang.String]] =
        List(Some(10.12.95), Some(23.08.2001))

scala> for (Some(d) <- optLst
     |        ShortDatePattern(_,_,year) = d)
     |   println(year)
scala.MatchError: 23.08.2001
...
```

Hinweis: `Option` schützt nicht, wenn im `Some` ungültige Werte stehen!

Die meisten Kollektionen enthalten die Werte direkt und nicht verpackt in `Option`. Gesucht ist also eine andere „sichere und kurze" Lösung zu folgender Aufgabe:

Aufgabe: Auf jedes Element einer Kollektion soll ein Pattern angewendet werden. Ist das Pattern ein Match, wird das gültige Ergebnis verwendet, ansonsten wird es ignoriert.

Option als Kollektion

Eine Möglichkeit besteht darin, eine besondere Fähigkeit von `Option` auszunutzen. `Option` ist eine Kollektionen mit einem oder keinem Wert. Somit kann man jede Option – ob ein `Some`- oder `None`-Wert – in einer for Comprehension verwenden. Hier eine kleine Demonstration:

```
scala> val opt1= Some(10)
opt1: Some[Int] = Some(10)

scala> val opt2= None
opt2: None.type = None

scala> for(i <- opt2)
     |   println(i)
```

```
scala> for(i <- opt1)
     |   println(i)
10
```

Diese Fähigkeit von `Option` lässt sich für die Lösung der Aufgabe verwenden. Demonstrieren wir das an einer Liste von Strings:

```
val sdLst= List("10.12.95",null,"","01.04.97","1.4.97")
```

Diese Liste enthält zwei Strings, die dem Datums-Format `"""(\d\d)\.(\d\d)\.(\d\d)"""` entsprechen. Nur für diese Strings sollen Tag, Monat und Jahr als `Int`-Werte extrahiert werden. Dazu verwenden wir ein Singleton-Objekt als Extraktor. Es muss für *jeden* String eine Lösung liefern. Das ist nur möglich, wenn die Lösung vom Typ `Option` ist. Dann steht `None` für einen String, der kein Datum ist, und `Some[Tuple3[Int,Int,Int]]` für einen String, der vom Pattern des Datums getroffen wird.

```
scala> object DMY {
     |   val df= """(\d\d)\.(\d\d)\.(\d\d)""".r
     |
     |   def unapply(s:String)= s match {
     |     case df(d,m,y) => Some(Some(d.toInt,m.toInt,y.toInt))
     |     case _ => Some(None)
     |   }
     | }
defined module DMY

scala> val sdLst= List("10.12.95", null, "", "01.04.97", "1.4.97")
sdLst: List[java.lang.String] = List(10.12.95, null, ,
                                     01.04.97, 1.4.97)

scala> for (sd <- sdLst; DMY(optYear)= sd
     |      y <- optYear)
     |   yield y
res0: List[(Int, Int, Int)] = List((10,12,95), (1,4,97))

scala> for (sd <- sdLst; DMY(optYear)= sd
     |      y <- optYear)
     |   println("Tag: "+y._1 +" Monat: "+y._2+" Jahr: "+y._3)
Tag: 10 Monat: 12 Jahr: 95
Tag: 1 Monat: 4 Jahr: 97
```

Erst im letzten Schritt wird aus `optYear` das gültige `Int`-Tupel in `y` übertragen.

2.5 Namensraum, Scope

Der Begriff Namespace wurde bereits im ersten Kapitel im Zusammenhang mit Singleton-Objekten benutzt, aber nicht genau definiert. Dies soll nun nachgeholt werden. Alle Sprachen bieten ein Konzept, um Identifier, Namen oder Symbole in Einheiten zusammenzufassen. In dieser Einheit dürfen keine Namens-Kollisionen auftreten, d.h. die Identifier bzw. Namen müssen wie Primärschlüssel einzigartig sein. Der allgemeine Begriff für diese Art von Einheit ist *Namespace*. Daneben existiert noch der Begriff Scope. Beide ergänzen sich. Namespace umfasst die Syntax, Scope dagegen die Semantik, d.h. welche Entität „steckt" hinter welchem Namen.

2.5.1 Namespace

Namespace ist ein ***syntaktisches Konstrukt***, um die Eindeutigkeit von Namen zu gewährleisten. Namen identifizieren Entitäten wie Typen, Objekte, Member und Packages. Es gibt zwei Namespaces, in denen Namen eindeutig sein müssen:

- ***Type-Namespace***: Klassen und Traits.
- ***Term-Namespace***: Packages, Singleton-Objekte, Felder und Methoden.

Traits – als spezielle Art von Klassen – liegen natürlich im Namensraum der Klassen. Mit nur zwei Namespaces ist Scala einfacher aufgestellt als Java. In Java ist der Namensraum der Felder unterschiedlich von dem der Methoden. Felder und Methoden können somit den gleichen Namen haben. Das geht in Scala nicht, da dies auch dem *Uniform Access Principle* (IBox 1.8.5) entgegen stehen würde. Denn Felder sind als Getter bzw. Setter auch nur Methoden. Eine Methode ohne Parameter kann deshalb durchaus von einem `val`-Feld in einer abgeleiteten Klasse überschrieben werden.

Da Singleton-Objekte semantisch Feldern gleichen (nur *lazy* erschaffen) und Package-Namen an jeder Stelle im Code (hinter `import`) auftreten können, ist es sinnvoll, sie demselben Namensraum zuzuordnen.

2.5.2 Scope & Binding

Scope ist ein ***semantischer Begriff***. Er bezeichnet den Bereich, in dem eine bestimmte Entität an einen (einfachen) Namen *gebunden* wird.

- Sind Scopes ineinander geschachtelt,
  - kann derselbe Namen in einem inneren Scope an eine andere Entität gebunden werden und verdeckt (*shadows*) damit den Zugriff auf die äußere Entität.
  - und ein Name wird im eigenen Scope nicht gefunden, wird er im nächst höherliegenden Scope gesucht.
- Mittels Vererbung, Import-Anweisung oder der Angabe einer Package-Zugehörigkeit können Entitäten in einen Scope geholt werden.

Sehr häufig werden spezielle Scopes mittels eines Zusatzes identifiziert. Beginnend mit der Toplevel-Ebene gibt es *package scope*, *class scope*, *local scope* und *block scope*. Da aufgrund von Imports oder Vererbung Kollisionen von einfachen Namen auftreten können, gibt es Prioritäten.

Sind die Prioritäten gleich, wird der Konflikt vom Compiler als Fehler markiert. Demonstrieren wir an einem kleinen Beispiel die Begriffe.

```
class Mammal {
   var id = 1

   def name= "Säugetier " + id

   // gleicher Namensraum, also nicht möglich
// val name= ...

   override def toString= name + " " + id
}

class Cat extends Mammal {
  // override notwendig
  override val name= "Katze " + id
}

// --- ein Test ---

val m1= new Mammal
m1.id= 2
println(m1)                    → Säugetier 2 2

val m2: Mammal = new Cat
m2.id= 2
println(m2)                    → Katze 1 2
```

Aufgrund der Vererbung sind die einfachen Namen `name` und `id` aus `Mammal` im *class Scope* von `Cat`. Da die Methode `name` in `Mammal` parameterlos ist, kann sie in der Subklasse `Cat` als `val`-Feld überschrieben werden. Allerdings muss das Schlüsselwort `override` vor `val name` stehen, weil die Methode `name` in `Mammal` konkret ist. Überschreibt man eine Methode mit einem `val`-Wert, gibt es einen feinen Unterschied in der Semantik. Als Methode wird `name` in `Mammal` bei jedem Aufruf neu ausgeführt, d.h. gibt immer den aktuellen Wert der Variable `id` an. Dagegen wird das `val`-Feld in `Cat` nur bei Anlage der Instanz initialisiert und ist danach fix. Der Wert von `id` war zu diesem Zeitpunkt `1`.

```
object ScopeDemo {
  val n= "ScopeDemo"

  import scala.math.Pi

  println(n + "," + Pi)

  // dies wäre zweideutig und keine gute Idee
  // val Pi= 3.0

  {
    val n = 1
```

```
    val Pi = "Pi"

    println(n + "," + Pi)

    def test(n: Double) = println(n*n)

    {
      val n= 5.0
      test(n)
    }
    test(n)
  }
}

// --- ein Test ---

ScopeDemo                → ScopeDemo,3.141592653589793
                           1,Pi
                           25.0
                           1.0
ScopeDemo                →
```

Mittels Import wird der einfache Name `Pi` in den *object Scope* geholt. Sollte in diesem Scope noch einmal der Name `Pi` verwendet werden, gäbe es eine Namenskollision. Dies führte aufgrund der höheren lokalen Priorität zu einer permanenten Verdeckung von `Pi` aus `scala.math`, d.h. auf dieses `Pi` kann nicht mehr zugegriffen werden (auch nicht in dem `println` nach dem `import`). Das erkennt der Compiler und gibt eine entsprechende Warnung aus, der man tunlichst folgen sollte.

Danach werden *local* bzw. *block Scopes* geschachtelt. Die Namen in diesen Scopes verdecken jeweils die gleichnamigen in den äußeren Scopes. Bei Methoden haben im Methoden-Block die Parameter Vorrang. Das Ergebnis beim Aufruf von `ScopeDemo` ist somit verständlich. Da `ScopeDemo` ein Singleton-Objekt ist, wird es erst bei der ersten Verwendung initialisert. Bei erneuter Benutzung nicht mehr.

2.6 Package

Den Begriff bzw. das Schlüsselwort ***package*** hat Scala von Java übernommen. In C++ bzw. C# nennt man es dagegen ***namespace***. Packages bilden den *top-level* Scope, der in Java nur Klassen und Interfaces enthalten darf, in Scala dagegen Klassen/Traits, Objekte und wiederum Packages. Die Gemeinsamkeiten sind somit bereits mit dem Schlüsselwort beendet.

Java erlaubt nur eine Package-Ebene. Die Package-Namen müssen eindeutig sein. Um Kollisionen zu vermeiden, werden Java-Packages laut Konvention mit dem umgekehrten *Domain*-Namen einer Organisation benannt. Mit Hilfe dieser Namen lässt sich eine Hierarchie von Subpackages simulieren. Aber in Java gibt es keine Package-Hierarchie. Ein Package wie beispielsweise `java.util.regex` ist kein Subpackage von `java.util`, auch wenn dies die Namen suggerieren sollten. Java erlaubt die Angabe des Packages nur am Anfang einer *Compilation Unit*, d.h. einer Source-Datei. Alle Top-level-Klassen und Interfaces gehören dann zu diesem Package.

Package-Hierarchien

C# folgt C++ und erlaubt eine flexiblere Hierarchie der Top-level-Scopes:[6]

```
namespace N1      // N1
{
  class C1        // N1.C1
  {
    class C2 { }  // N1.C1.C2
  }
  namespace N2    // N1.N2
  {
    class C2 { }  // N1.N2.C2
  }
}
```

Scala folgt auch diesem hierarchischen Ansatz. Somit ist

```
package pouter

// Packages, Klassen oder Objekte
pinner | cls | obj
```

nur „syntaktischer Zucker" für diese an C# orientierte Package-Definition:

```
package pouter {
  pinner | cls | obj
}
```

Da ein äußeres Package wie `pouter` somit wieder ein Package `pinner` enthalten kann, erlaubt Scala Hierarchien innerhalb derselben Compilation Unit. Die Member von `pouter` können über den voll qualifizierten Namen `pouter.member` identifiziert werden. Dabei kann es in seltenen Fällen zu Kollisionen bei den Namen kommen. Sie können zur Not dann immer mit dem symbolischen Namen `_root_` für die Top-level-Ebene aufgelöst werden. Dies zeigt das folgende kompakt gehaltene Beispiel einer Compilation Unit.

```
// der Name dieser Source Datei ist unwichtig
// er ist nicht an Java-Namenskonventionen gebunden
package pkg1 {
  class C1 {
    println("pkg1.C1")
  }
}

package part02 {
```

[6] Entnommen der C# Referenz http://msdn.microsoft.com/de-de/library/

```
  package pkg1 {
    class C1 {
      println("part02.pkg1.C1")
    }
  }

  class C1 {
    println("part02.C1")
  }

// --- ein Test ---

  object Test {
    def main(args: Array[String]) = {
      new C1()                          → part02.C1
      new pkg1.C1()                     → part02.pkg1.C1

      // pkg1 ist wie part02 auf der sogenannten root-Ebene
      // sie hat den Identifier _root_
      new _root_.pkg1.C1()              → pkg1.C1

      // Rückgabe der Unit-Instanz
      ()
    }
  }
}
```

Die sogenannte erste Root-Ebene besteht aus zwei Packages, `pkg1` und `part02`. Innerhalb des Packages `part02` ist dann „unglücklicherweise" ein inneres Package `pkg1` definiert. In allen drei Packages ist dann jeweils „unglücklicherweise" eine Klasse `C1` definiert. In der `main` von `Test` wird dann von jeder der drei Klassen `C1` eine Instanz angelegt. Ohne die Einführungen eines speziellen Identifiers `_root_` wäre die letzte Instanzierung nicht möglich. Eine Anmerkung zu Schluss. Die Methode `main` muss ein Ergebnis vom Typ `Unit` liefern. Da die letzte `new`-Anweisung eine Instanz von `C1` liefert, muss `()` explizit zurückgegeben werden.

2.7 Import und Scope

Der Zugriff auf andere Packages bzw. auf deren innere Member ist essentiell. Das Schlüsselwort ***`import`*** ist dafür geschaffen worden, auf andere Packages bzw. deren Member im jeweiligen Scope vereinfacht zugreifen zu können. So weit stimmen Java und Scala überein. Zunächst – wie bei Packages – ein kurzer Bick auf Java.

Java erlaubt Import-Angaben nur direkt nach der Package-Angabe im Kopf der Source-Datei, wobei Packages immer mit ihrem vollen Namen angegeben werden müssen. Für die gesamte Compilation Unit stehen dann die Top-level-Klassen und Interfaces der importierten Packages mit ihren einfachen Namen im Zugriff. In Java wird automatisch das Package `java.lang` importiert. Viele Imports auf Top-level-Ebenen führen in Java allerdings zu Namenskollisionen, die man nur mittels voll qualifizierter Namen auflösen kann. In Java vermisst man schmerzlich die Möglichkeit, Imports nur auf notwendige Code-Bereiche einschränken zu können.

Nun zu Scala. Zusätzlich zu `java.lang` wird in jeder Compilation Unit implizit das Package `scala` importiert. Bei der Verwendung der `import`-Anweisungen ist Scala weitaus flexibler. Imports sind im Code bis auf *block scope* Level erlaubt. Damit können Namenskollisionen weitestgehend verhindert werden. Die folgende Zusammenstellung zeigt noch weitere Besonderheiten.

2.7.1 Import-Anweisungen

Eine Import-Anweisung gilt ab dem Punkt ihrer Angabe für den zugehörigen Scope. Dabei sind Imports *relativ*, berücksichtigen also die vorher importierte *Hierarchie-Ebene*. Member nachfolgender Imports können im selben Scope gleichnamige Member vorheriger Imports verdecken, sofern deren Priorität geringer ist (zu Priorität siehe nachfolgendes Beispiel). Man unterscheidet folgende Imports:

- ***Wildcard Import***: `import pkg._`
  Alle Member des Package `pkg`.

- ***Entity Import***: `import pkg.entity`
  `import pkg.entity._`
  Nur das Member `entity` bzw. die Member von `entity`.

- ***Selektiver Import***: `import pkg.{entity1, ... }`

  - mit ***Umbenennung***: `import pkg.{entity => newName, ... }`
  - mit ***Ausschluss*** bei Wildcard Import: `import pkg.{ entity => _ , _ }`

  Nur die in geschweiften Klammern angegebenen `entities` werden importiert, wobei Umbenennungen oder selektiver Ausschluss (bei Wildcard-Import) möglich sind.

- ***Parameter Import***: `import param._`
  Import der Member von Parametern innerhalb einer Methode.

Der Einfachheit halber wurde nur ein Top-level-Package und dessen Member betrachtet. `pkg` steht allerdings auch für einen *Package-Pfad*, sofern auf ein inneres Package in einer Hierarchie zugegriffen werden muss.

Es gibt drei interessante Punkte anzumerken:

1. Die unter den ersten beiden Punkten angegebenen Imports sind nur eine verkürzte Schreibweisen für die Klammer-Darstellung, d.h. `pkg._` steht für `pkg.{_}` bzw. `pkg.entity` für `pkg.{entity}`.

2. Bei einem selektiven Import darf ein Wildcard immer nur am Ende angegeben werden. Insbesondere können alle vier Formen des selektiven Imports (einfach, mit Umbenennung, Ausschluss und Wildcard) in einer Anweisung auftreten.

3. Ein großer Vorteil der Imports liegt darin, das neben Packages auch Klassen, Objekte und deren Member importiert werden können. Dies wird insbesondere durch die Tatsache unterstützt, dass Packages, Felder und Methoden im selben Namespace liegen. Denn ansonsten würden aufgrund von Imports wesentlich mehr Nameskonflikte auftreten und der Vorteil in einen Nachteil verkehrt werden.

Das folgenden Beispiel hat nur die Aufgabe, in möglichst kurzem Code viele der Punkte in 2.7.1 abzudecken.

```
package part01

package pkg2 {
  object Say {
    val MAY= "Mai"
    val JUNE= "Juni"
    def say= "Hallo " + MAY
  }

  package inner {
    object Inner {
      val inner= "Inner"
    }
  }
}

object TestImport {
  def test = {
    import java.util._

    // relativer Import von: java.util.concurrent.locks
    import concurrent.locks

    // relativer Import von: java.util.Calendar._
    import Calendar._

    // relativer Import von: java.util.regex.Pattern.{...}
    import regex.Pattern.{ CASE_INSENSITIVE => INSENSITIVE,
                           CANON_EQ => _ , _ }

    // erzeugt einen Alias JString für String
    import java.lang.{String => JString}

    // Zugriff über einfachen Namen locks
    val lock = new locks.ReentrantLock

    // Zugriff auf die Int-Konstanten MAY JUNE in Calendar
    println(MAY)                              → 4
    println(JUNE)                             → 5

    // Zugriff auf Pattern.DOTALL über Wildcard
    println(DOTALL + ", " + INSENSITIVE)    → 32, 2
```

```
    // Zugriff auf Pattern.CANON_EQ wurde ausgeschlossen
//  println(CANON_EQ)

    // String wurde in JString umbenannt
    println(new JString("Welt"))                    → Welt

    // Hierachische Package Struktur
    import pkg2.inner.Inner.inner

    println(inner)                                  → Inner

    // Say.MAY verdeckt nun Calendar.MAY, aber nicht JUNE
    import pkg2.Say.{MAY,say}

    println(MAY)                                    → Mai
    println(JUNE)                                   → 5
    println(say)                                    → Hallo Mai
  }

  def main(args: Array[String]) {
    test
  }
}
```

Nach Umbennungen kann man normalerweise nicht mehr auf den alten Namen zugreifen. Im Fall von `JString` steht `String` aber über die impliziten Imports weiterhin zur Verfügung. Der Import von `pkg2.Say.{MAY}` verdeckt `Calendar.MAY`, da er höhere Priorität als der Wildcard Import `Calendar._` hat. Bei gleicher Priorität würde der Compiler intervenieren.

Packages im Einsatz

Den letzten Beispielen zu Packages und Imports fehlte der praktische Bezug. Ihre Aufgabe bestand auch eher darin, die Regel zu verdeutlichen. Abschließend deshalb noch ein Beispiel aus der *globalen* (Finanz-)Welt.

```
package part01

// auch ohne Einbettung in geschweifte Klammern:
// germany ist ein Subpackage von part01
package germany {
  import java.util.Date

  // Subpackage von germany
  package industry {

    // von Company sollen direkt keine Instanzen erzeugt werden
    abstract class Company (val name: String, val revenue: Int,
                           val year: Date) {
```

```
      // Consol-Ausgabe nur bei Anlage einer Instanz
      println(name+" "+revenue)

      // deprecated warning von year.getYear wird hier ignoriert
      override def toString= "Unternehmen " + name + " Umsatz " +
                             revenue + " Mio € im Jahr " +
                             (year.getYear + 1900)
    }

    // Kollektion von DAX-Unternehmen
    object DAX {
      // Consol-Ausgabe nur bei Anlage von DAX
      println("DAX")

      object Bayer extends Company("Bayer AG",27383,new Date())
      object BMW extends Company("BMW AG",46656,new Date())
      object SAP extends Company("SAP AG",8513,new Date())

      val companies= List(Bayer,BMW,SAP)
    }
  }
}

// --- ein Test ---

// abhängig vom Import mögliche Arten von Zugriffen
object Test {

  // Die Konsol-Ausgaben erfolgen in der Reihenfolge test1,...,test4
  def test1 = {
    import germany.industry.DAX

    // erster Zugriff auf object Bayer, also Anlage
    println(DAX.Bayer)
    → Bayer AG 27383
      Bayer AG 27383 Unternehmen Bayer AG Umsatz 27383 Mio €
                                                       im Jahr 2010
  }

  def test2 = {
    import germany.industry.DAX._
    println(Bayer)
    → Bayer AG 27383 Unternehmen Bayer AG Umsatz 27383 Mio €
                                                       im Jahr 2010
  }

  def test3 = {
    import germany.industry.DAX.{Bayer => B}
    println(B)
    → Bayer AG 27383 Unternehmen Bayer AG Umsatz 27383 Mio €
                                                       im Jahr 2010
  }

  def test4 = {
    // Bayer ins Nirwana, ansonsten alle anderen Entitäten von DAX
    import germany.industry.DAX.{Bayer => _, _}
```

```
// println(Bayer)        <-- würde somit zu einem Fehler führen

    // zuerst Initialisierung von DAX, BMW und SAP, dann companies
    // List-Ausgabe passend umgebrochen
    println(companies)
    → DAX
      BMW AG 46656
      SAP AG 8513
      List(Unternehmen Bayer AG Umsatz 27383 Mio € im Jahr 2010,
           Unternehmen BMW AG Umsatz 46656 Mio € im Jahr 2010,
           Unternehmen SAP AG Umsatz 8513 Mio € im Jahr 2010)

    import germany.industry.Company

    def test(c: Company)= {
      // dies demonstriert den 4. Punkt in  IBox 2.7.1
      // Zugriff auf die Member des Parameters c
      import c._

      // letzte Konsol-Ausgabe
      println(name)     → SAP AG
    }

    test(SAP)
  }

  def main(args: Array[String]) {
    test1
    test2
    test3
    test4
  }
}
```

Shadowing Packages: Problem beim impliziten Import

Die Scope-Regel in IBox 2.5.2 enthält einen Unterpunkt, der wichtig bei der Namensbindung ist, aber bei Imports von Packages zu überraschenden Effekten führen kann. Wird ein Name im aktuellen Scope nicht gefunden, wird der im nächst gelegenen höheren genommen (sofern er vorhanden ist) und somit auch die daran gebundene Entität. Diese Regl gilt natürlich auch für Package-Namen. Zur Demonstration eignen sich insbesondere Java-Packages, da die damit auftauchenden Probleme in den Scala-Foren oftmals als „Fehler" gemeldet wurden.

Angenommen man benötigt wie im letzten Beispiel eine Instanz der Java-Klasse `Date`. Ohne einen Import bemühen zu müssen, besteht die einfachste Möglichkeit darin, den vollen Namen (inklusive Package-Namen) von `Date` zu verwenden:

```
package shadow

object Main {
  def main(args: Array[String]) = {
```

```
    println(new java.util.Date)
  }
}
```

`Main` kann ohne Probleme aufgerufen werden und liefert das aktuelle System-Datum. Zu einem späteren Zeitpunkt legt man dann in einer anderen Source-Datei ein Subpackage `java` in Package `shadow` an::

```
package shadow

package java

// der folgende Code ist unwichtig, daher nur ein Objekt
object Shadow
```

Das Ergebnis der erfolgreichen Compilierung dieser Source besteht darin, dass anschließend bei dem Versuch, `Main` oben zu übersetzen, der Compiler einen Fehler meldet:

```
error: value util is not a member of package shadow.java
println(new java.util.Date)
```

Dies ist einerseits frustrierend, aber andererseits aufgrund der Scope-Regel durchaus korrekt. Denn der Code in beiden Source-Dateien ist äquivalent zu dem folgenden:

```
package shadow {

  package java {
    // --- hier existiert kein Member util.Date ---
    object Shadow
  }

  object Main {

    def main(args: Array[String]) {
      // der Name java wird an die im Scope nächst gelegenen
      // Entität gebunden und dies ist das obige package java
      println(new java.util.Date)
    }
  }
}
```

Sollte diese Art von Gefahr des Package Shadowing bestehen, bleibt nur die Möglichkeit, mittels dem Präfix `_root_` (siehe Abscnitt 2.6) diese unglückliche Hierarchie-Einbettung zu vermeiden.

```
package shadow

object Main {
  def main(args: Array[String]) = {
    // _root_ verhindert Package-Shadowing
```

```
    println(new _root_.java.util.Date)
  }
}
```

Ein anderer pragmatischer Weg besteht einfach darin, Package-Namen wie `scala` oder `java` in eigenen Hierarchien zu vermeiden.

2.8 Modifikatoren

Modifikatoren bzw. *Modifier* können auf Klassen, Singleton-Objekte und ihre Member wirken. Sie werden anhand der Art ihres Einsatzes sowie ihrer Wirkung in zwei Gruppen eingeteilt:

lokale Modifikatoren und *Zugriffs*- bzw. *Access*-Modifikatoren.

Nur das Schlüsselwort `override` spielt eine bereits bekannte Sonderrolle. Modifikatoren können sich teilweise in ihrer Wirkung ergänzen, d.h. zusammen eingesetzt werden. Ist die jeweilige Kombination erlaubt, spielt die Reihenfolge ihrer Angabe keine Rolle. Allerdings darf ein Modifikator *nur einmal* aufgeführt werden.

Zugriffs-Modifikatoren

Betrachten wir zuerst die Zugriffs-Modifikatoren, da sie auch in Verbindung mit Packages mögliche Zugriffe und Imports beinflussen.

Scala vs. Java

Zuerst wieder ein kurzer Seitenblick auf Java, wenn auch leicht vereinfacht. Java kennt drei Zugriffs-Modifikatoren `public`, `protected` und `private`. `public` kann vor Klassen und ihren Membern stehen und bedeutet unbeschränkten Zugriff aus allen Packages. `private` kann nur vor Klassen-Membern eingesetzt werden und schränkt den Zugriff auf die Klasse ein. Das Problem beginnt bei `protected`. Denn es gibt noch einen sogenannten *friend access*, wenn man keinen der drei Modifikatoren verwendet. *Friend* wie `protected` erlauben gleichermaßen den Zugriff aus dem gesamten Package, nur `protected` erweitert das noch um den Zugriff von Subklassn aus anderen Packages. Das führt nicht nur zu verwirrenden Sonderfällen, sondern widerspricht auch der allgemeinen Semantik von `protected` verwandter OO-Sprachen wie C++ oder C# und der OO-Modellierungssprache *UML*.

Scala verzichtet im Gegensatz zu Java auf das Schlüsselwörter `public`, erlaubt aber trotzdem eine wesentlich feinere Kontrolle über Zugriffsrechte als Java. Dies liegt daran, dass optional als Postfix ein Access Qualifier zugelassen ist, der die zusätzlich Angabe eines Scopes erlaubt. Um die Aussagen nicht unnötig zu verlängern, schließt der Begriff Klasse den des Traits ein.

2.8.1 Zugriffs-Modifikatoren

Es gibt zwei Zugriffs-Modifikatoren **`protected`** und **`private`**, die vor Klassen, Singleton-Objekten und ihren Membern eingesetzt werden können. Fehlen sie, gilt der (Default-) Zugriff *öffentlich* bzw. *public*, d.h. uneingeschränkter Zugriff.

Die beiden Modifikatoren können durch ein Postfix, dem *Access Qualifier*, um eine Angabe erweitert werden, auf welchen Scope sich der Modifikator bezieht. Es gibt somit drei Formen:

- ***`protected`***, ***`private`*** : unqualifizierter eingeschränkter Zugriff.
- ***`protected[this]`***, ***`private[this]`*** : Zugriff nur aus `this` (der eigenen Instanz).
- ***`protected[pkgOrCls]`***, ***`private[pkgOrCls]`*** : Zugriff beschränkt auf äußeres Package oder äußere Klasse mit Companion, sofern vorhanden.

Diese kurzen Anmerkungen zur Syntax reichen nicht aus, um die Zugriffsarten zu erklären. Sie dienen nur als allgemeine Hinweise. Nachfolgend die Details.

Private & protected ohne Access Qualifier

Mit `private` und `protected` können Klassen, Singleton-Objekte oder deren Member gekennzeichnet werden. Es sind zwei Fälle zu unterscheiden:

1. Wird eine Top-level-Klasse bzw. ein Singleton Objekt mit
   (a) **`private`** gekennzeichnet, wird sie ***package-private***: Diese Klasse bzw. Objekt steht nur im selben Package sowie seinen Subpackages im Zugriff.
   Restriktion: Eine Klasse oder ein Singleton-Objekt darf nicht indirekt aufgrund einer Anweisung aus aus dem Package exportiert werden (siehe hierzu das folgende Beispiel).
   (b) **`protected`** gekennzeichnet, wird sie ebenfalls ***package-private***: Im Unterschied zu `private` entfällt die unter `private` angegeben Restriktion (siehe hierzu das folgende Beispiel).
2. Wird ein Member einer Klasse bzw. eines Singleton-Objekts mit
   (a) **`private`** gekennzeichnet, steht es nur in dieser Klasse bzw. diesem Objekt inklusive des zugehörigen Companions (Objekt bzw. Klasse) im Zugriff.
   (b) **`protected`** gekennzeichnet, steht es (zusätzlich zu `private`) auch in den Subklassn und allen zugehörigen Companions im Zugriff (für den Member eines Singleton-Objekts ist dies irrelevant, da es keine Sub-Objekte gibt).

Der mit *Restriktion* gekennzeichnete Satz zu `private` im 1. Punkt ist spitzfindig. Ob wirklich alle Varianten in realen Programmen benutzt werden, mag man bezweifeln. Das folgende Beispiel zum 1. Punkt ist also eher als eine interessante logische Spielerei anzusehen.

Es gibt zwei unabhängige Packages `outer1` und `outer2`. Das Package `outer1` enthält zwei Subpackages, `inner1` und ein außerhalb definiertes Subpackage `inner2`. Die auskommentierten Anweisungen würden nicht compilieren.

```
  package outer1 {
    private class C1

    // verletzt Restriktion in 1.a)
    // über C2 würde die Klasse C1 nach außen exportiert
//  protected class C2 extends C1

    protected class C2

    private object O1

    protected class C3 {

      // verletzt Restriktion in 1.a), da  c1 und o1 public sind
//    val c1= new C1
//    val o1 = O1

      // 1.b): Restriktion in 1.a) entfällt
      val c2= new C2
    }

    package inner1 {
      class C4 {
        // ohne private wäre Restriktion in 1.a) verletzt
        private val c1= new C1
      }
    }
  }

  // ein externes Subpackage von outer1
  package outer1.inner2 {
    class C5 {
      // ohne private wäre Restriktion in 1.a) verletzt
      private val c3= new outer1.C1

      // 1.b): Restriktion in 1.a) entfällt
      val c4= new outer1.C2

      // ohne Referenz auf die Instanz ist die Restriktion erfüllt
      new outer1.C1
    }

    // Restriktion in 1.a) ist verletzt, da C6 public
//  class C6 extends outer1.C1

    class C7 extends outer1.C2
  }
```

```
  // jeder Zugriff auf private/protected Klassen
  // und Singleton-Objekte in outer1 ist verboten
  package outer2 {

    // kein Problem: C4 ist public
    class C8 extends outer1.inner1.C4
  }
```

Da 2.a) bis auf die Einbeziehung der Companions der bekannten Semantik von `private` folgt und bereits vielfach verwendet wurde, beschränken wir uns auf ein Beispiel zu einer als `protected` erklärten Methode.

```
package org {

  class Organisation {
    protected def location= "Deutschland"
  }

  class University extends Organisation {
    override def toString = "Universität in " + location

    // Zugriff nicht aus einer Instanz von Organisation erlaubt
//  def orgLoc = new Organisation().location

    def printLocations (o: Organisation, u: University) = {

      // Zugriff nicht aus einer Instanz von Organisation erlaubt
//    println(o.location)
      println(u.location)
    }
  }
}

package com {
  class Company extends org.Organisation {
    override def toString= "Firma in "+ location
  }
}
```

Die einzige kleine Hürde besteht darin, dass auf `proteced` erklärte Member nicht über die Instanzen der Parent-Klasse zuggegriffen werden kann, sondern nur innerhalb (der Instanz) der Subklasse.

Private mit Access Qualifier

Beide Zugriffs-Modifikatoren erlauben gleichermaßen eine Scope Angabe in eckigen Klammern als Suffix. Allerdings beschränken wir uns auf die Beschreibung des Normalfalls, d.h. den Einsatz zusammen mit `private`. Denn der Einsatz von `protected[pkgOrCls]` ist eher exotisch. Im anschließenden Beispiel wird allerdings `protected[this]` mit einbezogen.

Beim qualifizierten Zugriff mittels `private` unterscheidet man

1. ***`private[this]`***, auch als ***object-private*** bezeichnet. Für einen Member einer Klasse: Es beschränkt den Zugriff auf die Instanz ***`this`***, zu der der Member gehört.[7] Vor Klassen und Singleton-Objekten eingesetzt, wird zusätzlich zu `private` der Zugriff aus Subpackages ausgeschlossen.
2. ***`private[pkgName]`***: Vor einer Klasse oder einem Singleton-Objekt eingesetzt, ist der Zugriff nur innerhalb des Package ***`pkgName`*** erlaubt.
3. ***`private[clsName]`***: Zugriff nur innerhalb der Klasse sowie des zugehörigen Companions erlaubt (für Singleton-Objekte zwar auch möglich, hat aber gleiche Wirkung wie `private`).

Um möglichst viele Details zu den drei Punkten abzudecken, wird im folgenden Beispiel eine fiktive Hochschulstruktur in Packages, Klassen, Objekte und Companion-Objekte aufgeteilt. Die Realität wird dabei zwar „verbogen", aber der Code bleibt zumindest übersichtlich, zumal die Fehler erst anschließend erläutert werden.

```
package uni {

  package org {
    private[this] class Intern

//  private[uni] class Extern extends Intern              <- 1. Fehler

    class Department {
      private[org] var leader: Prof= null
      protected[this] var num = 1
    }

    private[uni] object Informatik extends Department {
//    leader= new Prof("Kuhl","KUH")                       <- 2. Fehler
      leader= Prof("Kuhl","KUH")

      // Fehler, sofern private[this] num= 3
      num= 3
    }

    class Prof private (val name: String, id: String) {
      private[this] val _id = id     // object private
      private val pid= _id           // class  private

      override def equals(that: Any) = that match {
//      case p: Prof => _id == p._id                       <- 3. Fehler
        case p: Prof => pid == p.pid
        case _ => false
      }
    }
```

[7] Ist die Klasse innerhalb einer äußeren Klasse definiert, enthält eine Instanz der äußeren Klasse eine Instanz der inneren und hat dann ebenfalls Zugriff.

```
    private[org] object Prof {
      def apply(name: String, id: String)= new Prof(name,id)
      def pidOut(prof: Prof) = println(prof.pid)
//    def idOut(prof: Prof) = println(prof._id)          <- 4. Fehler
    }
  }

  package orgstruc {
    // Fehler: das Package org schließt orgstruc nicht ein
//  private[org] object O1

    class Hierarchy {
      val dep1= org.Informatik
      val dep2= new org.Department
//    val prof= org.Prof("Maier","MAI")                  <- 5. Fehler

//    println(dep2.leader)                               <- 6. Fehler
    }
  }
}
```

1. Fehler: Auf die Klasse `Intern` hat man aufgrund von `private[this]` außerhalb von Package `org` keinen Zugriff. Auf die Klasse `Extern` hätte man dagegen auch im Package `uni` Zugriff. Somit würde indirekt über `extends` ein Zugriff auf `Intern` geschaffen.

2. Fehler: Der primäre Konstruktor der Klasse `Prof` wird *class-private* erklärt. Somit kann von außen nur noch das Companion-Objekt mittels `new` Instanzen von `Prof` anlegen. Korrekt ist somit nur die nachfolgende Anweisung, die mit Hilfe des Companion-Objekts `Prof` eine Instanz von `Prof` erschafft.

3. Fehler: In `equals` sind zwei Instanzen von `Prof` zu vergleichen, `this` mit `that`. Das Feld `_id` wurde auf *objekt-private* gesetzt. Somit ist der Zugriff auf `p._id` aus der Instanz `this` nicht erlaubt. Das nachfolgende `case` vergleicht dagegen das `class-private`-Feld `pid` ohne Probleme.

4. Fehler: Dieser Fehler ist äquivalent zum dritten. Er soll nur noch einmal verdeutlichen, dass auch Companion-Objekte an *objekt-private* scheitern.

5. Fehler: Im Package `orgstruc` wird versucht, auf das Objekt `Prof` in Package `org` zuzugreifen, obwohl der Zugriff auf Package `org` beschränkt wurde.

6. Fehler: Im Package `orgstruc` wird versucht, auf das Feld `leader` innerhalb der *public* Klasse `Department` zuzugreifen. Das Feld steht aber nur in Package `org` im Zugriff.

Am Vergleich von `private[this]` mit `protected[this]` erkennt man die minutiösen Unterschiede, die immer mit `extends` einhergehen. Abschließend noch ein Test aus einem anderen Package `part01`. Zwei Zeilen sind fehlerhaft.[8]

[8] Es sind die zweite und vierte Anweisung in `test`.

```
package part01 {
  object Test {

    def test = {
      var p: uni.org.Prof= null
      p = uni.org.Prof("Schmidt","SHT")
      println(new uni.org.Department)
      println(uni.org.Informatik)
    }

    def main(args: Array[String]) = test
  }
}
```

Lokale Modifier

Neben den Zugriffs-Modifikatoren gibt es noch die sogenannten lokalen Modifikatoren. Der Zusatz *„local"* dient wohl nur dazu, die fünf Modifikatoren

abstract, ***final***, ***sealed***, ***implicit*** und ***lazy***

unter einem „gemeinsamen Hut" `local` zusammenzufassen. Die beiden letzten Modifikatoren `lazy` und `implicit` werden erst im dritten Kapitel besprochen, da sie der funktionalen Welt geschuldet sind. Der Modifikator `abstract` wurde im Abschnitt 1.7 insbesondere in der IBox 1.7.1 und an Beispielen vorgestellt. Somit bleiben nur noch `final` und `sealed`.

Modifikator final

Der Modifikator `final` kann vor Klassen sowie Klassen-Membern verwendet werden.

- Wird `final` vor ein Member gesetzt, kann dieses Member in Subklassen nicht mehr überschrieben werden.
- Wird `final` vor einer Klasse verwendet, können von dieser Klasse keine Subklassen angelegt werden. Alle Member der Klasse sind dann implizit auch `final`.

Vor Singleton-Objekten macht `final` keinen Sinn, da es weder Subklassn noch Sub-Objekte von Singleton-Objekten gibt (es ist aber erlaubt).

Modifikator sealed

Eine einmal entworfene Vererbungshierarchie kann vom Entwickler mittels `sealed` „eingefroren" werden. Vor einer Basisklasse bewirkt dieser Modifikator, dass Subklassen nur in derselben Source-Datei vom Compiler akzeptiert werden. Jede Erweiterung außerhalb der Datei führt zu einer Fehlermeldung des Compilers. Allerdings ist die Sache *nicht transitiv*, d.h. Subklassen von `sealed` Klassen können wieder abgeleitet werden.

Insbesondere für case-Klassen kann dieses Feature recht nützlich sein. Leitet man aus einer sealed Parent-Klasse in derselben Source-Datei nur case-Klassen bzw. -Objekte ab, kann man sicherstellen, dass zugehörige match-Ausdrücke vollständig sind. Denn fehlt eine case-Klasse bzw. -Objekt aus dieser *sealed*-Hierarchie, wird man vom Compiler gewarnt. Umgekehrt kann man als Entwickler damit auch sicherstellen, dass nicht nachträglich Subklassen von der Parent-Klasse angelegt werden, die den match-Ausdruck unvollständig werden lassen.[9]

```
sealed abstract class Answer

case class MayBe(question: String) extends Answer {
  val random= new java.util.Random

  // das letzte case ist unsinnig, aber der Compiler ist machtlos!
  override def toString= random.nextInt(2) match {
    case 0 => question + " We try it! "
    case 1 => question + " Is questionable!"
    case 2 => "Yes we can!"
  }
}

case object No extends Answer {
  override def toString= "No, we cannot!"
}

case object Yes extends Answer {
  override def toString= "Yes, we can!"
}

// dieses Match wird vom Compiler überprüft
def testSealed(a: Answer) = a match {
  case No          => println(No)
  case Yes         => println(Yes)
  case mb@MayBe(_) => println(mb)
}

// --- ein Test ---

for (i <- 0 to 2)
  testSealed(new MayBe("Save the world!"))
                          → Save the world! Is questionable!
                            Save the world! We try it!
                            Save the world! We try it!
```

Wird in testSealed eines der zwei case-Objekte oder die case-Klasse „vergessen", warnt der Compiler:

```
warning: match is not exhaustive! missing combination ...
```

[9] Der Einwand, dass ja von case-Klassen wieder weitere case-Klassen abgeleitet werden könnten, greift deshalb nicht, weil case-Klassen nicht von case-Klassen abgeleitet werden dürfen (siehe Abschnitt 2.12 „case-Klassen und Vererbung").

Andererseits sieht man an dem `random` Match, dass der Compiler bei anderen `match`-Ausdrücken nicht wirklich erkennen kann, ob sie unvollständig oder aber „überspezifiziert“ (wie oben) sind.

Kombinationen von Modifikatoren

Wie am letzten Beispiel zu sehen, können Zugriffs- mit lokalen Modifikatoren kombiniert werden. Die Wirkung wird dann einfach „vereinigt“. Das geht natürlich nur gut, solange sich die Semantik nicht gegenseitig widerspricht. Stellen wir erlaubte Kombinationen von Zugriffs-Modifikatoren *`accessModifier`* mit `abstract`, `sealed` und `final` zusammen.

erlaubte Kombination	***Anmerkung***
`abstract override`	spezielle Bedeutung für Methoden in Traits
`abstract sealed`	nur in Verbindung mit Klassen
`abstract` *`accessModifier`*	nur in Verbindung mit Klassen
`sealed` *`accessModifier`*	nur in Verbindung mit Klassen
`final` *`accessModifier`*	

Eine Kombination wie beispielsweise `final sealed` ist somit nicht erlaubt. Sie vereinigt auch widersprechende Bedeutungen. Dagegen ist diese Kombination erlaubt:

```
abstract sealed private class Cls
```

Ob sie aber Sinn macht, sei dahingestellt. Denn diese Kombination besagt soviel wie „Eine nur im Package nutzbare abstrakte Klasse `Cls`, die nur innerhalb der Source-Datei Subklassen haben kann“.

2.9 Typ-Abstraktionen

Bisher wurden in den meisten Beispielen konkrete Typen wie `Int`, `String` oder `Polynom` verwendet. Kollektionen `Col[T]` sind dagegen ein treffendes Beispiel dafür, dass abstrakte Typ-Parameter wie **`T`** in diesen Situationen ungemein sinnvoll sind. Die Alternative wäre eine „unendliche“ Code-Duplizierung in Form von `ColInt`, `ColString`, `ColPolynom`, etc.

Generische Typen mit Typ-Parameter findet man nur bei statistisch typisierten Sprachen wie Java oder C#. Deshalb ein kleiner Seitensprung:

Seitensprung *Dynamische* OO-Sprachen nutzen natürlich auch nur einen generellen Code für alle Arten von Kollektionen, aber mit einem „kleinen“ Unterschied. Will oder kann man nur eine `String`-Kollektion im Code verarbeiten, kann man das nicht vorab spezifizieren. Beim Einsatz dieser Kollektion muss der Klient peinlich darauf achten, nur Strings zu übergeben. Der Compiler – sofern existent – fällt als Kontrollinstanz aus. Wird gegen die Restriktion verstoßen, gibt es zur Laufzeit eine Exception, um den Fehler zu signalisieren und es kommt schlimmstenfalls zu einem Programmabbruch.

> Die Alternativen sind klar: Statisch typisierte Sprachen mit einem erhöhten Design-Aufwand vs. dynamische typisierte Sprachen mit einem einfachen Design, aber einem höheren Testaufwand.[10]

Bevor wir Typ-Abstraktionen näher betrachten, soll vorab kurz das Schlüsselwort `type` vorgestellt werden. Es spielt dabei eine wichtige Rolle.

Alias mittels type

Die erste einfache Aufgabe von `type` besteht darin, Typen mit einem Alias, d.h. einem weiteren Typnamen, auszustatten. Der Einsatz ist unmittelbar einsichtig:

- Lange Typ-Ausdrücke können durch kurze ersetzt werden.
- Typnamen können passend zum Code gewählt werden.

Hinter `type` kann mittels Gleichheitszeichen ein Alias – ein zusätzlicher Name zu einem vorhandenen Typ – vergeben werden. Dieser kann dann im Scope anstatt oder zusätzlich zum Original verwendet werden. Die Syntax ist einfach und soll anhand konkreter Beispiele vermittelt werden. Das erste ist aus `object Predef.scala`:

```
type RuntimeException = java.lang.RuntimeException

type Set[A] = collection.immutable.Set[A]
```

Der Einsatz kann mit Annotationen wie `@deprecated` verbunden werden. Dazu ein Beispiel aus dem zum Package `scala` gehörenden *Package-Objekt* `scala.package.scala`:

```
@deprecated("use Seq instead")
type Sequence[+A] = scala.collection.Seq[A]
```

Die Annotation ist eine zusätzliche Information zum Code, gerichtet an den Compiler (siehe auch Abschnitt 2.19). Aufgrund von `@deprecated` erfolgt dann eine Mitteilung des Compilers mit dem kurzen Hinweis, wie man seinen alten Code an Scala 2.8 anzupassen hat. Man ist aus Java gewöhnt, `deprecated` Warnungen einfach zu ignorieren, denn sie führten seit ihrer Einführung niemals zu Konsequenzen. In Scala ist es dagegen opportun, `Sequence` durch `Seq` zu ersetzen. Denn die Missbilligungs-Warnung bedeutet, dass in der folgenden Hauptversion 2.9 der Code ohne Anpassung mit hoher Wahrscheinlichkeit nicht mehr compilieren wird.

Parameterisierter Typ

In Abschnitt 1.13 wurden bereits Typ-Parameter und Varianz besprochen. Der Begriff *Generics* alias *parameterized Types* wurde nicht explizit eingeführt. Das soll hier nachgeholt werden.

[10] Betrachtet man Dijkstra's berühmten Ausspruch „Testing can only show the presence of errors, not their absence", ist es vorteilhaft, dass sich Tests möglichst nur auf die Programmlogik konzentieren, wozu Typ-Fehler nur bedingt zählen. Das „dynamische Lager" hat das in der letzten Zeit auch erkannt. Seit Anfang 2010 tauchen nun vermehrt neue Sprachen auf, die dynamische Sprachen mit den statischen verheiraten wollen. Ein Projekt aus der *Ruby*-Gemeinde hörte auf den Namen *Duby*, wurde dann aber in *Mirah* umbenannt. Es wird nicht der einzige Versuch bleiben.

2.9.1 PARAMETERISIERTER TYP

Ein parameterisierter Typ besteht aus dem Schlüsselwort `class` oder `trait`, einem nachfolgenden Typ-Namen, gefolgt von einem oder mehreren Typ-Parametern T_i , eingeschlossen in eckige Klammern.

class|trait ctName[T_1***,...,***T_n***] ...***

Die Typ-Parameter T_i haben optional eine Typ-Einschränkung und/oder eine Varianz.

Hier eine kleines Beispiel zu parameterisierten Typen:

```
  package part01

  class Vehicle
  class Car extends Vehicle
  class Horse
  class Trade[Subject <: Vehicle]

  class Encoding
  class UTF8 extends Encoding
  class Protocol
  class Message[P<:Protocol, E<: Encoding]

// --- konkrete Typen ---

    val trade: Trade[Car]= new Trade[Car]
    object MyRPC extends Message[Protocol,UTF8]

    // dies würde vom Compiler nicht akzeptiert
//  var wrong: Trade[Horse] = null
    // error: type arguments [part01.Horse] do not conform
    // to class Trade's type parameter bounds [Subject <: part01.Vehicle]
```

Typ-Konstruktor

Java nennt parameterisierte Typen generische Klassen. In Scala hat sich ein anderer Name etabliert: *Typ-Konstruktor*. Das ist ein ungewöhnlicher Name, trifft aber den funktionalen Kern der Sache. Denn Klassen wie `Trade`, `List`, `Message` oder `Pair` sind für sich alleine gesehen noch kein Typen, sie benötigt dazu einen oder mehrere konkrete Typen. Mit Hilfe dieser Typen *konstruieren* sie dann die eigentlichen Typen wie `List[Int]`, `Pair[String,Int]` oder `Message[Protocol,UTF8]`.

Ein Konstruktor ist aber eine Funktion. Somit ist ein *Typ-Konstruktor* wie `List` oder `Message` eine ***Typ-Funktion*** (der Pfeil `->` symbolisiert die mathematische

```
List: T -> List[T]
Message: (P,E) -> Message[P,E]
```

Setzt man für `T` bzw. `P` und `E` konkrete Typen als Argumente ein, bekommt man einen zugehörigen Typ als Ergebnis.

Parameterisierte bzw. polymorphe Methoden

Neben parameterisierten Typen muss es natürlich auch gleichartige Methoden geben. Sie werden allgemein *polymorphic methods* genannt.

2.9.2 Polymorphe Methoden

Eine polymorphe Methode hat nach dem Methodennamen und vor der normalen Parameter-Liste noch eine Typ-Parameter-Liste mit ein oder mehreren Typ-Parametern T_i, eingeschlossen in eckige Klammern.

def methodName[T_1,...,T_n] (valueParms) = ...

Die Typ-Parametern T_i haben optional eine Typ-Einschränkung.

Polymorphe Methoden haben gegenüber parameterisierten Typen den Vorteil, Typen nur für eine Methode und nicht für die gesamte Klasse zu definieren. Sie sind somit auf den Scope der Methode begrenzt. Ein weiterer Unterschied liegt auch im Einsatz. Bei generischen Klassen muss der konkrete Typ für einen Typ-Parameter angegeben werden (sofern man Instanzen der Klassen erzeugen möchte). Dagegen ist eine explizite Angabe der Typ-Argumente beim Aufruf von polymorphen Methoden nur in seltenen Fällen notwendig. Der Compiler findet sie anhand der übergebenen (Werte-) Argumente selbst.

Das erste Beispiel zeigt wohl eine der einfachsten Methoden, eine *Ident*-Methode für alle möglichen Typen, die nur das einzige Argument zurückliefert. Man kann sie normal definieren, d.h. indem man für das Argument den Typ `Any` wählt oder aber polymorph mit einem unbeschränkten Typ-Parameter `T`. Interessant in diesem Zusammenhang ist der Unterschied beim Einsatz dieser Methoden.

```
   def id1(x: Any) = x
   def id2[T](x: T) = x

   // compilert nicht
// val i= 1 + id1(2)

   // kein Problem
   val j= 1 + id2(2)
   println(j)              → 3
```

Im Fall `id1` ist das Ergebnis vom Typ `Any`. Die Addition eines `Int`-Werts mit einem `Any`-Wert ist nicht definiert. Somit kann der Wert von `i` nicht berechnet werden, und der Compiler meldet einen Fehler. Dies steht im Gegensatz zu der polymorphen Version. Anhand des Argumentwerts `2` ermittelt der Compiler den Typ `Int` für den konkreten Aufruf der Methode `id2(2)`. `T` wird also durch den aktuellen Typ `Int` ersetzt, das Ergebnis ist dann auch vom Typ `Int` und die Addition stellt somit kein Problem dar. Fazit: Im Gegensatz zu einer normalen Methode kann eine polymorphe Methode sich beim Aufruf den Werte-Argumenten anpassen. Ein großer Vorteil!

Type inference

Die Ermittlung der Typen durch den Compiler nennt man *type inference*. In seltenen Fällen versagt sie. Sofern die Ursache nicht darin liegt, dass diese Methode falsch eingesetzt wird, gibt es Situationen, wo der Compiler zu widersprüchliche Ergebnissen oder zu gleichrangigen Alternativen kommt. Er meldet dies dann als Fehler, so dass man helfend eingreifen muss

Im folgenden Beispiel wird wieder eine normale Methode mit ihrem polymorphen Pendant verglichen. Neben dem Vergleich ist es sogar ein Beispiel für das Versagen von type inference. In diesem Fall hilft die explizite Angabe des Typ-Arguments.

```
// Dog und eine abgeleitete Klasse
class Dog(val name: String)

class Greyhound(n: String, val champion: Boolean) extends Dog(n)

// nur die Superklasse Dog
def anyKindOfDog(dog: Dog, dArr: Array[Dog])=
  if (dArr.size > 0) {
    // beide Zuweisungen sind möglich
    dArr(0)= dog
    dArr(0)= new Dog("Mixy")
  }

// bei der polymorphen Methode steht
// D entweder für den Typ Dog oder Greyhound
def oneKindOfDog[D<: Dog](dog: D, dArr: Array[D])=
  if (dArr.size >0) {
    dArr(0)= dog

    // diese Zuweisung compiliert nicht, denn Arrays sind invariant!
    // sollte D für den Typ Greyhound steht, ist
    // die Zuweisung covariant und nicht erlaubt
//  dArr(0)= new Dog("Mixy")
  }

// --- ein Test ---

   // der Typ des ersten Arguments stimmt mit dem
   // Element-Typ des Arrays überein
   oneKindOfDog(new Greyhound("Speedy",true),
                Array(new Greyhound("Speedy",true)))

   // der Typ des ersten Arguments stimmt mit dem
   // Element-Typ des Arrays nicht überein, also ok!
   anyKindOfDog(new Dog("Mixy"),
                Array(new Greyhound("Speedy",true)))

   // hier versagt die type inference!
// oneKindOfDog(new Dog("Mixy"),
                Array(new Greyhound("Speedy",true)))

   // aber die explizite Angabe des Typs Dog für D hilft
   oneKindOfDog[Dog](new Dog("Mixy"),
                     Array(new Greyhound("Slowly",false)))
```

Wird der Aufruf von `oneKindOfDog` oben einkommentiert, meldet der Compiler:

```
error: type mismatch;
found : Array[part01.Greyhound] required: Array[part01.Dog]
```

Das erste type inference muss der Compiler für `Array` durchführen. Er entscheidet sich für den Elementtyp `Greyhound`. Danach liefert ein zweites type inference für `oneKindOfDog` den Typ `Dog` für `D` und das erzeugt den *type mismatch*. Eine explizite Angabe löst das Dilemma.

Abstrakter Typ

Hinter dem unscheinbaren Begriff *abstract type* steckt ein ähnliches Konzept wie hinter Generics. Allerdings werden hier die *Type-Member innerhalb* der Klassen definiert und nicht wie bei Generics für alle Benutzer im Klassenkopf offensichtlich. Dazu wird wie bei einem Typ-Alias das Schlüsselwort ***type*** verwendet. Dieses Konzept ist in einer „kommerziellen" Sprache innovativ, d.h. Sprachen wie C++, Java oder C# kennen es nicht.

2.9.3 Klassen mit Type-Member

Klassen sowie Traits können Typen als Member enthalten:

```
class|trait ctName ... {
  ...
  type T
  ...
}
```

wobei der Typ `T` Typ-Einschränkungen enthalten kann.

- In Subklassen können diese *Type-Member* weiter eingeschränkt oder (mittels Gleichheitszeichen) durch passende Typen ersetzt werden. Varianz ist ausgeschlossen.
- Nur sofern alle *Type-Member* durch konkrete Typen ersetzt sind, können Instanzen angelegt werden.

Vergleich: Type-Member vs. parameterisierter Typ

Wie bereits bei polymorphen vs. normalen Methoden ist zuerst ein Vergleich *„Abstract member vs. Type-Parameter"* zum Einstieg interessant. Da die Ziele des Einsatzes von Type-Member denen von parameterisierten Typen ähnlich sind, werden anhand eines sehr einfachen Beispiels im folgenden zwei Versionen von Klassen `GenCls[T]` und `AbstractCls` nebeneinander gestellt. Sie erfüllen beide die gleiche Aufgabe .

```
abstract class  GenCls[T] {


  private var x: T= element

  def element_=(e: T): Unit = x= e
  def element: T = x

  def eval(e: T): T
}
```

```
abstract class AbstractCls {
  type T

  private var x: T = element

  def element_=(e: T): Unit = x= e
  def element: T = x

  def eval(e: T): T
}
```

Als Erstes fällt auf, dass im Gegensatz zum generischen Typ der abstrakte Typ `AbstractCls` seinen Typ `T` vor dem Klienten versteckt. Die drei Methoden verdeutlichen die verschiedenen Zugriffsarten auf Elemente vom Typ T: Zuerst ein Setter, dann ein Getter und abschließend eine Methode `eval` mit einem Parameter und einem Ergebnis vom Typ `T`. Methode `eval` vereint somit einen Setter (das Argument) und einen Getter (das Ergebnis) und ist abstrakt. Daher sind beide Klassen `abstract` definiert.

Catch-22 oder die Initialisierung eines Felds vom Typ T

Getter und Setter verlangen nach einem Feld. Es soll nach außen nicht im Zugriff stehen und muss als `private` erklärtes Feld initialisiert werden. Allerdings gibt es *keinen gemeinsamen Wert* für einen unbeschränkten Typ `T`. Beispielsweise wird der Wert `null` vom Compiler nicht akzeptiert, da `T` auch von einem Typ-Argument wie `AnyVal` oder `Int` ersetzt werden kann, welche `null` nicht zulassen. `AnyRef` kennt dagegen keinen Wert `0`. In dieser Situation hilft die Zuweisung mittels des Getters `element`. Der Getter liefert den notwendigen Wert zu Initialisierung für `x` und der ist wiederum `x`. Das erinnert sehr an eine klassische ***Catch 22***-Situation![11]

Der Einsatz: Abstrakter vs. parameterisierter Typ

Bei der Benutzung von abstrakten Typen ergeben sich kleine Unterschiede zu generischen Typen.

```
  // Das Wildcard _ bedeutet: Beliebiger, aber unbekannter Typ.
  def testGen1(gc: GenCls[_])= {
    val x: Any= gc.element

    // wird nicht compiliert
//  gc.element= gc.element
  }

  // Da T intern ist, kann die Klasse so benutzt werden.
  def testAbstract1(ac: AbstractCls)= {
    val x: Any= ac.element
    ac.element= ac.element

    // bei jeder der beiden Anweisungen würde der
```

[11] http://en.wikipedia.org/wiki/Catch-22_(logic)

```
    // Methodenkopf von testAbstract nicht compilieren!
//    ac.element
//    ac.eval(ac.element)
  }
```

Die beiden Klassen `GenCls` und `AbstractCls` werden im Testcode als Parameter benutzt. In `testGen1` muss `GenCls` ein Typ-Parameter mitgegeben werden, in `testAbstract1` kann dagegen `AbstractCls` ohne Modifikation benutzt werden. In `testGen1` wird mit dem Wildcard signalisiert, dass der Typ beliebig sein kann und ein Zugriff unnötig ist (sonst wäre eine Variable notwendig). Dies ist identisch zu der Benutzung von Wildcards in Pattern. Mit dieser harten Einschränkung kann bis auf den Getter `element` nichts mehr in `testGen1` benutzt werden.

In `testAbstract1` können dagegen Getter wie Setter benutzt werden. Dies liegt daran, dass `T` eine Variable für einen unbekannten, aber festen Typ ist und für diese klasseninternen Operationen auch unbekannt bleiben kann. Erst wenn der Typ `T` aus der Klasse geliefert wird, wird der Code nicht mehr compiliert, da dann der wahre Typ T bekannt sein muss.

Der Vergleich ist leider nicht fair, da in `AbstractCls` eine Typ-Variable `T` definiert ist, die in `GenCls[_]` fehlt. Deshalb sollte der Test mit polymorphen Methoden fortgeführt werden.

```
def testGen2[E](gc: GenCls[E])= gc.eval(gc.element)

// ein refinement: type T wird auf E gesetzt
def testAbstract2[E](ac: AbstractCls { type T= E }): E =
                                   ac.eval(ac.element)

class StrGenCls extends GenCls[String] {
  def eval(e: String)= e.reverse
}

class StrAbstractCls extends AbstractCls {
  type T= String

  def eval(e: String)= e.reverse
}

val sg= new StrGenCls
val sa= new StrAbstractCls

println(sg.eval("scala"))        → alacs
println(sa.eval("ruby"))         → ybur

sg.element= sg.eval("scala")
sa.element= sa.eval("ruby")

println(testGen2(sg))            → scala
println(testAbstract2(sa))       → ruby
```

Wie man an `testAbstract2` sieht, muss der Typ-Parameter `E` äquivalent zur generischen Klasse weitergereicht werden. Dazu wird in geschweiften Klammern hinter `AbstractCls` eine sogenannte *Verfeinerung* bzw. *refinement* { `type T= E` } gegeben. Dieser Code ist nicht so elegant wie im generischen Fall, aber genauso effektiv.

Um den Code mittels Instanzen zu testen, benötigen wir jeweils eine konkrete Klasse. Dazu wird der Typ `T` in beiden Fällen auf `String` gesetzt und die abstrakte Methode `eval` implementiert.

Hinweis: In der IBox 2.9.3 werden Varianz (-Annotationen) bei abstrakten Typen ausgeschlossen. Denn sie machen keinen Sinn. Varianz ist auf natürliche Weise dadurch gegeben, dass die Basisklasse oder ihre Subklasse einen abstrakten Typ `T` beliebig (weiter) eingeschränken. Dabei müssen jeweils die Typ-Einschränkungen zu `T` im *Parent* eingehalten werden.
Aufgrund dieser Unterschiedes ist die Umwandlung von abstrakten Typen in gleichartige generische Typen nicht unbedingt einfach (oder sogar unmöglich). Der umgekehrte Weg ist einfacher (siehe u.a. IBox 2.9.4).

Das folgende Beispiel zeigt einerseits, dass abstrakte Typen durchaus komplexe Typ-Ausdrücke sein können, andererseits aber auch mit generischen Typen harmonieren.

F-Bound

In der abstrakten Klasse `Box` wird an `T` die Bedingung geknüpft, das die Instanzen von `T` geordnet sind. Interessant daran ist, dass `T` in seiner eigenen Beschränkung (*upper bound*) vorkommt. `T <: Ordered[T]` bedeutet, dass die Ordnung nur für Elemente vom Typ `T` gilt. Tritt eine Typ-Variable in seiner eigenen Beschränkung auf, nennt man dies *F-Bound* (wobei *F* wohl für Funktion steht). `BookBox` ist dann eine konkrete Implementierung mit `T = Book`.

```
abstract class Box {
  // ein abstrakter Typ T, der eine (natürliche) Ordnung haben muss
  type T <: Ordered[T]
  val in: List[T]

  override def toString= "Box(" + in + ")"
}

class BookBox(books: Book*) extends Box {
  type T= Book

  // sorted verwendet die natürliche Ordnung von Book
  val in= books.toList.sorted
}

// mit Book ... extends Ordered[Book] wird
// die Bedingung T <: Ordered[T] erfüllt
case class Book(isbn: String="ISBN 123-456-7",title: String)
           extends Ordered[Book] {

  // Umlenken auf das compare von Strings
```

```
  def compare(that: Book) =title.compare(that.title)
}

// --- ein Test ---

println(new BookBox(Book(title="Hot Clojure"),
                    Book("ISBN 567-234-1",
                    title="Java for Dummies"),
                    Book("ISBN 765-432-1","Go Google Go")))
→ Box(List(Book(ISBN 765-432-1,Go Google Go),
             Book(ISBN 123-456-7,Hot Clojure),
             Book(ISBN 567-234-1,Java for Dummies)))

/*
class AnyBox(val things: Any*) extends Box {
  // Fehler: ... type T has incompatible type type T= Any
  type T= Any
  val in= things.toList.sorted
}
*/
```

Die konkrete Klasse `AnyBox` scheitert daran, dass `Any` den Kontrakt für `Ordered` nicht erfüllt.

Abstrakte Typen müssen nicht unbedingt zu konkreten Klassen abgeleitet werden, um eine Instanz zu erschaffen. Für die folgenden Beispiele nehmen wir wieder eine *REPL*, da die Typ-Informationen sehr wertvoll für das Verständnis des Codes bzw. der Fehler sind.

```
scala> abstract class A {
     |   type T
     |   val e: T
     |   def get= e
     | }
defined class A

scala> var a= new A {
     |          type T= Int
     |          val e = 1
     |        }
a: A{type T = Int} = $anon$1@351775bc

scala> var res= a.get
res: Int = 1

scala> res= a.e
res: Int = 1

scala> a= new A {
     |      type T= String
     |      val e= "Hallo"
     |    }
<console>:7: error: type mismatch;
```

```
 found    : A{}
 required: A{type T = Int}
       a= new A {
          ^
```

Die Instanz a wird direkt mittels `new A`, gefolgt von den fehlenden Informationen erstellt. Der Typ von a wird an `type T= Int` gebunden, so dass eine erneute Zuweisung zu einer neuen Instanz von A, allerdings mit dem `type T= String` nicht möglich ist. Allerdings kann man das mit Hilfe einer expliziten Typ-Angabe steuern. Hier eine sehr kleine, aber entscheidende Änderung:

```
scala> abstract class A {
     |   type T
     |   val e: T
     |   def get= e
     | }
defined class A

scala> var a: A= new A {
     |              type T= Int
     |              val e = 1
     |            }
a: A = $anon$1@76f33280

scala> var res= a.get
res: A#T = 1

scala> res= a.e
res: A#T = 1

scala> a = new A {
     |       type T= String
     |       val e= "Hallo"
     |     }
a: A = $anon$1@4d905742

scala> res= a.get
res: A#T = Hallo

scala> res= a.e
res: A#T = Hallo

scala> res.isInstanceOf[String]
res0: Boolean = true

scala> res="Welt"
<console>:8: error: type mismatch;
 found    : java.lang.String("Welt")
 required: A#T
       res="Welt"
           ^
```

Der Unterschied besteht darin, dass dieses Mal der Variablen `a` explizit der Typ `A` zugeordnet wurde. Somit kann man der Variablen `a` Instanzen mit verschiedenen Typen zuweisen. Damit dies nicht zu einer Kakophonie von Typen führt, ordnet der Compiler dem Wert `a.e` bzw. der Methode `a.get` den Typ `A#T` zu (innere Typen wie `T` werden in Abschnitt 2.17 behandelt). `T` kann somit beliebig variieren.

Zur Laufzeit ist dann zwar das Ergebnis `res` immer vom konkreten Typ, zuletzt oben vom Typ `String`. Das heißt aber nicht, dass man dies selbst missbrauchen könnte, beispielweise dadurch, dass man `res` einmal ein `Int`, ein andermal ein String, etc. zuweisen könnte. Mithin ist der Typ von `res` nicht `Any`, sondern tatsächlich `A#T`, was nicht gleich `Any` ist.

Abschließend noch eine Zusammenfassung als Vergleich generische Klasse vs. Klasse mit abstrakten Membern. Dabei kann man sich auf einen Typ-Parameter beschränken, da dies auf mehr als einen übertragen werden kann.

2.9.4 Parameterisierte Klasse vs. Klasse mit Type-Membern

Einer parameterisierte Klasse `Cls[T]` kann die Klassen

```
class ACls {
  type T
  ...
}
```

zugeordnet werden. Hat `T` Einschränkungen, werden diese einfach mit übertragen. Steht `K` für ein konkretes Typ-Argument, so wird eine

- *invariante* Klasse `Cls[T]` umgeschrieben in `ACls { type T = K }`.
- *kovariante* Klasse `Cls[+T]` umgeschrieben in `ACls { type T <: K }`.
- *kontravariante* Klasse `Cls[-T]` umgeschrieben in `ACls { type T >: K }`.

Hier eine Beispiel zur Umschreibung im kovarianten Fall:

```
scala> abstract class ACls {
     |   type T <: AnyRef
     |   def get: T
     | }
defined class ACls

scala> new ACls { type T = String
     |            def get= "Hallo"
     |          }
res0: ACls{type T = String} = $anon$1@1d1fceed
```

2.10 Enumerationen

Unter Enumerationen versteht man eine (kleine endliche) Menge von passend benannten Werten, die alle zu einem Typ gehören. C-artige Sprachen wie C++, C# und Java haben hierfür auch ein eigenes Schlüsselwort, nämlich **`enum`**. In C++ sind `enum`-Werte nichts anderes als *glorifizierte* ganze Zahlen. Damit ist gemeint, dass man wahlweise den Namen oder aber auch die zugehörige ganze Zahl im Code benutzen kann.

Dabei ist es essentiell, dass der Compiler fehlerhafte Werte erkennt und nicht etwa Zahlenwerte zulässigt, zu denen es keine Namen bzw. keine Bedeutung gibt. Definiert man beispielweise in C++ die Wochentage als Enumeration

```
enum Wochentag { So= 0, Mo, Di, Mi, Do, Fr, Sa }
```

so sind nur die Zahlen `0...6` sinnvoll. Sicherlich ist es besser, Namen wie etwa `Mi` zu nehmen.

Einer der bekanntesten Enumerations-Typen ist `Boolean` mit den beiden Werten `FALSE` und `TRUE`. Statt dieser beiden Werte Zahlen wie `0` und `1` zu verwenden, ist wirklich keine gute Idee und führte in C-Programmen zu üblen Fehlern. Mit Java 5 wurden Enumerationen als vollwertige spezielle `enum`-Klassen in die Sprache aufgenommen. Scala geht einen ähnlichen Weg, vermeidet aber den festen Einbau in die Sprache. Denn mit der Aufnahme von `enum`-Klassen musste in Java auch die Syntax geändert werden. Statt einer Sprachänderung bietet Scala eine Klasse ***`Enumeration`*** in der Bibliothek an, die man passend erweitern kann. Wie schon bei Arrays steckt dahinter ein Design-Prinzip für Programmiersprachen, treffend umschrieben mit „Growing a Language".[12]

Die Klasse `Enumeration` ist abstrakt. Von dieser werden dann konkrete Enumerationen als Singleton-Objekte abgeleitet. Man hat dazu die Wahl zwischen drei Konstruktoren zur Anlage der Objekte. Mit Hilfe einer *Methode* **`Value`** (in diesem ungewöhnlichen Fall groß geschrieben!) werden einzelne `val`-Felder angelegt. Da Typen und Methoden zu unterschiedlichen Namespaces gehören, haben diese Felder ebenfalls den *Typ* `Value`. Dies ist ein wenig verwirrend, aber das kuriose Design stammt noch aus dem Jahre 2004 und dient wohl dazu, die Benutzung zu vereinfachen.

Legen wird als Beispiel einmal Längeneinheiten als eine Enumeration an und demonstrieren wir zusätzlich die drei oben angesprochenen Möglichkeiten der Anlage.

```
object MetricLengthUnits extends Enumeration {
  val CM= Value(1,"cm")
  val M=  Value(100,"m")
  val KM= Value(100000,"km")
}

object USLengthUnits extends Enumeration("inch","foot","yard",
                                                        "mile") {
  val Inch, Foot, Yard, Mile = Value
}
```

[12] Der Begriff von „Growing a Language" wurde von Guy L. Steele Jr. bei einem Vortrag (keynote talk) auf der Konferenz OOPSLA 1998 geprägt. Es bedeutet, eine Sprache im Kern sehr klein, aber flexibel zu halten, um neue Sprach-Features mit Hilfe von Bibliotheken zu realisieren.

```
object AstroLengthUnits extends Enumeration(10,"au","ly","pc") {
  // Name des Objekts als Typ-Alias
  type AstroLengthUnits = Value

  // astronomical unit, light year, parsec
  val AU, LY, PC = Value
}

// --- ein Test ---

def printEnum (enum: Enumeration) = {
  for(e <- enum.values)
    print(e.id +": " + e + " ")
  println
}

printEnum(MetricLengthUnits)    → 1: cm 100: m 100000: km
printEnum(USLengthUnits)        → 0: inch 1: foot 2: yard 3: mile
printEnum(AstroLengthUnits)     → 10: au 11: ly 12: pc

// die apply-Methode liefert zum Ident das passende Element
println(USLengthUnits(0))       → inch
```

Sicherlich gibt es dazu noch eine Variante:

```
object ALU extends Enumeration {
  type ALU = Value

  val AU= Value(1,"au")
  val LY= Value(63240,"ly")
  val PC= Value(205993,"pc")
}

// --- ein Test ---

printEnum(ALU)           → 1: au 63240: ly 205993: pc

// aufgrund des Imports: Es gibt nun einen
//   1. Typ ALU
//   2. direkten Zugriff auf die einfachen Element-Namen

import ALU._

println(u)               → au

def isALU(alu: Int) = alu match {
  case _ if AU.id == alu || LY.id == alu || PC.id == alu  => true
  case _ => false
}

println(isALU(1))        → true
```

```
println(isALU(20000))    → false
println(isALU(205993))   → true
```

Die Enumerationen sind in dieser Art von Implementierung nicht so mächtig wie die von Java. Sie sind an `Int`- und `String`-Typen gebunden. Bereits bei dem Beispiel oben benötigt man zu den Einheiten zusätzliche Werte wie Umrechnungsfaktoren. Andererseits gibt es aber `case`-Klassen, die in diesen Fällen die Aufgabe von komplexen Enumerationen übernehmen. Man hat somit sogar die Wahl zwischen zwei Alternativen.

2.11 Package-Objekt

Package-Objekte wurden wohl eher aus der Not geboren. Sie erlauben eine einfache Migration nach Scala 2.8. Denn in Scala 2.8 gab es eine massive Restrukturierung insbesondere der Kollektionen. Ohne Package-Objekte wäre eine Adaption bei vorhandenen Scala 2.7 Programmen unvermeidlich gewesen.

Wie der Name *Package-Objekt* schon aussagt, werden hier die Informationen eines Packages zusammengefasst und in einem besonderen Objekt gebündet. Dieses spezielle Objekt beginnt mit den beiden Schlüsselwörtern **`package object`**. Importiert der Klient solch ein Objekt, stehen ihm alle darin enthaltenen Typen, Felder oder Methoden wie bei einem normalen Singleton-Objekt zur Verfügung.

2.11.1 Package-Objekte

Zu jedem Package **`pkgName`** kann es (höchstens) ein Package-Objekt geben

```
package object pkgName {
  // Typen, Felder, Methoden ...
}
```

Es wird in einer Datei **`package.scala`** im gleichen Verzeichnis wie die zum Package gehörenden Sourcen gespeichert.

Alle Member des Package-Objekts befinden sich automatische im Scope des Packages.

Somit wird ein Package *explizit* aufgrund eines Package-Objekts erschaffen und nicht implizit darüber, dass Klassen einem Package angehören. Zwei Vorteile sind offensichtlich:

Ein Package-Objekt wird automatisch zum Package geladen, sofern man nur die Konvention in 2.11.1 beachtet.

Auf ein Package kann man eine *virtuelle Klientensicht* erschaffen. Das ist recht vorteilhaft. Denn die Entwickler des Packages müssen Zugriff auf die Internas haben, die den Klienten wiederum verwehrt sein sollten. Internas sind irrelevant und sollen nicht im öffentlichen Zugriff stehen. Ein Package-Objekt bildet als Glue bzw. Kitt die öffentliche Schnittstelle zu einem Package. Dabei können Typen geändert oder – sofern opportun – das Package um Klassen, Objekte oder Methoden erweitert werden.

Ein Paradebeispiel für die genannten Vorteile ist das Package-Objekt `package.scala`, das zu dem Haupt-Package `scala` gehört. Es enthält Typ-Aliase für häufig benötigte Typen aus dem Package `java.lang`, `scala.math` und das Package `scala.collection` inklusive der Subpackages. Des weiteren wurden *Legacy*[13] Typen und Objekte mit einer `deprecated` Warnung versehen. Ein exemplarischer kurzer Auszug aus `package.scala`:

```
package object scala {
  //...
  type Exception = java.lang.Exception

  // jeweils Typ mit zugehörigem Companion

  type List[+A] = scala.collection.immutable.List[A]
  val List = scala.collection.immutable.List

  type BigDecimal = scala.math.BigDecimal
  val BigDecimal = scala.math.BigDecimal

  @deprecated("use Seq instead")
  type Sequence[+A] = scala.collection.Seq[A]
  @deprecated("use Seq instead")
  val Sequence = scala.collection.Seq
  //...
}
```

Das folgende Beispiel bestätigt die Aussage, dass man nur mittels eines Package-Objekts bereits *explizit* ein Package anlegen kann. Anders ausgedrückt, die Existenz des Package-Objekts erzeugt ein Package mit entsprechendem Namen.

```
package object graph {
  println("graph geladen")

  val MaxInt= Int.MaxValue
  val MinInt= Int.MinValue+1
}

// --- ein Test ---

package part01

object Main {
  def main(args: Array[String]): Unit = {
    import graph._

    println("part01.Main")       → part01.Main
    println(MaxInt)              → graph geladen
                                   2147483647
    println(MinInt)              → -2147483647
```

[13] Ein netter englischer Begriff für Altlasten, die nicht sofort entfernt werden können.

```
    println(MaxInt+MinInt)      → 0
  }
}
```

Die Source-Datei `package.scala` ist im Unterverzeichnis `graph` abgespeichert, wobei noch *keine* weiteren Sourcen existieren. Mit dem Import von `graph` stehen die beiden Felder `MaxInt` und `MinInt` des Package-Objekts im *Scope* vom Package `graph`. Sie können somit über ihren einfachen Namen verwendet werden. Geladen wird das Package-Objekt aber erst beim ersten Zugriff auf ein Member. Das zeigt u.a. die Ausgabe.

Restriktionen der Anpassung

Eine Anpassung kann nicht beliebig tief gehen. Sie beschränkt sich meist auf Typ-Abbildungen, um tiefe Package-Strukturen zu verstecken. Das sieht man auch an `package.scala`.

Im folgenden Beispiel wird das Package `graph` im letzten Beispiel um einen einfachen bzw. simplen Graphen erweitert. Der Code dient gleichermaßen dazu, die Möglichkeiten und Limitierungen von Package-Objekten aufzuzeigen sowie auch noch einmal die Package-Hierarchien, Zugriffsmodifikatoren und Klassen mit Type-Membern zu demonstrieren. Die Implementierung ist dagegen äußerst rudimentär (was bei den wenigen Zeilen Code auch verständlich ist).

```
package graph

  // enthält die öffentliches Typen Node und Edge
  package elements {

    abstract class Node {
      type N

      // kapselt den Wert der Node
      val value: N

      override def toString= "Node("+ value +")"
    }

    case class Edge(from: Node, to: Node)
  }

  import elements._

  // SimpleGraph: nur package-private, steht nur im Package,
  // aber nicht öffentlich im im Zugriff
  // Type N in Node ist noch abstrakt
  private[graph] class SimpleGraph(e: Edge*) {
    val edges= e.toArray

    override def toString= "SimpleGraph("+edges.deep.toString+")"
  }

  // konkrete Implementierung mit SNode und einer Methode,
  // die einen vollständigen Graphen mit drei Ecken liefert
  private[graph] object SimpleStringGraph {
    case class SNode(value: String) extends Node {
```

```
      type N= String
    }

    def complete3StringGraph = {
      val (n1,n2,n3) = (SNode("N1"),SNode("N2"),SNode("N3"))
      new SimpleGraph(Edge(n1,n2),Edge(n1,n3),Edge(n2,n3))
    }
  }

package object graph {
  // package-private SimpleGraph wird als Type Graph exportiert
  type Graph = SimpleGraph

  // Synonyme: Node/Edge und Point/Line im Zugriff
  type Point = elements.Node
  type Line = elements.Edge

  // neues  Objekt kapselt Internas
  object StringGraph {
    val K3= SimpleStringGraph.complete3StringGraph
  }
}

// --- ein Test ---

package part01

object Main {

  def main(args: Array[String]): Unit = {
    import graph._

    // wird nicht compiliert!
//  val sg: SimpleGraph= null

    var sg: Graph= null
    sg= StringGraph.K3

    // Subpackage elements steht öffentlich im Zugriff
    import elements._

    if (sg.edges.size >0) {
      val edge: Edge= sg.edges(sg.edges.size-1)
      println(edge)                         → Edge(Node(N2),Node(N3))
      println(edge.from+" -> "+edge.to) → Node(N2) -> Node(N3)
    }

    // die Ausgabe ist passend umgebrochen
    println(StringGraph.K3)
                    → SimpleGraph(Array(Edge(Node(N1),Node(N2)),
                                        Edge(Node(N1),Node(N3)),
                                        Edge(Node(N2),Node(N3))))

    println(StringGraph.K3.edges(0))    → Edge(Node(N1),Node(N2))
  }
}
```

Wie man sieht, wäre es nicht sinnvoll, `Node` und `Edge` als Typen „verstecken" zu wollen. Damit würden auch wichtige Felder oder Methoden der Typen wertlos. Weitere Synonyme wie `Point` oder `Line` sind dagegen durchaus nützlich, da es auch gebräuchliche Begriffe sind.

2.12 Typ-Hierarchien und Klassen-Vererbung

In Abschnitt 1.12 wurde die Vererbung in einer einfachen Form vorgestellt, so wie man sie auch aus Java gewohnt ist. In Abschnitt 2.9 wurden zusätzlich Klassen mit Typ-Parametern und Typ-Membern eingeführt. Zumindest die abstrakten Typen benutzen dazu den Vererbungsmechanismus, um konkrete Klassen abzuleiten. Der Einsatz von Typ-Parametern bei generischen Typen ist an sich unabhängig von Vererbungen. Es reicht, die Typ-Variablen durch konkrete Typ-Argumente auszutauschen. Aber die Hierarchie der Kollektionen zeigt den parallelen Einsatz und die Synergie von Vererbung und Typparametern. In diesem und den folgenden Abschnitten sollen nun die noch fehlenden Techniken anhand von Beispielen vorgestellt werden. Um das Gesamtkonzept von Scala besser verstehen zu können, ist ein kurzer Überblick über OO-Konzepte vorteilhaft. Deshalb ein kurzer Sprach-Auftakt (*Präludium*).

OO-Prelude

Mit Ausnahme von *Javascript* benutzt heute jede relevante OO-Sprache Klassen als Templates bzw. Muster. Sie dienen dazu, Objekte mit gleichartigem Verhalten zu erzeugen. Wie man anhand von *Javascript* erkennt, ist das nicht unbedingt notwendig. Funktionen mit zugehörigen Funktionen als *Prototypen*[14] sind durchaus gleichwertig, aber haben sich nicht allgemein durchgesetzt. Was Javascript betrifft, ist es eine (durchaus geniale) Sprache, die weitgehend nur dazu miss- bzw. gebraucht wird, um Web-Apps browserseitig zu programmieren. Aber das ist bekanntlich die Spielwiese der Programmier-Profis.[15]

Single vs. multiple Inheritance

Mit Klassen ist der Begriff der Vererbung unwiderruflich verbunden. Dies führt dann zu Klassen-Hierarchien und hier hören bereits die Gemeinsamkeiten der klassen-basierten OO-Sprachen auf. Aufgrund der Art der Hierarchie – ob *azyklischer Graph* oder nur Baum-Struktur – gibt es zwei Camps. In dem Lager der *multiplen Vererbung* finden sich Sprachen wie C++, Phyton, Eiffel oder Common Lisp und in dem der *einfachen Vererbung* Sprachen wie C#, Java, Objective-C oder Smalltalk. Beide Lager haben gute Gründe für ihre Wahl und geben deshalb Anlass für immerwährenden Streit.

[14] *siehe hierzu u.a.* `http://www.javascriptkit.com/javatutors/proto.shtml`

[15] die deshalb selten an kritischen, sicherheitsrelavnten Applikationen partizipieren.

Liskov's Substitutions-Prinzip, Is-a Beziehung

In OO werden häufig die Begriffe Klasse und Typ austauschbar verwendet. Spricht man von einem *Typ*, bezieht sich dies (nur) auf das Verhalten (behaviour), charakterisiert durch die zu dem Typ zugehörigen Methoden. Eine *Klasse* enthält zusätzlich noch States bzw. Felder. Deshalb sind Interfaces in Java Typen mit multipler Vererbung. Klassen bieten dagegen nur einfache Vererbung, können aber beliebig viele Typen (Interfaces) implementieren. Es ist somit in einigen Situationen opportun, den Begriff Typ von Klasse abzugrenzen.

Unabhängig von der Art der Hierarchien gibt es ein einheitliches Prinzip, bekannt geworden unter dem Namen *Liskov Substitution Principle* (*LSP*). Es beruht nur auf Verhalten.

2.12.1 Liskov Substitution Principle (LSP), Is-a

Ist `S` eine Subtyp von `B`, so müssen sich alle Instanzen von `S` wie Instanzen von `B` verhalten. Daraus folgt unmittelbar, dass

- `S` alle Methoden von `B` mit *kompatiblen Signaturen* und *Constraints* übernimmt.
- Instanzen von `S` übergeben werden können, wo der Typ `B` erwartet wird.
- Die ***Is-a*** Beziehung überträgt LSP auf die zu den Typen gehörigen Klassen.

Aus dem ersten Punkt folgt, dass zu jeder Methode mögliche *Prä-, Post-Konditionen* und *Invarianten* angegeben werden. Die *Is-a* Beziehung führt dazu, dass neben den Methoden auch die Felder vererbt werden (denn die Methoden arbeiten i.d.R. mit den Instanz-Feldern).

Da das LSP eine Aussage über Typen ist, ist die Umsetzung in zugehörige Klassen-Hierarchien bzw. Vererbung der jeweiligen OO-Sprache überlassen. Bei nahezu allen Sprachen werden nicht nur die Methoden „vererbt", sondern auch die States. Denn die Methoden arbeiten in OO mit Hilfe der States, d.h. der Instanz-Felder.

LSP ist ein intuitiv verständliches Prinzip. Es wird gerne anhand von Taxonomien bzw. der Ein- und Unterordnung von Spezies in der Natur erklärt. Dabei werden auch die Begriffe *Generalisierung* für Supertypen/-klassen und *Spezialisierung* für Subtypen/-klassen verwendet. Beispielsweise ist ein (*is-a*) Säugetier ein spezielles Tier, eine Katze ist ein spezielles Säugetier und ein Siamese eine spezielle Unterart von Katze. Mathematisch wird dies mit Mengen erklärt, wobei die Instanzen die Elemente der Menge bilden. Der Supertyp ist immer eine Obermenge seiner Subtypen, die dann Teilmengen des Supertypen darstellen. (Echte) Obermengen enthalten also neben den Instanzen der Untermengen noch weitere Instanzen, die nicht dazu gehören.

Übernahme von mutable-Feldern der Parent-Klasse

Bevor wir uns *LSP* an einem Beispiel ansehen, soll der noch fehlende Fall bei der Übernahme der Felder einer Parent-Klasse ergänzt werden. Denn bei der Besprechung der Regel in IBox

1.12.1 wurde der Fall von `mutable`-Feldern im Konstruktor ausgelassen. Hat eine *Parent*-Klasse ein `mutable`-Feld *fld* im Konstruktor, so ist ein `mutable`-Feld mit gleichem Namen im Konstruktor einer Subklasse ausgeschlossen:

```
Parent(var fld: T, ...)

// Fehler!
Sub(var fld: T, ...) extends Parent(fld, ...)
```

Auch die bei `val`-Feldern beschriebene Möglichkeit, mittels `override` des Getters das Feld von `Parent` zu übernehmen, ist im Fall von `var`-Feldern nicht möglich:

```
// Fehler!
Sub(override var fld: T, ...) extends Parent(fld, ...)
```

Die folgende Variante ist dagegen erlaubt:

```
Sub(fld: T, ...) extends Parent(fld, ...)
```

Diese Version führt jedoch schnell in eine Falle:

```
class Parent(var fld: Int)

class Sub(fld: Int) extends Parent(fld) {
  def get= fld

  override def toString = "Sub("+fld+")"
}

// --- ein Test ---

val s= new Sub(1)

println(s.fld)      → 1

s.fld= 10

println(s.fld)      → 10
println(s.get)      → 1
println(s)          → Sub(1)
```

In `Sub` wird das `mutable`-Feld `fld` aus `Parent` übernommen. Das zeigen die Getter und Setter von `fld`. Anders sieht es dagegen bei den Methoden in `Sub` aus. Wie man sieht, halten die Methoden `get` und `toString` in `Sub` an dem alten Wert `1` fest.

Das ist die Falle! Sie resultiert aus dem 2. Punkt der Regel in IBox 1.8.8 und wurde auch dort schon besprochen. Der Parameter `fld` des Konstruktors in `Sub` ist im direkten Scope der Klasse und überdeckt das Feld `fld` der `Parent`-Klasse. Da die Methoden in `Sub` `fld` benutzen, legt der Compiler ein zweites *privates immutable* Feld `fld` an, auf das die Methoden zugreifen. Da dies sicherlich nicht gewollt ist, vermeidet man am besten Namensgleichheit:

```
Sub(sfld: T, ...) extends Parent(sfld, ...)
```

Dies wird auch im zweiten Beispiel des folgenden Abschnitts umgesetzt.

LSP, Polymorphie am Beispiel

Zurück zu LSP. So mathematisch wie LSP erscheinen mag ist das Prinzip gar nicht. Im Gegenteil, es führt gerade bei mathematischen Objekten zu Widersprüchen, die – da nicht exakt lösbar – rein pragmatisch gelöst werden. Ein Paradebeispiel sind ***Zahlen***. Sie bilden bekanntliche eine Hierarchie von Teilmengen:

Bei Zahlenmengen steht $\mathbb{N}$ für die natürlichen Zahlen, $\mathbb{Z}$ für die ganzen, $\mathbb{Q}$ für die rationalen, $\mathbb{R}$ für die reellen und $\mathbb{C}$ für die komplexen Zahlen. Jeweils die nachfolgende Zahlenmenge ist eine echte Obermengen der vorherigen.

Diese Mengen induzieren somit eine sehr einfache *lineare* Typ-Hierarchie, beginnend mit der *Root*- bzw. Basis-Klasse **`Complex`** bis hin zu der Repräsentation **`Nat`** der natürlichen Zahlen. Betrachtet man dagegen das Zahlensystem von Java und somit auch von Scala, wird nur $\mathbb{Z}$ und $\mathbb{R}$ notdürftig auf `Int/Long` und `Float/Double` abgebildet, ohne dass es irgendeine Typ-Beziehung zwischen den Zahlentypen gibt (*Widening* ist da nur ein schwacher Ersatz). Andere OO-Sprachen haben mehr oder minder ähnliche Probleme. Der Grund ist einfach. Es ist bisher noch nicht effizient und konsistent gelungen.

1. Ansatz: Drei-dimensionaler Punkt Point3D als Superklasse

Wählen wir nicht Zahlen, sondern zwei- bzw. drei-dimensionale Punkte als ein überschaubares Beispiel. Die Klasse `Point3D` ist anhand der Mengenbeziehung der Supertyp der Klasse `Point2D`. Zur Problematik reicht eine minimale Umsetzung:

```
class Point3D(var x: Int= 0, var y: Int= 0, var z: Int= 0) {
  override def toString=  "Point3D("+x+", "+y+", "+z+")
}

class Point2D(x: Int= 0, y: Int= 0) extends Point3D(x,y) {
  override def toString= "Point2D("+x+", "+y+")"
}

// --- ein Test ---

val p= new Point2D

p.z= 2

println(p)    → Point2D(0,0)
println(p.z)  → 2
```

LSP-Umsetzung: Nach LSP müssen alle Methoden des Supertypen im Subtyp vorhanden sein. Dazu zählen auch die Getter und Setter von `Point3D`. Des weiteren werden (nach *Is-a*) die Felder `x`, `y` *und* `z` des Supertypen im Subtyp übernommen.

Die z-Koordinate macht aber überhaupt keinen Sinn bei zwei-dimensionalen Punkten, wird aber für jeden dieser Punkte mit angelegt. Den Einsatz der Getter und Setter für die z-Koordinate kann man aufgrund der Typ-Beziehung auch nicht verhindern. Ähnliche Probleme hat man bei der Implementierung von komplexen und reellen Zahlen oder Ellipsen und Kreisen. Die mathematischen Typ-Beziehungen fordern eine Einschränkung der Felder und Operationen mit anderen Wirkungen (Semantik).

2. Ansatz: Zwei-dimensionaler Punkt Point2D als Superklasse

Um *LSP* im ersten Anlauf zu retten, wird deshalb aus rein pragmatischen Gründen die Typbeziehung einfach umgekehrt. Denn die `x`,`y`-Koordinaten werden nun erst in in der Subklasse `Point3D` um die `z`-Koordinate ergänzt. Das ist wesentlich besser. Auch die Getter und Setter von `Point2D` machen bei den Instanzen von `Point3D` Sinn. Also hier die *Inversion*:

```
class Point2D(var x: Int= 0,var y: Int= 0) {
  override def toString= "Point2D("+x+","+y+")"
}

class Point3D(px: Int= 0, py: Int= 0, var z: Int= 0)
      extends Point2D(px,py) {
  override def toString=  "Point3D("+x+","+y+","+z+")"
}

// --- ein Test ---

  def test(p: Point2D) = {
    p.x= 4
    p.y= 5

    // z-Koordinaten gibt es nicht in Point2d
//  p.z= 3

    // allerdings werden z-Koordinaten angezeigt
    println(p)
  }

val p= new Point3D(1,2,3)
test(p)                          → Point3D(4,5,3)
```

Anhand von `toString` erkennt man, dass immer die Methoden aus der Klasse genommen werden, zu der eine Instanz gehört:

Polymorphie – die Anpassung der Methoden an die jeweilige Klasse einer Instanz – ist eins der grundlegenden Prinzipien von OO.

Polymorphie ist bei mathematischen Objekten häufig irritierend. Das erkennt man an der banalen Methode `toString`. Sie richtet keinen Schaden an, aber in der Methode `test` erwartet man halt eine Instanz von `Point2D` und damit auch eine entsprechende Ausgabe. Eine `z`-Koordinate im `toString` ist da nicht ideal.

Irritation ist noch kein Fehler. Aber so richtig hässliche Probleme enstehen beim Überschreiben von Methoden. In erster Linie zählt dazu die Methode `equals`. Über die Problematik von `equals` ist allerdings bereits viel geschrieben worden,[16] und dies ist nicht nur auf mathematische Objekte beschränkt. Da `equals` an anderen Stellen schon hinreichend besprochen wurde, wählen wir eine andere speziell für Punkte wichtige Methode.

Problem: Abstände zwischen zwei Punkten

Die Berechnung des Abstands zweier Punkten ist grundlegend. In die Abstandsmessung gehen die Metrik sowie die Dimension ein. Wir wählen die übliche euklidische Metrik (Satz des Pythagoras). Also hat man zwei unterschiedliche Versionen für zwei- und drei-dimensionale Punkte zu implementieren.

Zuerst einmal muss die Methode ***distance*** für zwei `Point2D`-Methoden in der Basisklasse geschrieben werden. Die `distance`-Methode muss in der Klasse `Point3D` mit der *gleichen Signatur* für drei-dimensionale Punkte überschrieben werden. Da somit drei-dimensionale Punkte auch an zwei-dimensionale Punkte übergeben werden können, muss bei der Übergabe einer `Point2D`-Instanz auf die Distanzberechnung von zwei-dimensionalen Punkten zurückgegriffen werden. Zuerst die notwendige Erweiterung:

```
class Point2D(var x: Int= 0,var y: Int= 0) {

  override def toString= "Point2D("+x+", "+y+")"

  def distance(p: Point2D)=
    if (p!=null)
      scala.math.sqrt((p.x-x)*(p.x-x) + (p.y-y)*(p.y-y))
}

class Point3D(px: Int= 0, py: Int= 0, var z: Int= 0)
      extends Point2D(px,py)  {

  override def toString=  "Point3D("+x+", "+y+", "+z+")"

  override def distance(p: Point2D)= p match {
    case q: Point3D =>
      scala.math.sqrt((q.x-x)*(q.x-x)+(q.y-y)*(q.y-y)+(q.z-z)*(q.z-z))

    // super ruft den Code von Point2D auf (siehe unten)
    case _ => super.distance(p)
  }
}

// --- ein Test ---
```

[16] vor allem im Buch „Programming in Scala" von Odersky, Spoon und Venners, erschienen bei Aritma Inc., 2008.

```
def testDistance(p1: Point2D, p2: Point2D) = {
  println(p1.distance(p2)+ " == "+ p2.distance(p1))
}

val p0= new Point2D
val p1= new Point3D
val p2= new Point2D(3,4)
val p3= new Point3D(3,4,0)

testDistance(p0,p2)          → 5.0 == 5.0
testDistance(p0,p3)          → 5.0 == 5.0
testDistance(p1,p3)          → 5.0 == 5.0
```

Ein Abstand d muss die *Symmetrie* erfüllen: Für zwei Punkte x, y ist d(x,y) = d(y,x). Der Test bestätigt dies. So weit also erfreulich!

Testen wir nun einmal die *Dreiecksungleichung*. Sie besagt, dass der direkte Abstand zwischen zwei Punkten x, y immer kleiner oder gleich der Summe der Abstände der zwei Punkte zu einem dritten Punkt z ist: d(x,y) $\leq$ d(x,z) + d(z,y).

```
// --- Fortsetzung des Tests: p0, p1 siehe oben ---

val p4= new Point3D(0,0,1)

testDistance(p1,p4)          → 1.0 == 1.0
testDistance(p1,p0)          → 0.0 == 0.0
testDistance(p0,p4)          → 0.0 == 0.0
```

Das ist weniger schön, um nicht zu sagen mathematisch falsch. Wieder stört die Polymorphie. Ist zumindest ein Punkt aus Point2D, wird distance aus Point2D benutzt, sind dagegen beide Punkte aus Point3D, wird distance aus Point3D benutzt. Das führt zum Fehler.

Hätte man dagegen die erste mathematische korrekte Hierarchie Point2D <: Point3D gewählt, wäre die Methode distance keine Problem gewesen. Welche Schlussfolgerung ist aus beiden Ansätzen zu ziehen? LSP ist ein sicherlich ein wichtiges Prinzip, aber

Polymorhie und LSP sind für mathematische Typ-Beziehungen schlecht geeignet!

Fazit! Trotz eventueller mathematischer Probleme wird immer wieder die sogenannte pragmatische Lösung gewählt: Man kapselt die einfachen Objekte in einer Superklasse und fügt dann für komplexere Objekte Felder und Methoden in den Subklassen hinzu. Dabei geht man davon aus, dass die einfacheren Objekte auch die generelleren sind.
In der Regel klappt das auch recht gut. Denn speziellere Objekte benötigen meist Klassen mit mehr Feldern und zusätzlichen spezialisierten Methoden. Die geerbten Methoden werden bestenfalls übernommen, ansonsten überschrieben.

Schlüsselwort super

Mit super.method kann man auf die „nächstliegende" Implementierung der Methode method einer Superklasse zugreifen. Mit nächstliegend ist gemeint, dass die Suche nach method beim direkten Parent beginnt. Existiert dort die Methode nicht oder ist die Methode im Parent abstrakt, wird die nächste höhere Superklasse durchsucht, usw. Die Suche ist beendet, wenn eine konkrete Methode gefunden wurde. Abstrakte Methoden müssen bei der Suche ignoriert werden, da sie keine Implementierung haben, auf die man mittels `super` zugreifen könnte.

```
abstract class Pet {
  val name= "Haustier: "

  def age: Int
  def tongue = "Laute: "
  def behave = "Benehmen: "
}

abstract class Cat extends Pet {
   // geht nicht, siehe Text
// override val name= super.name + "Katze"

   override val name= "Katze"

   override def tongue= super.tongue + "miau..."
}

class MyCat(override val name: String) extends Cat {
  // def mit var überschrieben
  var age= 10

  override def tongue= super.tongue + "rrrr"

  override def behave = super.behave + "launig"

  override def toString=
    "MyCat(" + name + ", " + age + ", " + tongue + ",
                                        " + behave + ")"
}

// --- ein Test ---

def testPet(pet: Pet) = {
  println(pet.name + ", " + pet.age + ", " + pet.tongue + ",
     " + pet.behave)
    → Fritz the Cat, 10, Laute: miau...rrrr, Benehmen: launig

  println(pet)
    → MyCat(Fritz the Cat, 10, Laute: miau...rrrr,
                                          Benehmen: launig)
}

testPet(new MyCat("Fritz the Cat"))
```

Hier noch einmal drei wichtige Punkte:

- In der Hierarchie werden alle Implementierungen von `tongue` mittels `super.tongue` genutzt. In `MyCat` ruft `super.behave` die Methode in `Pet`. Sie ist die erste konkrete Implementierung.
- Abstrakte parameterlose Methoden können mit `var` überschrieben werden, konkrete dagegen nur mit `override val` oder `override def`.
- `super` beschränkt sich auf Methoden, `val`- und `var`-Felder von Superklassen stehen mittels `super` nicht zur Verfügung!

Kovariantes Überschreiben

Bisher wurden Methoden einer Superklasse nur *invariant* in Subklassen überschrieben. Bei Methoden bedeutet Invarianz, dass die Typen der Parameter exakt von der Superklasse übernommen werden. Ansonsten hat man Überladen (Overloading), d.h. zwei verschiedene Methoden. Sofern die Methode der Superklasse konkret ist und `override` gesetzt werden muss, überprüft der Compiler etwaige Typfehler.

Das gilt aber nicht für den Ergebnistyp. Dieser kann *covariant* überschrieben werden. Das ist typsicher. Denn wenn ein Ergebnis eines allgemeineren (Super-) Typs erwartet wird, kann man jederzeit eine Instanz des Subtyps zurückgeben. Diese Art des Overridings ist in manchen Fällen sehr wünschensert. Speziellere Klassen benötigen häufig auch speziellere Rückgabetypen.

Dazu ein Beispiel, in dem die mathematische Typ-Hierarchie aufgrund der abstrakten Klasse `Shape` eingehalten wird (`Shape` wäre wohl ein Interface in Java). Wir verwenden der Einfachheit halber konkrete `case`-Klassen, da wir uns so einiges an Code sparen.

```
case class Point(x: Float,y: Float) {
  // erzeugt einen neuen Punkt, um dx, dy verschoben
  def translate(dx: Float, dy: Float)= Point(x+dx,y+dy)
}

// ein abstraktes 2-dim Objekt, das ein gleiches
// 2-dim Objekt, um dx, dy verschoben, liefern soll
abstract class Shape {
  def translate(dx: Float, dy: Float): Shape
}

// zwei konkrete Subklassen Line und Triangle von Shape

case class Line(p1: Point, p2: Point) extends Shape {
  // dies ist kein Override, sondern ein Overload
  def translate(dx: Int, dy: Int): Line = {
    println("int-translate")
    new Line(p1.translate(dx,dy),p2.translate(dx,dy))
  }

  // covariant overriding: der return type wird angepasst
  // Austausch von Shape mit Line, was logisch erforderlich ist
```

```
  override def translate(dx: Float, dy: Float): Line =
      new Line(p1.translate(dx,dy),p2.translate(dx,dy))
}

case class Triangle(p1: Point, p2: Point, p3: Point) extends Shape
{
  override def translate(dx: Float, dy: Float): Triangle =
      new Triangle(p1.translate(dx,dy),p2.translate(dx,dy),
                   p3.translate(dx,dy))
}

// --- ein Test ---

val line= Line(Point(0F,0),Point(1,1))
val triangle= Triangle(Point(0,0),Point(1,1),Point(0.5F,0.5F))

println(line)                 → Line(Point(0.0,0.0),Point(1.0,1.0))
println(triangle)
        → Triangle(Point(0.0,0.0),Point(1.0,1.0),Point(0.5,0.5))

println(line.translate(0,2))  → int-translate
                                Line(Point(0.0,2.0),Point(1.0,3.0))

println(line.translate(2,0F)) → Line(Point(2.0,0.0),Point(3.0,1.0))
println(triangle.translate(2,2))
        → Triangle(Point(2.0,2.0),Point(3.0,3.0),Point(2.5,2.5))
```

Dazu eine Nebenbemerkung:

Kovariantes Überschreiben hätte man u.a. für die Methode `clone` in der Basisklasse `Object` von Java recht gut gebrauchen können, da ein *Clone* eine identische Instanz des Originals sein sollte und somit auch aus derselben Klasse kommen sollte.

case-Klassen und Vererbung

In den Beispielen wurden keine `case`-Klassen von einer anderen abgeleitet. Der Grund liegt darin, dass eine konsistente automatische Umsetzung dieser Art der Vererbung für `case`-Klassen nicht gewährleistet ist. Bisher gab es bei Scala eine Art „Hü & Hott"-Strategie. Je nach Version war `case`-Klassen-Vererbung erlaubt oder nicht. Der letzte Stand der Dinge ist nun im Compiler als Warning verankert.

Dazu startet man am einfachsten *REPL* mittels `-deprecation` für entsprechende detaillierte Warnungen:

```
friedrichesser$ scala -deprecation
...

scala> case class CBase(s: String)
defined class CBase
```

```
scala> case class CDerived(i:Int, sd: String) extends CBase(sd)
<console>:7: warning: case class 'class CDerived'
has case class ancestor 'class CBase'.
This has been deprecated for unduly complicating both usage and
implementation. You should instead use extractors for pattern
matching on non-leaf nodes...

scala> case class NoFld
<console>:1: warning: case classes without a parameter list have
been deprecated; use either case objects or case classes with '()'
as parameter list...

scala> case object NoFld
defined module NoFld

scala> abstract case class CCBase(s: String)
defined class CCBase

scala> class CCSub extends CCBase("Hallo")
defined class CCSub

scala> println(new CCSub)
CCBase(Hallo)
```

Die Warnung enthält noch den Hinweis, dass man erst auf der untersten Stufe der Klassen-Hierarchie – der sogenannten *Leaf*- bzw. *Blatt*-Klassen – `case`-Klassen einsetzen sollte. Müssen die Klassen oberhalb der Leaf-Klassen auch zum Pattern Matching eingesetzt werden, sollte man die Extraktoren explizit schreiben.

Fassen wir die wichtigsten Eigenschaften von `case`-Klassen, insbesondere in Verbindung mit Vererbung zusammen.

2.12.2 VERHALTEN VON case-KLASSEN

`case`-Klassen

- müssen zumindest ein Feld enthalten, ansonsten sind *case-Objekte* zu verwenden.
- dürfen nicht von `case`-Klassen abgeleitet werden (siehe oben).
- können von normalen Klassen abgeleitet werden oder normale Klassen als Subklassen haben. Somit ist auch eine abstrakte `case`-Klasse erlaubt.

Sollten Super-Klassen einer `case`-Klasse die Methoden ***`toString`*** oder ***`hashCode`*** überschreiben, werden diese in der `case`-Klasse nicht mehr implementiert (Details siehe IBox 1.16.3).

Mehr als eine Instanz von einer `case`-Klassen ohne Feld macht wenig Sinn, daher der erste Punkt. Führen wir die REPL-Sitzung fort, um die praktische Bedeutung der letzten Aussage ebenfalls zu demonstriert. Zuerst der „Normalfall“. Dann die gleiche Hierarchie, nur dass in den Superklassen der `case`-Klasse `toString` und `hashCode` implementiert sind.

```
scala> abstract class CBase
defined class CBase

scala> class CSub extends CBase
defined class CSub

scala> case class CClass(s: String) extends CSub
defined class CClass

scala> println(CClass("Hallo"))
CClass(Hallo)

scala> println(CClass("Hallo").hashCode)
69490527

scala> abstract class CBase {
     |   override def toString= "CBase"
     | }
defined class CBase

scala> class CSub extends CBase {
     |   override def hashCode= 1
     | }
defined class CSub

scala> case class CClass(s: String) extends CSub
defined class CClass

scala> val cc= CClass("CClass")
cc: CClass = CBase

scala> println(cc)
CBase

scala> println(cc.hashCode)
1

scala> println(cc.copy("Hallo"))
CBase

scala> case object cObj1
defined module cObj1

scala> case object cObj2
defined module cObj2

scala> println(cObj==cObj2)
<console>:8: warning: comparing non-null values of types object cObj
and object cObj2 using '==' will always yield false
       println(cObj==cObj2)
                   ^ false
```

2.13 Traits als Mixins

In der Einleitung des vorherigen Abschnitts wurden Programmiersprachen aufgrund der Unterstützung von einfacher oder mehrfacher Vererbung in zwei Kategorien eingeteilt. Es gibt aber noch eine dritte Gruppe von Sprachen der sogenannten *Hybriden*. Dazu zählt schon seit langer Zeit Ruby und nun auch Scala. Sie versuchen das Beste aus beiden Welten zu vereinen und die Nachteile zu vermeiden. Man spricht hierbei nicht mehr von Vererbung, sondern von *Mixin*.

Der Begriff Mixin deutet darauf hin, dass es sich aus logischer Sicht eher um eine Einmischung bzw. Komposition von Modulen als um eine klassische Vererbung handelt. Deshalb verwendet Ruby auch das Schlüsselwort **`module`** für diese Komponenten. Allerdings sind in einer statisch typisierten Sprache wie Scala auch die Traits Supertypen der Klasse, in die sie eingemischt werden. Dies ist analog zu Interfaces in Java.

Apropos Interfaces, Scala hat aus Java-Sicht Interfaces erweitert. Denn Interfaces erlauben in Java *multiples Subtyping* und können mittels `implements` in eine Klasse einbunden werden. Aber sie enthalten (abgesehen von Konstanten) nur abstrakte Methoden. Scala geht einen Schritt weiter. Ein Trait ist aus Scala-Sicht eine besondere Art von abstrakter Klasse.

2.13.1 Trait Definition

Ein Trait erlaubt keine Konstruktoren, kann aber konkrete wie abstrakte Member enhalten. Traits erlauben Typ-Parameter sowie Typ-Member und werden wie folgt definiert:

trait TraitName extends Trait$_0$ ***with Trait***$_1$ ***... with Trait***$_n$
trait TraitName extends ParentClass with Trait$_1$ ***... with Trait***$_n$

Ein Trait [a]

- hat wie eine Klasse einen Typ.
- wird wie eine Klasse implizit von `AnyRef` abgeleitet.
- kann eine abstrakte oder konkrete Klasse `ParentClass` erweitern (siehe auch 2.13.2). Argumente hinter `ParentClass` sind allerdings nicht erlaubt. Das Trait kann dann nur noch als Mixin in Subklassen von `ParentClass` eingesetzt werden.

[a] In Analogie zum Interface sind Traits vom Geschlecht her Neutrum.

Traits können somit von Traits oder Klassen abgeleitet werden. Die Ableitung beginnt immer mit dem Schlüsselwort `extends` und wird dann mit `with` fortgesetzt. Nachfolgend einige (nach 2.13.1) erlaubte Definitionen:

```
class BaseClass
class SubClass(val i: Int) extends BaseClass { def this()= this(1)
}

trait T1
trait T2 extends T1
trait T3 extends SubClass with T2  // SubClass(1) nicht erlaubt
```

```
trait T4 extends T3 with T1
```

Um Traits in Klassen einzumischen, verwendet man folgende Syntax:

2.13.2 Mixin von Traits

In Klassen können beliebig viele Traits mittels

class ClsName(parms) extends BClass(args) with Trait$_1$**...with Trait**$_n$

class ClsName(parms) extends Trait$_0$ **with Trait**$_1$ **... with Trait**$_n$

eingemischt werden.

Wird hinter `extends` ein Trait angegeben, erbt die Klasse implizit die Superklassen dieser Traits.

Der letzte Punkt erklärt, warum Traits, die von einer Klasse abgeleitet wurden, nur noch in Subklassen dieser Klasse eingemischt werden können. Denn ansonsten wäre dies Mehrfachvererbung durch die Hintertür und kein Mixin. Es gibt somit kleine Einschränkungen gegenüber der klassischen Mehrfachvererbung, die sich aber durchaus als vorteilhaft erweisen.

Erlaubte und nicht erlaubte Hiearchien

Erstellen wir zuerst eine Klassen-Hierarchie:

```
class BaseClass
class SubClass extends BaseClass

trait T1
trait T2 extends T1
trait T3 extends SubClass with T2
trait T4 extends T3 with T1
```

Welche der folgenden Klassendefinitionen sind aufgrund der Hierarchie erlaubt?

```
class C1 extends T2
class C2 extends T1 with T2
class C3 extends T2 with T3
```

Nur die letzte Definition ist fehlerhaft. Dazu eine *REPL*:

```
scala> class C3 extends T2 with T3
<console>:10: error: illegal inheritance; superclass Object
 is not a subclass of the superclass SubClass
 of the mixin trait T3
       class C3 extends T2 with T3
                                ^
```

Der Fehler liegt in der nicht erlaubten statischen Typ-Hierarchie der Klassen von `C3`, wobei in der Fehlermeldung `Object` äquivalent zu `AnyRef` ist.

Es gilt: `T2 <: AnyRef` Daraus folgt: `C3 <: AnyRef <: SubClass`

Diese letzte Klassenbeziehung ist falsch und diese Meinung vertritt auch der Compiler. Mit Hilfe dieser Analyse sollten nun auch komplexere Mixins untersucht werden können:

```
class C4 extends T3 with T2
class C5 extends T2 with T1
class C6 extends T1 with T4
class C7 extends SubClass with T3
class C8 extends T4
```

Und hier wieder eine *REPL* der fehlerhaften Definition:

```
scala> class C6 extends T1 with T4
<console>:11: error: illegal inheritance; superclass Object
 is not a subclass of the superclass SubClass
 of the mixin trait T4
       class C6 extends T1 with T4
                                ^
```

Die beiden Klassen `C6` und `C3` verstoßen gegen eine wichtige Regel:

2.13.3 Wohlgeformte Klassen-Hierarchie

Die durch eine Klassen- bzw. Trait-Definition entstehende Reihenfolge von Klassen muss *well formed* sein, d.h. die Klassen müssen der mittels `extends` festgelegten Sub/Supertyp-Beziehung folgen.

Diese Regel bildet die Grundlage für alle weiteren Möglichkeiten, die Mixins bieten. Sie sichert ab, dass die statische Klassenhierarchie der einfachen Vererbung mittels `extends` nicht durch Mixins zerstört wird.

Die bisherigen Beispiele dienten nur zur Abdeckung der Regeln. Hier nun ein konkretes Beispiel. Es verwendet eine abstrakte Klasse, Traits und letztendlich eine `case`-Klasse, wobei abstrakte und konkrete Member auf allen Ebenen verwendet werden.

```
abstract class JuristicPerson

trait Person extends JuristicPerson {
  val name: String
}

// trait mit konkretem Feld sowie einer konkreten und abstrakten Methode
trait IdCard {
  val id: Long = -1
```

```
  def valid = id > 0
  def relatedTo: Person
}
trait Job {
  val tempWork: Boolean
}

trait Citizen extends Person with IdCard {
  var address = "?"

  def city = "wohnhaft in: "+ address
}

trait German extends IdCard

    // beide nachfolgenden Definitionen verletzen die Regel in 2.13.3
//  class Employee extends Job with Person
//  class Employee extends German with Citizen with Job

case class Employee(override val name: String, override val id: Long,
                    adr: String, temp: Boolean)
     extends Citizen with German with Job {

  // override auch hier möglich!
  override val tempWork= temp

  // var kennt kein override!
  address= adr

  // covariant mit Citizen überschrieben (siehe oben)
  def relatedTo: Citizen = this
}

// --- ein Test ---

val emp= new Employee("Merkel",123456789098L,"Berlin", true)

println(emp)                  → Employee(Merkel,123456789098,Berlin,true)
println(emp.relatedTo)        → Employee(Merkel,123456789098,Berlin,true)
println(emp.relatedTo.city) → wohnhaft in: Berlin
```

Da die `relatedTo`-Methode `this` zurückliefert, sind die beiden ersten Ausgaben gleich.

2.14 Ad-hoc-Hierarchien mittels Mixins

Eine Typ-Hierarchie ausschließlich mittels `extends` muss vorab sorgfältig geplant werden. Dies gilt insbesondere für das, was ein Typ bzw. eine Klasse bedeutet: Sie fasst unter einem Namen eine Menge von Methoden zusammen, die gemeinsam den Typ repräsentieren. Werden beispielsweise Methoden nachträglich hinzugefügt, wird die gesamte Hierachie betroffen und muss geändert bzw. neu compiliert werden. Dies liegt an der statischen Struktur der Hierarchie bzw. der Sprachen wie Java, C++ oder C#.

Umgekehrt ist dies aber auch ein Vorteil. Dadurch, dass die Hierachie (vorab) bekannt ist, kann man eine Tabelle – eine *virtual function table* – anlegen, die die Member dieser Klassen enthält.

Eine wesentliche *Invariante* der einfachen Vererbung besteht darin, dass diese Tabelle fest ist und nicht vom dynamischen Typ einer Referenz bzw. einer Variablen abhängt. Somit lassen sich anhand der Tabelle Aufrufe wie **`super.aMethod`** direkt auflösen, d.h. die Methode `aMethod` kann zu einer Superklasse *dispatched* werden. Klassische Vererbung hat Auswirkungen auf das Design:

Statische Hierarchien können nur dann optimal geplant werden, wenn die Anzahl von Subklassen bzw. -typen und die zugehörigen Methoden überschaubar klein ist.

Hier spielt die Realität meist nicht mit. Dann helfen bei statisch typisierten Klassen-Pattern. Pattern sind überwiegend Muster für Probleme, die häufig auftreten und nicht direkt mit normalen Sprachmitteln gelöst werden können. Bei komplexen Klassenhierarchien helfen u.a. das *Decorator Pattern*oder *dynamische Proxies* (in Java), oder aber multiple Vererbung zusammen mit dynamischem Dispatching (in C++). Nachfolgend zwei Beispiele für typische Probleme.

Kombinatorische Explosion

Das erste ist ein eher amüsantes Beispiel einer Hierarchie zum Hochschulsport für *Studis*: [17]

```
Person, Student,
Athlete, SoccerPlayer, BaseballPlayer,
StudentAthlete, StudentSoccerPlayer,
StudentBaseballPlayer, StudentSoccerBaseballPlayer, ...
```

Das ist natürlich nur ein kleiner Ausschnitt der Szene. Jederzeit werden neue Sportarten angeboten und die Studierenden müssen eventuell nach *Bachelor* oder *Master* klassifiziert werden. Man sieht unschwer, dass ein statisch angelegte Typhierarchie kombinatorisch „explodiert". Das gleiche Phänomen hat man übrigens bei *GUI*'s. Noch schlimmer trifft es die Produktionsplanung und Fertigung (man denke etwa an Automobilbau mit etwa 10^{15} denkbaren Varianten für ein Modell).

Adaption des Verhaltens

Einem zweiten Problem begegnet man, wenn man nachträglich gezwungen ist das Verhalten von allen oder einigen Klassen in der Hierarchie zu erweitern. Dies ergibt sich zwangsläufig, wenn man das zum o.a. Punkt gehörige Design-Prinzip umsetzt.

OO-Dekomposition: Man startet mit einer abstrakten Superklasse als *Root*. In der Root-Klasse werden (nur oder vorwiegend) abstrakte Methoden aufgenommen, die für *jeden* der abgeleiteten Typen eine Bedeutung haben. Diese Subklassen bilden die überschaubare Anzahl von essentiellen Varianten. Diese implementieren (mit Hilfe von zusätzlich hinzugefügten Feldern) die Methoden, so dass Instanzen erschaffen werden können.

Wählen wir hierzu als Beispiel eine minimale Studierenden-Hierarchie. Die abstrakte Root-Klasse ist `Student` mit zwei konkreten Klassen `BachelorStudent` und `MasterStudent`,

[17] Ursprünglich war sie wohl eine C++ Übungsaufgabe.

die die Studenten in zwei (disjunkte) Gruppen unterteilt. Um das Beispiel wirklich überschaubar zu halten, werden nur drei Felder (genauer: abstrakte Getter) und eine abstrakte Methode in `Student` aufgenommen.

```
case class Semester(year: Int, summer: Boolean)

abstract class Student(val name: String, val matrNumber: Int,
                       val matriculation: Semester) {
  def lengthOfStudy: Int
}

// ohne override der Getter, aber mit override von def mit val
class BachelorStudent(name_ : String,
                      matrNumber_ : Int,
                      matriculation_ : Semester)
      extends Student(name_,matrNumber_,matriculation_) {
  val lengthOfStudy= 6
}

// mit override der Getter und mit einem override von def mit val
class MasterStudent(override val name: String,
                    override val matrNumber: Int,
                    override val matriculation: Semester)
      extends Student(name,matrNumber,matriculation) {
  val lengthOfStudy= 4
}
```

Diese Hierachie ist einfach, statisch und effizient. Jede Erweiterung mit Methoden in `Student` zieht eine Erweiterung und Recompilierung in allen Subklassen nach sich (natürlich auch in weiteren Subklassen von Klienten). Die Hierarchie ist somit inflexibel.

Rich Interface Traits können zu jedem Zeitpunkt, ohne dass eine statische Hierarchie geändert werden muss, einige oder alle Typen der Hierarchie *ad-hoc* um (gerade) benötigte Methoden erweitern. Hierzu werden die bereits vorhandenen Methoden (inklusive der Getter) benutzt, um je nach Situation ein *reiches Interface* anzubieten.

Erweitern wir die Hierachie um zwei Traits, die für gewisse Aufgaben vorteilhaft sind.

```
trait StudStatistic extends Student {

  // vereinfachte Berechnung, da Date.getYear ohnehin deprecated ist
  def numOfSemesters =
      ((new java.util.Date).getYear + 1900 - matriculation.year) * 2

  def longTermStudent= lengthOfStudy < numOfSemesters
}

trait Activity extends Student {
  private var iSC: Boolean= false
```

```
  // Getter und Setter
  def inStudCouncil_= (isc: Boolean): Unit =  iSC=isc
  def inStudCouncil= iSC
}

// --- ein Test ---

// Definition eines neuen Typs (nur über with erlaubt)
// die Reihenfolge ist anders als bei den nachfolgenden Mixins
type RichStudent = Student with Activity with StudStatistic

// Mixin neuer, zusätzlich benötigter Funktionalitäten/Methoden
// Parameter mit summer benannt, da dann true klarer
val bStud= new BachelorStudent("Wolter",123456,
                Semester(2007,summer= true))
                with StudStatistic with Activity

val mStud= new MasterStudent("Harms",654321,
                Semester(2007,summer= true))
                with StudStatistic with Activity

// Änderung des eingemischten Felds
mStud.inStudCouncil= true

// Verwendung des Typs
def test(stud: RichStudent) {
  // Aufruf der eingemischten neuen Methoden
  println(stud.numOfSemesters + ", "+ stud.longTermStudent + ", "+
          stud.inStudCouncil)
}

// die Werte hängen vom aktuellen Jahr ab (hier 2010)
test(bStud)     → 6, false, false
test(mStud)     → 6, true, true
```

Mixins bilden neue Typen. Um Mixins besser zu handhaben, kann man Type-Alias wie beispielweise `RichStudent` verwenden. Fassen wir zusammen:

2.14.1 Mixins: Rich Interface & Dekorations-Pattern

Mit Hilfe von Mixins können die Interfaces von statische Typ-Hierarchien *typsicher* erweitert werden und benötigte Varianten von Subtypen ad-hoc erschaffen werden. Dies hat große Vorteile gegenüber dem statischen Decorator Pattern.

Die mittels **`with`** erschaffen Typen sind *kommutativ*, d.h. die Reihenfolge der Traits ist für den (neuen) Typ unwichtig.

Mixins ohne Member Overriding

Im Folgenden werden zwei verschiedene Arten von Mixins vorgestellt. Anschließend wird das Verhalten der Typen, die aufgrund von Mixins entstanden sind, näher untersucht. Starten wir mit dem einfachen Fall, dem Einmischen von *member-unabhängigen* Traits in eine Klasse, genauer:

2.14.2 Mixins von Traits ohne Member-Overriding

Sind bei allen eingemischten Traits die Namen der Felder und die Signaturen der Methoden (d.h. deren Namen und/oder Parameter-Typen) verschieden, so

- werden die (öffentlichen) Member aller Traits eingebunden und stehen im Zugriff.
- besteht der (Super-)Typ aus der *Komposition* aller Traits mittels **`with`**, wobei die Reihenfolge unbedeutend ist.

Als Beispiel wählen wir zwei Traits ***`Champignon`*** und ***`Pasta`***, die beide implizit vom Typ `AnyRef` abgeleitet sind. Sie werden zur Konstruktion von zwei Klassen ***`Pizza1`*** und ***`Pizza2`*** verwendet.

```
// die traits Champignon und Pasta haben unterschiedliche Member
// denn calorie ist overloaded

trait Champignon {
  def kindOf= "Pilz"
  def calorie(amount: Int)= amount * 1.2
}

trait Pasta {
  val name= "Teigware"
  def useFor= "Pizza"
  def calorie(amount: Double)= amount * 5
}

class Pizza1 extends Pasta with Champignon
class Pizza2 extends Champignon with Pasta

// --- ein Test ---

val p1= new Pizza1
val p2= new Pizza2

// calorie steht für zwei unterschiedliche Methoden
println(p1.name +" für "+ p1.useFor +" mit "+ p1.kindOf+": "+
        (p1.calorie(50)+p1.calorie(100.))+" kal")

        → Teigware für Pizza mit Pilz: 560.0 kal
```

```
println(p2.name +" für "+ p2.useFor +" mit "+ p2.kindOf+": "+
        (p2.calorie(50)+p2.calorie(100.))+" kal")

        → Teigware für Pizza mit Pilz: 560.0 kal

// Fehler: Klasse Pizza1 und Pizza2 sind von verschiedenen Typen
// val pizza: Pizza1= p2

// gemeinsamer Supertyp ist
// Pasta with Champignon oder auch Champignon with Pasta
val pizza: Pasta with Champignon = p2
```

Die beiden Traits erfüllen die Kriterien der IBox. Sie haben bis auf die Methoden aus `AnyRef` nichts gemeinsam. Denn die Methode `calorie` ist überladen, d.h. es gibt zwei Methoden mit unterschiedlichen Signaturen. Die Vereinigung ihrer Member bildet das Interface von `Pizza1` und `Pizza2`. Diese Klassen sind vom Typ zwar unterschiedlich, haben aber aufgrund der Mixins einen gemeinsamen Supertyp `Pasta with Champignon`.

Mixins mit Member-Overriding

Sofern Traits mit ihren Membern kollidieren, genügt keine einfache Komposition mittels `with`. Betrachten wir dazu Traits, die der Einfachheit halber wie im letzten Abschnitt nur `AnyRef` als gemeinsamen Typ haben. Verursachen nun gleichnamige Felder oder Methoden mit gleicher Signatur in den Traits einen Konflikt, muss dieser in der Klasse mittels ***`override`*** gelöst werden, die diese Traits einmischt.

Um dies zu demonstrieren, lassen wir in der folgenden Variante die Pizza-Zutaten „kollidieren", indem wir noch eine weiteres Trait ***`Salami`*** hinzufügen:

```
// Champignon und Pasta unverändert gegenüber letztem Beispiel
trait Champignon {
  def kindOf= "Pilz"
  def calorie(amount: Int)= amount * 1.2
}

trait Pasta {
  val name= "Teigware"
  def useFor= "Pizza"
  def calorie(amount: Double)= amount * 5
}

trait Salami {
  // gleiches Feld wie in Pasta
  val name= "Salami"

  // gleiche Methoden wie in Champignon
  def kindOf= "Wurst"
  def calorie(amount: Int)= amount * 10.0
}
```

```
// class Pizza extends Pasta with Champignon with Salami
// error: overriding value name in trait Pasta of type java.lang.String;
//         ...

class Pizza extends Pasta with Champignon with Salami {
  // ües werden alle gleichen Felder und Methoden überschrieben
  override val name=  "Mixed-In Pizza"
  override def kindOf="Wurst und Pilze"
  override def calorie(amount: Int)= amount * 11.2
}

// --- ein Test --

val pizza= new Pizza

println(pizza.name +" für "+ pizza.useFor + " mit "+ pizza.kindOf +
        ": "+(pizza.calorie(50)+pizza.calorie(100.))+" kal")
      → Mixed-In Pizza für Pizza mit Wurst und Pilze: 1060.0 kal
```

Die in Pizza per `override` definierten Member ersetzen die widersprüchlichen bzw. konkurrierenden Member der Traits.

Mixins und behavioral Subtyping

Die Typen, die aufgrund von Mixins entstehen, hängen *nicht* von der Reihenfolge der Traits ab. Das ist ein wichtiges Faktum. Aber das letzte Beispiel führt zu einer interessanten Frage:

Verhaltens-orientierte Subtypen?

„Können die Methoden eines Mixins abhängig von der Anordnung der Traits verschiedene Ergebnisse liefern?“

Diese Antwort hängt entscheidend davon ab, welche direkten Parent-Beziehungen zwischen der Klasse bzw. den Traits durch ein Mixin erzeugt werden. Dazu ein kleiner Test:

```
abstract class Dog {
  def makeSound: String
}

trait Mastiff extends Dog {
  override def makeSound = "wuff..."
}

trait Chihuahua extends Dog {
  override def makeSound = "waef..."
}

class Mixi extends Dog with Mastiff with Chihuahua
class Maxi extends Dog with Chihuahua with Mastiff
```

```
// --- ein Test ---

println((new Mixi).makeSound)      → waef...
println((new Maxi).makeSound)      → wuff...
```

Dieses Ergebnisses führt zu *neuartigen* Beziehungsformen:

2.14.3 Typ vs. Behavioral Subtyp

Man muss zwischen dem Typ eines Mixins und seinem *behavioral Subtype* unterscheiden.

1. Der Typ eines Mixins ist unabhängig von der Reihenfolge der Traits im Mixin.
2. Bei Methoden bzw. `val` Gettern mit identischen Signaturen bestimmt die Reihenfolge der Traits die Parent-Beziehungen und somit die Reihenfolge, in der sich Methoden überschreiben.
3. Methoden mit identischen Signaturen werden in den Traits *covariant* überschrieben.
4. Die Menge aller Methoden, die jeweils nur in einem Trait definiert sind, erzeugt *nur einen* behavioral subtype. Die Menge der Methoden, die (mit gleichen Signaturen) in mehr als einer Trait definiert sind, induziert abhängig von der Reihenfolge der Traits verschiedene behavioral Subtypes.
5. Mittels ***`super.aMethod`*** kann von einer Klasse bzw. einem Trait auf die *nächstliegende konkrete*-Methode ***`aMethod`*** zugegriffen werden. Die Parent-Beziehung bestimmt dabei „nächstliegend".

In einer statischen Klassenhierarchie mittels `extends` ist die Parent-Beziehung und der Aufruf von `super.aMethod` statisch fixiert und somit gibt es kein behavioral Subtyping. Bei Mixins bestimmt dagegen erst die Trait-Reihenfolge eine *dynamische* Parent-Beziehung zwischen Klassen und Traits. Dies bezieht sich auf alle Methoden, die sie vom gemeinsamen Supertyp erben, sei es von `AnyRef` oder einem spezielleren Typ.

Beispiel zu kovariantem Überschreiben

Der erste, zweite und vierte Punkt in der IBox wurde bereits im letzten Beispiel verdeutlicht. Wählen wir also ein passendes Beispiel zum dritten Punkt. Dazu bauen wir kurz ein abstraktes „technisches Dingsbums" *`Gizmo`* aus einer Komponente *`Component`* und einer Maschine *`Engine`*. Jede der beiden Traits hat eine Methode `builtIn`, die erste liefert `AnyRef` und die zweite liefert ein `Car`-Objekt. Das Objekt `Car` hat den Supertyp `AnyRef`. Welchen Typ hat aber `Car` selbst?

`object AnyObject` hat den zugehörigen Typ *`AnyObject.type`*. Dieser Typ gehört *nur* zu `AnyObject`. Somit kann auch nur `AnyObject` als Instanz zu diesem Typ verwendet werden.

```
case object Car

trait Component {
  def use= "Komponente"
  def builtIn: AnyRef
}

trait Engine {
  def use: String

  // Typ des Singleton-Objekts Car ist Car.type (siehe oben)
  def builtIn: Car.type
}
```

Wir haben zwei Möglichkeiten beim Zusammenbau. Hier die erste:

```
// erste Variante:
abstract class Gizmo extends Engine with Component
```

Die Klasse `Gizmo` muss abstrakt sein, da sie die Methode `builtIn` nicht implementiert. Aber diese Variante wird vom Compiler trotzdem nicht akzeptiert. Er meldet:

```
error: overriding method builtIn in trait Engine
of type => part01.Car; method builtIn in trait
Component of type => AnyRef has incompatible type
```

Versuchen wir die zweite Variante:

```
// zweite Variante:
abstract class Gizmo extends Component with Engine
```

Der Compiler ist einverstanden. Das liegt an den zugehörigen Parent-Beziehungen (der Pfeil bedeutet: *`Child -> Parent`*)

1. Variante: **`Gizmo -> Component -> Engine`**

2. Variante: **`Gizmo -> Engine -> Component`**

Die Methode `builtIn` wird bei beiden Varianten überschrieben (siehe 2. Punkt der IBox) und genau das führt bei der ersten Variante zum Problem:

1. Variante: Methode `builtIn: AnyRef` überschreibt Methode `builtIn: Car`.

2. Variante: Methode `builtIn: Car` überschreibt Methode `builtIn: AnyRef`

Nur die zweite Variante ist *covariant* und somit korrekt: `Car.type` ersetzt `AnyRef`. Die erste Variante ist dagegen *contravariant*, da ein generellerer Typ `AnyRef` einen speziellen wie `Car.type` als Ergebnis ersetzt.[18]

Es beibt noch eine konkrete Implementierung der kleinen Hierarchie, um auch die o.a. Parent-Beziehungen demonstrieren zu können:

[18] Zu co- und contravariant siehe auch Abschnitt 1.13 „Varianz“

```
case object Car

trait Component {
  def use= "Komponente"
  def builtIn: AnyRef

  override def toString= "Component"
}

trait Engine {
  def use: String
  def builtIn: Car.type

 // Parent Chaining mittels super
  override def toString=  " Engine -> " + super.toString
}

class Gizmo extends Component with Engine {
  // siehe Erklärung oben: als Ergebnis nur Car möglich
  def builtIn= Car

  override def toString= "Gizmo ->" + super.toString
}

// --- ein Test ---

val g= new Gizmo

println(g)          → Gizmo -> Engine -> Component
println(g.use)      → Komponente
println(g.builtIn)  → Car
```

Da `toString` von allen Traits geteilt wird, eignet sich diese Methode optimal, um die dynamische Parent-Reihenfolge zu zeigen.

Beispiel zur konkreten Methodenwahl bei `super.method`

Als Letztes wäre da noch der Begriff *„nächstliegende"* im 5. Punkt der IBox zu demonstrieren. Dazu verwenden wir eine Methode `makeSound`, die im Trait `Nodoggy` noch abstrakt ist:

```
abstract class Dog            { def makeSound: String }

trait Mastiff extends Dog     { override def makeSound = "wuff..." }

trait Chihuahua extends Dog { override def makeSound = "waef..." }

trait Nodoggy extends Dog

class Bello extends Dog with Mastiff with Chihuahua with Nodoggy {
```

```
  // super.makeSound ist in Nodoggy abstrakt und wird übersprungen
  // Chihuahua hat dann die erste konkrete Implementierung
  override def makeSound = "warr..." + super.makeSound
}

// --- ein Test ---

println((new Bello).makeSound)  → warr...waef...
```

Das Ergebnis bestätigt den fünften Punkt der IBox und somit sind alle relevanten Fällen zum Vorrang und Überschreiben der Methoden in einem Mixin abgedeckt.

2.15 Linearisieren von Mixins

Die bisher vorgestellt Trait-Technologie hat entscheidende Vorteile gegenüber einer statischen Mehrfachvererbung.

- Es entfällt eine komplexe Vorplanung der gesamten (starren) Typ-Hierarchie: Traits werden unabhängig voneinander als *Komponenten* entwickelt, die erst abhängig von der jeweiligen Anwendung zu einer komplexeren Einheit zusammensetzt werden.
- Mixins sind typsicher[19]: Konflikte aufgrund von inkompatiblen Typen bzw. Signaturen von Methoden werden vom Compiler erkannt.
- Obwohl Mixins keinen einfachen Hierarchie-Baum, sondern einen azyklischen Graphen wie den der Mehrfachvererbung erzeugen, werden alle überladenden Methoden in eine lineare Reihenfolge überführt.

Der letzte Punkt mag zwar ein wenig im Hintergrund stehen, ist aber ein entscheidender Vorteil gegenüber den mit der Mehrfachvererbung verbundenen Probleme. Das fängt bereits bei vier Klassen an, die den sogenannten Diamond of Death bilden. Selbst wenn die Konflikte lösbar sind, so sollte die Lösung noch durchschaubar sein, was spätestens bei zehn Klassen mit mehrfachen Typbeziehungen nicht mehr gegeben ist. Das hat weniger mit Theorie, sondern mehr mit der Praxis zu tun.

Allerdings sind wir auch die Antwort schuldig geblieben, ob es der Trivial-Algorithmus (Parent-Auflösung von rechts nach links) für komplexere Komponentensysteme ausreicht. Die Antwort heiß klar: „Nein"! Es muss natürlich einen sogenannten *Linearisierungs-Algorithmus* geben, der beliebig komplexe azyklische Graphen in eine lineare Parent-Beziehung überführt. Es folgt eine eine verbale Version.[20] Der dazu verwendete Algorithmus linearisiert von links beginnend nach rechts.

[19] im Gegensatz zu dem Zusammenbau von Klassen nach dem Decorator Pattern.

[20] Diejenigen, die an dem exakten mathematischen Algorithums interessiert sind, finden u.a. eine Version in der Scala Spezifikation.

2.15.1 LINEARISIERUNGS-ALGORITHMUS

Das Mixin

class CMix(parms) extends ClsOrTrait with $Trait_1$ *... with* $Trait_n$

sei *wohlgeformt* (siehe dazu 2.13.3). Man startet mit einer leeren Linearisierungsliste **LinearList** und der Klasse bzw. dem Trait **ClsOrTrait**.

1. Ist **ClsOrTrait**
   (a) kein Mixin, fügt man am Ende der **LinearList** zuerst **ClsOrTrait** ein, gefolgt von allen Supertypen von **ClsOrTrait** bis hin zu **AnyRef**.
   (b) ein Mixin, linearisiert man zuerst **ClsOrTrait** (evt. rekursiv) mit diesem Algorithmus und startet mit dieser Liste als **LinearList**.

2. Nun wiederholt man die beiden folgenden Schritte für **i= 1...n** :
   (a) Man linearisiert $Trait_i$ (evt. rekursiv) und erhält eine zugehörige Linearisierungsliste $LinList_i$. Aus $LinList_i$ entfernt man alle Klassen und Traits, die bereits in **LinearList** enthalten sind.
   (b) An die so bereinigte $LinList_i$ hängt man die bisherige **LinearList** an und erhält so eine neue **LinearList**.

3. In der abschließenden **LinearList** fügt man am Kopf dann die Klasse **CMix** selbst ein und erhält die endgültige Linearisierung.

Der Linearisierungs-Algorithmus ist für die meisten in der Praxis auftretenden Mixins recht einfach und kurz. Da allerdings Traits – beginnend mit `ClsOrTrait` – wiederum Mixins sein können, kann es zu Rekursionen kommen, die mit Hilfe von 1. (b) und 2. (a) zuerst bearbeitet werden. müssen

Die bisherigen Beispiele sind kaum geeignet, den Algorithmus zu verwenden. Sie sind zu einfach. Deshalb weicht das folgende Beispiel vom allgemeinen Gebot, kleine überschaubare Beispiele für den Ein- und Umstieg auf Scala zu verwenden, ein wenig ab. Allerdings wird das Typsystem von zwei *UML*-artigen Klassendiagrammen visualisiert.

Motoren-/Technologie Graph

Wählen wir eine Spezialisierunge von Automobil-Motoren. Sie ist anschaulich und nicht nur für Automobil-Fans verständlich. Gleichwohl trivialisiert sie ein wenig die komplexe Realität der Fahrzeugtechnik.

Wie aus der folgenden Abbildung 2.15.1 zu erkennen, werden zwei Hierarchien gebildet. Neben der eigentlichen Hierarchie der Fahrzeugmotoren (**Engine**) wird noch eine technologische Hierarchie (**Technology**) aufgebaut. Sie wird auf zwei konkrete Techniken begrenzt. Die technologische Seite ist an sich unabhängig von den Motortypen, da sie in unterschiedlichen Motorentypen eingesetzt werden kann. Dazu zählt Start-Stop (`StartStop`) zum Abschalten des Motors bei Stillstand und die Energierückgewinnung (`Recuperation`) beim Bremsen.

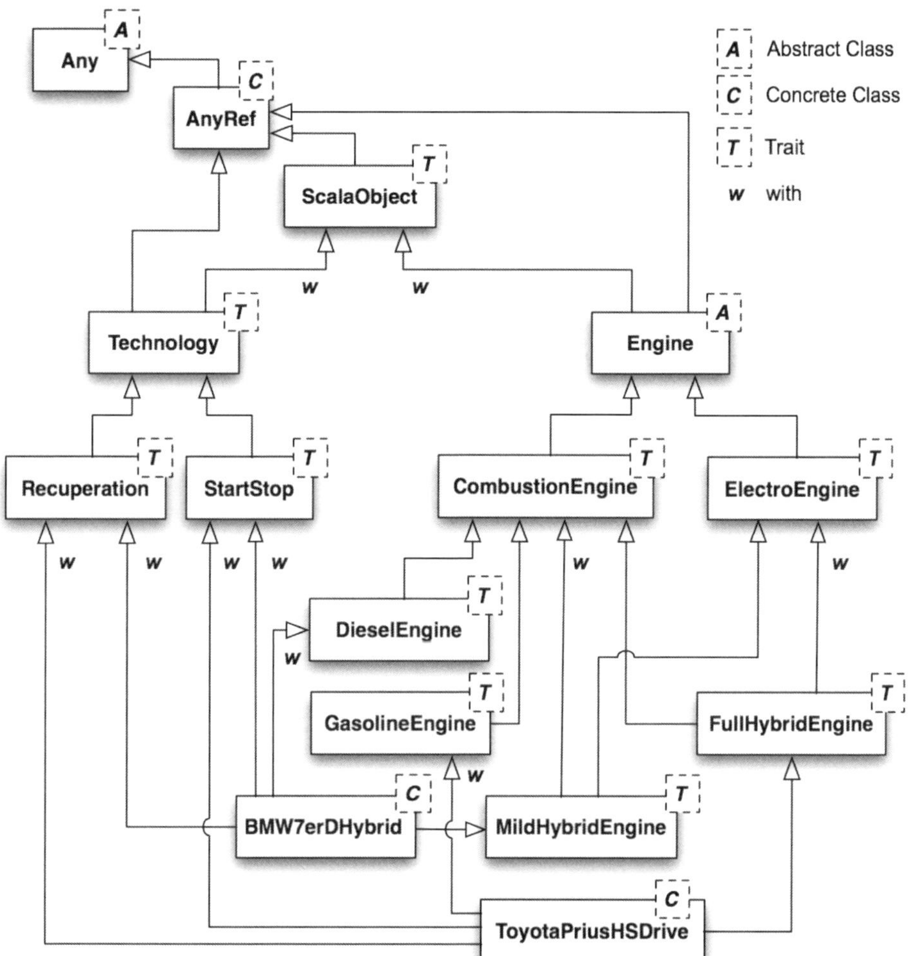

Abbildung 2.15.1: Motoren-/Technologie-System

Die Vielzahl der Motoren lässt nur einen minimalen Ausschnitt zu. Dieser beschränkt sich *o.B.d.A.*[21] auf konkrete Motoren mit *Hybrid*-Technik, angeboten von zwei Hersteller in 2009.

[21] D.h. es sind damit keine politischen oder wirschaftlichen Interessen verbunden.

Implementierung des Motoren/Technologie-Systems

Um den Effekt der Linearisierung auch auf der Konsole ausgeben zu können, verwenden wir wieder die Methode `toString`. Sie gibt zuerst den jeweiligen Trait- bzw. Klassen-Namen aus, um dann abschließend mit der Methode `super.toString` den Parent aufzurufen. Dies führt zu einer Rekursion, die der des Linearisierungs-Algorithmus entspricht und die erst mit `AnyRef` beendet ist. Der Code startet zuerst mit den drei Traits zu der Technologie-Hierarchie. Es folgt dann die `Engine`-Hierarchie. Dabei wurde die Methode `drive` hinzugefügt, um erneut behavioral Subtyping mittels der Vertauschung von `CombustionEngine` mit `ElectroEngine` demonstrieren zu können.

```
trait Technology {
  override def toString=  "Technology -> " + super.toString
}

trait Recuperation extends Technology {
  override def toString=  "Recuperation -> " + super.toString
}

trait StartStop extends Technology {
  override def toString=  "StartStop -> " + super.toString
}

abstract class Engine {
  override def toString = "Engine -> " + drive + super.toString
  def drive: String
}

trait CombustionEngine extends Engine {
  override def toString= "CombustionEngine -> " + super.toString
  override def drive= "combustion-drive "
}

trait DieselEngine extends CombustionEngine {
  override def toString= "DieselEngine -> " + super.toString
}

trait GasolineEngine extends CombustionEngine {
  override def toString= "GasolineEngine -> " + super.toString
}

trait ElectroEngine extends Engine {
  override def toString= "ElectroEngine -> " + super.toString
  override def drive= "electric-drive "
}

// in dieser Reihenfolge ist der Elektromotor der Hilfsmotor!
trait MildHybridEngine extends ElectroEngine with CombustionEngine {
  override def toString= "MildHybridEngine -> " + super.toString
}

// beim FullHybrid dominiert der Elektromotor als Hauptmotor!
trait FullHybridEngine extends CombustionEngine with ElectroEngine {
  override def toString= "FullHybridEngine -> " + super.toString
```

```
}

class ToyotaPriusHSDrive extends FullHybridEngine
      with GasolineEngine with StartStop with Recuperation {
  override def toString= "ToyotaPriusHSDrive -> " + super.toString
}

class BMW7erDHybrid extends MildHybridEngine
      with DieselEngine with StartStop with Recuperation {
    override def toString= "BMW7erDHybrid -> " + super.toString
}

// --- ein Test ---

println(new ToyotaPriusHSDrive)
     → ToyotaPriusHSDrive -> Recuperation -> StartStop ->
       Technology -> GasolineEngine -> FullHybridEngine ->
       ElectroEngine -> CombustionEngine -> Engine ->
       electric-drive part01.Main07$ToyotaPriusHSDrive@74b2002f

println(new BMW7erDHybrid)
     → BMW7erDHybrid -> Recuperation -> StartStop ->
       Technology -> DieselEngine -> MildHybridEngine ->
       CombustionEngine -> ElectroEngine -> Engine ->
       combustion-drive part01.Main07$BMW7erDHybrid@7ddf5a8f
```

Auch hier wirkt wieder behavioral Subtyping bei der Methode `drive`. Dies hängt von der Stellung der Traits `CombustionEngine` und `ElectroEngine` ab. Die Methode `drive` ist zwar in `Engine` abstrakt und müsste somit beim ersten Überschreiben kein `override` als Präfix haben, da aber die Traits in vorher nicht bekannten Kombinationen verwendet werden, ist `override` notwendig.

Linearisierung am Beispiel ToyotaPriusHSDrive:

Jede Linearisierung endet zwangsläufig mit `ScalaObject`, `AnyRef` und `Any`. Bei der Klasse `ToyotaPriusHSDrive` wird eine rekursive Linearisierung durch eine (weitere) Einrückungen verdeutlicht. In eckigen Klammern sind die Typen, die bereits in der Liste enthalten sind.

```
FullHybridEngine
   CombustionEngine
      Engine, ScalaObject, AnyRef, Any

        LinearList: (CombustionEngine,Engine,ScalaObject,AnyRef,Any)

   ElectroEngine [Engine]

        LinearList: (FullHybridEngine,ElectroEngine) + LinearList

GasolineEngine [CombustionEngine]

        LinearList: (GasolineEngine) + LinearList

StartStop,
   Technology

        LinearList: (StartStop,Technology) + LinearList
```

Recuperation *[Technology]*

LinearList: **(Recuperation)** + *LinearList*

In der Abbildung 2.15.2 wird aufgrund der Linearisierung von `ToyotaPriusHDDrive` die Supertyp-Beziehung durch die soliden Pfeile repräsentiert. Hierzu werden zur Laufzeit die statischen Beziehungen um dynamische erweitert.

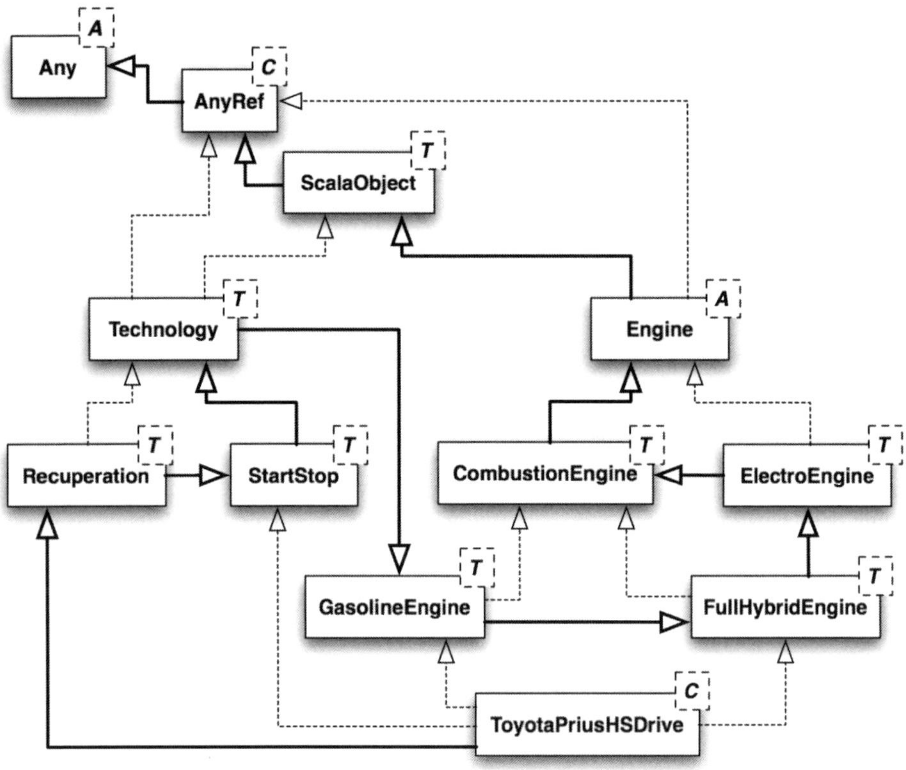

Abbildung 2.15.2: Parent-Beziehungen der Klasse `ToyotaPriusHSDrive`

Die lineare Folge in der Abbildung ist äquivalent zur Ausgabe im letzten Beispiel, wobei die letzte `toString`-Methode von `AnyRef` erfolgt. Die hat das bekannte Format, welches mit dem Hashcode als Ident abschließt.

Mixin Gotchas

Der Begriff *Gotcha* steht in der Programmierung für (häufige) Fehler oder Fallen, die man besser vermeiden sollte. Eine davon entsteht durch die Forderung nach einer „wohlgeformten" (statischen) Klassenhierarchien (siehe IBox 2.13.3) für jedes Mixin.

Im letzten Beispiel war `Engine` eine abstrakte Klasse, `Technology` dagegen ein Trait. Die Wahl eines Traits und keiner abstrakten Klasse für `Technology` war nicht etwa willkürlich, sondern zwingend notwendig. Denn basiert eine Trait-Hierarchie auf einer (abstrakten) Klasse, ist die Reihenfolge bei Mixins mit Traits aus anderen Hierarchien ohne explizite Root-Klasse bereits stark eingeschränkt:

```
// ok!
class Legal extends DieselEngine with StartStop

// compiliert nicht!
class Illegal extends StartStop with DieselEngine

  → error: illegal inheritance;
    superclass Object  is not a subclass of the superclass Engine
    of the mixin trait DieselEngine
```

Hat ein Trait in der Mixin-Reihenfolge implizit `AnyRef` als Parent, müssen zwangsläufig alle weiteren Traits `AnyRef` als Parent haben. Ansonsten hätte `AnyRef` einen Subtypen als Parent, d.h. es läge *illegal inheritance* vor. Da die Motoren-Hierarchie explizit mit `Engine` endet, müssen ihre Traits zwangsläufig also vor den Traits einer anderen Hierarchie verwendet werden. Daraus kann man folgenden Hinweis ableiten:

2.15.2 Mixin: Root-Restriktion

Wählt man Traits, deren Hierarchien abstrakte Klassen als Root haben, die in keiner Beziehung zueinander stehen, kann man diese Traits nicht in einem Mixin zusammen verwenden.

Denn da keine der beiden abstrakten Klassen der Supertyp des anderen ist, bekommt man aufgrund eines Mixins – egal wie man es dreht und wendet – immer einen Konfikt in der statischen Hierarchie. Auch hierzu ein minimales Beispiel:

```
abstract class Energy

trait Gas extends Energy

// compiliert nicht!
trait Catch22 extends CombustionEngine with Gas
  → error: illegal inheritance;
    superclass Engine  is not a subclass of the superclass Energy
    of the mixin trait Gas

// compiliert nicht!
trait Catch22 extends Gas with  CombustionEngine
  → error: illegal inheritance;
   superclass Energy  is not a subclass of the superclass Engine
   of the mixin trait CombustionEngine
```

Schlüsselwort-Kombination: abstract override

In einer statischen Hierarchie werden – wie am Anfang von Abschnitt 2.14 bereits näher beschrieben – die super- bzw. Parent-Beziehungen fixiert. Somit führt folgender Code unweigerlich zu einem Fehler beim Compilieren:

```
abstract class Engine {
  def drive: String
}

// compiliert nicht!
trait HydrogenEngine extends Engine {
  override def drive = "Wasserstoffmotor " + super.drive
}

  → error: method drive in class Engine is accessed from super.
    It may not be abstract unless it is overridden by a member
    declared 'abstract' and 'override
```

Der Compiler gibt bereits einen Hinweis. Da ein Trait verwendet wurde, kann dies durchaus legaler Code sein. Denn vor `HydrogenEngine` kann ja ein anderer Trait eingemischt werden, der die Methode `drive` konkret implementiert. Somit wäre der Aufruf von `super.drive` korrekt, da er diese Implementierung und nicht die abstrakte Methode in `Engine` referenziert. Dies ist die Lösung, die der Compiler vorschlägt:

```
trait HydrogenEngine extends Engine {
  abstract override def drive = "Wasserstoffmotor " + super.drive
}
```

Auch `abstract override` kann sicherlich wieder wieder zu einem behavioral subtype führen. Entwerfen wir dazu nachhaltig gewonnenes sowie nicht nachhaltig gewonnenes Benzin (was zumindest im Rechner funktioniert).

```
trait Substance {
  def sustainable: Boolean
}

trait GasEngine extends Substance {
  abstract override def sustainable = super.sustainable
}

class Gas1 extends Substance {
  def sustainable= true
}

class Gas2 extends Substance {
  def sustainable= false
}
```

```
// --- ein Test ---

val gas1= new Gas1 with GasEngine
val gas2= new Gas2 with GasEngine

println (gas1.sustainable)    → true
println (gas2.sustainable)    → false
```

Dieser Test führt unmittelbar zum nächsten Thema.

2.16 Templates und Compound Types

Instanzen wie `gas1` vom Typ `Gas1 with GasEngine` wurden im letzten Beispiel angelegt, ohne vorab zuerst eine Klasse anlegen zu müssen. Diese Art der Instanz-Anlage nennt man *„instanzerzeugender Ausdruck“*, besser bekannt unter:

Instance Creation Expressions

Hat man beispielsweise eine abstrakte Klasse, ist die Anlage von Instanzen sofort möglich aufgrund einer *instance creation expressions* sofort möglich. In der folgenden *REPL* wird anschließend die äquivalente „lange“ Form eingegeben.

```
scala> abstract class AbstractClass
defined class AbstractClass

scala> val ac= new AbstractClass{}
ac: AbstractClass = $anon$1@4537ef34

scala> val ac= { class Anonym extends AbstractClass; new Anonym }
ac: AbstractClass = Anonym$1@587b8be7
```

Auch bei Traits lässt sich diese Technik nutzen:

```
scala> trait ATrait
defined trait ATrait

scala> val at= new ATrait{}
at: java.lang.Object with ATrait = $anon$1@4d905742

scala> val at= new AnyRef with ATrait
at: java.lang.Object with ATrait = $anon$1@3219ab8d
```

Wie im Beispiel des letzten Abschnitts lassen sich auch direkt Instanzen von Mixins anlegen.

```
scala> abstract class Energy
defined class Energy
```

```
scala> trait HyperEngine {
     |   val name: String
     |   def speed: Double
     | }
defined trait HyperEngine

scala> val eng= new Energy with HyperEngine {
     |            override val name = "Warp"
     |            def speed= 5.1
     |          }
eng: Energy with HyperEngine = $anon$1@213526b0

scala> println(eng.name + " Speed: " + eng.speed +" ly/h")
Warp Speed: 5.1 ly/h

scala> val puppet = new AnyRef { def sayHello= "Hello" }
puppet: java.lang.Object{def sayHello: java.lang.String} = $anon$1@600c199f

scala> val puppet =  new { def sayHello= "Guten Tag" }
puppet: java.lang.Object{def sayHello: java.lang.String} = $anon$1@5a64cd4b

scala> println(puppet.sayHello)
Guten Tag
```

Die beiden `puppet` Typen sind gleich.

Templates

Die Ausdrücke, die hinter `new` stehen können, werden auch allgemein als Klassen- oder Trait-Templates bezeichnet. Sie ermöglichen – wie an den letzten Beispielen bereits zu sehen – viele Arten von Anlagemöglichkeiten.

2.16.1 TEMPLATES

Ein *Template* definiert den Typ bzw. das Verhalten einer Klasse, eines Traits oder Singleton-Objekts. Es ist der wesentliche Teil einer instance creation expression und tritt in verschiedenen Formen auf. Nachstehend sind wichtige Varianten aufgeführt:

- *ContructorInvocation with Trait$_1$ with ... Trait$_n$ { statements }*
- *Trait$_1$ with ... with Trait$_n$ { statements }*
- *ContructorInvocation { statements }*
- *{ statements }*

`ContructorInvocation` steht für einen Konstruktoraufruf mit oder ohne Argumente. Der jeweils abschließende Block `{ statements }` kann neben Initialisierungen die Implementierung von abstrakten Membern sowie die Definition *neuer* Member erhalten.

Zur Demonstration eines Konstruktoraufrufs mit Argumenten (siehe erster Punkt oben) wird nachfolgend noch eine Instanz eines Sternenschiffs angelegt.

```
scala> case class HyperEnergy(val name: String)
defined class HyperEnergy

scala> trait Starship
defined trait Starship

scala> val enterprise= new HyperEnergy("Black Hole") with Starship {
     |                        val range= "500 ly"
     |                      }
enterprise: HyperEnergy with Starship{def range: java.lang.String} =
            HyperEnergy(Black Hole)

scala> println(enterprise)
HyperEnergy(Black Hole)

scala> println(enterprise.range)
500 ly
```

Compound Types

Da man mit Templates bei der Anlage von Instanzen gleichzeitig den Typ, das Verhalten sowie die Initialisierung erledigen kann, sollte dies in ählicher Form auch auf die Angabe von Typen der Parametern einer Methoden möglich sein. Genau dies erledigt ein *Compound Type*. Er besteht aus keinem oder mehreren Typen, die mit `with` verbunden werden und abschließend noch ein sogenanntes *structural refinement* zur Ergänzung der vorstehenden Typen haben können:

Type$_1$ *with . . . with Type*$_n$ *{ refinement }*

Ein Compound Type kann als ad-hoc Typen für Parameter angesehen werden:

def aMethod(..., param : CompoundType, ...)

Im Refinement gelten die normalen Regeln des Überschreibens von Methoden. Wird kein Refinement angegeben, ist dies äquivalent mit einem leeren Refinement. Wird nur das Refinement angegeben, ist dies gleichbedeutend mit `AnyRef { statements }`. Das erste Beispiel verwendet kein Refinement.

```
abstract class Engine { def drive: String  }

trait CombustionEngine extends Engine {
  override def drive= "combustion-drive "
}

trait Substance {
  def sustainable: Boolean
}

// Compound parameter type
```

```
def workOn (engine: Engine with Substance) = {
  println(engine.drive)
  println(engine.sustainable)
}

// Compound return type
def createEngine: CombustionEngine with Substance = {
  new CombustionEngine with Substance { def sustainable= false }
}

// --- ein Test ---

// instance creation expression
workOn(new Engine with Substance {
            def sustainable= true
            def drive= "Gas-Antrieb "
         })                                → Gas-Antrieb
                                             true

val engine: CombustionEngine with Substance = createEngine

workOn(engine)                             → combustion-drive
                                             false
```

Strukturelle Typen

Ein struktureller Typ ist ein Spezialfall des Compound Type, denn er besteht nur aus dem *Refinement*. Ein Refinement ist die Reaktion einer statisch typisierten Sprache wie Scala auf einen Aspekt der dynamischen Sprachen, den viele als den Hauptvorteil dynamischer Sprachen ansehen. Dazu eine Gegenüberstellung:

Duck Typing

Obwohl das Prinzip der *strukturellen Typisierung* bzw. des *structural typings* schon immer zu dynamisch typsierten Sprachen gehörte, wurde erst im Zusammenhang mit *Ruby* ein neuer ungemein einprägsamer Marketing-Begriff dafür erfunden.Wir reden vom *duck typing*:

„If it walks like a duck and it talks like a duck, it is a duck!"

Dieser anschauliche Satz steht seit ca. einer Dekade für folgende Aussage:

„Ein Objekt wird durch sein Verhalten und nicht durch seine Klassenzugehörigkeit gekennzeichnet."

Verhalten wird durch die Menge der Methoden definiert, auf die ein Objekt reagieren kann. Somit wird jedes Objekt im Code akzeptiert, dass auf eine gewünschte Methode reagiert.

Nominale Typisierung

Statisch typisierte Sprachen folgen dagegen dem Prinzip der *nominalen Typisierung* bzw. *nominal Typing*, d.h. der Typ legt statisch fest, auf welche Methoden das Objekt zur Laufzeit reagieren kann. Dies erlaubt es dem Compiler, vor der Ausführung des Codes aufgrund des Typs sicherzustellen, dass ein Objekt eine entsprechende Methode auch besitzt. Bei strukturelle Typisierung entfällt diese Sicherheit. Nicht der Compiler, sondern nur das Laufzeitsystem kann prüfen. Und dennoch, es hat den unbestreitbaren Vorteil der Flexibilität. Man spart sich jedwede Typisierung im Code und konzentiert sich statt dessen auf den eigentlich wichtigen Programmablauf.

In schöner Analogie zu Mehrfach- vs. Einfachvererbung haben also beide Typisierungen Vor- und Nachteile. Es hängt von der Applikation ab, ob die Vor- oder Nachteile überwiegen.[22] Scala sucht erneut einen Mittelweg, um den unbestreitbaren Vorteil der strukturellen Typisierung mit dem eines Typchecks des Compilers zu verbinden. Das Zauberwort wurde bereits vorgestellt, nur noch nicht der Einsatz in Methoden.

Refinement in Methoden

Refinement ist eine *typsichere* Variante von struktureller Typisierung. Die Frage ist also nicht mehr die nach dem Typ bzw. ob ein Typ eine gewisse Methode besitzt, sondern nur noch danach, ob ein Objekt die in dieser Situation erforderlichen Methoden besitzt. Der statische Typ des Objekts ist unwichtig. Um dies zu prüfen, benötigt der Compiler nur ein Refinement, in dem die erforderlichen Methoden angegeben werden. Das ist der berühmte Mittelweg. Denn im Code muss immerhin noch ein Refinement angegeben werden. Aber durch diesen vergleichsweise geringen Aufwand gewinnt man Sicherheit.

Kommen wir nun zum Einsatz des Refinements. Allgemein sieht eine Methode, die einen strukturellen Typ erwartet, wie folgt aus (vgl. Compound Type):

```
def aMethod( ..., param : { refinement }, ...)
```

Nachfolgend zwei Beispiele dazu.

```
def convToDouble (s: String,
                  o: { def parseDouble(s: String): Double } ) = {
  println(o.parseDouble(s))
}

object DoubleWrapper {
  def parseDouble(s: String)= java.lang.Double.parseDouble(s)
}

// --- ein Test ---

convToDouble("123.45", DoubleWrapper)  → 123.45

// mittels instance creation expression
convToDouble("-123.45E2",
```

[22] programming in the small vs. programming in the large. Siehe auch:
http://en.wikipedia.org/wiki/Programming_in_the_large_and_programming_in_the_small

```
            new {
              def parseDouble(s: String)= java.lang.Double.parseDouble(s)
            })
    → -12345.0
```

Bei mehr als einer Methode im Refinement machen wohl Typ-Aliase Sinn.

```
// Refinements als Typen verpackt
type XMLParsing= { def toXML(n: Any): String }
type JSONParsing = { def toJSON(n: Any): String }

// conv muss Methoden toXML und toJSON enthalten
def serialize (o: Any, conv: XMLParsing with JSONParsing)=
                              (conv.toXML(o),conv.toJSON(o))

// wirklich nur zum Testen!
object XJDummy {
  def toXML(o: Any)= "<any>" + o.toString +"</any>"
  def toJSON(o: Any)= """{ "any": """" + o.toString + "\" }"
}

// --- ein Test ---

println(serialize("Hello",XJDummy))
        → (<any>Hello</any>,{ "any": "Hello" })
```

Refinement vs. Type Erasure

Ein wichtige Einschränkung gibt es aufgrund von Java's *type erasure*. Alle Prüfungen von Refinements müssen vom Compiler durchgeführt werden. Somit fallen Matching oder Checks mittels `isInstanceOf` weg, denn diese Techniken überprüfen Typen zur Laufzeit. Aber aufgrund der unseeligen Typlöschungen von Java fehlen die notwendigen Informationen in der `class`-Datei. Um dies zu zeigen, wählen wir *REPL*:

```
scala> type XMLParsing= { def toXML(n: Any): String }
defined type alias XMLParsing

scala> val s: AnyRef = "ein String"
s: AnyRef = ein String

scala> s match {
     |   case x: XMLParsing => println("toXML existiert")
     |   case _ => println("toXML existiert nicht")
     | }
warning: there were unchecked warnings; re-run with -unchecked...
toXML existiert
```

Das Ergebnis „`toXML existiert`“ des Match ist falsch. Zur Laufzeit steht leider der Typ `XMLParsing` nicht mehr zur Verfügung, da er dem Erasure nach `AnyRef` zum Opfer gefallen ist. Hat der Compiler dagegen eine Chance, schon vorab zu erkennen, dass diese Art von

Matching nicht möglich ist, gibt es einen Fehler beim Compilieren. Wählen wir statt `AnyRef` für `s` den Typ `String`, d.h. lassen einfach `AnyRef` weg, erhalten wir einen *error* anstatt einer *warning*:

```
scala> val s = "ein String"
s: java.lang.String = ein String

scala> s match {
     |   case x: XMLParsing => println("toXML existiert")
     |   case _ => println("toXML existiert nicht")
     | }
<console>:9: error: scrutinee is incompatible with pattern type;
 found   : XMLParsing
 required: java.lang.String
        case x: XMLParsing => println("toXML existiert")
                ^
```

ARM: Automatisches Ressource Management

Eine besonders mühsehlige Aufgabe besteht in Java darin, Ressourcen wie Netzwerkverbindungen oder Dateien, die geöffnet wurden nach Benutzung auch ordnungsgemäß zu schließen. Dies ist auch deshalb so unangenehm, da man insbesondere das Schließen auch im Fehlerfall gewährleisten muss. Das führt dann immer wieder zu dem lästigen *try-catch-finally* Kaskaden.

In C# gibt es deshalb schon seit längerem ein Schlüsselwort ***`using`***. Es kann von den Instanzen aller Klassen benutzt werden, die das Interface *`IDisposable`* implementieren. Damit ist ein automatisches Schließen von Ressourcen gewährleistet. Ein typisches Beispiel sieht in C# wie folgt aus:

```
using (File aFile = File.Open("afile")) { /* lesen von aFile */ }
```

Das Schließen der Ressource `aFile` wird mittels der Implementierung von `IDisposable` sowie dem automatisch generierten Code des Compilers zufriedenstellend erledigt. Dieses *ARM* Design ist hilfreich, da es eine immer wiederkehrende Aufgabe erfüllt. Bei C# ist es in die Sprache integriert, bei Scala kann man es in einem minimalen API erledigen, so dass es so aussieht, als wäre es integriert.

```
// ein Mini-API
object Arm {
  type Closable = { def close() }

  // by name Übergabe: siehe Abschnitt 1.11
  def using(resource: Closable)(block: => Unit) = {
    try {
      block
    }
    finally {
      println("closed") // nur zu Testzwecken
      resource.close()
```

```
      }
    }
}

// --- ein Test ---

import java.io._
import Arm._

// Java-IO bemüht ein Decorator Pattern
// setzt ein passendes Verzeichnis 'adirectory' voraus
val reader= new BufferedReader(
              new FileReader("adirectory/Test.txt"))

using(reader) {
  var line: String = null
    do {
      line = reader.readLine

      // simuliert einen schweren Fehler, der zum Abbruch zwingt
      if (line == null)
        throw new Exception("line is null")

      println(line)
    } while (true)
}

  → Hallo
    Welt
    closed
    Exception in thread "main" java.lang.Exception: line is null
    ...
```

Zuerst wird ein passendes Refinement definiert. Es stellt sicher, dass ein übergebenes Objekt auch eine Methode `close` enthält. Um den Code C# artig aussehen zu lassen, greift man auf einen *by name*-Parameter zurück (siehe Abschnitt 1.11). Somit ist es möglich, sofort für `block` Code einzusetzen. Die Benutzung hat das *Look & Feel* einer sprachinternen Lösung.

Abschließend erfolgt mittels `throw` ein Stresstest beim Lesen der Textdatei `Test.txt`. Sie enthält zwei Zeilen mit jeweils einem Wort „`Hallo`" und „`Welt`". Mittels Abbruch durch `Exception` wird das ARM-Design auf Rubustheit geprüft. Wie man an der Ausgabe erkennt, wird die Datei vor dem Abbruch geschlossen.

2.17 Innere Klassen

Im nächsten Abschnitt werden *self types* – ein Spezialfall von Templates – besprochen. Vorher sollten allerdings innere Klassen eingeführt werden. Denn ein Einsatz von self types findet man u.a. auch bei inneren Klassen. Von Java hat Scala innere Klassen übernommen, die Ähnlichkeiten zu Member-Klassen in Java aufweisen. In Java kann es dagegen auch statische innere

Klassen geben, die es in dieser Form in Scala nicht gibt. Sie können allerdings mit Hilfe von Companion-Objekten simuliert werden. Die Syntax von inneren Klassen ist intuitiv: Man bettet eine Klasse oder einen Trait einfach in eine äußere Klasse oder einen Trait ein:

```
class Outer {
  class InnerCls ...
  trait InnerTrait ...
}
```

Die Instanzen der inneren Klasse gehören dann logisch gesehen zu der Instanz der äußeren Klasse. Dies bedeutet, dass immer zuerst eine Instanz zur äußeren Klasse bzw. zum äußeren Trait erschaffen werden muss, bevor eine Instanz zur Inneren erschaffen werden kann. Diese Semantik wird mit einer besonderen Syntax unterstützt, welche in den folgenden Beispielen vorgestellt wird. Da Scala innere Klassen jedoch ein wenig differenzierter als Java sieht, ist auch die damit verbundene Syntax bei der Typangabe „reicher". Das erste Beispiel kommt Java – bis auf die Zugriffs-Modifikatoren – sehr nahe.

```
class OuterCls {
  val i= 1

  def sqr(d: Double)= d*d

  // im Konstruktor wird ein Objekt erschaffen,
  // das als Mixin InnerTrait enthält
  new InnerTrait{}

  class InnerCls {
    private val s= "Inner"
    private[Outer] val i= 2

    // Zugriff auf das äußere Objekt mittels Outer.this
    print(Outer.this.i + ", ")
    print(Outer.this.sqr(2.0) + ", ")
  }

  trait InnerTrait  {
    // erschafft im äußeren Objekt eine Instanz
    // der inneren Klasse und greift auf i zu
    println(new Outer.this.InnerCls().i)

    // kein Zugriff möglich
//  println(new Outer.this.InnerCls().s)
  }
}

// --- ein Test ---

new OuterCls              → 1, 4.0, 2
```

Der semantische Unterschied zu Javas inneren Klassen wird bei einer intensiveren Nutzung schnell deutlich. Legen wir dazu eine Mutter-Klasse `Mother` mit innere Kind-Klasse `Child` an. Die Mutter akzeptiert neben einem eigenen Kind im Feld `child` auch ein Stiefkind im Feld `stepchild`.

```
class Mother {
  var child: Child = null

  // neue Typ-Syntax für Äquivalenz mit Java-Member
  var stepchild: Mother#Child = null

  case class Child(name: String)

  def newBaby(name: String)= new Child(name)
  override def toString= "Mother("+child +", "+stepchild +")"
}

// --- ein Test ---

    val mom1= new Mother
    val mom2= new Mother

    mom1.child= new mom1.Child("Uwe")
    mom2.child= mom2.newBaby("Jan")

//  mom1.child= mom2.child    <- Fehler
    // error: type mismatch;
    // found    : mom2.Child
    // required: mom1.Child

//  mom1.child= mom2.newBaby("Sue") <- gleicher Fehler

    mom1.stepchild= mom2.child
    mom2.child= null

    println(mom1)   → Mother(Child(Uwe), Child(Jan))

    //  das Kind kann nicht zurück zur eigenen Mutter!
//  mom2.child= mom1.stepchild  <- Fehler
    // error: type mismatch;
    // found    : Mother#Child
    // required: mom2.Child

    // mittels Cast aber hier möglich
    mom2.child= mom1.stepchild.asInstanceOf[mom2.Child]

    println(mom2)   → Mother(Child(Jan), null)
```

Fazit: Zu jeder Instanz der äußeren Klasse gehört ein eigener Typ für die Instanzen der inneren Klassen. Somit können die inneren Instanzen nicht verschiedenen äußeren Instanzen wechselseitig zugewiesen werden. Dies nennt man ***path dependent type***. Interessant dabei ist, dass der Typ der inneren Klasse-Instanzen an einen *Wert*, nämlich dem der äußeren Instanz, gebunden ist. Will man dies – wie im Fall `stepchild` – vermeiden, um die Semantik von Java zu erhalten, kann man dies durch eine explizite Typangabe

```
OuterType#InnerType
```

erreichen. Man hat also die Wahl.

Werden in Objekten innere Klassen angelegt, gehören sie zur Singleton Instanz. Da diese bereits besteht, bevor eine Instanz einer inneren Klasse angelegt wird, verhalten sich innere Klassen im Companion ähnlich wie statische innere Klassen in Java:

```
class Vehicle

object Vehicle {
  case class Bike(kind: String)
}

// --- ein Test ---

println(new Vehicle.Bike("Chopper"))        → Bike(Chopper)
println(Vehicle.Bike("Mountainbike"))       → Bike(Mountainbike)
```

2.18 Self-Types

Mittels `extends` drückt man eine *Is-a*-Beziehung aus (siehe hierzu *LSP* in IBox 2.12.1). Als Spezialisierung eines Supertyps verhält sich der Subtyp wie eine Instanz des Supertyps. Traits können mittels `with` ihre *Funktionalität* an die einmischende Klasse übertragen. Sie sind somit Module und keine autonomen Klassen. Dazu fehlen ihnen auch die Konstruktoren. Allerdings wird die Funktionalität aller eingemischten Traits in die öffentliche Schnittstelle der zugehörigen Klasse bzw. der angelegten Instanzen übernommen.

Es gibt aber noch eine dritte Art der Komposition. Man nennt sie *self-types*. Der Begriff steht bezeichnenderweise für den Typ, den ***this*** intern repräsentieren soll. Normalerweise steht `this` immer für das (umschließende) Objekt, in dem dieses Schlüsselwort verwendet wird. Aber bereits bei inneren Klassen können gleichnamige Member in dem inneren sowie äußeren Objekt auftreten. Sie sind dann nicht mittels eines `this` zu unterscheiden.

In der einfachsten Form ist ein self-type nur ein Alias für `this` und wäre als Konstrukt reichlich unnötig. Bei inneren Klassen ist es dann zumindest hilfreich, um den oben angesprochenen Konfikt elegant zu lösen. In der komplexen Variante steht es dann für erlaubte Formen von Mixins, die aber – im Gegensatz zu `extends` oder `with` – nur intern wirken und nicht in der äußere Schnittstelle auftreten. Beginnen wir mit der Syntax, die für Klassen und Traits gleichmaßen gilt.

```
class Cls {                    trait Trait {
  aliasForThis =>                aliasForThis: Type =>
  ...                            ...
}                              }
```

Dabei ist ***aliasForThis*** ein neuer Name für *this*, der nur innerhalb der Klasse *Cls* bzw. des Traits *Trait* gültig ist. Auf der linken Seite steht in der Klasse die einfache Variante, für die es nur geringe Einsatzmöglichkeiten gibt.

Starten wir mit einer Klasse *Car* mit einer inneren Trait *Part*, um ein Fahrzeug aus Teilen zusammenzubauen. Obwohl der Code sehr kurz ist, enthält er neben einem self-type einen *rekursiven Abstieg* im `toString` und eine sogenannte *early definition*, die anhand des Beispiels eingeführt werden soll.

```
import scala.collection.mutable._

// die Map enthält alle Teile des Fahrzeugs
// wegen Wiederverwendung der Teile ist Typ Car#Part sinnvoll
case class Car(model: String,
               parts: Map[Int,Car#Part]= new HashMap) {

  // Synonym für ein this von Car
  self =>

  // isIn enthält das Ident des übergeordneten Teils,
  // 0 steht für: es gibt keine übergeordnetes Teil
  def hasPart(id: Int, description: String, isIn: Int= 0): Car = {
    require(id >0)

    // zuerst eine instance creation expression:  new {...}
    // im new eine early Definition:
    //     { early Definition } with Part
    // um die val Felder von Part vorab zu initialisieren
    parts += (id -> (new {  val ident= id
                            val name= description
                            val inPart= parts.get(isIn)
                          } with Part))

    // Alias für this: gibt Instanz von Car zurück, siehe Test!
    self
  }

  def contains= parts

  // innere Trait
  trait Part {
    val ident: Int
    val name: String

    // None steht für: kein "übergeordnetes Teil" vorhanden
    // somit kann Map.get problemlos genutzt werden
    val inPart: Option[Car#Part]

    // dies ist die Alternative zu Car.this
    def containedIn= self
```

```
    // p.toString läuft rekursiv bis zum obersten Teil
    override def toString=
      "Part(" + this.ident + "," + name +
      (inPart match {
                case Some(p) => ","+ p.toString
                case _ => ""
              }
      ) + ")"
  }
}

// --- ein Test ---

val eCar= Car("ZeroEmission")

eCar.hasPart(1,"CFRP-Karosserie").hasPart(2,"E-Motor")
    .hasPart(23,"Batterie",2).hasPart(231,"Lithium-Zelle",23)

// Ausgabe passend umgebrochen, Rekursion bei Part 231
println(eCar)
  → Car(ZeroEmission,Map(2 -> Part(2,E-Motor),
       23 -> Part(23,Batterie,Part(2,E-Motor)),
       231 -> Part(231,Lithium-Zelle,Part(23,Batterie,
                                     Part(2,E-Motor))),
       1 -> Part(1,CFRP-Karosserie)))
```

Der Zugriff auf die umgebene `Car` Instanz mittels `Car.this` ist natürlich möglich, aber nicht so elegant. Um vor `hasPart` nicht immer wieder `eCar` schreiben zu müssen, liefert sich einfach `eCar` mittels `self` oder `this` zurück. Das ist ein „alter Trick", den bereits `StringBuffer` bzw. `StringBuilder` von Java benutzen, um mehrere `append`'s hinter einer Instanz schreiben zu können.

Early Definition

Der interessanteste Teil im letzten Beispiel ist wohl die „frühe Definition" bei der Erweiterung der Map `parts`. Sie werden bei Mixins verwendet, um Probleme in der Reihenfolge der Initialisierung zu beseitigen. Denn Traits kennen als Überträger ihrer Funktionalität an Klassen *keine* Konstruktoren. Sie sollen nicht eigenständig sein.

Im Beispiel oben ist eine early definition nicht notwendig. Man hätte statt dessen auch die normale Art der Initialsierung verwenden können. Sie sieht sicherlich auch „natürlicher" aus:

```
parts += (id -> (new Part {
                            val ident= id
                            val name= description
                            val inPart= parts.get(isIn)
                          }))
```

Aber leider hat sie machmal das Problem, dass sie zu spät kommt. Dazu ein exemplarisches Beispiel:

```
trait EarlyDef {
  val abstrFld: Int

  // das Problem:
  // neg verwendet den noch zu setzenden Wert von abstrFld
  val neg = -abstrFld

  def sqr = abstrFld * abstrFld
}

// --- ein Test ---

val ed=  new EarlyDef {
           val abstrFld= 10
         }

println(ed.abstrFld)     → 10
println(ed.neg)          → 0
println(ed.sqr)          → 100
```

Das ist wohl kaum akzeptabel. Die Initialisierung von abstrakten `val`-Feldern wie `abstrFld` muss wie bei Konstruktoren frühzeitig geschehen, *bevor* andere Member bzw. Methoden sie verwenden. Als Ersatz für Konstruktoren übernehmen das *early definitions* für Traits. Dazu können Templates (siehe Abschnitt 2.16) mit einer „frühen Definition“ starten.

2.18.1 Early Definition abstrakter Felder

Eine „frühzeitige“ Initialisierung von abstrakten `val`-Felder eines Traits steht vor dem ersten ***with*** eines Mixins:

```
{ val fld1: Type1 = arg1
  ...
  val fldn: Typen = argn
} with Trait1 ...
```

und initalisiert die abstarkten Felder **fld**$_i$ der nachfolgenden Traits.

Das Problem bei der Benutzung eines Traits wie `EarlyDef` lässt sich dann leicht lösen:

```
trait EarlyDef {
  val abstrFld: Int
  val neg = -abstrFld
}

val ed= new { val abstrFld= 10 } with EarlyDef

println(ed.neg)        → -10
```

Die Details, die mit frühzeitigen Definitionen verbunden sind, führten zu regen Diskussionen und zu Tests, die auch gewisse Probleme mit dieser Art von Definition aufzeigten.[23] Diese Diskussion soll hier nicht weiter aufgegriffen werden. Statt dessen folgen noch drei Varianten zu early definitions, welche auch den Trait `EarlyDef` des letzten Beispiel verwenden.

```
trait EarlyDef2 {
  val d: Double
}

// Erste Variante: early definition eines Traits
class UseED1 extends { val abstrFld = 10 } with EarlyDef

// Zweite Variante: early definition zweier Traits mit
//                   Einführung eines zusätzlichen Felds s
class UseED2 extends {
                 val abstrFld= 10
                 val d= 10.0
                 val s= "Hallo"
               } with EarlyDef with EarlyDef2 {
    println(s)
    println(neg + d)
}

// Dritte Variante: early definition in Verbindung mit einem Objekt
object ObjED extends {
                 val abstrFld= 1
                 val d= 1.0    } with EarlyDef with EarlyDef2 {
  println(neg + d)
}

// --- ein Test ---

println(new UseED1().neg)    → -10

new UseED2                   → Hallo
                               0.0
ObjED                        → 0.0
```

Depends-on Beziehung

In allen OO-Sprachen gibt es öffentliche Methoden, die an Instanzen gebunden sind. Um von einer konkreten Implementierung in einer Klasse zu abstrahieren, werden in einem nominalen Typsystem[24] die zusammengehörigen öffentlichen Methoden unter einer *Schnittstelle* zusammengefasst. Somit können verschiedene Klassen ein oder mehrere Schnittstellen implementieren, ohne dass dazu Mehrfachvererbung notwendig ist.

[23] Unter anderem gab es sogar einen Vorschlag für eine neue Syntax mit dem Titel „Early Member Definitions" unter `http://www.scala-lang.org/sid/4`

[24] siehe hierzu Abschnitt 2.16 „Nominale Typsisierung".

UML: Provided vs. required Interface

Eine Schnittstelle beschreibt den angebotenen Dienst für einen Klienten und wird in UML unter dem Begriff „provided Interface" geführt. Dies ist aber nur die eine Seite der Medaille. Die Implementierung eines Dienstes erfordert in der Regel Dienste von anderen Komponenten, die ebenfalls in Form von Typen angegeben werden können. Erforderliche Schnittstellen heißen in UML „required Interfaces„.

In manchen Situationen wäre es durchaus wünschenswert, wenn man alle notwendigen Typen angeben könnte, die man zur Implementierung eines Typs benötigt, ohne gleich das konkrete Mixin dazu angeben zu müssen. Denn `extends...with` legt nicht nur fest, *was* an Typen benötigt wird, sondern auch *wie* die dazu gehörige Supertyp-Hierarchie genau aussieht. Um nur die Funktionalität der Typen *intern* zu nutzen gab es in Scala bis zur Version 2.5 das Schlüsselwort *`requires`*, das aber mit der Version 2.6 wieder verworfen und auf deprecated gesetzt wurde. Nun greift man zu einem *Self-Type*.

Um den Unterschied zwischen einem Self-Type und dem direktem Einsatz eines Mixins zu zeigen, werden nachfolgend zwei Arten von Rechnung definiert.

```
trait Item {
  def id: String
  def price: Double
}

trait Customer {
  def adress: String
}

// ein Mixin
trait MInvoice extends Customer with Item

// eine zugehörige Klasse (Implementierung unwichtig)
abstract class Invoice extends MInvoice

trait STInvoice {
  self: Customer with Item =>

  // self-type gibt Zugriff auf Funktionalität der  beiden Traits
  override def toString= "Artikel: "+ id + " mit Preis: " + price
                         " an Kunde: " + adress
}

// compiliert nicht (Fehlermeldung leicht verkürzt)
abstract class Invoice2 extends STInvoice

    → error: illegal inheritance;
      Invoice2 does not conform STInvoice's
      selftype STInvoice with Customer with Item
```

Das Trait `STInvoice` gibt offensichtlich seine intern benutzten Typen nicht nach außen weiter. `Invoice2` kann sie nicht erben und somit fehlen Typen, die `id`, `price` und `address` enthalten. Fassen wir zusammen:

2.18.2 DEPENDS-ON VS. IS-A

Aufgrund eines ***Self-Types*** entsteht eine ***Depends-on*** Beziehung. Erst die konkrete Implementierung durch den Klienten erzeugt dazu wieder eine *passende* ***Is-a*** Beziehung.

- **Vorteil**:
  - Man gibt dem Klienten mehr Möglichkeiten bei der Wahl eines dazu passenden Mixins.
  - Es sind wechselseitige (zyklische) Abhängigkeiten möglich, die bei `extends` ausgeschlossen sind.
- **Nachteil**:
  - Der Klient muss ein passendes Mixin selbst *komponieren*.
  - Die Typ-Abhängigkeiten sind nicht mehr explizit in der Klassen-/Trait-Deklarations, d.h. im Kopf sichtbar.

Das folgende Beispiel zeigt die in der IBox angesprochene zyklische Abhängigkeit, die mittels `extends` nicht zu realisieren wäre.

```
// FossilEnergy benötigt Substance
trait FossilEnergy {
  self: Substance =>
  def co2EmissionFactor: Double
}

// Substance benötigt FossilEnergy
trait Substance {
  self: FossilEnergy =>
  def sustainable: Boolean
}

// compiliert beides nicht: es fehlt jeweils eine Komponente
//  class Oil extends FossilEnergy
//  class Oil extends Substance

abstract class Oil extends FossilEnergy with Substance
abstract class Gas extends Substance with FossilEnergy

// kein abstract notwendig, da
// PowerPlant kein Typ FossilEnergy with Substance ist
class PowerPlant {
  // jedes Ident möglich, auch this
  this: FossilEnergy with Substance =>
```

```
  // nutzt Methoden aus FossilEnergy und Substance
  override def toString= "CO2-Faktor " + co2EmissionFactor +
                          " regenerativ " + sustainable
}

// konkrete Implementierung
trait Hydrogen extends Substance with FossilEnergy {
  // Methoden werden mit val überschrieben
  val co2EmissionFactor= 10.0
  val sustainable= true
}

// --- ein Test ---

println(new PowerPlant with Hydrogen)
        → CO2-Faktor 10.0 regenerativ true
```

Ein in der IBox angesprochener Nachteil von Self-Types besteht darin, dass die Typabhängigkeiten nicht mehr explizit aufgrund der Klassen- bzw. Trait-Deklaration sichtbar sind. Um sie wieder explizit sichbar werden zu lassen, gibt es aber die Möglichkeit, den Self-Typ als Typparameter in die Deklaration aufzunehmen. Macht man das, muss man allerdings rekursive Typen kennen.

Rekursive Typen bzw. F-bounds

Tritt ein Typ `T` in der Deklaration in seinem Supertyp auf, ist diese Beziehung rekursiv, da der Typ `T` mit Hilfe von sich selbst deklariert wird. Will man beispielweise eine Klasse `C` dazu zwingen, dass ihre Elemente geordnet werden können, kann man folgende generische Lösung verwenden:

```
trait Ordered[E] {
  def compareTo(e: E): Int
}

abstract class C extends Ordered[C]
```

Sicherlich kann man diese Art von rekursiver Typ-Definition auch bei Beschränkungen, d.h. upper bzw. lower Bounds von Typparametern anwenden. Dies bezeichnet man dann kurz mit *F-bound*. Hier eine Lösung mit Hilfe eines abstrakten Typs und zusätzlich ein Wrapper mit F-bound.

```
// E ist nun ein abstrakter Typ
trait Ordered {
  type E
  def compareTo(e:E): Int
}

abstract class C2 extends Ordered { type E= C2 }
```

```
class Wrapper {
  type T <: Ordered { type E = T }
}
```

Strukturelle Typen als Self-Types

Rekursiv definierte Typparameter kann man recht einfach als Self-Types verwenden. Um die Sache interessanter zu gestalten, wird im folgenden Beispiel zusätzlich noch ein Self-Type mit einem *strukturellen Typ* angelegt.

Dazu wählen wir eine Kryptifizierung `Cipher`, die als Self-Type irgend einen Typ mit einer Methode `privateKey` fordert. Um krypifizierten Text abzuspeichern, wird ein Trait `InOut` definiert. `TextIO` enthält dann einen Parameter `C`, der ein Subtyp von `Cipher` und `InOut` ist. Da `C` zum Self-Type ernannt wurde, kann man gleichermaßen auf die Methoden `encrypt`, `decrypt`, `put` und `get` zugreifen.

```
trait Cipher {
  // self type mit strukturellem Typ
  self: { def privateKey: Int } =>

  def encrypt(text: String): String
  def decrypt(text: String): String
}

trait InOut {
  def put(txt: String): Unit
  def get: String
}

trait TextIO[C <: Cipher with InOut] {
  self: C  =>

  def write(text: String)= put(encrypt(text))
  def read= decrypt(get)
}

trait SimpleIO extends InOut {
  private var buffer: String = ""

  def put(txt: String) = buffer= txt
  def get = buffer
}

// --- ein Test ---

class Crypt extends Cipher with SimpleIO with TextIO[Crypt] {
  val privateKey= 0  // nur ein Dummy
```

```
  def encrypt(text: String)= text.toUpperCase.reverse
  def decrypt(text: String)= text.reverse
}

val sf= new Crypt
sf.write("Hallo Welt!")
println(sf.read)              → HALLO WELT!
```

Der Test zeigt, dass ein Klient ein passendes Mixin selbst entwerfen muss. Die konkrete Klasse `Crypt` ist als Typ rekursiv deklariert. Wie bereits in der IBox angesprochen, sind bei gleicher Funktionalität noch andere Mixins möglich. Hier nur zwei weitere:

```
trait Reverse extends Cipher {
  def encrypt(text: String)= text.toUpperCase.reverse
  def decrypt(text: String)= text.reverse
  def privateKey= 0
}

class Crypt1  extends Reverse with SimpleIO
              with TextIO[Crypt1]
object Crypt2 extends TextIO[Reverse with SimpleIO]
              with Reverse with SimpleIO
```

Self-Types sind sicherlich eine Bereichung der Komponenten-Technologie und – abgesehen von diesen Beispielen – gibt es durchaus noch weitere Einsatzmöglichkeiten.[25]

2.19 Annotationen

Beenden wir diese Kapitel mit einem Abschnitt, der die bereits viellfach verwendeten Annotationen beleuchten soll. Sie wurden vorher gleichermaßen in C# und in Java eingeführt und spielen auch in Scala eine wichtige Rolle. Zuerst ein kurzer Überblick über ihren Sinn und die Einsatzmöglichkeiten.

XML: Strukturierte Information

Kommentare in Sourcen sind zur Dokumentation und zum Verständnis des Codes recht nützlich. Leider haben sie einen inhärenten Nachteil: Sie sind unstrukturiert. Die im Kommentar enthaltenen Informationen können weder vom Compiler noch zur Laufzeit passend ausgewertet werden.

Deshalb weicht man bei Web-, Datenbank- und Container-Programmierung auf *XML* basierte Zusatzinformationen aus. XML bietet den Vorteil einer Strukturierung, die unabhängig von der jeweiligen Programmiersprache eingesetzt werden kann, um zum Code gehörige Meta-Informationen in XML-Dateien auszulagern. Das ist dann vorteilhaft, wenn es sich um Konfigurations- bzw. Deployment-Informationen handelt, denn sie betreffen nicht die Logik eines Pro-

[25] Siehe dazu u.a. auch `http://www.scala-lang.org/node/124`

gramms, sondern die Programmumgebung. Informationen, die dagegen zum Code selbst gehören, müssen den jeweiligen Programmelementen zugeordnet werden. Nur dann ist eine eindeutige Auswertung möglich. Hier ist der „große" Abstand von XML zum Code jedoch nicht von Vorteil. Sinnvoller wäre dagegen eine Zusammenführung des Codes mit den jeweils zugehörigen Meta-Informationen.

Annotationen: Meta-Informationen

Annotationen sind Meta-Informationen, die eindeutig zu bestimmten Programmelementen zugeordnet werden. Der Begriff ***Meta*** bedeutet in diesem Zusammenhang, dass es sich – *unabhängig* von der Ablauflogik des Programms – um Aussagen bzw. Deklarationen der Art „Wert darf nicht null sein" oder „Rekursion ist compiler-optimierbar" handelt. Im Gegensatz zu Kommentaren können diese Informationen dann vom Compiler, von Plug-ins, Class-Loadern oder zur Laufzeit im Programm ausgewertet werden. Da Scala sich der JVM bedient, kann Scala alle Java-Annotationen nutzen, hat jedoch noch weitere für den Scala-Compiler hinzugefügt.

Annotationen konkurrieren in erster Linie mit Modifikatoren oder Marker-Interfaces. Sie sind aber wesentlich flexibler, denn erstens müssen sie nicht als Schlüsselwörter in der Sprache aufgenommen werden und zweitens erlauben sie den Zusatz von konstanten, typisierten Informationen. Ohne die Sprache ändern zu müssen, kann man jederzeit weitere Annotationen wie `@tailrec` oder `@notNull` für erweiterte Prüfungen definieren. Da sie den normalen Programmcode bzw. die Ablauflogik nicht berühren, können sie sogar nachträglich in vorhandenem Code eingefügt werden. Im Fall von `@tailrec` weist diese Annotation den Compiler an, eine Fehlermeldung zu erzeugen, sofern er die zugehörige Rekursion nicht optimieren kann. Das führte nach der Einführung in Scala 2.8 bei älterem Code sogar zu Überraschungen, da man bis dato annahm, er wäre optimiert worden.

Annotations-Ebenen

Annotationen können in Java und somitb auch in Scala auf drei verschiedenen Ebenen ausgewertet werden. Allerdings wird in Scala selbst nur die erste Stufe benutzt. Will man die beiden anderen benutzen, muss man auf Java-Code zur Definition der Annotationen oder das Reflektions-API von Java zurückgreifen.

Erste Ebene: Hier findet man Annotationen, die nur für den Compiler bestimmt sind. Mahcmal werden sie durch spezifische Plug-ins für den Compiler begleitet. Compiler oder Plug-ins führen dann zusätzliche Prüfungen anhand dieser *compile-time* Annotationen durch oder dekorieren wie beispielsweise bei `@SerialVersionUID` den Code mit passenden Zusätzen. Nach Auswertung durch den Compiler bzw. der Plug-ins können diese Art von Annotationen entfernt werden.

Zweite Ebene: Annotationen, die nicht (nur) für den Compiler bestimmt sind, müssen über die `class`-Datei weitergereicht werden. Die JVM lädt `class`-Dateien grundsätzlich über *Class-Loader*. Class-Loader sind aufgrund von Annotationen in der Lage, Klassen zu modifizieren bzw. zu ergänzen, bevor sie in der VM ausgeführt werden.

Dritte Ebene: Annotationen können auch zur Laufzeit des Programms ausgewertet werden. Dazu müssen sie natürlich ebenfalls in der `class`-Datei gespeichert werden Das ist zwar die flexibelste Art, verwendet dazu aber typunsicheren *reflektiven* Code. Da Scala kein eigenes Reflektions-API besitzt, muss man auf das von Java zurückgreifen. Dies ist suboptimal und sollte zur Zeit nur im Notfall eingesetzt werden.[26]

Annotation vs. Schlüsselwort

Mit der Einführung von Annotationen können die Sprach-Designer entscheiden, ob Schlüsselwörter als Modifier in der Sprache verankert werden sollen oder besser in Annotationen auszulagern sind. Java kennt beispielsweise keinen Modifikator `override`, sondern nur eine Annotation `@override`, wogegen Scala `override` als Modifikator in der Sprache verankert hat. Umgekehrte hat Scala vier Java-Modifiikatoren durch gleichnamige Annotationen ersetzt:

`@native`, **`@throws`**, **`@transient`** und **`@volatile`**.

Zusätzlich wurden die drei Java Marker-Interfaces `Cloneable`, `Remote` und `Serializable` durch

`@cloneable`, **`@remote`** und **`@serializable`**

abgelöst. Der Begriff *Serialisierung* bezeichnet eine Technik, Instanzen in *Byte-Streams* zu en- bzw. decodieren. Dies ist notwendig, um Kommunikationen *In-Memory*, im Netz oder Speicherungen in Dateien vorzunehmen.

Annotations-Typen

Java hat bei der Einführung von Annotationen gleichzeitig die Sprache erweitert. Bereits die Anlage einer Annotation verlangt in Java ein neues Schlüsselwort ***`@interface`***, nicht unbedingt ein gelungener Name, da das bereits vorhandene Schlüsselwort `interface` eine andere Bedeutung hat. Nach dem Prinzip „Growing-a-Language" werden alle Annotationen in Scala von einer normalen Basis-Klasse

```
abstract class Annotation
```

abgeleitet. Eine konkrete Annotation ist dann gleichbedeutend mit der Erschaffung einer Instanz mittels `new`. Annotations-Klassen, die direkt von `Annotation` abgeleitet werden, sind in ihrer Wirkung auf die ersten *Compiler-Phasen* beschränkt.[27] Hierzu zählt die Annotation `@unchecked`. Die meisten Annotationen der ersten Ebene benötigen dagegen noch zusätzliche Typprüfungen und müssen deshalb von

```
trait StaticAnnotation extends Annotation
```

abgeleitet werden. Die Einbettung in die `class`-Datei für die zweite und dritte Ebene verlangt dagegen

```
trait ClassfileAnnotation extends StaticAnnotation
```

[26] An einem eigenen Reflection-API wird schon lange gearbeitet, aber es wird wohl erst ab Scala 2.9 erscheinen.

[27] Mittels `scalac -Xshow-phases` kann man sich die Phasen anzeigen lassen, die der Compiler durchläuft.

`ClassfileAnnotation` muss in eine Java-konforme Annotation umgewandelt werden, so dass die JVM sie auch akzeptiert. Da oben bereits angedeutet wurde, dass dies Java erforderlich macht, hier ein kurzer Test mit drei fiktiven Annotationen, gedacht für einen *DBMS*-Einsatz:

```
import scala.annotation._

class Entity extends StaticAnnotation
class Table(name: String="Person") extends StaticAnnotation

class NoRuntimeTable(name: String) extends ClassfileAnnotation
→ warning: implementation restriction:
  subclassing Classfile does not make your annotation visible at runtime.
  If that is what you want, you must write the annotation class in Java.
```

Diese Warnung besagt, dass Annotationen, die der JVM übergeben werden, auch in Java geschrieben werden müssen. Das ist zwar kein großes Problem, es ist nur einfach unschön! Zumindest die ersten beiden Annotationen können aber im Scala-Code benutzt werden. Der Einsatz von Annotationen mit Attributen ist recht flexibel. Hier drei Möglichkeiten zu `Table`:

```
@Table
@Table("Student")
@Table(name= "Student")
```

Art und Einsatz von Annotationen

Die Verwendung von Annotationen ist nahezu überall im Code möglich. Man unterscheidet Symbol- und Typ-Annotationen. Zuerst zum Einsatz und zur Syntax der Symbol-Annotationen:

2.19.1 Einsatz von Symbol-Annotationen

Symbol-Annotationen werden *vor* Deklarationen und Definitionen gesetzt. Dazu zählen Klassen, Traits, Felder, Methoden, lokale Variable, Werte- sowie Typ-Parameter und Typ-Member. Eine Annotation ***anno*** kann somit wie folgt verwendet werden:

```
@anno
class Cls[@anno T](@anno x: T) {
  @anno
  var i= 0

  @anno
  def fnc(@anno j: Int) = {
    @anno val k = 1
    i*j+k
  }
}
```

Annotationen vor Klassen werden laut Konvention immer in einer eigenen Zeile vor die Klasse geschrieben. Das kann man sicherlich auch für Felder und Methoden übernehmen. Annotationen zu Typ- oder Werte-Parametern werden dagegen meistens auf der gleichen Zeile geschrieben.

2.19.2 Einsatz von Typ-Annotationen

Typ-Annotationen werden *hinter* einen Typ gesetzt. Sofern die Typ-Angabe fehlt, wird die Annotation nach einem Doppelpunkt hinter den Ausdruck gesetzt.

```
class Cls[T](x: T @anno) {
  val i: Int @anno = 1
  var s= "Hal"+"lo": @anno
}
```

Wer Java kennt, sieht die erweiterten Einsatzmöglichkeiten von Annotationen in Scala. Es gibt praktisch keine Restriktionen.

Annotationen für den Compiler

In der Anwendungsprogrammierung werden nur selten zusätzlich definierte Annotationen eingesetzt. Sofern doch, werden sie reflektiv ausgewertet. Das ist zur Zeit – wie bereits oben erwähnt – Java-Territorium. Deshalb werden im Weiteren die scala-eigenen Annotation vorgestellt. Die Anzahl ist nicht gerade klein und mit jeder Version stetig gewachen. Sie werden alphabetisch aufgeführt, mit einer kurzen Erklärung sowie – sofern notwendig und möglich – anhand eines kleinen Beispiels verdeutlicht.

@cloneable

Dies ist eine Marker Annotation für Klassen, die geklont werden können.

```
@cloneable
case class Cls(s: String){
  override def clone()= new Cls(s)
}

val c= Cls("Hallo")

println(c == c.clone)     → true
println(c eq c.clone)     → false
```

@cps

Diese Annotation steht für ***continuation passing style***. Der Compiler generiert mit Hilfe der Annotation keine *stack*-basierten, sondern einen continuation-basierten Bytecode. Dies bedeutet, dass Funktionen, die aufgerufen werden, nicht mehr (unbedingt) zum Aufrufer zurückkehren, sondern zu einer Nachfolgefunktion. Berücksichtig wird diese Art der Programmierung nur dann, wenn mittels `-P:continuations:enable` das entsprechende Plugin geladen wird. Continuations werden in diesem Buch nicht weiter besprochen. Aber zumindest soll ein kleines *REPL*-Beispiel gegeben werden:

```
...friedrichesser$ scala -P:continuations:enable

Welcome to Scala version 2.8.0.final (Java HotSpot(TM)
64-Bit Server VM, Java 1.6.0_20)...

scala> import scala.util.continuations._
import scala.util.continuations._

scala> reset {
     |   println("start")
     |   shift { k: (Unit => Unit) => k(k(())) }
     |   println("ende")
     | }
start
ende
ende
```

@deprecated

Diese Annotation markiert Programmelemente als „nicht zu verwenden, künftig wegfallend". Der Compiler gibt dann eine Warnung bei der Verwendung dieser Elemente aus. Ein Beispiel ist unnötig, da diese Annotation in jedem älteren Package von Scala auftritt.

@elidable

Mit `@elidable` (von *elide*= auslassen) kann man Methoden mit Hilfe einer ganzzahligen unteren Schranke an- und abschalten. Dafür muss beim Start dem Compiler als Parameter eine untere Schranle `limit` übergeben werden. Dies ist entweder eine ganze Zahl vom Typ `Int` oder ein symbolischer Name, der die große Zahl von möglichen `Int`-Werten auf die notwendigen beschränkt. Der Aufruf erfolgt dann mittels `-Xelide-below`:

```
scalac -Xelide-below <limit>
```

wobei `limit` für einen `Int`-Wert oder die einen der nachfolgenden sybolischen Namen steht. Bei den mit `@elidable(priority)` markierten Methoden werden die Aufrufe von Methoden entfernt, deren `priority` unter `limit` liegen. Die Annotation hat ein Companion-Objekt inklusive einer Map, die die Abbildung der symbolischen Namen auf die ganzen Zahlen enthält:

```
ALL= Int.MinValue,
FINEST= 300, FINER= 400, FINE= 500, CONFIG= 700,
INFO= 800, WARNING= 900, SEVERE= 1000, ASSERTION= 2000,
OFF= Int.MaxValue
```

Im folgenden Beispiel werden die Aufrufe der Methoden `f1` und `f2` entfernt, da sie mit `INFO` und `WARNING` annotiert sind.

```
object Elidable {
  @elidable(INFO)        def f1 = println("info= 800")
  @elidable(WARNING)     def f2 = println("warning= 900")
  @elidable(SEVERE)      def f3 = println("severe= 1000")
  @elidable(ASSERTION)   def f4 = println("assertion= 2000")
}

// --- ein Test mit ---
// scalac -Xelide-below 1000

Elidable.f1
Elidable.f2
Elidable.f3     → severe= 1000
Elidable.f4     → assertion= 2000
```

Interessant ist die Tatsache, dass die Methode `assert` auch mit `@elidable` markiert ist:

```
@elidable(ASSERTION)
def assert ...
```

Somit kann man mittels `limit > 2000` alle Aufrufe von `assert` abschalten. Dazu eine *REPL*:

```
...friedrichesser$ scala -Xelide-below 2001
Welcome to Scala version 2.8.0.final ...

scala> assert(false,"assertion Fehler")

scala>
```

Die Ausführung von `assert(false,...)` führt also zu keiner Ausnahme mehr.

@inline, @noinline

`@inline` wird vor Methoden verwandt, um dem Compiler mitzuteilen, dass Aufrufe dieser Methode durch die Implementierung bzw. den Code im Methodenrumpf ersetzt werden sollen. Dies ist *nur* ein Hinweis, den der Compiler nicht unbedingt umsetzen muss. Unabhängig davon optimiert die JVM ohnehin den Bytecode sehr aggressiv zur Laufzeit (indem sie u.a. auch *Inlining* verwendet). Die Umkehrung ist dann `@noinline`. Es verbietet dem Compiler *Inlining* einzusetzen.

```
class Inlining {
  // aufgrund von final inline-fähig
  @inline
  final def fnc1(i: Int)= 2*i

  @noinline
  def fnc2(i: Int)= i*i
}
```

@native

Die Annotation teilt dem Compiler mit, dass er keinen Code für den Methodenrumpf generieren soll, da die Methode in einer anderen Sprache (C oder C++) implementiert wird. Dies ist insbesondere für die Verwendung von bereits in C implementierten APIs interessant. Da die Typen der Parameter und des Resultat bei der Verwendung geprüft werden, bedeutet dies, dass die zu C kompatiblen Typen bei den Parametern verwendet werden müssen. Das Laden des nativen Codes zur Laufzeit ist gleich zu Java.

@remote

Klassen bzw. Traits werden mit dieser Marker-Annotation versehen, sofern sie von einer anderen JVM *remote* aufgerufen werden sollen. Der Scala Compiler schreibt dann den javakonformen Code dazu.

```
@remote
class Remote {
  def fnc(i: Int)= i*i
}
```

@serializeable, @SerialVersionUID(l: Long), @transient

Die Annotation `@serializeable` markiert eine Klasse als *serialisierbar*. Dies bedeutet, dass die Klasse in einen java-spezifischen *binären Byte-Stream* serialisiert und aus diesem auch wieder deserialisiert werden kann. Dies wird u.a. für Remote-Aufrufe, Datei-IO oder Netzwerkkommunikation benötigt. Interne Objekte einer nicht serialisierbaren Klasse können genauso wie ihre äußere Klassen mit `@serializable` gekennzeichnet werden.

Felder, die als `@transient` gekennzeichnet sind, werden innerhalb eines `@serializable` markierten Klasse oder Objekts *nicht* serialisiert. Beim Deserialisieren der Instanz oder des Objekts werden die transienten Felder auf die zu ihren Typen gehörigen jeweiligen Default-Werte `0`, `0.0`, `false` oder `null` gesetzt.

Mit `@SerialVersionUID` wird ein Ident zur Identifizierung in die Serialisierung eines Objekts mit aufgenommen. Das Ident des deserialisierten Objekts muss mit dem Original-Ident übereinstimmen, ansonsten wird eine Ausnahme erzeugt. Dieser Schutzmechanismus ist dann notwendig, wenn es verschiedene (semantisch) inkompatible Versionen einer Klasse gibt. Es verhindert, dass Objekte mit verschiedenen Versionen von Klassen serialisiert bzw. deserialisiert werden (sofern die Versionen unterschiedliche *`SerialVersionUID`* haben).

```
case class Student(id: Int)

@SerialVersionUID(12345L)
@serializable
class SerClass(val i: Int, @transient val key: String) {
  @serializable object Studi extends Student(i)
```

```
  override def toString= i + ","+ key + ","+Studi
}

// --- ein Test ---

import java.io._

// serialisierten sc in einen Byte-Stream im Speicher
def writeToMemory(sc: SerClass) = {
  try {
    val baos= new ByteArrayOutputStream
    val oout= new ObjectOutputStream(baos)
    oout.writeObject(sc)
    oout.close
    baos
  } catch {
    case _ => null
  }
}

// deserialisiert aus einem Byte-Stream im Speicher
// eine SerClass-Instanz
def readFromMemory(baos: ByteArrayOutputStream)= {
  try {
    val oin= new ObjectInputStream(
               new ByteArrayInputStream(baos.toByteArray))
    oin.readObject.asInstanceOf[SerClass]
  } catch {
    case _ => null
  }
}

val sc= new SerClass(10,"geheim")

println(sc)                                → 10,geheim,Student(10)

// Serialisieren und Deserialisieren
println(readFromMemory(writeToMemory(sc))) → 10,null,Student(10)
```

@specialized

Wird ein Typ-Parameter mit `@specialized` markiert, so generiert der Compiler für jeden oder nur den in Klammern hinter `specialized` angegebenen Subtypen von ***`AnyVal`*** speziellen Byte-Code, der nur zu diesem Subtypgehört. Dies führt zwar zu Code-Duplikation für jeden der aufgeführten Subtypen, erhöht aber merlich die Ausführungsgeschwindigkeit, da Boxing- und Unboxing-Operationen entfallen. Damit immitiert diese Art von Annotation die C++ *Template*-Technik (beschränkt auf die primitiven Typen in Java).

```
class SpecCls [@specialized(Int, Double) T] {
  def id(x: T)= x
}

def specId[@specialized T](x: T)= x
```

@switch

Pattern Matching erzeugt aufgrund des sehr generellen Mustervergleichs komplexen Code, der wenig mit dem einfachen `switch-case` bei C/C++ oder Java zu tun hat. Diese einfachen, auf `Int` basierten `switch`-Ausdrücke sind allerdings aufgrund ihres einfachen *Tabellen-Lookups* sehr effizient. Mit `@switch` kann man den Compiler anweisen, eine Ausnahme zu erzeugen, sofern er keinen einfachen Code à la `switch` erzeugen kann. Es dient somit der Aufgabe sicherzustellen, dass der Code optimiert wird.

```
def switchReact(x: Int)= (x: @switch) match {
  case 1 => println("Ja")
  case 2 => println("Nein")
  case _ => println("Wie bitte?")
}
```

@tailrec

Wie bereits `@switch` ist diese Annotation eine *Zusicherung*. In diesem Fall garantiert sie, dass rekursive Methoden in einen Code überführt werden, der nicht jeden seiner erneuten Aufrufe auf dem *Stack* ablegt. Dabei geht es weniger um die Effizient (wie oben bei `switch`), sondern um zu vermeiden, dass der Stack selbst bei einer relativ geringen Rekursionstiefe überläuft. In produktivem Code ist die geringe Rekursionstiefe und damit die große Gefahr eines *Stackoverflow* das Hauptargument gegen den Einsatz von Rekursionen.

Somit ist es äußerst wichtig, den Einsatz von Rekursion in *produktivem Code* nur dann zuzulassen, wenn sie tail-rekursiv implementiert werden kann. Obwohl dies prinzipiell immer möglich ist, unterstützt Java weder vom Compiler noch von der JVM (im Byte-Code) Tail-Rekursion. Der Scala Compiler kann aber bestimmte Rekursionen selbst optimieren. Sofern dies nicht möglich ist, erzeugt er bei den `@tailrec` markierten Methoden eine Ausnahme.[28]

```
@tailrec
def sum(n: Int): Int = if (n==0) 0 else sum(n-1) + n

@tailrec
def sum(n: Int,s: Int): Int = if (n==0) s else sum(n-1,s+n)
```

Die Annotation vor der Methode `sum(n: Int,s: Int)` wird akzeptiert. Dagegen erzeugt die vor `sum(n: Int)` eine Fehlermeldung des Compilers:

```
error: could not optimize @tailrec annotated method:
it contains a recursive call not in tail position
```

[28] Eine detaillierte Besprechung erfolgt erst in Abschnitt 3.4.

@throws

Java verwendet für gewisse Methoden – vor allem im IO-Bereich – sogenannte *checked Exceptions*, die in Java im Methodenkopf hinter dem Schlüsselworts `throws` in Klammern angegeben werden müssen. Dies geht (leider) nur in Form der Angabe der `class`-Datei.

Um die Interaktion von Scala und Java sicherzustellen, müssen Scala-Methoden eine Konvention einhalten. Alle Ausnahmen, die in Methoden ausgelöst werden und in Java sogenannte checked Exceptions sind, müssen mittels `@throws` deklariert werden. Dies gilt allerdings nur für Scala Methoden, die auch von Java aus aufgerufen werden sollen. Der Compiler generiert dann Code, in dem die Methoden java-konform übersetzt sind.

Grundsätzlich sind in Java alle Ausnahmen, die *nicht* von `RuntimeException` abgeleitet werden, checked Exceptions. Scala selbst ist übrigens agnostisch gegenüber jeder Art von Ausnahme, d.h. akzeptiert auch in der nachfolgenden Methode `calledByJava` Code, der keine Exception auslöst.

```
  @throws(classOf[Exception])
  def calledByJava {
    throw new Exception("Eine checked exception")

    // statt der throw Anweisung in Scala auch möglich
//  println("keine Ausnahme")
  }
```

@unchecked

Ist es die Aufgabe von `@switch` und `@tailrec`, den Compiler anzuweisen, mit einer entsprechenden Meldung auf Probleme bei der Effizienz bzw. Methodenaufrufen zu reagieren, bewirkt `@unchecked` genau das Gegenteil.

Bei `match`-Ausdrücken kann in einigen Fällen der Compiler die Vollständigkeit der `case`-Ausdrücke überprüfen und – sofern nicht gegeben – eine Warnung auf der Konsole ausgeben. Diese Warnung wird mittels `@unchecked` unterdrückt. Im Fall, dass die Compiler-Warnung berechtigt war, führt dies dann zur Laufzeit zu einem `MatchError`. Die Annotation `@unchecked` ist somit nur für die Fälle gedacht, in denen man sicherstellen kann, dass die nicht mittels `case` überprüften Werte auch nicht im `match` überprüft werden.

```
def eval(i: Option[Int]) = (i: @unchecked) match {
  case Some(value)=> println(value)
  // None fehlt! Sofern @unchecked fehlt, erfolgt eine Warnung.
}
```

@volatile

Diese Annotation dient zur Markierung einer Variablen, auf die parallel von mehreren Threads zugegriffen wird. Deshalb zuerst eine Vorbemerkung:

Visibility Prozessor-Architekturen haben neben dem Hauptspeicher *Caches*, auf die die Cores bzw. Threads *wesentlich* schneller zugreifen können als auf den Hauptspeicher. Deshalb werden Datentransfers zwischen Caches und Hauptspeicher nur im „Notfall" durchgeführt. Das Problem dabei ist, dass ein logischer Wert im Hauptspeicher nun als Kopie in mehreren Caches vorliegen kann. Solange dieser Wert nur gelesen wird, ist dies unproblematisch. Bei Lese- und Schreibvorgängen ist aber die *Visibility* nicht mehr gewährleistet. Darunter versteht man, dass alle Threads immer genau den gleichen Wert sehen.

Reordering Es gibt noch ein weiteres Problem mit dem Namen *Reordering*. Speicherzugriffe können aus Optimierungsgründen in einer *anderen* Reihenfolge im Prozessor ausgeführt werden, als im Code angegeben. Dies ist immer dann möglich, wenn es keine für den Prozessor erkennbaren Abhängigkeiten gibt. Auch das kann fatale Folgen bei der Verwendung der Werte aus verschiedenen Threads haben.

Um *Visibility* und ein korrektes *Ordering* zu gewährleisten, kennt Java bzw. Scala entweder die Synchronisierung oder die Kennzeichnung von Variablen als *volatile*. Synchronisierung ist der „große Hammer", denn sie sichert *Atomicity* bzw. Atomarität von allen im synchronized eingeschlossenen Anweisungen zu. Dies bedeutet, dass alle Operationen im synchronized nach außen hin wie eine einzige *unteilbare* Operation ablaufen.

@volatile annotiert dagegen nur Variable, wobei für das Lesen des Variablen-Werts kein Locking durchgeführt werden. Das Schreiben eines Variablen-Werts erzeugt automatisch einen *Memory Flush*. Bei einem Flush werden die Werte im Hauptspeicher und den Caches abgeglichen, so dass es zu jedem Zeitpunkt nur einen gemeinsamen logischen Wert für eine @volatile gekennzeichnete Variable gibt. Da *volatile* allerdings selbst keine Atomarität zusichert, müssen alle Schreib- und Leseoperation prozessor-intern atomar sein. Dies ist bei 32 bzw. 64-Bit Prozessoren auf Werte bis 32 bzw. 64 Bit begrenzt.[29]

```
@volatile
private var _counter = 0

def counter= _counter

def incCounter = synchronized {
  _counter+= 1
}
```

Die Variable _counter ist mit @volatile gekennzeichnet. Lesen und Schreiben von 32 Bit Int-Werten sind somit threadsicher. Da Inkrementieren aber aus drei Operationen (Lesen, Erhöhen, Schreiben) zusammengesetzt ist, wird *nur* aufgrund von synchronized die Methode incCounter atomar ausgeführt. Hier würde @volatile nicht ausreichen.

[29] Für eine weitere Besprechung der Thematik sei ein Artikel von Brian Goetz empfohlen:
http://www.ibm.com/developerworks/java/library/j-jtp06197.html?S_TACT=105AGX02&S_CMP=EDU

Kapitel 3

Funktionales Programmieren

Die beiden ersten Kapitel zeigten Scala als objekt-orientierte Sprache mit vielen Innovationen. Bis auf einen *by-name* Parameter (in Abschnitt 1.11.1) wurde es bisher vermieden, funktionale Aspekte in die Beispiele zu integrieren. Im Gegensatz zu Java, wo die Verwendung von `final` eher die Ausnahme ist, wurden jedoch von Anfang an immutable Objekte bzw. `val`-Variablen bevorzugt. Dieses Kapitel wendet sich nun dem funktionalen Programmierstil zu.

So wenig wie OO-Sprachen funktional sind, müssen FP-Sprachen objekt-orientiert sein.[1] Das zentrale Konstrukt der FP sind Funktionen im mathematischen Sinn. Dazu werden die Funktionen *nicht* wie Methoden in Objekte eingebettet. Denn dann besteht die Gefahr, dass sie wie Methoden auf Felder der Instanzen zugreifen, was dem funktionalen Paradigma genau widersprechen würde.

Wer nun an *prozedurale* Sprachen wie C oder Pascal in den 70er Jahren erinnert wird, denkt automatisch an „neuen Wein in alten Schläuchen". Denn auch prozedurale Sprachen kennen keine Objekte. Allerdings gibt es bereits einen Unterschied in den Begriffen „prozedural" vs. „funktional". Eine der ersten Aufgaben besteht somit darin, den Begriff *„funktional"* präziser zu fassen. Analysieren wir dazu eine der Kernaussagen zu funktionalen Sprachen:

> „Funktionen sind First-class- Objekte und können als order Functions andere Funktionen als Parameter verwenden bzw. als Ergebnis liefern."

In dieser Aussage tauchen zwei wichtige Begriffe „first-class" und „-order" auf, die bei den prozeduralen Sprachen fehlen.

First-class Function Objektorientierte Sprachen betrachten Methoden als Member von Objekten. Objekte sind Werte, die über Referenzen, Parameter oder als Ergebnis weitergereicht werden. Dies wird mit dem Begriff *first-class Objects* umschrieben. An diese Objekte sind die Methoden gebunden, die *nicht* eigenständig – *first-class* – übergeben werden können, sondern nur indirekt über die Objekte, zu denen sie gehören.

[1] Ein gutes Beispiel hierzu ist die Sprache *Clojure*, die ebenfalls in der JVM läuft.

Kehren wir einfach einmal die Sichtweise um. Nun sind die Funktionen die Werte, die über Referenzen, Parameter oder als Ergebnis weitergegeben werden, und zwar an *andere* Funktionen. Sie sind nicht an irgendwelche Objekte gebunden, sondern Objekte sind nur ihre Argumente.

Dies beschreibt ein wichtiges Konzept des funktionalen Paradigmas. Ein weiteres besteht in

High-order Function Dies ist der Begriff für Funktionen, die andere Funktionen als Parameter übergeben bekommen oder Ergebnis liefern. Funktionen enthalten somit neben normalen Werteparametern auch Funktionen als Parameter.

Da Scala eine OO-Sprache ist, sind nun Funktionen und Objekte gleichrangige *first-class* Argumente. Beide müssen voneinander unabhängig sein und beide müssen mit Funktionen aufgerufen werden können.Eine wesentliche Aufgabe von Scala besteht zusätzlich auch darin Methoden, die an Objekte gebunden sind und Funktionen zu vereinheitlichen.

3.1 Funktions-Typen und -Literale

Um Funktionen als Werte in Scala einzuführen, müssen zuerst Funktions-Typen eingeführt werden. Denn Scala ist eine statisch typisierte Sprache. Alle Funktions-Parameter sowie das Ergebnis haben einen Typ. Betrachten wir dazu die Syntax.

3.1.1 Funktions-Typ

Ein Funktionstyp kann mit folgender Pfeil-Notation deklariert werden:

- **T => R**
  für eine Funktion mit einem Argument vom Typ **T** und einem Ergebnis vom Typ **R**.
- **$(T_1, T_2, \ldots, T_n)$ => R**
  für eine Funktion mit n Argumenten vom Typ T_i und einem Ergebnis vom Typ **R**.

Funktionstypen können als Typen für Variable, Parameter und Ergebnisse verwendet werden und sind mithin *first-class* Objects. Ein Funktions-Typ repräsentiert alle Funktionswerte bzw. -literale, die diese Signatur haben.

Die erste Form ist nur eine Vereinfachung der zweiten, da man bei einem Argument die Klammern weglassen kann. Legen wir mit Hilfe von einer *REPL* verschiedene Deklarationen an.

```
scala> var f1: Int => Int = null
f1: (Int) => Int = null

scala> var f2: Int => Boolean = null
f2: (Int) => Boolean = null

scala> var f3: (Double,Double) => Double = null
f3: (Double, Double) => Double = null
```

Es wurden drei `var`-Variablen `f1`, `f2` und `f3` angelegt, die Funktionen vom angegebenen Typ referenzieren können. Bei den ersten beiden Deklarationen können die Klammern um die Argumente entfallen, bei der letzten sind sie notwendig. Da nur der Typ der Funktionen angegeben ist, werden die Variablen erst einmal mit `null` initialisiert. Als `var` können sie nachträglich auf konkrete Funktionen gesetzt werden.

Die folgenden drei Funktions-Variablen sind bereits komplexer und demonstrieren die Tatsache, dass die Typen `T` bzw. T_i in der IBox für beliebig (komplexe) Typen stehen.

```
scala> var f4: Map[Int,String] => Set[Int] = null
f4: (Map[Int,String]) => Set[Int] = null

var f5: (Int,Map[Int,String]) => Pair[Int,String] = null
f5: (Int, Map[Int,String]) => (Int, String) = null

scala> var f6: Double => Option[Double] = null
f6: (Double) => Option[Double] = null
```

Die beiden nachfolgenden Funktionsvariablen behandeln zwei Sonderfälle, die man kennen sollte.

```
scala> var f7: () => String = null
f7: () => String = null

scala> var f8: (Unit) => String= null
f8: (Unit) => String = null
```

Die Funktionen `f7` und `f8` sind zu unterscheiden. Bei `f7` bedeutet die leere Klammer, dass es keine Argumente gibt, wogegen `f8` genau ein Argument vom Typ `Unit` hat. Die Funktion `f8` akzeptiert als Argument somit nur einen Wert, die leere Klammer.

Anhand der o.a. Beispiele erkennt man das Muster für Funktions-Variablen, die anschließend verschiedene Funktions-Literale referenzieren sollen.

```
var fnc: T => R = null
var fnc:(T1,T2,...,Tn) => R = null
```

Dies sind nur Deklarationen von Funktionstypen, die `fnc` referenzieren kann. Diese Typisierung ist zwar wichtig, aber erst einmal ohne Wirkung. Bevorzugt man beispielsweise Funktionsangaben mittels `val`, ist die anschließende Angabe von `null` unsinnig. Somit muss man direkt eine Funktion definieren können. Dazu stehen zwei Möglichkeiten offen.

3.1.2 Funktions-Literale, Anonyme Funktionen

Ein Funktions-Wert bzw. Literale kann auf zwei Arten angelegt werden:

- Zuerst die Deklaration, gefolgt von den Variablennamen und der Implementierung der Funktion:

  $\texttt{val fnc1: T => R = arg => functionBody}$
  $\texttt{val fnc2:}(T_1,\ldots,T_n)\texttt{ => R = }(arg_1,\ldots, arg_n)\texttt{ => functionBody}$

- Direkt als *anonyme Funktion*, d.h. eine Funktion *ohne* Namen

  $(arg_1 : T_1,\ldots,arg_n : T_n)\texttt{ => functionBody}$

  wobei der Typ des Ergebnisses implizit durch den Rückgabewert im `functionBody` festgelegt wird. Sofern der Compiler die Typen T_i der Argumente ermitteln kann, können selbst diese entfallen.

Bei der Anlage von Funktionen bevorzugt man – sofern möglich – die anonyme Variante. Sie setzt die berühmten *Lambda Expressions* in Scala um. Der FP liegt (im Gegensatz zur OO) ein formales System, das sogenannte λ-*Kalkül* der Funktionen zugrunde.

Jede funktionale Sprache setzt es ein wenig anders um. Beispielsweise verwendet *F#* zur Definition von anonymen Funktionen das Schlüsselwort `fun`. Somit ist *`fun i -> i+1`* in *F#* ein Lambda-Ausdruck, wogegen dieser in Scala nach der IBox einfach *`i => i+1`* geschrieben wird. In dieser Definition fehlt sowohl der Argument- wie der Ergebnistyp, womit der Ausdruck nur in einer Umgebung eingesetzt werden kann, in der der Compiler beide Typen selbst ermitteln kann. Dazu ein kleines REPL-Beispiel:

```
scala> val arr= Array(1,2,3)
arr: Array[Int] = Array(1, 2, 3)

scala> arr.map(i => i+1)
res0: Array[Int] = Array(2, 3, 4)

scala> arr.map(i => i+"1")
res1: Array[java.lang.String] = Array(11, 21, 31)
```

Sicherlich ist dies ein Vorgriff auf die high-order Kollektions-Methoden, aber gleichwohl verständlich:[2] Die Methode `map` steht im ersten Ausdruck für die Abbildung eines `Int`-Arrays auf ein `Int`-Array. Sie erwartet eine Funktion, die jedes Element des zugehörigen Arrays auf das entsprechende Element des Ergebnis-Arrays abbildet. Somit müssen `i` und das Ergebnis `i+1` vom Typ `Int` sein und brauchen nicht angegeben zu werden. Im zweiten Fall muss `i` weiterhin vom Typ `Int` sein. Da die anonyme Funktion nun aber einen `Int`-Wert mit einem `String`-Wert konkatentiert, ist das Ergebnis der Funktion vom Typ `String` und somit das Ergebnis der Methode `map` ein `String`-Array.

[2] siehe weitere Besprechung in Abschnitt 3.2.1

Die erste Notation in der IBox hat gegenüber anonymen Funktionen den Charme, dass man Deklarationen und Implementierung durchaus getrennt schreiben kann. Das ist in manchen Situationen sogar notwendig. Beispielsweise benötigen rekursiv definierte Funktionen die explizite Angabe des Ergebnistyps.

Nachfolgend zwei *REPL*-Sitzungen zur ersten Variante. Jede Definitionen einer Funktion wird dabei von einem Funktionsaufruf gefolgt. Die Nummerierung der Funktionen beginnen wieder mit Eins, und die Funktionsvariablen sind bis auf `f4` nur `val`'s.

```
scala> import scala.math._
import scala.math._

scala> val f1: Int => Double = i => sqrt(i)
f1: (Int) => Double = <function1>

scala> f1(10)
res1: Double = 3.1622776601683795

scala> val f2: Double => Long = x => round(x)
f2: (Double) => Long = <function1>

scala> f2(10.6)
res2: Long = 11

scala> val f3: String => Unit = s => println(s)
f4: (String) => Unit = <function1>

scala> f3("Welt")
Welt

scala> var f4: (String,String) => String = (s1,s2) => s1+" "+s2
f4: (String, String) => String = <function2>

scala> f4("Hallo","Welt")
res3: String = Hallo Welt

scala> f4= (a,b) => (a+" "+b).reverse
f4: (String, String) => String = <function2>

scala> f4("Anna","Otto")
res4: String = ottO annA
```

Die Variable `f4` wurde als `var` angelegt. Im Gegensatz zu einer `val` kann `f4` somit ein neues Funktionsliteral zugewiesen werden. Da die Deklaration bereits erfolgt ist, besteht die Funktion dann nur noch aus dem essentiellen Teil des Literals `args => functionBody`, wobei die Argumente jeweils in Klammern eingeschlossen werden müssen.

```
scala> val f5: () => Unit = () => println("Hallo")
f5: () => Unit = <function0>
```

```
scala> f5()
Hallo

scala> val f6: Unit => Unit = u => println("Hallo")
f6: (Unit) => Unit = <function1>

scala> f6(())
Hallo

scala> f6()
Hallo
```

Der Vergleich der beiden Funktionen ist durchaus interessant. Mit `f5` wird eine Funktion *ohne* Argumente definiert. Hier stehen also beide Male die Klammern `()` für eine leere Argumentmenge. Vergleicht man das mit der Funktion `f6`, so hat `f6` ein Argument vom Typ `Unit` und das kann nur für den einzig erlaubten *Wert* `()` stehen. Die leere Klammer symbolisiert somit zwei verschiedene Dinge, die man nicht verwechseln sollte. Der Aufruf `f6(())` zeigt das deutlich. Allerdings ist der Compiler besonders smart. Auch `f6()` wird akzeptiert, da der Compiler den einzigen Wert, der zu `Unit` existiert, selbst einsetzen kann.

Apropos `f6` und der Eleganz des `f6()`-Aufrufs. Wählt man den Typ `Null` statt `Unit`, der ebenfalls nur einen Wert `null` erlaubt, funktioniert eine Aufruf ohne `null` nicht:

```
scala> val f: Null => Unit = n => println(n)
f: (Null) => Unit = <function1>

scala> f()
<console>:10: error: not enough arguments for method apply...
```

Diese unterschiedliche Behandlung von `Null` und `Unit` ist nicht unbedingt konsistent zu nennen.

Funktionen mit Varargs

Mittels eines Sterns als Postfix ist auch die Angabe einer variablen Anzahl von Argumenten möglich. Hier ein kleines Beispiel:

```
scala> val f7: (String*) => Unit = s => { for (a <- s)
     |                                       print(a)
     |                                     println
     |                                   }
f7: (String*) => Unit = <function1>

scala> f7("Scala ","ist ","flexibel")
Scala ist flexibel
```

Der `functionBody` bei `f7` besteht nicht nur aus einer Anweisung, sondern aus einem Block. Bei allen REPL-Sitzungen ist sicherlich die Angabe `<functionN>` aufgefallen, wobei `N` eine ganze Zahl `0,1,2,...` ist.

<functionN> gibt an, das es sich um eine Funktion mit N Argumenten handelt. Diese Ausgabe resultiert aus der zugehörigen Methode `toString`, die für Funktionen passend überschrieben wurden.

Hier eine Gegenüberstellung der Konsolausgabe einer Funktionsvariable und eines Funktionsaufrufs:

```
scala> val f: (String,String,Int) => String = (t,s,i) => t + s * i
f: (String, String, Int) => String = <function3>

scala> println(f)
<function3>

scala> println(f("Hallo","!",3))
Hallo!!!
```

Dieser Code enthält eine kleine Überraschung: Die Verwendung eines Operators * bei dem Typ `String`. Auch das ist wieder ein Vorgriff auf die Verwendung von Operatoren in Fällen, wo es sinnvoll und verständlich ist.[3]

Anonyme Funktionen

Gegenüber der Aufteilung in einen Funktionstyp mit nachfolgendem Funktionsliteral ist die Angabe einer anonymen Funktion kürzer, da sie diese beiden Teile vereint:

```
scala> val swap = (x: Double,y: Double) => (y,x)
swap: (Double, Double) => (Double, Double) = <function2>

scala> val getListVal= (i: Int, list: List[AnyVal]) =>
     | if(0<=i && i<list.size) Some(list(i)) else None
getListVal: (Int, List[AnyVal]) => Option[AnyVal] = <function2>

scala> var fnc= (i: Int) => 2*i
fnc: (Int) => Int = <function1>

scala> fnc= i => -i
fnc: (Int) => Int = <function1>

scala> fnc= i => i+ 0.1
<console>:9: error: type mismatch;
 found   : Int
 required: ?{val +(x$1: ?>: Double(0.1) <: Any): ?}
Note that implicit conversions are not applicable because they are
ambiguous:
...
```

[3] Javaianern wird `s * i` nicht auf Anhieb verständlich sein, da die Verwendung von Operatoren der Sprache Java vorbehalten bleibt. C++-, Ruby- oder Phyton-Fans sehen das schon mit anderen Augen.

Die Funktion fnc zeigt die strikte Typüberwachung durch den Compiler. Die Addition i+0.1 führt zu dem Ergebnistyp Double, welcher nicht implizit nach Int umgewandelt werden kann. Das wäre *Narrowing*, im Gegensatz zu *Widening*, eine implizite Typumwandlung in die falsche Richtung (siehe auch Abschnitt 1.5).

Ergebnistyp Nothing, _ als Argument

Funktionen, die als Ergebnistyp Nothing haben, können keine Ergebnisse zurückliefern. Dies bedeutet, dass sie *nur* mit einer Ausnahme beendet werden können. Obwohl dies nicht sehr nützlich erscheint, ist diese Technik Grundlage für performante Aktoren und wird deshalb hier auch kurz vorgestellt. Der Einfachheit halber wird nur der Typ Exception verwendet.

```
scala> val ex1: Unit => Nothing = u => throw new Exception("uhh")
ex1: (Unit) => Nothing = <function1>

scala> val ex2: Unit => Nothing = _ => throw new Exception("uhh")
ex2: (Unit) => Nothing = <function1>

scala> var ex3= (_: Unit) => throw new Exception("uhh")
ex3: (Unit) => Nothing = <function1>

scala> ex3= _ => { println("In ex3-Funktion")
     |             throw new Exception("Abbruch")
     |           }
ex3: (Unit) => Nothing = <function1>

scala> println(ex3)
<function1>

scala> ex3()
In ex3-Funktion
java.lang.Exception: Abbruch
        at $anonfun$1.apply(<console>:7) ...
```

Auch als anonyme Funktion impliziert die Rückgabe in ex3 den Typ Nothing für das Ergebnis. Da in ex2 wie in ex3 das Argument nicht benutzt wird, kann es durch einen Unterstreichungsstrich _ ersetzt werden. Da ex3 eine var ist, können ex3 auch andere Funktionen zugewiesen werden. Dabei überwacht der Compiler aber strikt die Typen, d.h. die volle Signatur (inklusive des Ergebnistyps).

Der Unterstreichungsstrich muss von einem Typ begleitet werden, wie die folgende Eingabe zeigt.

```
scala> val ex4= _ => throw new Exception("uhh")
<console>:5: error: missing parameter type
       val ex4= _ => throw new Exception("uhh")
                ^
```

Der Pfeil ^ zeigt – wie bei *REPL* üblich – auf die Stelle, die der Compiler für fehlerhaft hält.

3.2 Interaktion von Methoden und Funktionen

Anfang 2010 hat *Martin Odersky*, der Erfinder von Scala, einen kurzen Artikel veröffentlich, in dem Scala als *postfunctional language* bezeichnet wurde.[4] Liest man den Artikel, wäre der Begriff *postobjectoriented* wohl passender, aber er klingt halt nicht so schön. Denn das was „postfunktional“ suggeriert, ist logisch wohl eher umgekehrt. Mit Scala wurden wichtige funktionale Elemente in eine OO-Sprache aufgenommen, denn im Kern ist Scala objekt-orientiert. Aber wie herum auch immer, eine wichtige Aufgabe der postfunktionalen Sprache Scala besteht darin, Methoden und Funktionen miteinander in einer *natürlichen* Weise interagieren zu lassen. Dies bedeutet insbesondere, dass

- Funktionen als Parameter von Methoden akzeptieren werden.
- Funktionen als Ergebnis von Methoden zurückgeben werden können.
- Methoden bei Bedarf in Funktionen umgewandelt werden können.

Die ersten beiden Punkte umschreiben eine besondere Form von *high-order functions*. Geht man „höhere“ Funktionen von der Seite der Methoden an, ist dies für OO-Programmierer weitaus verständlicher, als Funktionen in Funktionen zu definieren. Denn das kann für OO-Konvertiten sehr gewöhnungsbedürftig sein. Der dritte Punkt ist wichtig, um Methoden da einsetzen zu können, wo Funktionen erwartet werden. Ohne diese Konvertierung wären die beiden Welten (einseitig) isoliert. Starten wir mit den ersten beiden Punkten.

Methoden als high-order Funktionen

Sucht man in Scala nach Beispielen zu high-order Funktionen, findet man nahezu ausschließlich Code, der Methoden zeigt, die Funktionen als Argumente akzeptieren.[5] Selbst in einem wissenschaftlich gehaltenen „technical Report“ von Odersky und seinem Team[6], der sehr lesenswert ist, werden funktionale Begriffe mit Hilfe von Methoden demonstriert. Es wäre zum Einstieg in das Thema nicht gerade klug, dies nur aus Prinzip anders sehen zu wollen. Gleichwohl ist eine saubere Trennung, d.h. ein Vergleich der Gemeinsamkeiten und Unterschiede von Methoden und Funktionen auch nicht dumm. Aus den bisherigen Ausführungen und Code-Beispielen kann man eine recht einfache syntaktische Unterscheidung von Methoden und Funktionen ableiten:

- Methoden werden immer mit `def method(params)` eingeleitet.
- Funktionen werden (mit `val`, `var`) als Werte an Variable gebunden und können somit auch als Parameter in Methoden oder Funktionen verwendet werden. [7]

[4] Siehe `http://www.scala-lang.org/node/4960`
[5] Ein exemplarische Beispiel für diese Art der Einführung ist u.a. das PDF `www.scala-lang.org/docu/files/ScalaByExample.pdf`
[6] www.scala-lang.org/docu/files/ScalaOverview.pdf
[7] Es geht auch mit `def` (siehe Unterabschnitt „Verketten von Funktionen“), ist aber ungewöhnlich.

Diese syntaktische Unterscheidung mag schön einfach sein, zeigt aber nicht die semantischen Differenzen auf. Deshalb eine etwas ausführlichere Betrachtung:

3.2.1 METHODEN VS. FUNKTIONEN

Methoden sind dadurch gekennzeichnet, dass sie

- immer einen Namen haben und Teil einer Klasse sind. Somit sind sie an Instanzen gebunden, die bereits den *ersten* Parameter darstellen.
- mit Typ-Variablen parametrisiert werden können.
- keine Werte sind. Somit können sie auch *nicht direkt* von Variablen referenziert werden oder als Argumente an andere Methoden bzw. Funktionen übergeben werden.

Funktionen können dagegen

- als Typen anonym – ohne Namen – definiert werden.
- als Parameter in Methoden verwendet bzw. als Ergebnis zurückgegeben werden:

  ```
      def highOrderFnc (..., fncParm: FncType,...): R =
  methodBody
  ```

  wobei auch `R` ein Funktions-Typ sein kann.
- *nicht* polymorph sein, d.h. *keine* Typ-Parameter in ihrer Signatur enthalten.

Methoden werden aufgrund von Java bzw. der JVM in Scala besonders gehandhabt. Den Methoden ist direkt der Bytecode zugeordnet. Die Ausführung von Methoden ist in der JVM sehr effizient. Ein Alleinstellungsmerkmal ist auch ihre Polymorphie mittels Typ-Parameter. Scala hat nun gegenüber Java Methoden so erweitert, dass sie Funktionen als Werte akzeptieren. Um Funktionen einer JVM als Werte unterschieben zu können, ist verständlicherweise ein höherer Aufwand notwendig. Dies erreicht Scala dadurch, dass die Funktionen „geschickt" in Objekte verpackt werden. Wie genau soll uns im Moment nicht weiter stören, denn es wird später noch ausführlich behandelt. Hier geht es erst einmal um die Semantik und den Einsatz.

Im folgenden wird eine Methode `printFunction` definiert, die eine *reelle* Funktion akzeptiert, gefolgt von einer variablen Anzahl von Werten, deren Funktionsergebnisse auf der Konsole ausgegeben werden sollen. Methoden sehen in *REPL* auf den ersten Blick wie Funktionen aus.

Anmerkung: In *REPL* wird alles, was eingegeben wird, in eine „unsichtbare" compilierbare Einheit (*template*) eingebettet. Deshalb können Methoden ohne explizite Einbettung in eine Klasse oder in ein Objekt definiert werden. Das übernimmt *REPL* automatisch.

```
scala> def printFunction(f: Double => Double, values: Double*) = {
     |   for (x <- values)
     |     print(f(x)+" ")
     |   println
```

```
     | }
printFunction: (f: (Double) => Double,values: Double*)Unit

scala> printFunction(x => x*x, 1,2,3)
1.0 4.0 9.0

scala> printFunction(x => 1/x, 1,2,3)
1.0 0.5 0.3333333333333333

scala> printFunction(x => x.toString, 1,2,3)
<console>:7: error: type mismatch;
 found   : java.lang.String
 required: Double
           printFunction(x => x.toString, 1,2,3)
                               ^
```

Dieses Beispiel zeigt bei der Übergabe von Funktionen erneut eine besondere Eigenschaft des Compilers:[8]

Target-Typing bezeichnet die Eigenschaft, anonyme Funktionen ohne Angabe eines Typs als Argumente an high-order Funktionen übergeben zu können. In diesem Fall überträgt der Compiler den Funktionstyp aus der Methode auf das übergebene Funktions-Literale.

Das geht sicherlich nicht immer, da die übergebene Funktion in den Parametern und im Ergebnis zum erwarteten Typ passenden muss. Im letzten *REPL*-Aufruf von `printFunction` wird das Funktions-Literal `x => x.toString` daher als fehlerhaft erkannt. Die genaue Position des Fehlers wird in der letzten Zeile wieder durch einen Pfeil markiert.

Pure high-order Functions

Da die funktionale Programmierung an sich gar keine Methoden kennt bzw. benötigt, muss die Frage gestattet sein, ob high-order Funktionen in Scala auch ohne eine Symbiose von Methode und Funktion realisiert werden können. Das ist durchaus möglich (obwohl nicht unbedingt opportun). Als „Beweis" codieren wir einfach das letzte Beispiel `printFunction` als *echte* high-order Funktion `printFnc` um:

```
scala> val printFnc: (Double => Double, Double*) => Unit =
     |                (f,values) => {
     |                                for (x <- values)
     |                                  print(f(x)+" ")
     |                                println
     |                              }
printFnc: ((Double) => Double, Double*) => Unit = <function2>

scala> printFnc(x => x*x, 1,2,3)
1.0 4.0 9.0
```

[8] siehe auch `Array`-Beispiel nach IBox 3.1.2

Es geht in diesem Fall also auch ohne Einsatz von Methoden. Aber man sieht auch, dass dieser Code für OO-Konvertiten schwieriger zu „goutieren" ist. Deshalb werden wir – sofern es einfacher verständlich ist und keine Nachteile hat – auch im Folgenden auf Methoden zurückgreifen. Sofern es um reine Effizienz geht, sind auch Methoden ein wenig schneller als äquivalente Funktionen. Scala ist postfunktional und das sollte man nutzen.

Eine Methode wie `printFunction` ist zwar einfach, aber nicht sehr kundenorientiert. Jeden Wert, den der Anwender berechnet haben will, muss er mühselig einzeln eingeben. Weiterhin werden die berechneten Werte nur auf der Konsole ausgegeben, was nicht gerade von großer Flexibilität zeugt. Machen wir daher das Leben für den Anwender einfacher und dafür das des Programmierers schwerer.

Die Methode *`evalInterval`* berechnet zu einer Funktion `f` eine Anzahl `numVals` von Wertepaaren `(x,f(x))` in einem Intervall `[from,to]`. Die `x`-Werte werden – beginnend mit `from` – äquidistant über das Intervall verteilt. Als Ergebnis erhält man eine Liste {`(from,f(from)), ... ,(to,f(to))`}.

```
def evalInterval(f: Double => Double,
                 from: Double, to: Double, numVals: Int) = {
  assert(from<=to)

  if (from==to)
    List((from,f(from)))
  else {
    assert(numVals>1)

    // Berechnung der Schrittweite
    val step = (to-from)/(numVals-1)

    // lst ist mutable: es muss jeweils die neu
    // entstandene Liste referenzieren, denn
    // die Liste von Double-Pairs ist immutable
    var lst: List[(Double,Double)] = Nil

    for (i <- 0 until numVals) {
      val x= from+i*step

      // Einfügen eines Pairs von x und f(x) am Kopf
      lst = ((x,f(x)))::lst
    }

    // Werte in "richtiger" Reihenfolge
    lst.reverse
  }
}

// --- ein Test ---

// ein Polynom 2. Grades
val polynom = (x: Double) => x * x - x + 1.0
```

```
println(evalInterval(polynom,2.0,5.0,4))
      → List((2.0,3.0), (3.0,7.0), (4.0,13.0), (5.0,21.0))
```

Aus FP-Sicht ist die Verwendung einer *immutable* Liste `lst` eine gute Wahl. Jedes Einfügen eines Element mittels

```
lst = ((x,f(x)))::lst
```

führt zu einer neuen Liste, ohne die alte zu ändern. Damit kann man weiterhin auf die alte wie neue Liste zugreifen (was hier nicht genutzt wird). Allerdings muss bei dieser Lösung `lst` als `var` angelegt werden, um die neu entstandene Liste erneut referenzieren zu können. Die letzte Anweisung kehrt die Liste mittels `reverse` um, womit die gewünschte Reihenfolge der Wertepaare erzeugt wird. Das führt zu der berechtigten Frage: Warum geht man den indirekten Weg und fügt nicht einfach die Elemente direkt am Ende der Liste an?

Die Antwort liegt in der Struktur der Liste begründet. Eine Liste ist als einfach verkettete Struktur implementiert! Somit werden Elemente am Kopf der Liste wesentlich schneller als am Ende eingefügt – genauer in `O(1)` gegenüber `O(n)` in der sogenannten *Big-O* Notation. Die `reverse`-Operation hat das gleiche Zeitverhalten wie das Einfügen eines Elements am Ende der Liste, aber nur einmal. Der Code ist somit ein wenig performanter als das direkte Anfügen aller Elemente am Ende der Liste.

Var-bashing: Vermeiden von mutable Variablen

Aus funktionaler Sicht gibt es ein Detail der Implementierung von `evalInterval`, das sehr störend ist. Der Code verwendet eine `var` Variable `lst`. Im `for` wird dann im schönsten *imperativen Stil* für jedes `i` explizit eine neue Liste erzeugt, die mittels `lst` referenziert wird. Diese Art der Lösung ist „verpönt" und in einer reinen FP-Sprache wie Haskell sogar unmöglich. Um diese unnötige Variable zu entsorgen, muss man nur die `for`-Comprehension konsequent nutzen:

```
def evalInterval(f: Double => Double,
                 from: Double, to:Double, numVals: Int) = {

  assert(from<=to, "Intervall-Grenzen fehlerhaft")
  assert(numVals>1,"die Anzahl der Werte muss mindestens 2 sein.")

  val step=(to-from)/(numVals-1)

  // mittels yield erzeugte Sequenz
  for (i <- 0 until numVals; val x= from+i*step) yield (x,f(x))
}

// --- ein Test ---

println(evalInterval(polynom,2.0,5.0,4))
      → Vector((2.0,3.0), (3.0,7.0), (4.0,13.0), (5.0,21.0))
```

Hier ist `yield` also die Alternative, die nicht genutzt wurde. Diese Lösung ist nicht nur kürzer, sondern hat noch einen versteckten Charme. Man überlässt dem Compiler die Wahl der Sequenz. Er entscheidet sich für `Vector`, dem immutable Pendant zu `Array`.

Die Aufforderung `var`'s zu meiden ist kein Selbstzweck. Denn je weniger `var`'s, um so weniger Probleme mit der Synchronisation und um so besser die Möglichkeit, Multicores parallel arbeiten zu lassen. Lokale Variablen benötigen keine Synchronisation. Entscheidender ist im obigen Fall, die Optimierung einer `for`-Comprehension nicht durch explizite `var`-Variable zu unterbinden. Denn das erste `for` ist als Schleife für einen Prozessor ausgelegt. Setzt man dagegen eine „echte" `for`-Comprehension ein, kann diese die Verteilung auf Prozessoren bzw. Threads intern selbst vornehmen. Dieser Stil ist also nicht nur eleganter, sondern je nach Umgebung auch effektiver. Fazit:

- Eine `for`-Comprehension, die während der Iteration keine `fmutable` Variablen verändern, bietet die Möglichkeit der Optimierung (Parallelisierung).
- Nur `mutable` Variablen, die in Methoden oder Funktionen lokal definiert sind, sind thread-sicher und benötigen keine Synchronisation.

Es ist nicht immer so einfach wie im letzten Beispiel, `var`'s zu vermeiden. Findet man keine brauchbare Alternative, sollte man den letzten Punkt beachten.

Ungültiges Ergebnis: null, Exception oder None

Das Zusammenspiel von Funktionen muss möglichst reibungslos verlaufen. Dieses Zusammenspiel wird ernsthaft durch ungültige Werte oder Berechnungen gefährdet. In OO-Programmen werden ungültige Werte oder Ergebnisse in guter alter C-Manier meist mit `null` signalisiert. Bei schwerwiegende Fällen löst man dann Ausnahmen aus. Damit diese auch programmatisch nicht ignoriert werden können, kennt Java noch *checked* Exceptions, die ein *try-catch* im Code erzwingen. Funktionale Sprachen wie Scala kennen noch eine dritte Alternative: `None`. Sie wurde bereits im ersten Kapitel vorgestellt. Vergleichen wir die drei Alternativen.

Funktionen als Ergebnis

Es fehlt noch ein Beispiel zu Funktionen als Ergebnis von Funktionen bzw. Methoden. Um auch dies zu demonstrieren, besteht die Aufgabe darin, eine trigonometrische Funktion aufgrund ihres Namens zurückzugeben. Implementieren wir die drei o.a. Möglichkeiten der Fehlerhandhabung.

```
import scala.math._

// erste objekt-orientierte Art: null im Fehlerfall
def getTrigonometricFnc1(function: String): Double => Double =
                                function match {
                                  case _ if function == "sin" => sin
                                  case _ if function == "cos" => cos
                                  case _ if function == "tan" => tan
```

```
                                  case _ => null
                               }

// zweite objekt-orientierte Art: Exception im Fehlerfall
def getTrigonometricFnc2(function: String): Double => Double =
                               function match {
                                 // ersten drei cases wie oben
                                 case _ => throw new Exception("Funktion " +
                                             function + " existiert nicht!")
                               }

// eine funktionale Art, sie arbeitet mit None im Gegensatz zu null
def getTrigonometricFnc3(function: String): Option[Double => Double] =
                               function match {
                                 case _ if function == "sin" => Some(sin)
                                 case _ if function == "cos" => Some(cos)
                                 case _ if function == "tan" => Some(tan)
                                 case _ => None
                               }
```

Vergleichen wir die drei Lösungen mit gültige Werten bzw. Ergebnissen:

```
println(getTrigonometricFnc1("sin")(Pi/2))      → 1.0
println(getTrigonometricFnc2("cos")(Pi/2))      → 6.123233995736766E-17
println(getTrigonometricFnc3("tan").get(Pi/2))  → 1.633123935319537E16
```

Alle drei Aufrufe ignorieren die Möglichkeit eines Fehlers, denn:

```
println(getTrigonometricFnc1("sni")(Pi/2))
  → Exception in thread "main" java.lang.NullPointerException...

// oder
println(getTrigonometricFnc2("cso")(Pi/2))
  → Exception in thread "main" java.lang.Exception:
    Funktion cso existiert nicht!

// oder
println(getTrigonometricFnc3("tna").get(Pi/2))
  → Exception in thread "main"
    java.util.NoSuchElementException: None.get
```

Letztendlich scheitern alle drei Tests mit Ausnahmen. Da funktionales Programmieren aus der Komposition vieler Funktionen besteht, ist dieser Programmierstil naiv. Was bieten die o.a. drei Alternativen für Auswege?

Fehlerbehandlung bei null

Eine `null` kann nach alter C Tradition mittels *if-else* abgefangen werden. Dies bedeutet für eine sequenzielle Ausführung von Funktionen einen „Spaghetti-artigen" Code ähnlich zu:

$\texttt{if(fnc}_1\texttt{!= null) \{ ... if(fnc}_i\texttt{!=null) doWork}_i\texttt{ else ? ...\} else ? ...}$

Die Fragezeichen stehen für Werte (Funktionen oder Objekte), die `null` ersetzen. Bei high-order Funktionen, denen Funktionen als Argumente übergeben werden, sieht dieses Schema komplexer aus.

> ***null-bashing***: Die Erfahrungen mit C zeigen, dass die Einbettung von möglichen `null`-Werten in *if-else* Konstrukten keine gangbare Lösung ist.

Fehlerbehandlung bei Ausnahmen

Genau aus diesem Grunde wurden Ausnahmen in die OO-Sprachen aufgenommen. Sie haben einen Vorteil: Der normale Programmablauf wird in *`try`* eingebettet und sofern eine Ausnahme wie oben eintritt zentral in einem *`catch`*-Block behandelt. Diese Möglichkeit bietet sich auch bei `null` an. Da aber Code mit möglichen `null`-Ergebnissen kaum in *try-catch* eingebettet wird, geht man in OO lieber direkt den zweiten Weg.

Der Anwender wird aufgefordert, mittels `catch` den Fehler abzufangen oder aber explizit mittels `throws` weiterzuleiten, sofern es eine passendere Stelle zur Fehlerbehandlung gibt. Das Konzept hat einen inhärenten Nachteil:

- Ausnahmen kann man im `catch`-Block nur dann programmatisch bearbeiten, wenn man auch an alle Werte bzw. Argumente kommt, die zum Fehler geführt haben.
- Nach einer Fehlerbehandlung kann man das Programm nicht an der Stelle fortsetzen, wo der Fehler aufgetreten ist. Denn Ausnahmen werden als *unrecoverable* – als nicht behebbar – angesehen. Somit ist es beispielsweise ausgeschlossen, mit einem anderen Wert (Funktion oder Objekt) weiterzuarbeiten.[9]

Fehlerbehandlung mittels Option

Da grundsätzlich das Ergebnis – ob Funktion oder Objekt – in einer `Option` verpackt ist, muss der Anwender zwangsläufig eine der über zwanzig Methoden der Klasse `Option` nutzen, um das Ergebnis zu verwenden. Ein Ignorieren wie bei `null` oder Ausnahmen ist ausgeschlossen.[10] Einige der Methoden von `Option` dienen dazu, abhängig von der Umgebung auf den Wert `None` konstruktiv reagieren zu können. Die Methode `get` zählt nicht dazu, da sie in *try-catch* einbettet werden muss, aber Methoden wie *`orElse`* oder `getOrElse`, die bei `None` passende Alternativen verwenden. Auch mittels Pattern Matching kann man konstruktiv reagieren.

Im oberen Fall kann sich der Anwender beispielsweise entschließen, mittels `getOrElse` eine *default Funktion* aufzurufen oder (per Pattern Matching) bei einer nicht existierenden Funktion einen Default-Ergebnis zu liefern:

```
println(getTrigonometricFnc3("cos").
        getOrElse((x: Double) => Double.NaN)(0.0))
```

[9] Das macht auch Java sehr zu schaffen. Denn bei Threads hat man versucht, Exceptions als Mitteilungen zu missbrauchen!

[10] Denn nur Java kennt checked Exceptions, C# bzw. Scala dagegen nicht!

```
        → 1.0
println(getTrigonometricFnc3("cso").
          getOrElse((x: Double) => Double.NaN)(0.0))
        → NaN
println(getTrigonometricFnc3("cos") match {
          case Some(f) => f(0.0)
          case _ => Double.NaN
        })
        → 1.0
```

Partiell definierte Funktionen

Mathematisch gesehen ist eine Funktion wie `getTrigonometricFnc`, die nicht zu allen Argumenten gültige Ergebnisse liefert, eine *partielle Funktion* bzw. *partial function*.Ist eine Funktion für alle möglichen Werte ihrer Parametertypen definiert, nennt man sie dagegen *totale Funktion*. Da in Scala „partiell" auch im Begriff „partially applied" mit einer anderen Bedeutung verwendet wird (siehe nächsten Absatz), sprechen wir im weiteren von *partiell definierten Funktionen*, um Zweideutigkeiten zu vermeiden.

Partielle definierte Funktionen sind leider nicht etwa die Ausnahme, sondern eher sogar die Regel. Ein Grund dafür liegt darin, dass ein *Domain* – der Wertebereich, für den die Funktion gültige Werte liefert – meist nicht (exakt) als Typ definiert werden kann. Somit entfällt die Möglichkeit, dass der Compiler gültige Werte anhand ihres Typs erkennen kann.

In der `AnyVal`-Hierarchie lassen sich die Subtypen nicht weiter ableiten. Somit gibt es keine *natürlichen* `Zahlen` als Subtyp von `Int`. Alle Funktionen, die nur für positive ganze Zahlen definiert sind, sind folglich partielle Funktionen. Formulieren wir abschließend ein nützliches Idiom (Verhaltensmuster):

3.2.2 Partiell definierter Funktionen und Methoden

Für nicht-triviale Ergebnisse von partiell definierten Funktionen bzw. Methoden (weder Typ `Unit` noch `Nothing`) bieten sich zwei *sichere* Alternativen an:

- Liegen die Argumente im Domain, ist das Ergebnis ***`Some(result)`***, ansonsten ***`None`***.
- Liegen die Argumente im Domain, ist das Ergebnis ***`result`***, ansonsten ein passendes ***Fehlerliteral*** vom Typ des Ergebnisses. Das Fehlerliteral symbolisiert wie `None` einen ungültigen Wert (der nicht ignorierbar ist) und kann beim Pattern Matching benutzt werden.

Für echte Funktionen mit nur einem Parameter gibt es eine weitere Alternative: Man wählt eine Funktion ***`PartialFunction[Value, Result]`***. Sie ist ein Subtyp der Funktion ***`Value => Result`*** und enthält zusätzlich die Methode

```
def isDefinedAt (x: Value) : Boolean
```

die für jeden Wert **`x`** angibt, ob er im Domain liegt.

Da der erste Punkt schon behandelt wurde, sind nur die letzten beiden Alternativen zu besprechen. Ein typisches Beispiel für ein Fehlerliteral ist **NaN** bei Floating-Point-Operationen. Es hat die Eigenschaft, dass jedes Ergebnis einer Berechnung mit NaN wieder NaN ergibt. Somit gibt es für den Anwender auch keine Möglichkeit, diesen Wert zu ignorieren. Es ist für die Ergebnisse von Double-Operationen wesentlich besser geeignet als Option[Double] (weil das recht mühsam wäre). Für mathematische Typen machen Fehlerliterale durchaus Sinn, für allgemeine Typen eher weniger. Beispielsweise gibt es zum Typ String *kein* gutes Fehlerliteral. Abschließend noch eine Version getTrigonometricFnc4 , welche ein explizites Fehlerliteral NaFunction verwendet.

```
// das Fehlerliteral
val NaFunction= (x: Double) => Double.NaN

def getTrigonometricFnc4(function: String): Double => Double =
           function match {
             // ersten drei cases wie wie getTrigonometricFnc1
             case _ => NaFunction
           }
```

Da viele Funktionen nur einen Parameter besitzen, ist die Wahl einer PartialFunction eine weitere Alternative, um „sichere“ partiell definierte Methoden zu schreiben. Das setzt aber voraus, dass der Anwender auch die Methode isDefinedAt für (kritische) Werte aufruft, bevor er die Methode mit diesen ausführt. Ist dies nicht sichergestellt, kann man zusätzlich noch ein Fehlerliteral verwenden.

Die Definition einer PartialFunction hat nicht die Eleganz eines Funktionsliterals. Die Syntax mittels Pfeil wie bei Funktionen steht nicht zur Verfügung. Deshalb wird man bei partiellen Funktionen zwangsläufig durch den Typ mit der Art der Einbettung von Funktionen in die objekt-orientierte Welt konfrontiert. Bei der Definition werden standardmäßig die beiden Methoden apply und isDefinedAt implementiert. Allerdings kennt man auch elegantere Möglichkeiten, die aber erst im Zusammenhang mit Funktions-Typen und anonymen Funktionen besprochen werden (siehe Abschnitt 3.9). Hier soll erst einmal ein einfaches Beispiel genügen.

Als Beispiel wählen wir die Methode sqrt(x: Double) aus dem Package scala.math. sqrt ist nur für positive x inklusiver der Null definiert. Da sqrt eine Methode ist, kennt sie kein isDefinedAt und wehrt sich im Fehlerfall mit dem Fehlerliteral NaN. Betten wir daher sqrt in einer partielle Funktion squareRoot ein:

```
import scala.math._

// Definition mit Hilfe einer Instance Creation Expression
// siehe auch Abschnitt 2.16
val squareRoot= new PartialFunction[Double,Double] {
                  def isDefinedAt(x:Double) = x>=0
                  def apply(x:Double)= sqrt(x)
                }

// --- ein Test ---
```

```
println(if(squareRoot.isDefinedAt(-2)) squareRoot(-2) else "ungültig")
      → ungültig
```

Methoden in Funktionen konvertieren

Der letzte der drei Punkte am Anfang des Abschnitts 3.2 hat die Konvertierung von Methoden nach Funktionen angesprochen. Ohne dies explizit zu erwähnen, hat im letzten Beispiel die Methode `getTrigonometricFnc` bereits eine Konvertierung vorgenommen. Betrachtet man beispielsweise die erste der `case`-Ausdrücke in `getTrigonometricFnc`

```
case _ if function == "sin" => sin
```

so ist `sin` eine Methode in Package-Objekt `scala.math` und ***keine*** Funktion `Double => Double`. Trotzdem wird `sin` akzeptiert. Das liegt daran, dass der emphFunction Compiler eine Methode bei Bedarf in eine Funktion umwandelt. Er konvertiert somit implizit `sin` in eine entsprechende Funktion. Die Funktion bildet einen Wrapper um die Methode, so dass `sin` als Wert betrachtet werden kann. Im Folgenden sollen die Einzelheiten dazu besprochen werden.

3.2.3 Partially applied Function

Methoden können implizit wie explizit in Funktionen umgewandelt werden. Zur expliziten Umwandlung wird der Unterstreichungsstrich _ verwendet. Er dient als Platzhalter für alle oder einige noch nicht übergebene Argumente.[a]

Ist **def method**(p_1**: pType**$_1$**,...,**p_n**: pType**$_n$**)** eine Methode, so

- wird diese Methode – sofern sie *nicht überladen* (*overloaded*) ist – mittels

  val f= method _

  in einen Funktionswert umgewandelt. Dieser wird dann mit allen Argumenten von `method` aufgerufen: **f(arg**$_1$**,...,arg**$_n$**)**

- kann beim Aufruf der Methode ein Argument (oder auch mehrere) durch einen Unterstreichungsstrich ausgelassen werden (hier nur das `i`-te):

  val f= method(arg$_1$**, ..., _: pType**$_i$**,...,arg**$_n$**)**

  Der Funktion **f** wird beim Aufruf das (oder die) fehlende(n) Argument(e) übergeben: **f(arg**$_i$**)**

Die explizite Umwandlung im ersten Punkt kann entfallen, wenn eine Funktion erwartet, aber statt dessen eine Methode übergeben wird.

[a] Genau dies besagt auch der Begriff „partially applied function“.

Der Begriff *partially applied function* wird in Scala für eine „unvollständige“ Methode verwendet, bei der zur vollständigen Ausführung noch die Argumente fehlen, für die ein Unterstreichungsstrich eingesetzt wurde. Dies induziert gleichzeitig eine Umwandlung in eine passende Funktion.

Umgekehrt kann eine Funktionen nicht in Methoden umwandelt werden.

Es handelt sich also um eine Einbahnstrasse. Betrachten wir noch einmal die Methode `sin` aus dem letzten Beispiel:

```
scala> import scala.math._
import scala.math._

scala> val f= sin
<console>:8: error: missing arguments for method sin ...

scala> val f= sin _
f: (Double) => Double = <function1>

scala> val f: Double => Double = sin
f: (Double) => Double = <function1>
```

Bei dem ersten Versuch einer Anlage von `f` erfolgt keine implizite Umwandlung, da der Compiler aufgrund von `val f=` nicht den Typ von `f` erkennen kann. `f` könnte vom Typ `Double` sein oder aber eine `function1`. Somit erfolgt eine Fehlermeldung. Aufgrund von `sin _` wird bei der zweiten Anlage kein Wert gegeben. Die Methode ist unvollständig und es wird explizit ein Konvertierung verlangt. Bei der dritten Angabe wird `f` explizit als Funktion `Double => Double` ausgewiesen. Dieses ist analog zur dem Typ der Methode `getTrigonometricFnc4` im letzten Abschnitt. Der Compiler erwartet somit eine Funktion und wandelt deshalb `sin` auch ohne Unterstreichungsstrich in eine Funktion um.

Es fehlt noch ein Beispiel zu teilweisen Angaben von Argumenten.

```
scala> def pythagoras(a: Double, b:Double, c: Double)= a*a + b*b == c*c
pythagoras: (a: Double,b: Double,c: Double)Boolean

scala> val p= pythagoras(_: Double, 4, _: Double)
p: (Double, Double) => Boolean = <function2>

scala> p(3,5)
res1: Boolean = true

scala> p(3,6)
res2: Boolean = false

scala> p.toString
res3: java.lang.String = <function2>

scala> val p1= pythagoras _
p1: (Double, Double, Double) => Boolean = <function3>

scala> val p2= pythagoras _
p2: (Double, Double, Double) => Boolean = <function3>
```

```
scala> p1 == p2
res4: Boolean = false
```

Beim Aufruf von `pythagoras` werden ein Wert und zwei Unterstreichnungsstriche gegeben. Somit entsteht eine Funktion `p`, die noch zwei Argumente erwartet. An den letzten Eingaben erkennt man, dass Funktionen wirklich Werte sind. Denn auf Methoden kann man wohl kaum eine Methode `toString` oder ein Vergleich == ausführen. Obwohl `p1` und `p2` logisch gesehen gleiche Funktionen sind, prüft == bzw. `equals` nur auf Identität. Eine rein pragmatische Entscheidung!

Überschriebene Methoden als partially applied Functions

Methoden, die überschrieben sind, kann man nicht so ohne weiteres mittels Postfix _ in eine Funktion umwandeln. Als Beispiel wählen wir die Methode **`range`** aus dem Objekt **`Array`**:

```
def range(start: Int, end: Int): Array[Int]
def range(start: Int, end: Int, step: Int): Array[Int]
```

Das folgende Beispiel zeigt nach dem ersten fehlerhaften Versuch zwei Möglichkeiten, die passende **`range`**-Methode in eine Funktion umzuwandeln:

```
scala> import scala.Array._
import scala.Array._

scala> val range1 = Array.range _
<console>:11: error: ambiguous reference to overloaded definition ...

scala> var range1= Array.range(_:Int,_:Int)
range1: (Int, Int) => Array[Int] = <function2>

scala> range1(4,8)
res5: Array[Int] = Array(4, 5, 6, 7)

scala> var range2= Array.range(_:Int,_:Int,2)
range2: (Int, Int) => Array[Int] = <function2>

scala> range2(4,8)
res6: Array[Int] = Array(4, 6)

scala> val r: (Int,Int,Int) => Array[Int]= range
r: (Int, Int, Int) => Array[Int] = <function3>

scala> r(4,8,2)
res7: Array[Int] = Array(4, 6)
```

Für überladene Methoden benötigt der Compiler also die Signatur mit entsprechenden Unterstreichungsstrichen, um auch diese Methoden in Funktionen umwandeln zu können. Abschließend noch zur „Abrundung" die explizite Typangabe zur Funktion, in die eine „unvollständige" Methoden umgewandelt wird.

```
scala> val rangeFromOne= (b:Int) => Array.range(1,b)
rangeFromOne: (Int) => Array[Int] = <function1>

scala> val range1_5 = rangeFromOne(5)
range1_5: Array[Int] = Array(1, 2, 3, 4)
```

Polymorphe Methoden als partially applied Functions

In IBox 3.2.1 wurde bereits angeführt, dass Funktionen im Gegensatz zu Methoden nicht polymorph sein können. Wie werden dann polymorphe Methoden in Funktionen umgewandelt?

Das ist eine interessante Frage, die wir wieder mit Hilfe einer Methode `concat` aus dem Objekt `Array` beantworten wollen. Die Methode `concat` enthält einen Typ-Parameter `T`, der für den gemeinsamen Typ aller Arrays steht, die konkatiniert werden sollen. Ein wenig vereinfacht ist die Signatur:

`concat[T](xss: Array[T]*): Array[T]`

In der folgenden *REPL* wird zuerst die Methode `concat` direkt verwendet, dann in eine Funktion umgewandelt und erneut mit den gleichen Arrays aufgerufen.

```
scala> import scala.Array._
import scala.Array._

scala> concat()
res0: Array[Nothing] = Array()

scala> concat(Array(1,2),Array(-1,5))
res1: Array[Int] = Array(1, 2, -1, 5)

scala> val concatFnc = concat _
concatFnc: (Array[Nothing]*) => Array[Nothing] = <function1>

scala> concatFnc()
res2: Array[Nothing] = Array()

scala> concatFnc(Array(),Array())
res2: Array[Nothing] = Array()

scala> concatFnc(Array(1,2),Array(-1,5))
<console>:10: error: type mismatch;
 found   : Int(1)
 required: Nothing
       concatFnc(Array(1,2),Array(-1,5))
                       ^
```

Das letzte Ergebnis ist wohl nicht das, was wünschenswert wäre. Im Gegensatz zu `concat` kann sich `concatFnc` nicht an den Typ der übergebenen Arrays anpassen, denn es fehlt der

Typparameter. Bei der Umwandlung der polymorphen Methode `concat` wird der Typ der Arrays, den die Funktion `concatFnc` erwartet, auf `Nothing` gesetzt. Das ist für den Compiler der einzig logische Typ (und nicht `Any`). Denn `Nothing` ist als *Bottom*-Typ Subtyp aller Typen. Aber im Gegensatz zu einer leeren Liste mit Elementtyp `Nothing` ist ein Array invariant. Es kann nur Elemente vom Typ `Nothing` aufnehmen. Zum Typ `Nothing` gibt es aber keine Instanzen. Deshalb kann `concatFnc` nur leere Arrays konkatinieren, kaum das, was man möchte.

Es bleibt nur der Ausweg, bei der Umwandlung den Typ explizit anzugeben, wobei dann die `concat`-Funktion nur noch Arrays von diesem Typ akzeptiert.

```
scala> val concatFnc = concat[Int] _
concatFnc: (Array[Int]*) => Array[Int] = <function1>

scala> concatFnc(Array(1,2),Array(-1,5))
res0: Array[Int] = Array(1, 2, -1, 5)

scala> concatFnc(Array("Hallo"),Array("Welt"))
<console>:10: error: type mismatch;
 found   : java.lang.String("Hallo")
 required: Int
       concatFnc(Array("Hallo"),Array("Welt"))
                       ^
```

Der letzte Fehler ist die Folge der Invarianz von Arrays (siehe Abschnitt 1.13 „Invarianz“). Jedoch verlangt auch `concat` eine explizite Typ-Angabe bei zwei oder mehr Arrays mit unterschiedlichen Elementtypen. Nur sofern alle Arrays den gleichen Elementtyp haben, kann der Compiler den gemeinsamen Typ zweifelsfrei selbst ermitteln:

```
scala> concat(Array(1,2),Array(-1,5))
res1: Array[Int] = Array(1, 2, -1, 5)

scala> concat(Array("Hallo"),Array("Welt"))
res2: Array[java.lang.String] = Array(Hallo, Welt)

scala> concat(Array(1),Array("Welt"))
      <console>:9: error: type mismatch;
 found   : Array[Int]
 required: Array[Any]
       concat(Array(1),Array("Welt"))
                   ^

scala> concat[Any](Array(1),Array("Welt"))
res3: Array[Any] = Array(1, Welt)
```

Fazit: Bei der Umwandlung von polymorphen Methoden in Funktionen sind die Typ-Parameter durch konkrete Type-Argumente explizit zu ersetzen.

Verketten von Funktionen

Bei Funktionen mit einem Parameter und somit auch bei dem Subtyp `PartialFunction` gibt es zwei Methoden, die diese Art von Funktionen verketten können. Sie hören auf den Namen **`compose`** bzw. **`andThen`** und verketten zwei Funktionen **`f`** und **`g`** in zwei verschiedenen Reihenfolgen **`(f compose g)(x) == f(g(x))`** bzw. **`(f andThen g)(x) == g(f(x)).`**

Dazu ein Beispiel, in dem zuerst mittels `def` eine Funktion angelegt wird. Dies zeigt der Test mittels `isInstanceOf` auf `Function1` (wobei eine Methode nicht mittels `isInstanceOf` geprüft werden kann). Dies ist irgendwie irreführend. Es ist sicherlich klarer `val` oder `var` zu verwenden.

```
scala> def sqr= (x: Double) => x*x
sqr: (Double) => Double

scala> sqr.isInstanceOf[Function1[_,_]]
res0: Boolean = true

scala> val neg= (x: Double) => -x
neg: (Double) => Double

scala> (neg andThen sqr)(2)
res1: Double = 4.0

scala> (neg compose sqr)(2)
res2: Double = -4.0
```

Die Methoden `compose` und `andThen` liefern unterschiedliche Ergebnisse, da das Verketten von Funktionen nicht kommutativ ist. Da auch `PartialFunction` diese Methoden erbt, ist sicherlich interessant, welcher Typ von Funktion bei einer gemischten Komposition von `Function1` und `PartialFunction` entsteht. Hier ein Test:

```
scala> import scala.math._
import scala.math._

scala> val squareRoot= new PartialFunction[Double,Double] {
     |                      def isDefinedAt(x:Double) = x>=0
     |                      def apply(x:Double)= sqrt(x)
     |                    }
squareRoot: java.lang.Object with
PartialFunction[Double,Double] = <function1>

scala> val sqr= (x: Double) => x*x
sqr: (Double) => Double = <function1>

scala> val f1= squareRoot andThen sqr
f1: PartialFunction[Double,Double] = <function1>

scala> val f2= sqr andThen squareRoot
f2: (Double) => Double = <function1>
```

```
scala> val f3= sqr compose squareRoot
f3: (Double) => Double = <function1>

scala> val f4= squareRoot compose sqr
f4: (Double) => Double = <function1>

scala> println(f1.isDefinedAt(-2))
false
```

Nur die Methode `andThen` liefert bei einer `PartialFunction` links von `andThen` wieder als Ergebnis eine `PartialFunction`, ein etwas unorthodoxes Ergebnis.

Methode und Funktionen: eine konzeptionelle Kluft

In Scala werden – selbst in der Spezifikation und in Reports – die Begriffe *Methode* und *Funktion* synonym verwandt. Sicherlich mag der Unterschied in den jeweiligen Situationen marginal sein, aber der Begriff *Methode* im Gegensatz zu *Prozedur* und *Funktion* ist in die Objekt-Orientierung seinerzeit nicht umsonst eingeführt worden.

Nun suggerieren die bisherigen Umwandlungen von Methoden in Funktionen, dass sich die Unterschiede auf die bereits in Infobox 3.2.1 angesprochenen begrenzen. Denn die Konvertierungen waren – sofern man Overloading und Polymorphie beachtet – reibungslos. Tatsache ist aber, dass dies an der Auswahl der Beispiele lag. Diese mathematischen Beispiele wurden nicht gewählt, weil sie so schön kurz und verständlich sind. Der Hauptgrund liegt darin, das mathematische Anwendungen von Natur aus zu Funktionen im funktionalen Sinn führen. Die Realität in der Modellierung von Objekten mit ihren Methoden in OO sieht allerdings ein wenig anders aus.

Die Kluft zwischen OO und FP hat eine (schwache) Analogie mit der zwischen RDBMS und OO. Mit dem Begriff RDBMS ist das relationale Modell gemeint, das hinter dieser Art von Datenbanken steht. In Anlehnung an die Elektrotechnik nennt man dann den Unterschied zwischen beiden Paradigmen „the object-relational impedance mismatch“.Verwenden wir ebenfalls diesen Begriff für die Kluft, die die funktionale von der objekt-orientierten Welt trennt.

3.2.4 Object-Functional Impedance Mismatch

Ein *Paradigma* der

- *Objekt-Orientierung* besteht darin, dass die Methoden an Instanzen gebunden sind, die mit Hilfe der Felder der zugehörigen Instanz ihre Operationen ausführen.
- *funktionalen Programmierung* besteht darin, dass die Funktionen mit Hilfe der übergebenen Argumente ein explizites Ergebnis liefern.

Insbesondere für die Konvertierung von Methoden nach Funktionen bedeutet dies, dass die Methoden die Felder bzw. Variablen ihres Objekts bzw. ihrer Umgebung nicht verwenden dürfen, da sie sonst das FP-Paradigma verletzen und einen *Impedance Mismatch* erzeugen würden.

Konstruiert man Methoden – dem zweiten Punkt folgend – funktional, hat man keine Probleme, sie auch wie Funktionen zu verwenden bzw. sie in Funktionen umzuwandeln. Dann kann man auch die Begriffe Methode und Funktion synonym benutzen. Die Probleme fangen dann an, wenn die Methoden – der OO-Modellierung folgend – die States bzw. Felder ihrer Instanzen benutzen. Da dies den Machern von Scala nicht unbekannt ist, haben sie insbesondere bei Kollektionen eine bewundernswerte Gradwanderung zwischen Methoden und Funktionen vollbracht, die den Begriff *postfunktionale* Sprache für Scala verdient. Aber dazu später mehr.

Zeigen wir zuerst eine typische Klasse `Account` wie sie in vielen OO-Lehrbüchern mit kleinen Variationen als „lab rat" verwendet wird. Sie ist sehr einfach gehalten und außer Kommentaren enthält sie nur zwei zentrale Methoden `deposit` und `withdraw` für Zu- und Abbuchungen.

```
//                     Konto-Nr.           Eröffnungssaldo
class Account (val account: Long, val initialBalance: Double) {
  require (initialBalance >=0)
  // aktueller Saldo
  private var _balance= initialBalance

  // Abbuchen nur erlaubt: 1.) wenn Betrag positiv oder Null.
  //                       2.) Saldo bleibt positiv oder Null.
  // true:  Abbuchung war erfolgreich!
  // false: Abbuchung verweigert!
  def withdraw(amount: Double)=
    if (amount >= 0 && _balance >= amount) {
      _balance-= amount
      true
    }
    else
      false

  // Zubuchung von positiven Beträgen immer möglich
  def deposit(amount: Double) =
    if (amount>= 0) {
      _balance+= amount
      true
    }
    else
      false

  // aktueller Kontostand
  def balance= _balance
}

// --- ein Test ---

val acc= new Account(123,0.0)

println(acc.deposit(100.0))     → true
println(acc.withdraw(50.0))     → true
println(acc.balance)            → 50.0
```

Die Klasse repräsentiert das in Infobox 3.2.4 angeführte OO-Paradigma recht gut. Deshalb wird es auch gerne als Beispiel verwendet.[11] Wandeln wir einmal exemplarisch eine ihrer beiden Methoden in eine Funktion um:

```
val acc= new Account(321,50.0)

// Angabe des Funktionstyps ist nicht notwendig, nur zur Info
val eval: Double => Boolean = acc.withdraw _

println(eval(50.0))        → true
println(eval(50.0))        → false

// irgend eine Methode, die das Konto benutzt und
// dabei (eventuell) auch das Saldo verändert
doSomethingElse

println(eval(50.0))        → true
```

Betrachtet man die Ergebnisse der `eval` aus funktionaler Sicht, ist diese Art von Test eine *Katastrophe*. Der Testcode ist ohne Kenntnis der Umgebung völlig unverständlich. Funktional gesehen ordnet die Funktion `eval` einer reellen Zahl den Wert `true` oder `false` zu. Bei gleichen Argumentwerten ändert sich das Ergebnis aufgrund von externen „Umwelteinflüssen" unvorhersehbar. *Fazit*: Aufgrund der Konvertierung der Methode `withdraw` in die Funktion `eval` hat diese den Charakter eines *Random*-Generators für `Boolean`-Werte.

Der Kern des Problems liegt in der OO-Modellierung. Die Methode `withdraw` ist ohne ihre zugehörige Instanz `acc` sinnlos. Aus funktionaler Sicht ist `acc` das erste implizite Argument. Da `acc` nach der Konvertierung aber nicht mehr als expliziter Parameter in `eval` auftritt, hängt das Ergebnis von `eval` von unbekannten bzw. unsichtbaren Werten ab. Wäre `acc` immutable, könnte man die Instanz als eine (unbekannte) Konstante ansehen. Aber `acc` steht im öffentlichen Zugriff und kann jederzeit manipuliert werden (dafür steht oben die Methode `doSomethingElse`). Somit liefern *ohne erkennbare Logik* gleiche Werte beim Aufruf von `eval` unterschiedliche Ergebnisse. Fassen wir zusammen:

3.2.5 Eignungstest: Methode als Funktion

Nur Methoden, die isoliert in Objekten bzw. Package-Objekten definiert sind und keine (mutable) Instanzfelder benutzen, können aus FP-Sicht in Funktionen konvertiert werden. Die (Package-) Objekte dienen dann nur als *Namespace* für die Methoden. Dagegen sind Methoden, bei denen

- das Objekt bzw. die Instanz, zu der die Methode gehört, an der Berechnung beteiligt ist,
- die Berechnung nicht als Resultat geliefert wird, sondern als Seiteneffekt die Argumente oder Felder in der Umgebung verändert,

nicht in Funktionen konvertierbar.

[11] Allerdings meistens, um dann mittels des Schlüsselworts `synchronized` thread-sichere Lösungen zu diskutieren.

Abschließend noch ein weiteres kurzes Beispiel einer Klasse `Point` mit einem Companion. In `Point` besteht `move` nicht den Eignungstest. Aber auch die Methode `move` im Companion ist als Funktion ungeeignet.[12]

```
class Point(var x: Int, var y: Int) {
  // Ergebnistyp Unit, Resultat immer ()
  def move(dx: Int, dy: Int) = {
    x+= dx
    y+= dy
  }
}

object Point {
  // ein Relikt aus der prozeduralen Zeit, keineswegs funktional:
  // ändert das erste Argument und hat als Ergebnistyp Unit
  def move(p: Point, dx: Int, dy: Int) = {
    p.x+= dx
    p.y+= dy
  }
}
```

Der Eignungstest beschränkt sich ausschließlich auf Konvertierungen von Methoden in Funktionen. Dies schließt keineswegs aus, dass Methoden hervorragend als high-order *functions* geeignet sind. Man muss beide Welten eben sorgfältig logisch trennen. Mit der freien Wahl zwischen OO und FP kommt die Verantwortung.

3.3 Closures: Scope-abhängige Funktionen

Der Begriff *Closure* taucht insbesondere immer wieder bei Sprachen wie Ruby, Groovy und auch bei der Diskussion um Java 7 auf. Leider wird Closure je nach Autor oder Sprache ein wenig anders interpretiert. Will man den Begriff allgemein fassen, besteht das Problem erst einmal darin, die größte gemeinsame Übereinstimmung zu finden. Starten wir deshalb mit dem Verb *„close“* als gemeinsamen Nenner.

3.3.1 Closures

Ein *Closure* ist ein Block bzw. eine Einheit von Code, der *freie Variable* aus der Umgebung, genauer dem umgebenen Scope zur Berechnung des Ergebnisses mit einbezieht.

Abhängig von der Art der freien Variablen gibt es Closures, deren

- Ergebnisse nur von ihren Argumenten abhängen, da die freien Variablen immutable sind.
- deren Ergebnisse mit den mutable Werten der freien Variablen variieren.

[12] Die Methode `move` im Companion wäre in Java als statische Methode in der Klasse `Point` enthalten.

Diese Definition entspricht weitestgehend der von Odersky.[13] Eine Closure ist somit keine Funktion im direkten mathematischen Sinn. Insbesondere verletzt der zweite Punkt wieder die Forderung, dass ein Funktionsergebnis ausschließlich von den Argumenten abhängt. Dazu ein kurzes Beispiel.

```
scala> var i= 1
i: Int = 1

scala> val impure= (j: Int) => {
     |                             println(i*j)
     |                             i+=1
     |                           }
impure: (Int) => Unit = <function1>

scala> impure(10)
10

scala> impure(10)
20

scala> i=0 i:
Int = 0

scala> impure(10)
0
```

Die Funktion `impure` zeigt eine verblüffende Ähnlichkeit zu dem Verhalten einer Methode, die Berechnungen mit Hilfe von mutable Feldern der zugehörigen Instanz ausführt. Denn konvertiert man Methoden, die mit `mutable`-Feldern arbeiten, in eine Funktion, so liegen diese Felder außerhalb der Funktion und verhalten sich wie freie Variable.

Gleichwohl kann man eine Closure als eine besondere Art von Funktion ansehen, sofern sie – dem ersten Punkt folgend – nur freie immutable Variable verwendet. Denn bezieht man einfach den unveränderbaren Scope in die Definition der Funktion mit ein, dann ergibt jeder Aufruf der Funktion mit den gleichen Argumenten auch das gleiche Ergebnis. Genau diese Eigenschaft kann sehr nützlich sein.

Nachfolgend ein zweites Beispiel, bei dem gewährleistet ist, das der Scope beim Aufruf einer Methode oder Funktion immer gleich ist. Es beruht auf der Eigenschaft von Scala, Methoden in Methoden einbetten zu können. Der Scope der inneren Methode ist dann auf den Rumpf der umschließenden Methode beschränkt.

Binomialkoeffizienten $\binom{a}{k}$ sind in der Kombinatorik und für den Binomischen Satz unverzichtbar. Dabei steht `a` für eine reelle und `k` für eine natürliche Zahl (d.h. `k > 0`). Eine recht einfache Berechnung ergibt sich aus der rekursiven Folge:

$$c_k = c_{k-1} * (a - k + 1) / k$$

Diese Folge kann man als Methode `c` recht schön in der Methode `binomialCoeff` einbetten. Sie ist dann ein *Closure*, da sie auf den `immutable` Parameter `a` zugreift. Weil `c` von außen

[13] Siehe auch das Buch „Programming in Scala" von Odersky, Spoon und Venners.

nicht im Zugriff steht, ist `c` innerhalb von `binomialCoeff` auch eine Funktion im mathematischen Sinn. Denn `a` ist dann eine Konstante.

```
// import scala.annotation._

def binomialCoeff(a: Double,k: Int)= {

// @tailrec
  def c(j: Int): Double =
    if (j>0)
      c(j-1)*(a-j+1)/j
    else
      1.0
  c(k)
}

// --- ein Test ---

println(binomialCoeff(5,2))        → 10.0
println(binomialCoeff(50,2))       → 1225.0
```

Da bei jedem Aufruf von `binomialCoeff` ein neuer Wert `a` übergeben wird, führt jeder Aufruf zu einer neuen Closure, die den jeweiligen Wert von `a` sichert. Man kann `binomialCoeff` auch direkt ohne ein Closure als Hilfsfunktion implementieren. Aber das Beispiel zeigt eine interessante Variante. Diese muss man ohnehin nutzen, wenn man den nächsten Punkt elegant (rekursiv) lösen möchte.

Die Methode `c` wurde oben bereits optional mit *`@tailrec`* annotiert. Die Einkommentierung bewirkt eine Fehlermeldung des Compilers, da sich die Methode `c` – obwohl sie recht einfach aussieht – nicht optimieren lässt. Das leitet zum nächsten Abschnitt über.

3.4 Tail Rekursive Optimierung

Rekursion ist eine der wichtigsten Techniken der funktionalen Programmierung. Der Grund ist einfach: Rekursion ersetzt die Verwendung von normalen Schleifen wie *while*, die mit Hilfe von Schleifenvariablen (`var`'s bzw. mutable lokale Variablen) eine imperative Kontrollstuktur darstellen.

Obwohl keiner die Eleganz von Rekursion gegenüber imperativen Kontrollstrukturen anzweifelt, wird Rekursion in der Applikations-Programmierung gemieden. Hierfür ist weniger die Effizienz – die langsamere Ausführung gegenüber einer imperativen Lösung – verantwortlich, sondern eher der nicht akzeptable Wertebereich der Argumente. Eine Rekursion schränkt den Wertebereich beispielsweise auf der JVM so ein, dass es bereits bei kleinen Werten zum gefürchteten *Stack-Overflow* kommt. Das ist ein Knock-out-Kriterium für Rekursion bei vielen OO-Sprachen, die zur Rekursion nur den Stack verwenden.

Funktionale Sprachen wie Haskell kennen dagegen keine `mutable` Variablen. Insbesondere rekursive Funktionen müssen so optimiert werden können, dass große Wertebereiche *und* Effizienz gewährleistet sind. Scala kann da keine Ausnahme bilden, nur weil sie auf der JVM läuft. Deshalb wird in diesem Abschnitt Rekursion unter dem Aspekt der *Tail-Rekursion* vorgestellt. Tail-Rekursion ist ein Sonderfall von *Tail-Calls*, zu der auch der wechselseitige rekursive Aufruf zweier Funktionen gehört.

Zeigen wir zuerst an zwei Varianten von rekursiven Methoden, was es praktisch bedeutet, wenn eine Methode bzw. Funktion tail rekursiv optimiert werden kann. Beide Methoden `sum` wie `sumTCO` summieren die Zahlen von `1` bis `n` auf, wobei `n` als Argument übergeben werden soll. Imperativ ist die Lösung der Aufgabe trivial (ob `for` oder `while`). Bei der rekursiven Lösung hat man zwei unterschiedliche Lösungsmöglichkeiten, die nach der Compilierung sehr unterschiedlich arbeiten.

```
def sum(n: Long): Long =
  if (n==0)
    0
  else
    sum(n-1) + n
```

```
@tailrec
def sumTCO(n: Long,s: Long = 0): Long =
  if (n==0)
    s
  else
    sumTCO(n-1,s+n)
```

Die linke Variante `sum` ist eindeutig besser zu benutzen, denn sie benötigt nur die obere Grenze `n` als Parameter. Die rechte Variante hält im zweiten Parameter die Zwischenergebnisse zur Gesamtsumme fest. Somit darf der Anwender beim ersten Aufruf nur den Wert Null übergeben. Um auch diese Variante benutzerfreundlich zu machen, kann man den Wert als Default setzen. Entscheidend ist nur, dass sich durch die unterschiedliche Signatur auch der rekursive Aufruf in der letzten Zeile ändert: Links muss zum Ergebnis von `sum(n-1)` noch die Zahl `n` addiert werden, rechts genügt nur der Aufruf von `sumTCO(n-1,s+n)`, da das Zwischenergebnis über den zweiten Parameter weitergereicht wird. Nun zum Test:

```
scala> println(sum(10))
55

scala> println(sum(13000))
java.lang.StackOverflowError
...

scala> println(sumTCO(1000000,0))
500000500000

scala> println(sumTCO(1000000))
500000500000
```

Das Ergebnis ist beeindruckend. `Long` als Typ war bei `sum` unnötig. Selbst kleine Werte unter `20000` führen bereits zu einem `StackOverflowError` und erhärten die Aversion der Rekursiongegner. Es bestätigt sich das bekannte Motto „rekursiv geht meistens schief". Die Variante `sumTCO` hat dagegen keine Probleme mit dem Wertebereich. Sie konkurriert auch sehr gut in der Effizienz mit einer iterativen (Schleifen-) Lösung.

Bevor wir mittels eines Tests eine anschauliche Begründung für das Phänomen geben, zuerst die *TCO*-Regel:

3.4.1 Tail Rekursion und Tail Call Optimierung (TCO)

Eine selbst-rekursive Methode oder Funktion nennt man *tail-rekursiv*, wenn sie im *rekursiven Teil nur* sich selbst wieder aufruft (ohne dass der Aufruf in einem Ausdruck bzw. einer Berechnung steht). In Pseudo-Code:

```
def tcoFnc(args)= if (simpleEnough)
                     simpleRes
                  else {
                     ...
                     tcoFnc(simplerArgs)
                  }
```

Damit eine tail-rekursive Methode optimiert werden kann, muss sie **`final`** sein. Entweder steht sie in einem Objekt bzw. in einer *`final`* deklarierten Klasse oder ist selbst `final` deklariert.

Die Annotation **`@tailrec`** weist den Compiler an, einen entsprechenden Fehler auszugeben, wenn *TCO* nicht möglich ist.

TCO bewirkt, dass eine tail-rekursive Funktion wie eine iterative nur einmal aufgerufen wird. Eine Methode, die nur sich selbst aufruft, braucht nicht auf dem Stack abgelegt zu werden. Stattdessen wird vom Compiler Code erzeugt, der an den Anfang der Methode zurückkehrt, um mit den neuen Argumenten den Code der Methode erneut zu durchlaufen. Das geht jedoch nur, sofern die Methode nicht in Berechnungen „verwickelt" ist. Die Effizienz sowie der Stack-Bedarf gleicht damit einer imperativen Lösungen.

Um die Ablage von `sum` auf dem Stack gegenüber dem einmaligen Aufruf von `sumTCO` demonstrieren zu können, muss man zu einem Trick greifen. Der Abbruch durch eine `Exception` erzeugt immer einen Stack-Trace auf der Konsole. Modifizieren wir dazu den o.a. Code:

```
def sumExc(n: Int): Int =
  if (n==0)
    throw new Exception("Ende!")
  else
    sumExc(n-1) + n
```

```
def sumTCOExc(n: Int,s: Int): Int =
  if (n==0)
    throw new Exception("Ende: "+ s)
  else
    sumTCOExc(n-1,s+n)
```

Dazu zwei Tests im Vergleich:

```
scala> println(sumExc(3))
java.lang.Exception: Ende!
  at .sumExc(<console>:5)
  at .sumExc(<console>:6)
  at .sumExc(<console>:6)
  at .sumExc(<console>:6)
    ...
```

Der Stack-Trace zeigt den letzten Aufruf neben drei Aufrufen auf dem Stack. Im Gegensatz dazu der Stack-Trace von `sumTCOExc`, der nur einen einzigen Aufruf anzeigt:

```
scala> println(sumTCOExc(3,0))
java.lang.Exception: Ende: 6
  at .sumTCOExc(<console>:6)
```

TCO ist eine grundlegende Fähigkeit, die jede funktionale Sprache haben muss. Will man Sprachen wie Java, Ruby, C# oder Scala auf ihre Fähigkeit zu *TCO* überprüfen, gibt es einen überraschend einfachen Test. Er beruht darauf, eine endlose Rekursion auszuführen. Denn eine Rekursion wie die von `sumExc` legt jeden rekursiven Aufruf auf dem Stack ab und kann daher nicht endlos wie eine Schleife

```
while(true)
  expr
```

laufen. Eine Endlosschleife, rekursiv programmiert, führt „augenblicklich" zu einem Stack-Overflow. Zum Test genügt somit eine triviale Endlos-Rekursion, die in diesem Fall also nicht als abschreckendes Beispiel, sondern als Beweis für oder gegen *TCO* dient.

Da Scala auf der JVM läuft, führen wir einen ersten Test in *Java* durch.[14]

```
public class TestTCO {

  // check auf Endlos-Rekursion
  static private void hasTCO() {
    hasTCO();
  }

  public static void main(String[] args) {
    hasTCO();
        → Exception in thread "main" java.lang.StackOverflowError
                at jtest.TestTCO.hasTCO(TestTCO.java:7) ...
  }
}
```

Der gleiche Test in Scala verhält sich dagegen wie eine Endlosschleife:

```
@tailrec
def hasTCO: Unit = hasTCO

// --- ein Test ---

println("start")            → start

// läuft endlos
hasTCO
```

Der Compiler akzeptiert die Annotation `@tailrec`, d.h. führt *TCO* durch. Nach der Konsolausgabe `start` ist nur noch ein „gewaltsamer" Abbruch des Programms von außen möglich.

[14] Das Ergebnis des Java-Tests stimmt im übrigen mit denen von Ruby oder C# überein, wogegen F# sich wie Scala verhält.

Ein sicherlich interessanter Aspekt des Tests besteht darin, dass die JVM keine *TCO* vornimmt, da sie keine Befehle zur Stackmanipulation enthält. Dies wird zwar seit langer Zeit angemahnt, aber die Firma *Sun* legte wohl auf eine praxistaugliche Rekursion keinen Wert. Das wird sich bei *Oracle* sicherlich ändern.

Noch eine kleine Anmerkung zum letzten Satz in IBox 3.4.1. Die Annotation `@tailrec` überprüft auch die `final` Restriktion. Bettet man beispielsweise `sumTCO` in eine Klasse ein:

```
class NoTCO {
  import scala.annotation._

  @tailrec
  def sumTCO(n: Int,s: Int): Int = if (n==0) s else sumTR(n-1,s+n)
}
```

so erhält man beim Compilieren einen Fehler. Die Methode `sumTCO` ist *nicht* `final`, kann also von einer Subklasse von `NoTCO` beliebig überschrieben werden und ist nicht optimierbar.

Space- vs. Time-Optimization

TCO bedeutet *Speicherplatz-Optimierung* und vermeidet somit den `StackOverflowError`. Das Ziel – ausgedrückt in *Big-O* – ist eine konstante Stackgröße *O(1)* im Gegensatz zu einer mit der Anzahl der Aufrufe wachsenden Stackgröße *O(n)* wie man sie bei der „normalen" Rekursionen antrifft.

Eine nachrangige Frage ist dann, ob mit *TCO* immer auch eine Zeitoptimierung verbunden ist. Das lässt sich nicht generell beantworten. Im Einzelfall kann aber mit der Speicherplatz-Optimierung sogar eine drastische Effizienzsteigerung verbunden sein. Das soll an der berühmten *Fibonacci*-Folge gezeigt werden:

$$\boldsymbol{Fib(n)} = \begin{cases} 0 & f\ddot{u}r \quad n=0 \\ 1 & f\ddot{u}r \quad n=1 \\ Fib(n-1)+Fib(n-2) & f\ddot{u}r \quad n>1 \end{cases}$$

Setzt man diese Definition direkt in eine Rekursion um

```
def fib(n: Long): Long =
  if (n<2)
    n
  else
    fib(n-1) + fib(n-2)
```

so ist sie weder tail-rekursiv, noch sind die Berechnungszeiten für Werte über `50` (je nach CPU) tolerabel. Bei Werten jenseits von `50` steigen die Ausführungszeiten so dramatisch, dass die Frage nach `StackOverflowError` überflüssig ist.

Dies liegt an der Ineffizienz der mathematischen Definition, die in Big-O Notation zu $O(2^n)$ führt. Da die Zeiten somit exponentiell steigen, sind sie bereits ab `n>50` nicht mehr akzeptabel. Exponentiell steigende Berechnungszeiten zwingen jeden Programmierer, nach anderen Lösungen zu suchen. In diesem Fall gibt es sogar eine sehr effiziente tail-rekursive Lösung, die einfach die beiden letzten Folgeelemente `fib(n-1)` und `fib(n-2)` als Parameter `prev1` und `prev2` in die Methode mit aufnimmt. Dies ist äußerst sinnvoll, da aus diesen beiden Werten das nächste Folgeelement berechnet wird.

```
def fib(n: Long) = {
  assert(n>=0)

  @tailrec
  def fibTCO(m: Long, prev1: Long, prev2: Long): Long =
    if (m == n)
      prev1
    else
      // für die nachfolgende fibonacci-Berechnung muss das
      // letzte Ergebnis prev1 auf prev2 übertragen werden und
      // prev1 muss auf den neuen Wert prev2+prev1 gesetzt werden!
      fibTCO(m+1,prev2+prev1,prev1)

  if (n==0)
    0
  else
    fibTCO(1,1,0)
}

// --- ein Test ---

println(fib(5))     → 5
println(fib(100))   → 3736710778780434371
```

Hier erkennt man einen entscheidenden Vorteil einer eingebetteten Funktion. Als Closure implementiert sie *TCO*-konform eine Rekursion, die in eine benutzerfreundliche Methode `fib` eingebettet ist. Die Zeiteffizienz ist *O(n)* und hat damit die Effizenz einer vergleichbaren iterativen Lösung, die im Übrigen nicht einfacher zu programmieren ist.

3.5 Evaluierungs-Strategien

Ein sehr wichtiges Thema bei der Ausführung von Funktionen bzw. Methoden kann unter dem Oberbegriff Evaluierungs-Strategien zusammengefasst werden. Im Nachfolgenden werden verschiedene Formen angesprochen, die man mit den Begriffen *strikt* bzw. *eager* vs. *non-strict* bzw. *lazy* verbindet. Kommt man von imperativen OO-Sprachen wie Java oder C++, kennt man – von kleinen Ausnahmen abgesehen – nur die strikte Auswertung aller Argumente einer Funktion, bevor diese ihre Berechnung ausführt.

Funktionale Sprachen wie Haskell verschieben dagegen alle Berechnungen auf den Zeitpunkt, an dem ein Argument tatsächlich benötigt wird. Die Evaluierung wird je nach Art der Umgebung als *non-strict*, *call-by-need*, *lazy* oder *delayed* bezeichnet. Dabei wird ein Ausdruck oder eine Datenstruktur nur so weit wie nötig berechnet bzw. ausgewertet und dies möglichst nur einmal. Das „nur einmal“ ist nur dann möglich, wenn der Compiler sicherstellen kann, dass jede Funktion mit gleichen Argumenten auch das gleiche Ergebnis liefert. Dies kann Scala als Hybridsprache sicherlich nicht gewährleisten.

Lazy in Java: short-circuit evaluation

Wie oben bereits angedeutet kennt auch Java bzw. C++ Ausnahmen. Es sind nicht-strikte Operationen, die auch unter dem Begriff *short-circuit evaluation* gehandelt werden und in Tabelle 3.1 aufgeführt sind.

Java	Scala	strict	non-strict
boolean **and**		&	&&
boolean **or**		|	||
ternär			**? :**
	ternär-äquivalent		**if else**

Tabelle 3.1: Nicht strikte Operationen: Java vs. Scala

Die boolschen Operatoren wirken in Scala und Java gleichermaßen. Einzig der ternäre Operator in Java ist in Scala überflüssig, da *if-else* im Gegensatz zu Java ein Ergebnis liefert. Hier ein Beispiel:

```
val b1= false &  { println("b1"); true }     → b1
val b2= false && { println("b2"); true }     →
val b3= true |   { println("b3"); false }    → b3
val b4= true ||  { println("b4"); false }    →

val s= if (true)                             →
         "wahr"
       else {
         println("else"); "falsch"
       }

// das Java-Äquivalent zu if-else: der ternäre Operator
System.out.println(true? "wahr": new RuntimeException("falsch"));
                                             → wahr
```

Call-by-value, call-by-name, lazy val

Mit diesen nicht-strikten Operationen ist für Java & Co. bereits die funktionale Welt beendet. Scala unterscheidet dagegen in weitaus mehr Fällen zwischen strict und non-strict. Alleine aufgrund von high-order Funktionen bzw. Methoden ist dies auch notwendig. Denn werden Funktionen als Argumente übergeben, so sollen sie wohl kaum vorab berechnet werden. Dies geschieht erst beim Aufruf der übergebenen Funktionen im Code.

Übergibt man dagegen „normale“ Argumente, werden diese in Scala – sofern es sich um Ausdrücke handelt – wie in Java oder C++ zuerst evaluiert, bevor die Funktion bzw. Methode ausgeführt wird. Dieses Verhalten nennt man *call by value* und ist somit eager. Es bedeutet auch, dass alle call-by-value Argumente immer vorab berechnet werden, auch wenn sie nicht benötigt werden. Ein Beispiel dazu:

```
def calc(x: Long) = {
  println("calc ist sehr zeitintensiv")
  fib(x)
}

def eager(a: Long, b: Long) = {
  println("start")
  if (a>0)
    println(a)
  else
    println(b)
}

// --- ein Test ---

eager(calc(5),calc(50))    → calc ist sehr zeitintensiv
                             calc ist sehr zeitintensiv
                             start
                             5
```

Das „träge“ Gegenteil zu call-by-value bezeichnet man als *call by name* Parameter. Dies ist an sich eine besondere Variante einer Funktion ohne Parameter. Daneben kennt Scala noch `lazy val` Variablen. Fassen wir kurz die Eigenschaften zusammen.

3.5.1 NICHT-STRIKTE EVALUIERUNGEN

- Wird eine ***parameterlose*** Funktion

  `fncParam: () => Type`

  als Argument an eine high-order Funktion übergeben, ist **`fnParam`** nur eine Referenz, die eine Funktion repräsentiert. Sie wird (nur) mittels **`fncParm()`** evaluiert.

- Wird ein ***call by name*** Parameter

  `cbnParam: => Type`

  als Argument an eine high-order Funktion übergeben, steht sie für einen Block (von Code), der mittels ***`cbnParam`*** an den passenden Stellen wiederholt evaluiert werden kann.

- Mittels des Schlüsselworts

  `lazy val lazyVal = expr`

  wird eine immutable Variable definiert, wobei ***`expr`*** beim *ersten Zugriff auf* **`lazyVal`** *genau einmal* evaluiert wird.

Um die Unterschiede dieser drei verschiedenen Techniken zu demonstrieren, definieren wir zuerst eine parameterlose Methode `ten`, die sich bei Aufruf mit `ten` auf der Konsole meldet, um anschließend den Wert `10` zurückzugeben.

```
def ten() = { println("ten")
              10
            }
```

Diese Methode dient nur als Eingabewert für drei sehr ähnliche Methoden **`eval1`**, **`eval2`** und **`eval3`**, die zum besseren Vergleich nebeneinander gestellt werden. Bei allen drei Methoden wird zuerst der Methodenname auf der Konsole ausgegeben, um zu sehen, ob bereits vorher eine Berechnung der Argumente stattgefunden hat. Anschließend werden zwei Variablen `a` und `b` mit Hilfe des einzigen Arguments initialisiert. Abschließend wird der String `return b` ausgegeben sowie `b` als Ergebnis zurückgegeben.

Der Test ist bei allen Methoden gleich. Je nach `eval`-Methode wird `ten` als Funktion oder als call-by-name Block vom Compiler interpretiert (was sehr smart ist).

```
def eval1(i:() => Int)= {
  println("eval1")
  val a = i
  val b = i()
  println("return b")
  b
}

println(eval1(ten))
→ eval1
  ten
  return b
  10
```

```
def eval2(i: => Int)= {
  println("eval2")
  val a = i
  val b = i
  println("return b")
  b
}

println(eval2(ten))
→ eval2
  ten
  ten
  return b
  10
```

```
def eval3(i: => Int)= {
  println("eval3")
  val a = i
  lazy val b = i
  println("return b")
  b
}

println(eval3(ten))
→ eval3
  ten
  return b
  ten
  10
```

Zu `eval1`: Bei der Übergabe der Methode wird `ten` noch nicht evaluiert. Nach der Konsolausgabe `eval1` wird eine Funktion `a` mit `i` initialisiert. Dies führt zu keiner Ausgabe, da `i` nicht ausgeführt wird. Erst bei der Ausführung `i()` wird `ten` ausgegeben.

Zu `eval2`: Die Übergabe der Methode `ten` erfolgt *by-name*. Dies führt im Gegensatz zu *by-value* zu keiner Evaluierung. Nach der Konsolausgabe `eval2` löst jede Angabe von `i` eine Evaluierung aus. `val a` und `val b` sind somit beide vom Typ `Int` und werden mit `10` initialisiert. Dies führt zu zwei Konsolausgaben `ten`. Der Rest wieder wie bei `eval1`.

Zu `eval3`: Die Methode ist einschließlich der Initialsierung von `val a` identisch mit `eval2`. Allerdings wird mit der Angabe von `lazy val b` eine Berechnung von `i` bei der Initialisierung unterdrückt. Deshalb erfolgt nach der Ausgabe von `ten` direkt die Ausgabe von `return b`. Bei der Rückgabe von `b` muss dann allerdings `i` berechnet werden, was durch die Ausgabe `ten` bestätigt wird.

`val` vs. **`def`**: Die Berechnung zu `val` oder `lazy val` wird genau einmal durchgeführt, Methoden werden dagegen immer wieder ausgeführt.

Funktionale by-name Schreibweise

Zum Vergleich der Evaluierungsstrategien wurden die drei `eval`-Varianten als Methoden definiert. Natürlich lassen sie sich auch als Funktionen definieren, wobei insbesondere die *by-name* Schreibweise von `eval2` zu beachten ist.

```
scala> val eval1= (i:() => Int) => i() * i()
eval1: (() => Int) => Int = <function1>

scala> def eval2: (=> Int) => Int = i => i * i
eval2: (=> Int) => Int

scala> val ten1= () => { println("ten")
     |                    10
     |                  }
ten1: () => Int = <function0>

scala> println(eval1(ten1))
ten
ten
100

scala> println(eval2(ten1))
<console>:8: error: type mismatch;
 found   : () => Int
 required: Int
       println(eval2(ten1))
                     ^

scala> lazy val ten2=  { println("ten")
     |                    10
     |                  }
ten2: Int = <lazy>

scala> println(eval2(ten2))
ten
100

scala> println(eval2(ten2))
100
```

Da in der *REPL* `ten1` ebenfalls als Funktion definiert wird, akzeptiert `eval2` das `ten1` nicht mehr als Block. Deshalb wird ein weiterer Block `ten2` definiert, der als `lazy val` erst in `eval2` genau einmal evaluiert wird.

Nicht-strikte Berechnungen

Nachdem Funktionen, call-by-name und `lazy val` vorgestellt wurden, soll anhand von kleinen Beispielen in einer *REPL* gezeigt werden, dass nicht-strikte Berechnungen ein sehr nützliches

Feature sind. Dazu wählen wir zuerst eine Funktion `div`, die bei Ausführung von `1/0` eine Ausnahme auslöst.

```
scala> val div= () => 1/0
div: () => Int = <function0>

scala> def testDiv(i:Int,j: () => Int, useFnc: Boolean) =
     | if (useFnc) i + j() else i
testDiv: (i: Int,j: () => Int,useFnc: Boolean)Int

scala> testDiv(10,div,false)
res0: Int = 10

scala> testDiv(10,div,true)
java.lang.ArithmeticException: / by zero
...
```

In diesem Beispiel arbeiten Funktionsparameter und *if-else* als lazy evaluierendes Kontrollkonstrukt Hand in Hand. `j` wird erst dann evaluiert wird, wenn der `else`-Zweig auch ausgeführt wird. Dieses Verhalten ist in Situationen nützlich, wo man jeweils *nur* für den `if`- oder `else`-Zweig passende Argumente hat und deshalb nicht beide ausgeführt werden dürfen.

Betrachten wir als nächstes eine Liste. Werden alle Elemente bei der Anlage einer Liste direkt strikt evaluiert? Dazu ein Test:

```
scala> val lst1= List(5*10+1,5*10-1,1/0)
java.lang.ArithmeticException: / by zero
...

scala> lazy val div= 1/0
div: Int = <lazy>

scala> val lst2= List(5*10+1,5*10-1,div)
java.lang.ArithmeticException: / by zero
...
```

Alle Elemente werden in die Liste *by-value* eingefügt, selbst `lazy val` hilft hier nicht. Es wird zwar nicht sofort `1/0` berechnet, aber leider dann beim Einfügen in die Liste. In diesem Fall muss man auf eine Funktion `div` zurückgreifen:

```
scala> val div= () => 1/0
div: () => Int = <function0>

scala> val lst1= List(5*10+1,5*10-1,div)
lst1: List[Any] = List(51, 49, <function0>)

scala> lst1.size
res0: Int = 3

scala> lst1(1)
res1: Any = 49
```

```
scala> lst1(2)
res2: Any = <function0>

scala> lst1(2)()
<console>:8: error: lst1.apply(2) of type Any does not take parameters
       lst1(2)()
              ^
```

Die gesamte Liste muss aufgrund von zwei `Int`-Werten und einem Funktionswert `function0` vom Typ `Any` sein. Somit führt der Versuch, die Methode direkt ausführen zu wollen, zu einer entsprechenden Fehlermeldung. Da hilft nur, Überzeugungsarbeit mittels `asInstanceOf` zu leisten, um `Any` auf den passenden Funktionstyp zu casten:

```
scala> lst1(2).asInstanceOf[()=>Int]()
java.lang.ArithmeticException: / by zero
...
```

3.6 Currying

Bereits in Infobox 3.2.3 wurde mit *partially applied functions* eine Technik eingeführt, die es erlaubt, eine Methode mit mehreren Parametern nur partiell auszuführen. Zu einem späteren Zeitpunkt kann dann die daraus entstandene Methode mit den noch fehlenden Argumenten endgültig berechnet werden. Diese Art der partiellen Ausführung kann man auch explizit bei der Definition von Methoden und Funktionen angeben. Man nennt dies *Currying*. Diese Begriff ehrt den berühmten Mathematiker *Haskell B. Curry*, der diese Technik zwar nicht entdeckt, aber allgemein bekannt gemacht hat.[15]

3.6.1 Currying von Funktionen

Eine Funktion mit `n` Parametern ist äquivalent zu einer Kette von `n` Funktionen mit jeweils nur einem Parameter, die – hintereinander ausgeführt – jeweils als Ergebnis die *nachfolgende* Funktion liefern. Dabei werden die bereits übergebenen Argumente implizit übergeben. Am Beispiel:

Sind ***X***, ***Y*** und ***Z*** drei konkrete Typen und ist ***h: (X,Y) => Z*** eine Funktion mit zwei Parametern, splittet *Currying* die Funktion ***h*** in zwei Funktionen ***f*** und ***g*** auf. Die erste ist

f: X => Y => Z	Dies ist äquivalent mit
f: X => (Y => Z)	Dies ist äquivalent mit
f: X => g	wobei ***g: Y => Z*** ist.

Sei `x` ein Wert vom Typ `X`, `y` ein Wert vom Typ `Y` und `h(x,y)=z` das Ergebnis vom Typ `Z`, so ist dies äquivalent zu:

(f(x))(y)= g(y)= z

[15] siehe hierzu `http://www.csse.monash.edu.au/~lloyd/tildeProgLang/Curried/`

Currying gibt es in Scala gleichermaßen für Methoden und Funktionen. Als erstes soll die Technik an reinen Funktionen demonstriert werden. Die ersten beiden Definitionen der curried function `f` sind äquivalent, wie man an der Typausgabe von *REPL* sieht:

```
scala> val f: Int => Int => Int = i => j => i+j
f: (Int) => (Int) => Int = <function1>

scala> val f: Int => (Int => Int) = i => j => i+j
f: (Int) => (Int) => Int = <function1>

scala> val g = f(2)
g: (Int) => Int = <function1>

scala> g(3)
res0: Int = 5

scala> f(2,3)
<console>:7: error: too many arguments for method apply:
(v1: Int)(Int) => Int in trait Function1
       f(2,3)
        ^

scala> f(2)(3)
res1: Int = 5
```

Eine curried Function `f` kann zwar nicht wie eine normale Funktion `f(x,y)` aufgerufen werden, aber durchaus mittels ***`f(x)(y)`***. Wie im expliziten Fall entsteht dadurch implizit eine Zwischenfunktion wie `g`.

Transformation mittels curried, uncurried

Beide Arten von Funktionen können ineinander überführen werden. Eine curried Function kann mit Hilfe der Methode ***`uncurried`*** (aus dem Objekt `Function`) in eine normale Funktion umgewandelt werden, die wiederum mittels einer Methode ***`curried`*** in eine curried Function transformiert werden kann:

```
scala> val h= Function.uncurried(f)
h: (Int, Int) => Int = <function2>

scala> h(2,3)
res2: Int = 5

scala> val f= h.curried
f: (Int) => (Int) => Int = <function1>

scala> f(2)(3)
res3: Int = 5
```

Curried Methods, Defaultwerte

Currying bei Methoden verwendet die gleiche Syntax. Bei der teilweisen Übergabe der Argumente erreichen sie aber nicht ganz die Eleganz von Methoden, da wieder der Unterstreichungsstrich zu Hilfe genommen werden muss:

```
scala> def cMethod(i: Int)(j: Int)= i+j
cMethod: (i: Int)(j: Int)Int

scala> cMethod(2)(3)
res0: Int = 5

scala> val fnc= cMethod(2)_
fnc: (Int) => Int = <function1>

scala> fnc(3)
res1: Int = 5
```

Es gibt einen „kleinen" Vorteil von Currying gegenüber normalen Methoden. Normale Methoden lassen es nämlich nicht zu, dass Parameter als Defaultwerte für nachstehende Parameter benutzt werden können. Das ist bei Currying kein Problem. Man darf nur beim Aufruf der Methode nicht die leeren Klammern weglassen.

```
scala> def method(i: Int,j: Int= i)= i+j
<console>:5: error: not found: value i
       def method(i: Int,j: Int= i)= i+j
                                 ^
scala> def cMethod(i: Int)(j: Int= i)= i+j
cMethod: (i: Int)(j: Int)Int

scala> cMethod(5)()
res0: Int = 10

scala> val fnc= cMethod(5)_
fnc: (Int) => Int = <function1>

scala> fnc()
<console>:8: error: not enough arguments for method apply:
(v1: Int)Int in trait Function1.
Unspecified value parameter v1.
       fnc()
          ^
```

An der Funktion `fnc` erkennt man, dass Defaultwerte beim Currying *nicht* auf die partielle Funktionen übertragen werden. Somit wird `fnc()` im Gegensatz zu `cMethod(5)()` nicht akzeptiert.

Currying am Beispiel einer Polynomberechnung

Kommt man von OO, mag Currying vielleicht exotisch erscheinen – ist es aber nicht! Der Einsatz ist sogar praktisch motiviert. Denn häufig sollte man die Argumente einer Funktion separieren, und zwar in einen ersten Teil, den man vorab geben kann und der anschließend *konstant* bleibt und den restlichen Argumenten. Der nachfolgende Teil besteht dann aus Argumenten, die mit den Argumenten des ersten Teils immer wieder ausgeführt werden sollen.

Horner-Schema

Ein einfaches mathematisches Beispiel dazu ist ein Polynom `p(x)`. Im ersten wie im zweiten Kapitel wurden bereits Polynome als Klasse `Polynom1` bzw. `Polynom2` vorgestellt. Bei den Implementierungen standen die Koeffizienten im Vordergrund. Dies ist auch der erste Schritt: Zuerst wird ein Polynom `p` aufgrund der Angabe seiner Koeffizienten definiert. Anschließend wird für diverse `x`-Werte das Polynom `p(x)` berechnet. Diese Berechnung macht man mit dem *Horner-Schema*

$$p(x) = (\ldots((a_n x + a_{n-1})x + a_{n-2})x + \ldots + a_1)x + a_0$$

sehr effizient in *Big-O(n)* durchführen. Zur funktionalen Implementierung eines Polynoms benötigt man nicht unbedingt eine Klasse. Mittels Currying kann man die Übergabe der Koeffizienten a_i von der Eingabe und Berechnung diverser `x`-Werte logisch trennen:

```
def polynom(coeff: Double*)(x: Double) = {
  // eine direkte imperative Umsetzung des o.a. Horner-Schemas
  val a= coeff.toArray

  var p= 0.0
  for (c <- a)
    p= p*x+c
  p
}

// --- ein Test ---

// p(x)= x^2 - x + 10
val p1= polynom(1,-1,10)_

println(p1(0))                      → 10
println(p1(10))                     → 100

// p(x)= x^3 - 10x^2 + 5x - 20
val p2= polynom(1,-10,5,-20)_

println(p2(0))                      → -20
println(p2(10))                     → 30
```

Vielleicht erst auf den zweiten Blick erkennt man an `polynom` noch einen weiteren Vorteil der Aufteilung der Parameter in Gruppen. Die Regel, dass eine variable Anzahl von Argumenten (mittels `*`) nur für den letzten Parameter erlaubt ist, bezieht sich *nur* auf eine Gruppe.

Wie aus dem Kommentar im Code entnommen werden kann, ist die direkte Umsetzung des Horner-Schemas nicht funktional, denn zur Berechnung wird eine Variable p verwendet und die im Code verwendete *for*-Comprehension entspricht der guten alten *for*-Schleife. Es gibt eine *curried high-order* Methode `foldleft` in dem Trait `Traversale`, von der alle iterierbaren Kollektionen abgeleitet werden (siehe auch Abschnitt 1.14):

```
def foldLeft[B](z: B)(op: (B, A) => B) : B
```

Diese Methode durchläuft alle Elemente einer Kollektion vom Typ `A` von links nach rechts und wendet auf jedes Element die Funktion `op` an. Dabei steht `op` für eine binäre Operation bzw. Funktion, die auf dem rechts stehenden Wert vom Typ `B` und dem links stehenden Wert des jeweiligen Elements vom Typ `A` (der Kollektion) ausgeführt wird. Das Ergebnis der Berechnung wird dann als neuer linker Wert der Operation `op` mit dem folgenden Element benutzt. `op` benutzt bei der Berechnung den Parameter `z` als Startwert zusammen mit dem ersten Element. Sind alle Elemente durchlaufen, wird das letzte Ergebnis von `op` als Gesamtergebnis von `foldLeft` zurückgegeben.

Diese high-order Methode ist sehr flexibel, da sie alle möglichen binären Methoden zur Berechnung verwenden kann. Dabei muss das Ergebnis nicht unbedingt vom selben Typ wie dem der Elemente sein. In vielen Fällen ist aber Typ `A` gleich Typ `B`. Nimmt man diese Methode zur Hilfe, ist die Umsetzung des Horner-Schemas einfach (`coeff*` ist eine Sequenz):

```
def polynom(coeff: Double*)(x: Double) =
           coeff.foldLeft(0.0)((p,a)=>p*x+a)
```

Currying, Komposition und Polymorphie

Methoden können im Gegensatz zu Funktionen polymorph sein (siehe IBox 3.2.1) und sind somit auch bei Currying flexibler. Dies zeigt u.a. die Methode `foldLeft` für iterierbare Kollektionen. Mittels der beiden Typ-Parameter `A`, `B` kann sie sich an Kollektions- wie Funktionstypen anpassen. Vorsicht ist geboten, sofern polymorphe Methoden zu Funktionen umgewandelt werden. Dabei müssen alle Typ-Parameter durch konkrete Typen ersetzt werden. Geschieht dies nicht, werden die (restlichen) Typ-Parameter durch den Typ `Nothing` ersetzt. Dies wurde bereits in Abschnitt 3.2 im Zusammenhang mit `compose` angespochen:

```
(f compose g)(x) == f(g(x)).
```

Im Scala API ist `compose` eine Methode, die zur Funktion `f` gehört. Somit kann man `compose` wie einen binären Operator (zwischen `f` und `g`) verwenden.

Im Folgenden soll dagegen anhand von zwei „funktionalen" `compose` Varianten noch einmal Currying vs. Uncurrying mit den verschiedenen Arten der Verwendung demonstriert werden. Zuerst zeigen wir den Einsatz einer polymorphen uncurried Version:

```
scala> def compose[A,B,C](f: B=>C, g: A=>B) = (x: A) => f(g(x))
compose: [A,B,C](f: (B) => C,g: (A) => B)(A) => C

scala> val g= (i: Int) => i-1
g: (Int) => Int = <function1>
```

```
scala> val f= (i: Int) => "result: "+i*2
f: (Int) => java.lang.String = <function1>

scala> val f1 = compose(f,g)
f1: (Int) => java.lang.String = <function1>

scala> f1(10)
res0: java.lang.String = result: 18

scala> val f2 = compose[Int,Int,String]({"result: "+_*2},{_-1})
f2: (Int) => String = <function1>

scala> f2(10)
res1: String = result: 18
```

Bei `f1` werden die zu den Typ-Parametern `A`, `B` und `C` gehörigen konkreten Typen implizit aus `f` und `g` ermittelt. Im Fall `f2` werden die Typen zwar explizit angegeben, dafür werden aber bei den beiden Funktionsliteralen nur die Ergebnisse angegeben. Anstatt `(i: Int) => i-1` wie bei der Funktion `g` schreibt man nur noch `_-1`. Denn der Typ `Int` ist bereits bekannt und der Parameter `i` kann durch einen Unterstreichungsstrich ersetzt werden.

Kommen wir nun zur curried Version. Wiederholt man die Berechnung mittels der Methoden von `f` und `g`, hat man mehr Möglichkeiten:

```
scala> def compose[A,B,C](f: B => C)(g: A => B) = (x:A) => f(g(x))
compose: [A,B,C](f: (B) => C)(g: (A) => B)(A) => C

scala> val fg= compose(f)(g)
fg: (Int) => java.lang.String = <function1>

scala> fg(10)
res2: java.lang.String = Ergebnis: 18

scala> val comp= compose[Int,Int,String]_
comp: ((Int) => String) => ((Int) => Int) => (Int) => String
                                                     = <function1>

scala> comp(f)(g)(10)
res3: String = Ergebnis: 18

scala> val cf= compose[Int,Int,String](f)_
cf: ((Int) => Int) => (Int) => String = <function1>

scala> val h= cf(g)
h: (Int) => String = <function1>

scala> h(10)
res4: String = Ergebnis: 18
```

Bei einer Umwandlung der polymorphen Methode `compose` in eine Funktion, bei der eine oder beide Funktionen `f` und `g` fehlen, müssen alle konkreten Typen angegeben werden. Dies gilt für die Zuweisungen von `comp` und `cf`. Nur bei `fg` können alle Typ-Parameter implizit ermittelt werden.

Die Flexibilität des Currying zeigt sich wie bereits bei `Polynom` dann, wenn man die Funktion `f` mehrfach für Kompositionen verwenden will. Beispielweise möchte man das *multiplikative Inverse* als Funktion `reciprocal` nur ein einziges Mal definieren, um es dann auf diverse Methoden anzuwenden. Dies wird hier anhand einer Ident-Funktion `id` und einem einfachen quadratischen Polynom demonstriert:

```
scala> val reciprocal= compose[Double,Double,Double]({1/_})_
reciprocal: ((Double) => Double) => (Double) => Double = <function1>

scala> val id= (x: Double) => x
id: (Double) => Double = <function1>

scala> val idInverse= reciprocal(id)
idInverse: (Double) => Double = <function1>

scala> idInverse(10)
res5: Double = 0.1

scala> reciprocal(x => x*x)(10)
res6: Double = 0.01
```

3.7 Entwurf von Kontrollstrukturen

Currying in Verbindung mit Closures, Rekursion und lazy Evaluierungen bieten die Möglichkeit, zusätzliche neue Kontrollstrukturen in Scala zu erschaffen, *ohne* die Sprache im Kern erweitern zu müssen. Das wird in verschiedenen APIs von Scala auch ausgiebig genutzt. Um die dabei verwendeten Techniken in die eigene „Toolbox" aufzunehmen, ist es nicht unklug, Standardbeispiele zu studieren, die das Zusammenspiel der angesprochenen Techniken zeigen. Das einfachste und bekannteste Beispiel ist die Konstruktion einer *While*-Schleife[16], die sich nur in der Effizienz von der nativen *while* unterscheidet:

```
@tailrec
def While(goOn: => Boolean)(block: => Unit) {
  if (goOn) {
    block
    While(goOn)(block)
  }
}
```

Der `While`-Methode werden als Parameter zwei Code-Blöcke übergeben. Die erste Block `goOn` evaluiert bei jedem Aufruf zu einem boolschen Wert. Bei `false` wird `While` beendet. Bei `true` wird der Code im `block` ausgeführt und anschließend `While` rekursiv erneut mit

[16] Um es vom Schlüsselwort `while` zu unterscheiden, wird es hier gegen die Konvention groß geschrieben.

goOn und block aufgerufen. @tailrec dient zur Überprüfung von *TCO*. Um auch While wie while verwenden zu können, muss noch ein syntaktisches Detail erlaubt sein. Stellen wir dazu dem Standardcode links die „sugared" Variante rechts gegenüber:

```
var i= 0
While (i<5) (
  {
    print(i*i+ " ")
    i+=1
  }
)
```

```
var i= 0
While (i<5) {
  print(i*i+ " ")
  i+=1
}

→ 0 1 4 9 16
```

Der Vergleich der beiden Code-Snippets zeigt, dass die letzte Argument-Liste beim Aufruf einer curried-Methode in geschweifte Klammern gesetzt werden darf.

Das folgende *loop-until* Konstrukt ist wie *While* der Einführung „*A Tour of Scala: Automatic Type-Dependent Closure Construction*" entnommen[17]. Diese Schleife ist wie eine *do-until* aufgebaut und deshalb schwierig zu realisieren. Im Gegensatz zu *while* oder *for* besteht *loop* nicht nur aus einem Kopf, gefolgt von einem Block, sondern zusätzlich noch aus einer Endbedingung. Aber selbst das ist mit Hilfe einer Closure sowie einer inneren Klasse zu realisieren.

In *A Tour-of-Scala* wird die Endbedingung unless genannt. Die Aussage „Wiederhole diesen Block, *sofern nicht* (unless) die Endbedingung erfüllt ist." schließt logisch gesehen auch die erstmalige Ausführung des Block aus, sofern die Endbedingung bereits true ist. Deshalb wird die Endbedingung hier until genannt, da Block zumindest einmal durchlaufen wird (wie das rechts stehende Testbeispiel zeigt).

```
def loop(block: => Unit) = {
  final class UntilStop {
    @tailrec
    def until(stop: => Boolean) {
      block
      if (!stop) until(stop)
    }
  }
  new UntilStop
}
```

```
var i = 0

loop {
  println(i)
  i -= 1
  // Vorsicht: i==0 würde zu
  // einer Endlosschleife führen
} until(i <= 0)

→ 0
```

Im Gegensatz zu While wird loop nur der nachfolgende block übergeben. Die entscheidende Idee besteht darin, dass loop eine innere Klasse UntilStop enthält. Sie steht nur innerhalb von loop im Zugriff und ist wegen *TCO* final deklariert. loop liefert als Ergebnis eine Instanz von UntilStop zurück, von der unmittelbar die Methode until (mit Punkt oder Leerstelle getrennt) aufgerufen werden kann. Der Methode until wird dabei die Bedingung stop übergeben. Sie führt zuerst block aus (weshalb sie until heißt) und ruft sich wieder selbst auf, sofern !stop zu true evaluiert. Da until auf die freie Variable block zugreift, ist sie eine Closure. Wie bei While kann man im Test wieder den Block in geschweiften Klammern schreiben.

[17] siehe: http://www.scala-lang.org/node/138

Package scala.util.control: break

Das in allen imperativen Sprachen bekannte Konstrukt ***break*** fehlt in der Scala Sprache. Da break nachträglich das Label „nützlich" erhielt, wurde es kurzerhand in das Package scala.util.control von Scala 2.8 aufgenommen. Die Implementierung enthält wieder eine interessante Variante. Sie verwendet eine Ausnahme, um einen Block vorzeitig abzubrechen. Der folgende Code ist *nicht* der Original-Code, sondern spiegelt nur das Prinzip wider.

Da die Ausnahme nur zum Abbruch verwendet wird, ist ein *Stack-Trace* (der alle Informationen zum Abbruch in lesbarer Form enthält) unerwünscht. Will man das vermeiden, kann der Einfachheit halber der Trait NoStackTrace aus scala.util.control verwendet werden. Er ist direkt von Throwable abgeleitet. Diese Ableitung verhindert, dass „aus Versehen" NoStackTrace im Code des übergebenen block als *normale* Exception abgefangen wird.

```
import scala.util.control.NoStackTrace

class Breakable {
  def breakable(op: => Unit) {
    try
      op
    catch {
      case _ =>
    }
  }

  // nur zur Klarheit: Rückgabetyp Nothing
  // NoStackTrace wird anonym instanziert
  def break: Nothing = throw new NoStackTrace {}
}

// --- ein Test ---

// Import der o.a. Lösung
import Breakable._

// Import des original break aus dem Scala APIs
// import scala.util.control.Breaks._

breakable {
  for (i <- 1 to 10 ) {
    if(i > 4)
      break
    print(i+ " ")      → 1 2 3 4
  }
}
```

Der Einsatz von break ist insbesondere für imperative Konstrukte wie Schleifen geeignet, wobei mittels breakable der Bereich begrenzt wird, aus dem man mit break herausspringt.

ARM

Das Akronym *ARM* steht für *Automatic Resource Management*. Insbesondere Klassen, deren Instanzen I/O-Aufgaben (Zugriff auf Dateien, Sockets, Ports, GUIs, etc.) wahrnehmen, müssen die vom Betriebssystem zur Verfügung gestellten Resourcen wieder ordnungsgemäß freigeben bzw. schließen. In Java ist das stets ein mühseliges Geschäft, bei dem immer *try-catch-finally* involviert ist. C# stellt für das Resource Management extra ein Kontrollstruktur mit dem Schlüsselwort *using* in der Sprache bereit. Es kann von Instanzen von Klassen benutzt werden, die das Interface `IDisposable` implementiert haben.

Diese Art von Sprachintegration ist bei Scala nicht notwendig, sofern man auf strukturelle Typen zurückgreift (siehe Abschnitt 2.16). Entwerfen wir dazu nach dem Muster von C# ein passendes ARM-Objekt. Dazu definieren wir einen Typ mit dem Namen `Closable` als Alias für das strukturelles Refinement. Das ist einfacher zu verwenden als `IDisposable`!

```
object ARM {
  // structural refinement mit Namen Closable
  type Closable = { def close(): Unit }

  // using wird eine Closable resource zusammen mit dem
  // auszuführenden Code-Block übergeben
  // using übernimmt dann das Management des Schließens
  def using(resource: Closable)(block: => Unit) = {
      try {
        block
      } finally {
        // die beiden println dienen nur zum Test
        println("vor close")
        resource.close()
        println("nach close")
      }
    }
 }

// --- ein Test ---

import java.io._
import ARM._

val reader= new BufferedReader(
              new FileReader("aPath/ARMTest.txt"))

using(reader) {
  // das Lesen der Textdatei bricht mit einer Ausnahme ab
  var line: String = reader.readLine
  while (true) {
    println(line)

    line = reader.readLine
    if (line == null)
      throw new Exception("Dateiende!")
```

```
  }
}
   → ARM
     Test
     Exception in thread "main" java.lang.Exception: Dateiende!
     vor close
     nach close
     ...
```

Zum Test wurde eine Textdatei `ARMTest.txt` in einem Unterverzeichnis `aPath` angelegt. Sie enthält die beiden Zeilen `ARM` und `Test`, die zuerst in der Konsolausgabe erscheinen. Das Lesen über das Dateiende hinaus wird in „guter alter C-Tradition" mit einem `null` quitiert, das wiederum eine `Exception` auslöst. Die Ausgabe der `Exception` mit Stack-Trace erfolgt *asynchron* zur normalen Ausgabe. Trotz `Exception` hat aber der Code in `finally` Vorrang und wird vorher ausgeführt. Dies demonstriert das automatische Schließen einer Ressource.

Ressourcen sicher zu schließen ist kein einfaches Unterfangen. Der Code im Objekt `ARM` mag straightforward aussehen, aber ist vielleicht doch ein wenig zu „geradeaus". Denn per Design von `using` werden Ausnahmen, die in der Methode `close` selbst auftreten, einfach entsorgt, ohne dass der Anwender dies bemerkt. Das mag vielleicht gewollt sein, der Anwender von `ARM` muss es nur wissen. Hierzu eine Code-Snippet:

```
object NotClosable {
    def close(): Unit= new Exception("Ausnahme in close!")
}

// --- ein Test ---
import ARM._

using(NotClosable){}    → vor close
                          nach close
```

3.8 Funktionstypen und Polymorphie

Abgesehen von den partiellen Funktionen werden Funktionen mit der Pfeilnotation definiert.

`()=>`	bei keinem Parameter.
`T => R`	bei einem Parameter.
`(T1,T2,...,Tn) => R`	bei mehr als einem Parameter.

Da diese Funktionen in das Objektsystem von Scala eingebettet sind, ist diese Notation nur *syntaktischer Zucker* für abstrakte Funktionsklassen, in die der Compiler diese Funktionsnotation umwandelt:

```
trait Function0[+R] extends AnyRef
...
```

trait Function22[-T1,...,-T22,+R] extends AnyRef [18]

Diese Traits enthalten jeweils zwei Methoden. Die erste ist `apply` und abstrakt:

```
def apply(): R
...
def apply(v1: T1, ... ,v22: T22): R
```

Die zweite Methode überschreibt `toString`:

```
override def toString() = "<functionN>"    0 <= N <= 22
```

Die Typen der Eingabe-Parameter **Ti** sind *contravariant*, da bei der Evaluierung einer Funktion die Argumente *nur geschrieben* werden. Die Werte dienen ausschließlich zur Eingabe. Der Ergebnistyp **R** ist dagegen *covariant*, da das Funktionsergebnis *nur gelesen* wird. Beides mag zwar nur der Theorie bzw. der Typsicherheit dienen, hat aber praktische Konsequenzen.

Kontravarianz bei Funktionen

Der ko- bzw. kontravariante Aufbau beeinflusst, welche Funktionen einander zugewiesen oder als Argumente an high-order Funktionen übergeben werden können. Betrachten wir dazu eine Klasse `Employee` von Angestellten mit einer Subklasse `Manager`. Zu beiden gibt es eine zugehörige Methode, die das jeweilige jährliche Einkommen berechnet:

```
scala> class Employee(val name: String, val salary: Double)
defined class Employee

scala> class Manager(override val name: String,
     |                override val salary: Double,
     |                val bonus: Double) extends Employee(name,salary)
defined class Manager

scala> val employee= new Employee("Maier",3000.0)
employee: Employee = Employee@38da9246

scala> val manager= new Manager("Moore",5000.0,10000.0)
manager: Manager = Manager@645064f

scala> var annualIncome = (emp: Employee) => emp.salary * 12
annualIncome: (Employee) => Double = <function1>

scala> var annualManagerIncome= (m: Manager) => annualIncome(m)
                                                        + m.bonus
annualManagerIncome: (Manager) => Double = <function1>

scala> annualIncome(employee)
res0: Double = 36000.0

scala> annualManagerIncome(manager)
res1: Double = 70000.0

scala> annualManagerIncome= annualIncome
```

[18] Warum maximal 22 und nicht 42 Parameter ist leider unbekannt.

```
annualManagerIncome: (Manager) => Double = <function1>

scala> annualManagerIncome(manager)
res2: Double = 60000.0

scala> annualIncome = annualManagerIncome
<console>:11: error: type mismatch;
 found   : (Manager) => Double
 required: (Employee) => Double
       annualIncome = annualManagerIncome
                      ^
```

Offensichtlich kann man der Funktion `annualManagerIncome` die Funktion `annualIncome` zuweisen, aber nicht umgekehrt. Betrachten wir dazu die beiden Signaturen:

```
annualManagerIncome: (Manager) => Double
annualIncome: (Employee) => Double
```

Die Funktion `annualIncome` akzeptiert als Argumente sowohl Instanzen vom Typ `Employee` als auch `Manager`, wogegen die Funktion `annualManagerIncome` *nur* mit Instanzen vom Typ `Manager` aufgerufen werden kann. Eine Zuweisung von `annualIncome` zu `annualManagerIncome` ist also typsicher.

Weist man dagegen der Funktion `annualIncome` die Funktion `annualManagerIncome` zu, könnte über `annualIncome` die Funktion `annualManagerIncome` mit Instanzen vom Typ `Employee` aufgerufen werden. Dies würde unweigerlich zu einem Laufzeitfehler führen, da `Employee` kein Feld `bonus` enthält. Somit ist diese Zuweisung typunsicher und wird vom Compiler nicht akzeptiert.

Funktionstypen als Klassen

Die Definition einer Funktion mittels der Pfeilnotation ist äquivalent zu einer Definition, die `class FunctionN` benutzt. Zeigen wir an zwei kleinen Beispielen, dass man auch an Stellen, an denen normalerweise nur Klassen (oder Traits) stehen können, gleichermaßen die funktionale Notation verwenden kann.

Im ersten Beispiel wird eine Funktion **succ** als Objekt der Funktionsklasse `Int => Int` angelegt, wobei `succ` eine Funktion **pred** als Feld enthält. Die funktionalen Eigenschaften von `succ` und `pred` werden anschließend kurz getestet.

```
scala> object succ extends (Int => Int) {
     |   def apply(i: Int) = i+1
     |   val pred= (i: Int) => i-1
     | }
defined module succ

scala> succ.pred(succ(10))
res0: Int = 10

scala> val id= succ compose succ.pred
id: (Int) => Int = <function1>
```

```
scala> id(-5)
res1: Int = -5

scala> (succ compose succ.pred)(10)
res2: Int = 10
```

Im zweiten Beispiel legen wir ein *Map* `doubleFunctions` mit zwei Funktionen als Werte an, wobei die Funktionsnamen als Schlüssel dienen.

```
scala> import scala.math._
import scala.math._

scala> import java.util.Random
import java.util.Random

scala> val doubleFunctions= Map(
     |         "sinus" -> ((x:Double) => sin(x)),
     |         "randomInt" ->((max: Double) =>
     |                         (new Random).nextInt(abs(max.intValue)))
     |       )
doubleFunctions: scala.collection.immutable.
Map[java.lang.String,(Double) => AnyVal]
= Map((sinus,<function1>), (randomInt,<function1>))

scala> doubleFunctions("sinus")(Pi/2)
res0: AnyVal = 1.0

scala> doubleFunctions.getOrElse("randomInt",(x:Double)
                                                    => Double.NaN)(2)
res1: AnyVal = 1

scala> doubleFunctions.getOrElse("random",(x:Double) => Double.NaN)(0)
res2: AnyVal = NaN

scala> doubleFunctions("random")(0)
java.util.NoSuchElementException: key not found: random
...
```

Bei der Anlage der Map `doubleFunctions` wählt der Compiler den gemeinsamen Supertyp `Double => AnyVal` beider Funktionen. Da der Ergebnistyp covariant ist, wählt der Compiler `AnyVal` als kleinsten gemeinsamen Supertyp von `Int` und `Double`. Die Funktionen können dann über ihre Namen selektiert und sofort ausgeführt werden. Die erste Art des Zugriffs ist allerdings unsicher (wie die letzte Anweisung zeigt). Deshalb wird mit `getOrElse` eine Alternative angeboten.

Die Funktion `randomInt(2)` kann nur zwei Werte `0` oder `1` zurückgeben, da `nextInt(n)` für eine positive `Int n` eine (pseudo-)zufällige Zahl zwischen `0...n-1` liefert.

Polymorphe Funktionen

Im Gegensatz zu Methoden können Funktionen nicht polymorph sein, d.h. sie akzeptieren keine Typparameter, sondern nur konkrete Typen. Es besteht allerdings folgende Möglichkeit:

3.8.1 Selbstdefinierte generische Funktionen

Um eine generische Funktionsklasse mit einem oder mehreren Typ-Parametern zu definieren, muss man diese von einer Standardklassen `FunctionN` ableiten. Die folgende Klasse `GenFunction` zeigt das Prinzip anhand von `Function1` (hier in Pfeilnotation):

```
class GenFunction[T] extends (T => Int) {
  def apply(x:T) = ...
}
```

`T` steht für einen einfachen bzw. *beschränkten* Typ-Parameter oder einen *strukturellen* Typ (siehe Abschnitt 2.16)

Eine generische Funktion wie `GenFunction` macht mit einem unbeschränkten Typparameter `T` kaum Sinn. Denn dann wäre der Wert `x` auf die Methoden von `Any` beschränkt. Im oberen Code-Muster könnte man nur `x.hashCode` schreiben, da der Ergebnistyp `Int` ist. Tauscht man `Int` gegen `String` aus, wäre man dagegen auf `x.toString` fixiert. Praktische Relevanz haben wohl eher generische Funktionen, deren Typparameter eingeschränkt werden.

Die folgende Funktion `Diff` setzt beispielsweise voraus, dass zur Berechnung der Differenz der Typ `T` eine Methode `size()` enthält. Man kann dies nominal (durch einen Trait `HasSize`) oder nur strukturell fordern:

```
trait HasSize {
  def size: Double
}

// Nominaler Typ: T muss von Trait HasSize abgeleitet werden
class DiffN[T<: HasSize] extends ((T,T) => Double) {
  def apply(x:T, y:T) = abs(x.size - y.size)
}

// Struktureller Typ (Abschnitt 2.16): T muss nur  size enthalten
class DiffS[T<: { def size: Double }] extends ((T,T) => Double) {
  def apply(x:T, y:T) = abs(x.size - y.size)
}

// --- ein Test ---

case class Square(a: Double) extends HasSize {
  def size= a*a
}
```

```
case class Circle(r: Double) {
  def size= Pi*r*r
}

val diffN= new DiffN[Square]
val diffS= new DiffS[Circle]

println(diffN(Square(1),Square(2)))          → 3.0
println(diffS(Circle(1),Circle(2)))          → 9.42477796076938

   // Fehler: Typmischung nicht erlaubt
// println(diffS(Square(2),Circle(1)))
```

Beide Versionen `DiffN` sowie `DiffS` sind typsicher. Bei der Instanzierungen werden die konkreten Typen angegeben. Verschiedene Typen mit einer Methode `size` sind weder bei `diffN` noch bei `diffS` erlaubt. Soll auch dies zulässig sein, kann `DiffS` mit einem strukturellen Typ instantiert werden:

```
val diffAny= new DiffS[{ def size: Double }]
println(diffAny(Square(2),Circle(1)))        → 0.8584073464102069
```

Es ist sicherlich schöner, mittels `type` einem strukturellen Typen einen passenden Namen zu geben. In diesem Fall wurde darauf verzichtet.

Type Erasure und Pattern Matching

Da Funktionen auf generische Klassen `FunctionN` mit konkreten Typargumenten abgebildet werden, entsteht ein Problem. Nachdem der Compiler die Typen ausgewertet hat, fallen sie wie alle Typ-Argumente dem *Type-Erasure* von Java zum Opfer. In der *class*-Datei fehlen somit die Informationen über die aktuellen Argument- bzw. Ergebnis-Typen zugehörig zu den Funktionen `Function0`, ... , `Function22`. Deshalb diese Warnung:

3.8.2 LAUFZEITPRÜFUNGEN VON FUNKTIONEN

Die Methode `isInstanceOf` sowie das Pattern Matching erlauben keine Unterscheidung von Funktionen anhand der Parametertypen. In Pattern können Funktionen nur anhand ihrer *unterschiedlichen* Parameteranzahl getroffen werden.

Verstößt man gegen diese Warnung und schreibt den folgenden Code, warnt der Compiler immer mit „eliminated by erasure“ (an vier Stellen):

```
import math._

val f1: Double => Int = x => round(ceil(x)).asInstanceOf[Int]
val f2: Int => String = i => "Quadrat: "+ (i*i)
```

```
// Problem: isInstanceOf
println(f1.isInstanceOf[Double => Int])    → true
println(f1.isInstanceOf[Any => Any])       → true

// Problem: Pattern Matching
def matchFunction (fnc: Function1[_,_]) = fnc match {
  case f: (Double => Int) => println("Funktion Double => Int")
  case f: (Int => String) => println("Funktion Int => String")
  case _ => println("etwas anderes")
}

matchFunction(f1)                          → Funktion Double => Int
matchFunction(f2)                          → Funktion Double => Int
```

Das Ergebnis ist ernüchternd, da unbrauchbar. Allerdings können die folgenden beiden Funktionen aufgrund ihrer unterschiedlichen Anzahl von Parametern unterschieden werden.

```
val f2: Int => String = i => "Quadrat: "+ (i*i)
val f3: (Int,Int) => String = (i,j) => "Ergebnis: "+ (i*j)

def matchFunction (fnc: Any) = fnc match {
  case f: Function1[_,_]   => println("Funktion1")
  case f: Function2[_,_,_] => println("Function2")
  case _ => println("etwas anderes")
}

matchFunction(f2)     → Funktion1
matchFunction(f3)     → Funktion2
```

Dieser Code wird ohne Warnung übersetzt, da mit Hilfe des Unterstreichungsstrichs dem Compiler mitgeteilt wird, dass der Typ der Parameter bzw. des Ergebnisses „egal“ ist.

3.9 Anonyme Funktionen mit Pattern

In Abschnitt 3.2 wurden bereits partiell definierte Funktionen vorgestellt. Eine partielle Funktion hat genau einen Parameter und ist ein Sub-Trait von `Function1`. Sie besitzt zwei zusätzlichen Methoden:

```
trait PartialFunction[-T,+R] extends (T) => R {
  ...
  def isDefinedAt(x: T): Boolean // abstrakt
  def lift: T => Option[R]       // konkret
  ...
}
```

Die Methode `isDefinedAt` wurde bereits an Beispielen vorgestellt. Die Methode `lift` überführt die partielle Funktion, d.h. die Instanz `this`, in eine normale Funktion, wobei für ein Argument `x` vom Typ `T` das Ergebnis als `Some(this(x))` geliefert wird, wenn `isDefined(x)` `true` ergibt, ansonsten `None`.

Man kann trefflich darüber streiten, ob diese Art der Sub/Supertyp-Beziehung eigentlich korrekt ist, aber in diesem Fall wurde rein pragmatisch entschieden. Aufgrund der *Implementierungs*-Vererbung enthält die partielle die Methoden der normalen Funktion. Umgekehrt würde die `Function1` die Methoden `isDefinedAt` und `lift` von `PartialFunction` erben, die für Funktionen sinnlos sind.

Obwohl die meisten Funktionen mit einem oder mehreren Parametern an sich partiell sind, schreibt man sie mit der Pfeil-Notation als `FunctionN`. Es gibt aber noch eine weitere Art von Funktionen, die – sofern sie nur einen Parameter haben – vom Compiler automatisch in eine partielle Funktion umgewandelt werden können. Es sind *anonyme* Funktionen (siehe Abschnitt 3.1), die mittels Pattern bzw. `case`'s definiert werden, um abhängig von den Argumenten verschiedene Resultate zu liefern.

3.9.1 Anonyme Funktionen mit multiplen Return -Types

Eine *anonyme* Funktion kann aus einem Pattern (ohne `match`) bestehen:

{ **case pattern**$_1$ **=> result**$_1$
  ...
  case pattern$_n$ **=> result**$_n$
}

Anhand des Matchs der Argumente mit genau einem der **pattern**$_i$ wird das zugehörige **result**$_i$ berechnet und als Ergebnis zurückgegeben. Die anonyme Funktion ist Teil

- einer partiellen oder normalen Funktion, sofern es genau ein Argument gibt.
- einer normalen Funktion bei zwei oder mehr Argumenten.

Die Typen der Argumente müssen der anonymen Funktion bekannt sein.

Eine so definierte anonyme Funktion kann einer high-order Funktion oder Methode als Argument übergeben werden, sofern das Argument vom Typ einer partiellen oder normalen Funktion ist. Der Compiler schreibt den zum Funktionstyp passenden Code. Bevor der allgemeine Code hierzu gezeigt wird, vorab ein Beispiel.

In der folgenden *REPL* wird eine *h*igh-*o*rder *F*unction `hoF` angelegt, die ein partielle Funktion `pf` erwartet. Wie in der Infobox angemerkt, muss der Typ des Arguments von `pf` bekannt sein. Passend zu diesem Typ `AnyVal` wird als zweiter Parameter ein `x` übergeben. Aufgrund des Currying kann `hoF` zuerst eine anonyme Funktion übergeben werden. Die daraus resultierende Funktion `f` kann dann im zweiten Schritten mit Werten für `x` aufgerufen werden.

```
scala> def hoF(pf: PartialFunction[AnyVal,_])(x: AnyVal) =
     |              if(pf.isDefinedAt(x)) pf(x) else ()
hoF: (pf: PartialFunction[AnyVal, _])(x: AnyVal)Any

scala> val f= hoF({ case i: Int => i*i
     |              case c: Char => c.isUpper }) _
f: (AnyVal) => Any = <function1>
```

```
scala> f(5)
res0: Any = 25

scala> f('c')
res1: Any = false

scala> f(3.0)
res2: Any = ()
```

Betrachtet man den Typ von `hoF`, so wählt der Compiler für _ den Typ `Any`, da der Rückgabetyp von `pf` zu diesem Zeitpunkt unbekannt ist. Grundsätzlich versucht der Compiler, immer den kleinsten gemeinsamen Supertypen aller Ergebnistypen zu wählen. Nach Übergabe der anonymen Funktion erzeugt der Compiler eine Instanz zur partiellen Funktion und schreibt zu den beiden `case`'s ein passendes `isDefinedAt`. Die drei Funktionsaufrufe zeigen die drei möglichen Ergebnisse. Nachfolgend das Muster, nach dem der Compiler den Code generiert (wobei `T` und `R` für die jeweiligen konkreten Typen stehen):

```
new PartialFunction[T,R] {
  def apply(x: T): R = x match {
    case pattern1 => result1
    ...
    case patternN => resultN
  }

  def isDefinedAt(x: T): Boolean = {
    case pattern1 => true
    ...
    case patternN => true
    case _        => false
  }
}
```

Der Compiler erzeugt mittels einer *instance creation expression* eine anonyme Instanz zur partiellen Funktion. Die `case`'s der übergebenen anonymen Funktion werden nicht nur im `apply` dieser Instanz eingesetzt, sondern auch im `isDefinedAt`, wobei die Ergebnisse durch `true` ersetzt werden. Ein abschließendes `case _` bildet alle anderen Werte auf `false` ab.

Werden anonyme Funktionen mit ein oder mehr Argumenten nach dem gleichen Muster in äquivalente Funktions-Instanzen umgewandelt, müssen nur `case`'s in die Methode `apply` eingesetzt werden. Dazu gibt es zwei Formen:

```
(x1:T1,...,xN:TN) => (x1,...,xn) match {
  case pattern1 => result1
  ...
  case patternN => resultN
}
```

Diese Form ist äquivalent zu:

```
new FunctionN[T1,...,TN,R] {
  def apply(x1: T1,...,xN: Tm): R = (x1,...,xN) match {
    case pattern1 => result1
    ...
    case patternN => resultN
  }
}
```

Verändern wir das letzte Beispiel ein wenig, um die explizite Anlage einer anonymen Funktion zu demonstrieren. Die Methode `hoF` erwartet nun eine Funktion `f` und es wird dazu eine partielle Funktion `partFnc` definiert, die mittels `lift` in eine Funktion umgewandelt werden kann:

```
scala> def hoF(f: String => Option[AnyVal])(s: String) = f(s)
hoF: (f: (String) => Option[AnyVal])(s: String)Option[AnyVal]

scala> val partFnc: PartialFunction[String,AnyVal] = {
     |                  case "PF" => true
     |                  case s if s.length>2 => s.length
     |                }
partFnc: PartialFunction[String,AnyVal] = <function1>

scala> val f= hoF(partFnc.lift)_
f: (String) => Option[AnyVal] = <function1>

scala> f("PF")
res0: Option[AnyVal] = Some(true)

scala> f("hallo")
res1: Option[AnyVal] = Some(5)

scala> f("Pf")
res2: Option[AnyVal] = None
```

Durch die explizite Typangabe `PartialFunction[String,AnyVal]` wird die anonyme Funktion `partFnc` partiell definiert. Bei der Umwandlung zu einer Funktion wird mittels `lift` der Ergebnistyp `AnyVal` in `Option[AnyVal]` umgewandelt und entspricht somit dem erwarteten Funktionstyp. Abschließend erfolgt wieder ein Test.

Nur für Funktionen mit einem Argument hat man die Wahl zwischen einer partiellen und einer normalen Funktion. Ab zwei Argumenten sind mithin nur anonyme Funktionen erlaubt:

```
scala> val f2: (Double,Double) => Int = {
     |        case (x,y) if x>y => 1
     |        case (x,y) if x==y => 0
     |        case _ => -1
     |    }
f2: (Double, Double) => Int = <function2>
```

```
scala> f2(0.1,1.2)
res0: Int = -1
```

Bei anonymen Funktionen ist es sehr wichtig, darauf zu achten, dass die `case`'s den gesamten Wertebereich der Argumente abdecken, denn sonst droht zur Laufzeit ein ***MatchError***.

```
scala> val f2: (Double,Double) => Int = {
     |         case (x,y) if x>y => 1
     |         case (x,y) if x==y => 0
     |     }
f2: (Double, Double) => Int = <function2>

scala> f2(0.1,1.2)
scala.MatchError: (0.1,1.2)
...
```

Abschließend noch ein praktischer Einsatz in Verbindung mit Maps. Der Typ ***Map[A,B]*** enthält zwei sehr nützliche high-order Methoden:

```
def mapValues[C] (f: (B) => C): Map[A, C]
def map[B,That] (f: ((A, B)) => B): That
```

Die Methode `mapValue` liefert eine neue Map, wobei die alten *(key, value)*-Paare auf die neuen *(key, f(value))* abbildet werden. Die Methode `map` ist noch flexibler. Das Ergebnis von `map` ist eine Kollektion `That`, wobei der Typ von `That` vom Ergebnistyp der übergebenen Funktion `f` abhängt. Eine kleine Demonstration:

```
scala> val aMap = Map("t1" -> -1.2,"t2" -> -3.1,"t3" -> 0.0,"t4" -> 3.1)
aMap: scala.collection.immutable.Map[java.lang.String,Double] =
Map((t1,-1.2), (t2,-3.1), (t3,0.0), (t4,3.1))

scala> aMap mapValues { case v if v>0.0 => true
     |                  case _          => false }
res0: scala.collection.immutable.Map[java.lang.String,Boolean] =
Map((t1,false), (t2,false), (t3,false), (t4,true))

scala> aMap map { case (k,v) => v*10 }
res1: scala.collection.immutable.Iterable[Double] =
List(-12.0, -31.0, 0.0, 31.0)

scala> aMap map { case (k,v) => (k,v*10) }
res2: scala.collection.immutable.Map[java.lang.String,Double] =
Map((t1,-12.0), (t2,-31.0), (t3,0.0), (t4,31.0))

scala> aMap.map(x => (x._1,x._2*10))
res3: scala.collection.immutable.Map[java.lang.String,Double] =
Map((t1,-12.0), (t2,-31.0), (t3,0.0), (t4,31.0))
```

Aufgrund der Abbildung auf einen „normalen" bzw. Tupelwert liefert `map` bei der ersten anonymen Funktion eine `List` und bei der zweiten wieder ein `Map`. Im letzten Ausdruck wird statt der anonymen eine äquivalente normale Funktion verwendet. Man muss dann aber mit Tupeln arbeiten, was nicht so elegant ist.

3.10 Methoden als Operatoren

In nahezu allen Einführungen von Scala wird die Möglichkeit, in einer Klasse nicht nur Methoden, sondern auch Operatoren definieren zu können, als großes Highlight herausgestellt. Dies ist darauf zurückzuführen, dass Java dies im Gegensatz zu Sprachen wie C++ oder Ruby nicht erlaubt. Gegenüber C++ oder Ruby verwendet Scala jedoch kein *Operator-Overloading*, sondern behandelt Operatorensymbole wie normale Zeichen. Dadurch beschränkt Scala die Definition eigener Operatoren nicht wie bei Operator-Overloading auf die in der Sprache fest verankerten Operatoren. Operatoren werden nur anhand von vergleichsweise einfachen Regeln identifiziert. Somit sind Operatoren nur Methoden bzw. Funktionen mit *besonderen Namen*. Sie können wie Methoden mit der Punkt-Notation aufgerufen werden oder aber wie „normale" Operatoren verwendet werden.

Ein kurzer Seitenblick auf Java! Abgesehen vom Plus-Zeichen erlaubt Java nur Operatoren für numerische Typen. Nur das Plus wird auch zum Konkatenieren von Strings verwendet.[19] Dies ist nicht ganz unproblematisch. Die Addition mittels `+` ist an sich kommutativ, bei Strings dagegen nicht: Für zwei Strings `s1` und `s2` ist `s1+s2` nicht gleich `s2+s1`. Eine weitere Schwierigkeit entsteht durch gemischte Ausdrücke von Zahlen und Strings. Ein (Java/Scala)-Beispiel:

```
println(1 + 2 + " == " + 2 + 1)    → 3 == 21
```

In Java hatte man aufgrund der Erfahrungen mit C++ vom Operator-Overloading abgesehen. Zwei Gründe waren wohl ausschlaggebend. Erstens haben schlecht gewählte Operatoren so gut wie keine Aussagekraft und sind sehr verwirrend. Zweitens gibt es etwa `15` verschiedene Prioritätsstufen für die in Java eingebauten Operatoren. Diese müssen bei eigenem Operator-Overloading vom Anwender unbedingt verstanden werden.

Auf der anderen Seite zeigen Klassen wie `BigInteger` oder `BigDecimal`, wozu dieses Verbot in Java geführt hat. Scala geht konsequent den Weg, der am besten mit „With freedom comes responsibility" umschrieben wird. Dazu wurden dann auch die Prioritätsregeln gegenüber Java vereinfacht.

Das führt dann zu Operatoren wie `::` bzw. `:::` für das Einfügen eines Elements in eine Liste bzw. die Verbindung zweier Listen. Sie sind Kreationen der Designer der Kollektions-Bibliothek und keineswegs in die Sprache eingebaut. Der oben zitierte Spruch ist wie folgt zu verstehen: *Operatoren müssen ohne große Dokumentation klar verständlich und intuitiv sein.* Sind sie es nicht, ist ein Name immer die bessere Wahl.

Operatoren, Priorität und Assoziativität

Identifier wurden bisher in Abschnitt 1.11 nur im Zusammenhang mit der besonderen Rolle von Backticks vorgestellt. Die nachfolgende Regel erklärt, wie Identifier und insbesondere Operatoren gebildet werden können. Um dies übersichtlich zu halten, wurden Details aus der Spezifikation von Scala ausgeblendet. Wer an allen Feinheiten interessiert ist, sollte direkt auf die *Scala Language Specification* zurückgreifen.[20]

Zuerst zu den erlaubten Symbolen für die Begrenzer (*Delimiter*) und die Klammern:

[19] Das ist allerdings nur auf die Klasse `String` beschränkt. Bereits bei `StringBuffer` muss man wieder die Methode `append` verwenden.

[20] Siehe `http://www.scala-lang.org/node/198`

Begrenzer	.	;	,	"	`	'	***Klammern***	(	)	[	]	{	}

Im Weiteren wird noch auf die *mathematischen* und die *anderen* Symbole im *Unicode* verwiesen. Alle zugehörigen Zeichen findet man beispielsweise unter:

```
http://www.sql-und-xml.de/unicode-database/sm.html
http://www.sql-und-xml.de/unicode-database/so.html
```

Vorab die Spielregeln zur Bildung von Identifiern und Operatoren:

3.10.1 Erlaubte Identifier und Operatoren-Identifier

1. Zu den erlaubten Zeichen für Identifier zählen alle Unicode-Zeichen – genauer die *Basic Multilingual Plane 0* (`0000-FFFF`) – mit Ausnahme der Klammersymbole und der Begrenzer (siehe oben)..
2. Die *reservierten* Wörter sind nicht als Identifier erlaubt. Identifier sollten auch nicht das Zeichen **$** enthalten (da es Scala intern verwendet).
3. Zu den Operator-Symbolen zählen die Zeichen

   = > < + - * / ! @ # % ^ & ~ ? | \ :

   sowie *mathematical Symbols* (***Sm***) und *andere Symbole* (***So***) im Unicode.
4. Beginnt ein Identifier mit einem Operator-Symbol, müssen die nachfolgenden Zeichen ebenfalls Operator-Symbole sein, und man spricht von einem Operator.
5. Ansonsten dürfen in einem Identifier nur nach einem Unterstreichungsstrich _ Operator-Symbole verwendet werden.
6. Als Namen von Funktionen und Methoden sind Operatoren erlaubt.

Die Priorität und Assoziativität von Operatoren wird in der nächsten *IBox* erklärt.

Beispiele zu gültigen (nicht unbedingt sinnvollen) Identifiern, gefolgt von drei ungültigen:

```
val a_### = 1
val #### = -1
val αηςρετ= "Griechisch"
val π = math.Pi

def ?!%(i: Int)= i
def m_###(s: String)= s.toUpperCase

println(αηςρετ)                                   → Griechisch
println(π)                                        → 3.141592653589793
println(a_### + ?!%(2) + #### + m_###(" ok"))     → 2 OK

val a### = ...       // 5. Regel verletzt
val a_(= ...         // Klammer nicht zulässig

def #a(i:Int) = ... // 4. Regel verletzt
```

Infix- und unäre Operatoren

Die Regel für gültige Identifier ist sehr liberal. Jedoch erst die Einführung von Operatoren und die Art, wie sie verwendet werden können, machen den Reiz von Scala aus. Die *Infix*-Operatoren sind die wichtigste Gruppe, die als binäre Operatoren zwischen ihren beiden zugehörigen Operanden geschrieben werden. Zur Vereinheitlichung gestattet Scala, dass auch Methoden (siehe Abschnittsende) wie Operatoren geschrieben werden können.

Zum Einsatz von Infix-Operatoren benötigt man klare Vorrang- und Bindungsregeln:

3.10.2 Priorität und Assoziativität

Die *Priorität* versteht bestimmt die Reihenfolge der Ausführung, sofern in einem Ausdruck verschiedene *Infix*-Operatoren mit Operanden aufeinander treffen.

- Die Priorität wird durch das *erste* Symbol eines Operators anhand der folgenden Liste bestimmt (absteigend geordnet nach Vorrang).[a]

  1. Die speziellen Zeichen wie *So* und *Sm* (außer den nachfolgenden)
  2. `* / %`
  3. `+ -`
  4. `:`
  5. `= ! ==`
  6. `< > <= >=`
  7. `&`
  8. `^`
  9. `|`
  10. Alle Buchstaben
  11. Zuweisungs-Operatoren (sie enden mit einem Gleichheitszeichen)

- Infix-Operatoren mit gleichem Vorrang müssen die *gleiche* Assoziativität haben.

Die *Assoziativität* bestimmt, in welcher Reihenfolge Operatoren mit gleicher Priorität in einem Ausdruck ausgeführt werden.

Sie wird durch das letzte Symbol gesteuert: Wenn das *letzte* Symbol eines Operators mit einem Doppelpunkt `:` endet, ist er rechts-assoziativ. Der Operator wird dann auf dem rechten Operanden ausgeführt und der linke ist das Argument. Ansonsten ist der Operator links-assoziativ. Der Operator gehört zum linken Operanden und der rechte ist das Argument.

[a] Der Vollständigkeit halber sind alle erlaubte Zeichen in die Prioritätsreihenfolge mit aufgenommen.

Eine maßgebliche Vereinfachung der Regel besteht gegenüber Java darin, dass nur das erste Symbol die Priorität und das letzte die Assoziativität steuert.

Da Operatoren wie *„methods with funny names“* wirken, können sie auch wie Methoden in der Punkt-Notation geschrieben werden. Ein Beispiel:

```
val i= 3

// die Infix-Operatoren * hat Vorrang vor -
val j= 6 - i * 2

// das Gleiche in Methoden-Schreibweise,
// Klammern sind zur Eindeutigkeit notwendig.
val k= (6).-(i.*(2))

//  + hat Vorrang vor ==
println(j + " " + j==k)                 → false

// Vorrang mittels Klammern geändert   → 0 true
println(j + " " + (j==k))

// Methoden werden von links nach rechts ausgewertet
println(i - 2 * 3)                      → -3
println(i.-(2).*(3))                    → 3

// Assoziativität: Berechnung von links nach rechts
println(8/4/2)                          → 1


// Assoziativtät hat Auswirkungen auf das Ergebnis
println(1000000 / 1000000 * 1000000)    → 1000000
println(1000000 * 1000000 / 1000000)    → -727
```

Methoden werden immer von links nach rechts (links-assoziativ) ausgeführt. Das gilt dann auch für Operatoren, wenn sie als Methoden geschrieben werden. Die Prioritäten haben dann keinen Einfluss mehr. Für Listen sind bereits zwei rechts-assoziative Operatoren `::` bzw. `:::` zum Ein- bzw. Anfügen eines Elements bzw. einer Liste bekannt:

```
scala> "a"::"b"::Nil
res0: List[java.lang.String] = List(a, b)

scala> Nil.::("b").::("a")
res1: List[java.lang.String] = List(a, b)

scala> (1::2::Nil):::(3::Nil)
res2: List[Int] = List(1, 2, 3)

scala> val lst= Nil::"a"
<console>:5: error: value :: is not a member of java.lang.String
       val lst= Nil::"a"
                     ^

scala> List(1,2):::1
<console>:6: error: value ::: is not a member of Int
       List(1,2):::1
                   ^
```

Das Ein- bzw. Anfügen eines Elements bzw. einer Liste geschieht immer am Kopf der Liste, die rechts vom Operator steht. Die beiden Fehlermeldungen des Compilers beschweren sich darüber, dass es die Operatoren `::` und `:::` nicht zu den Typen `String` bzw. `Int` gibt.

Neben Infix-Operatoren lassen sich auch Präfix- und Postfix-Operatoren definieren. Hier die Regel:

3.10.3 Präfix- und Postfix-Operatoren

Als *Präfix*-Operatoren sind nur die vier Zeichen

`+ - ! ~` (Plus, Minus, Ausrufungszeichen und Tilde)

zugelassen. Sie werden mit Hilfe des Präfix ***unary_*** definiert, d.h.:

`unary_+ unary_- unary_! unary_~`

Eine Präfix-Operation wird erst auf den rechten Operanden ausgeführt, *nachdem* dieser ausgewertet wurde.

Als *Postfix*-Operator ***op*** ist *jeder* Identifier zugelassen, da die Operation sich nicht von einer normalen Methode ohne Parameter unterscheidet. Beide können mit oder ohne Punkt, d.h. `expr.`***op*** oder `expr` ***op***, aufgerufen werden. Postfix-Operationen werden immer *nach* den Infix-Operationen ausgeführt.

Operatoren im Einsatz

Als Standardbeispiele für den Einsatz von Opertoren sind mathematische Objekte geeignete Kandidaten. Wählen wir dazu die *lab rat* `Complex`. Da in diesem Abschnitt nur die Operatoren interessant sind, wird sie als *case*-Klasse definiert. Unäre Operatoren entsprechen dabei parameterlosen Methoden:

```
case class Complex(re: Double, im: Double) {
  // zwei Präfix Operatoren
  // Negation
  def unary_- = Complex(-re,-im)

  // konjungiert komplex (mit leeren Klammern)
  def unary_~()= Complex(re,-im)

  // Postfix Operator: eine Variante von Incrementieren
  def ++ = Complex(re+1,im)

  // Postfix Method: der Absolutwert ist ein Double
  def abs= math.sqrt(re*re + im*im)

  // Alle nachfolgenden Operatoren sind binär
  def +(c: Complex)= Complex(re+c.re,im+c.im)
  def *(y: Complex)= Complex(re*y.re -im*y.im,re*y.im+im*y.re)
```

```
  // Potenz: nur für Exponent exp >= 0
  def **(exp: Int) = {
    assert(exp >= 0)
    var res = Complex(1,0)
    for (i <- 0 until exp)
      res= res * this
    res
  }

  // Potenz als mathematisches Symbol(Sm)
  def ↑(exp: Int) = **(exp)
}
```

Die Operatoren wurden so gewählt, dass möglichst alle Aussagen in IBox 3.10.3 an einem Beispiel demonstriert werden können. Allerdings ist der Inkrementier-Operator `++` wenig sinnvoll. Denn er wird von C-Fans nur aufgrund seines Seiteneffekts „geliebt". Der Operator `++` hat *keinen* Seiteneffekt, sondern ist nichts anderes als `c+1`. Mathematische Symbole wie der Pfeil mögen zwar schön sein, aber den Gewinn an Eleganz bezahlt man meist mit der mühseligen Art der Eingabe.[21] Der folgende Test verwendet alle oben implementierten Operationen.

```
val c1= Complex(1.0,1.0)

// Präfix
println(-c1)

// Präfix normal und als Methodenaufruf
println(~c1)
println(c1.unary_~)

// Berechnung: zuerst die Präfix und dann die Infix Operation
println(c1+ -c1)
println(~c1+c1)
println(-c1**0)
println(c1+ ~c1 + -c1)

// hier sind Klammern notwendig
println(~(-c1))

// Postfix-Operation
println(c1++)

val c2= Complex(3,4)

println(c2 abs)

// Präfix, Postfix und Infix in einem Ausdruck
// zuerst wird -c1 + c1 berechnet, dann erst die Postfix-Operation
println(-c1 + c1++)
```

[21] Wer diese Art der Codierung attraktiv findet, sollte sich einmal die Sprache *Fortress* ansehen.

```
// zuerst Berechnung von c2 + c2, dann erst abs
println(c2 + c2 abs)

// hier sind Klammern notwendig
println((c2 + c2++) abs)

// Infix-Operationen
println(c1 * c1)
println(c1**2)

// Vorsicht: ** hat keinen Vorrang vor *
// die Auswertung erfolgt somit von links nach rechts
println(c1 * c1**2)
// Vorrang aufgrund von Klammern
println(c1 * (c1**2))

// mathematische Symbole(Sm) haben Vorrang (siehe IBox 3.10.3)
println(c1 * c1 ↑ 2)
```

Im letzten Ausdruck hat das mathematische Symbol ↑ mit dem Hex-Code `\u2191` als „anderes spezielles Zeichen“ (siehe IBox 3.10.2) die höchste Priorität. Somit sind keine Klammern notwendig. Eine abschließende Frage: Würde dieser Ausdruck compilieren?

```
println(c1-c4)
```

Die Anwort ist „nein“, denn dieser Ausdruck fordert einen Infix-Operator. Das Minuszeichen - ist in `Complex` nur als unärer Operator definiert.

Operatoren mit mathematischen Symbolen

Die mathematischen Symbole verleiten vielleicht „Mathematiker“ zur Konstruktion interessanter Funktionen. Welche Möglichkeiten da offen stehen, soll im folgenden anhand von exemplarischen (echten) Funktionen demonstriert werden:

```
val π= math.Pi
// √ : hex \u221A
val √ : Double => Double = x => math.sqrt(x)
// ∑: hex \u2211
val ∑: (Double*) => Double = xs => xs.foldLeft(0.0)((s,i) => s+i)
println(20 - √(15.0+1))             → 16.0
println(2* π + ∑(1.0,2.0,3.0))      → 12.283185307179586
```

Methoden als Operatoren

Operatoren sind letztendlich Methoden mit höchstens einem Parameter. Somit besitzen auch Methoden mit keinem oder einem Parameter für ihren Aufruf eine sehr flexible Syntax:

3.10.4 Methoden mit höchstens einem Parameter

Methoden mit höchstens einem Parameter können optional *ohne* Punkt hinter der Instanz oder dem Objekt aufgerufen werden. Die Instanz bzw. das Objekt muss dann aber angegeben werden. Erwartet die Methode ein Argument, kann dies auch ohne Klammern geschrieben werden. Methoden, die *keinen* Parameter haben, können optional

- ohne Klammern (wie eine `val`) definiert werden. Sie müssen dann *ohne* Klammern aufgerufen werden.
- mit und ohne Klammern aufgerufen werden, sofern sie mit leeren Klammern definiert wurden.

Testen wir diese Aussagen mit Hilfe einer einfachen Klasse:

```
  class MethodTest {
    def name = println("name")
    def exec() = println("exec()")
    def eval(i: Int) = println("eval("+i+"): " +i*i)
  }

  // --- ein Test ---

  val mt= new MethodTest

  mt name              → name

  // Fehler: name wurde ohne Klammern definiert (siehe oben)
// mt name()

  mt.exec              → exec()
  mt.exec()            → exec()
  mt exec              → exec()
  mt eval 10           → eval(10): 100

  // Siehe letzte Aussage in der IBox 3.10.4
  Predef println 10  → 10

  // Fehler: ohne vorstehende Instanz oder Objekt
  // ist das Weglassen des Punkts nicht erlaubt
// println 10
```

3.11 Implizite Konvertierung bzw. Parameter

Das Schlüsselwort *`implicit`* sagt bereits aus, dass es in Scala eine Technik gibt, die gewisse Aufgaben im Hintergrund erledigen kann, sofern der Compiler dazu in die Lage versetzt wird.

Hierbei spielt `implicit` eine entscheidende Rolle. Der Ausgangspunkt zur Einführung dieser Technik war das Unvermögen von Sprachen wie Java und C# [22], bereits vorhandene Klassen oder gar APIs an neue Umgebungen anpassen zu können. Dazu können sie – wie in Ruby oder Python – Klassen dynamisch verändern. Je nach Sprache nennt man dies *Open Classes* oder *Monkeypatching*.

Die damit verbundenen Probleme werden in der Community häufig unter schönen Metaphern wie „make an object which is not a duck behave like a duck" diskutiert. Mit dem Öffnen von Klassen sind leider auch plötzlich auftauchende Inkompatibilitäten verbunden. Gleichwohl benötigt man Anpassungen an neue Umgebungen dringend, nur (typ-) sicher sollten sie sein.

Ein sehr einfaches Beispiel im Zusammenhang mit der Klasse `Complex` (siehe letzten Abschnitt) zeigt diese Problematik. Operatoren wie + sind zwar toll, aber von Natur aus auch kommutativ, d.h. `complex + real` ist gleich `real + complex`. Nun kann man in der neuen Klasse `Complex` durchaus eine Operator + hinzufügen, der ein `Double` akzeptiert:

```
case class Complex(re: Double, im: Double) {
  // ... Code siehe Abschnitt 3.10 "Operatoren im Einsatz"
  def +(c: Complex)= Complex(re+c.re,im+c.im)
  def +(d: Double)= Complex(re+d,im)
  //...
}

// --- ein Test ---

val c1= Complex(1.0,1.0)

// Addition mit Double und allen Typen möglich,
// die per Widening in Double umgewandelt werden.
println(c1+2.0)             → Complex(3.0,1.0)
println(c1+2)               → Complex(3.0,1.0)
println(c1+'2')             → Complex(51.0,1.0)

// aber das akzeptiert der Compiler nicht!
println(2.0 + c1)
```

Ohne die Compiler-Meldung zu sehen, wird der Fehler verständlich sein: Ein numerischer Typ wie `Double` kennt keine Klasse `Complex`. Somit gibt es in `Double` auch keine Operation + mit einer `Complex`.

Hier schafft Scala mittels typsicheren *Views* Abhilfe. Dazu hat auch Martin Odersky in 2006 einen schönen Begriff geprägt: „Pimp my Library" alias „Motz meine API auf".[23] Wenden wir uns zuerst den Views zu, bevor wir noch weitere wichtige Einsatzmöglichkeiten der Implizit-Technik besprechen.

[22] C# hat eine sehr eingeschränkte Art, nachträglich mittels *method extension*-Methoden in eine Klasse einzufügen.

[23] Siehe hierzu: `http://www.artima.com/weblogs/viewpost.jsp?thread=179766`

Views: Typ-Transformationen

An sich sind Views vergleichbar mit *intelligenten Cast*-Operationen. Casting, genauer *Down-Casting* überführt eine Instanz einer Superklasse (die ihre Subklassen nicht „kennt") in eine Instanz einer Subklasse. Das funktioniert zur Laufzeit allerdings nur dann, wenn die Instanz des Supertyps die Instanz des Subtyps referenziert. Ansonsten wird eine `ClassCastException` ausgelöst. Casting ist eine Runtime-Technik und typunsicher. Nur bei Widening funktioniert in Java eine Art von intelligentem Cast. Obwohl `int` und `double` recht unterschiedliche Typen sind, die unterschiedliche interne Strukturen haben[24], übernimmt der Compiler die Konvertierung.

Views erlauben es nun, intelligente Transformationen selbst zu programmieren. Zeigen wir dies zuerst am Beispiel `Complex`, bevor die Details angesprochen werden:

```
case class Complex(re: Double, im: Double) {
  // ... Code wie oben
}

// nachfolgende Methode liegt im Scope,
// d.h. sie wird vom Compiler gefunden
implicit def DoubleToComplex(d: Double)= Complex(d,0)

// --- ein Test ---

val c1= Complex(1.0,1.0)
val c2= 2.0 + c1

println(c2)                           → Complex(3.0,1.0)

// zuerst Widening, dann Transformation
println(2 + c1)                       → Complex(3.0,1.0)
```

Die implizite Konvertierung mittels der Methode `DoubleToComplex` vermeidet das Öffnen einer Klasse wie `Double`, um beispielsweise zusätzliche Methoden zu injizieren. Es macht auch wenig Sinn, in `Double` eine Operation + mit einer `Complex` einzufügen. Denn in der Operation + muss sich eine `Double` wie eine `Complex` verhalten, wobei das Ergebnis wieder vom Typ `Complex` ist. Somit ist es nur logisch, eine `Double` *vor* der Ausführung einer Addition in eine äquivalente `Complex` umzuwandeln. Anschließend kann dann die normale + Operation für zwei komplexe Zahlen in `Complex` aufgerufen werden.

Ein positiver Seiteneffekt der Widening-Technik für numerische Typen besteht darin, dass der Compiler bei der Suche nach einer impliziten Konvertierung Widening mit einbezieht. Andernfalls müsste für `Int` auch eine `IntToComplex` geschrieben werden. Diese Art von *Transitivität* gilt allerdings nur in Verbindung mit Widening.

Fazit Die Klassen `Double` und `Complex` werden *nicht* berührt. Der Compiler kann alle Prüfungen durchführen und die Methode `DoubleToComplex` geeignet in den Code injizieren.

[24] 2er-Komplement vs. Exponent-Mantisse Struktur

3.11.1 Views: Typ-Beziehungen mittels implicit

Stehen zwei Typen `X` und `Y` in keiner Sub-/Super-Typbeziehung, so sucht der Compiler Transformationen der Art

```
implicit def X2Y(x: X): Y = ...        (Definition als Methode)
implicit val X2Y: X => Y = x => ...    (Definition als Funktion)
```

1. *zum Methoden-Typ-Matching*: Wird eine Methode `m` von einem Ausdruck `expr` mit Typ `X` aufgerufen, die `X` nicht definiert hat, versucht der Compiler mit Hilfe einer Transformation im *aktuellen Scope* einen Typ `Y` zu finden, der `m` definiert hat.

   expr.m $\rightarrow$ *X2Y(expr).m*

2. *zur Argument-Umwandlung*: Wird eine Methode bzw. Funktion `m` mit einem Parameter vom Typ `Y` mit einem Argument `arg` vom Typ `X` aufgerufen, versucht der Compiler mit Hilfe einer Transformation im *aktuellen Scope* `arg` in `Y` umzuwandeln.

   m(...,arg,...) $\rightarrow$ *m(...,X2Y(arg),...)*

3. für *Zuweisungen*: `val y:Y= x` wird durch Einfügen einer Transformation ersetzt.

   val y= X2Y(x)

Zwei View-*Regeln* sind zu beachten:

- ***Nicht transitiv***: Gibt es zwei Transformationen `X2Y` und `Y2Z`, so versucht der Compiler *nicht* mit Hilfe einer Komposition der beiden Transformationen einen Ausdruck vom Typ `X` in einen vom Typ `Z` umzuwandeln.
- ***Vorrang***: Gibt es eine Methode *und* eine Funktion zur Transformation (gleichrangig) im Scope, wählt der Compiler die Funktion zur Umwandlung.

Die Namen der Transformationen können beliebig gewählt werden, aber häufig mit `xToY` oder `x2Y` bezeichnet, wobei `für X` und `Y` die konkreten Typen eingesetzt werden. Views werden von Details wie Prioritäten begleitet, die man am besten anhand von Beispielen erklären kann. Wenden wir uns zuerst den meist genutzten Views im Scala API zu.

Views zum Typ String, Prioritäten

Der Typ `String`, der von Java ohne Modifikation übernommen wurde, wird in Scala mit Hilfe von zwei Transformationen nach `StringOps` und `WrappedString` „gepimped“:

```
implicit def wrapString(s: String): WrappedString =
                    if (s ne null) new WrappedString(s) else null
implicit def augmentString(x: String): StringOps = new StringOps(x)
```

`StringOps` und `WrappedString` gehören zum Package `scala.collection.immutable`. Aufgrund der Views stehen zu Strings zusätzlich mehr als 50 weitere Methoden zur Verfügung. Dem Objekt `scala.PreDef` ist geschuldet, dass die beiden Transformationen immer im Scope stehen. Denn es enthält sie direkt bzw. indirekt und wird von Scala automatisch importiert.

Viele der zusätzlichen Methoden in `StringOps` und `WrappedString` sind in der Signatur gleich, unterscheiden sich jedoch teilweise im Ergebnistyp. `StringOps` verwendet im Gegensatz zu `WrappedString` im Ergebnis öfter den Typ `String`.

Prioritäten

Zwei alternative Transformationen von `String` zu `StringOps` sowie zu `WrappedString` müssten den Compiler an sich zu einer *Ambiguity*- bzw. Zweideutigkeitsmeldung veranlassen. Denn welche der beiden sollte er nehmen? Diese Art von Zweideutigkeit wird durch Einsatz von Vererbung verhindert. Sofern implizite Transformationen mit gleichem Parametertyp im Scope stehen, hat die Transformation in der Superklasse eine geringere Priorität als in der Subklasse oder einem abgeleiteten Objekt.

Betrachten wir den konkreten Fall `String`. Da `StringOps` möglichst wieder einen `String`-Typ im Ergebnis seiner Methoden liefert, sollte die zugehörige Transformation `augmentString` die höhere Priorität haben. Sie steht direkt im Objekt `Predef`, das automatisch importiert wird und somit im Scope liegt.[25]

Erst wenn mit Hilfe von `augmentString` keine Umwandlung möglich ist, setzt der Compiler seine Suche in der Superklasse von `PreDef` fort. `PreDef` wird von `LowPriorityImplicits` abgeleitet, die u.a. alle Transformationen, die mit Transformationen in `PreDef` kollidieren, enthält. Die niedrigere Priorität schließt aber eine Kollision aus. Betrachten wir dies mit einer *REPL*:

```
scala> val str = "string view"
str: java.lang.String = string view

scala> str slice (7,10)
res0: String = vie

scala> val wStr: IndexedSeq[Char] = str
wStr: IndexedSeq[Char] = WrappedString(s, t, r, i, n, g,  , v, i, e, w)

scala> wStr slice (7,10)
res1: IndexedSeq[Char] = WrappedString(v, i, e)

scala> str map(_.toUpper)
res2: String = STRING VIEW

scala> wStr map(_.toUpper)
res3: IndexedSeq[Char] = Vector(S, T, R, I, N, G,  , V, I, E, W)

scala> str map(_.toInt)
res4: scala.collection.immutable.IndexedSeq[Int] =
      Vector(115, 116, 114, 105, 110, 103, 32, 118, 105, 101, 119)

scala> val cList= "String" toList
cList: List[Char] = List(S, t, r, i, n, g)
```

[25] Zugegeben, die Prioritätsregel ist vereinfacht dargestellt, da in die Berechnung noch die Signatur, d.h. Overloading mit einbezogen wird. Nach einem Punktesystem kann dann die genaue Priorität ermittelt werden (siehe hierzu *Scala 2.8 Arrays* von Martin Odersky vom 01.10.2009 unter `http://www.scala-lang.org/sid/7`).

```
scala> cList zip "view"
res5: List[(Char, Char)] = List((S,v), (t,i), (r,e), (i,w))
```

Methoden wie `slice`, `map`, `toList` oder `zip` gibt es gleichermaßen in `StringOps` und in `WrappedString`. Werden sie über einen String aufgerufen, hat `StringOps` Vorrang. Zum Vergleich werden `slice` und `map` über die Instanz `wStr` von `WrappedString` aufgerufen. `wStr` wurde durch Zuweisung von `str` mit Hilfe der Transformation `wrapString` erschaffen. Wie man sieht, verändern sich damit auch die Ergebnisse. Diese Art der Priorisierung kann anhand von drei Klassen und einer dreistufigen Hierarchie als Regel formuliert werden.

```
class First {
  def info1= "First info1"
}

class Second {
  def info1= "Second info1"  // identische Signatur zu First
  def info2= "Second info2"
}

class Third {
  def info1= "Third info1"
  def info2= "Third info2" // identische Signatur zu Second
  def info3= "Third info3"
}
```

3.11.2 Implicit Prioritäten aufgrund von Subtyping

Aufgrund des Vorrangs impliziter Konvertierungen in Subtypen gegenüber Supertypen:

```
    class P3              { implicit def anyTo3(a: Any) = new Third }
    class P2 extends P3   { implicit def anyTo2(a: Any) = new Second
}
    object P1 extends P2 { implicit def anyTo1(a: Any) = new First
}
```

wählt der Compiler beim Aufruf einer Methode, die im ursprünglichen Typ (hier **Any**) *nicht* vorkommt, den priorisierten Typ, in der sie *definiert* ist. Somit sind Zweideutigkeiten ausgeschlossen.

Der Test zeigt das erwartete Ergebnis:

```
import P1._

println("".info1)     → First info1
println("".info2)     → Second info2
println("".info3)     → Third info3
```

Views zum Typ Array

Da die Views zum Typ `Array` ähnlich zu denen von `String` aufgebaut sind, können wir die Betrachtung verkürzen. Die Klasse `Array` ist ein *Proxy* der *nativen* Arrays in Java. Sie spiegelt daher nur die vier Zugriffsarten auf die neun verschiedenen Array-Typen in Java wider:

```
// Getter für ein Element an Position index
def apply (index: Int): T

// ein Array ist mutable: Setter für ein Element
def update (index: Int, value: T): Unit

def clone(): Array[T]
def length: Int
```

Der Gewinn, der mit Hilfe der Views verbunden ist, fällt wesentlich signifikanter als bei Strings aus. `String` hat schon in Java unzählige wertvolle Methoden. Ein Java-Array ist dagegen nur eine „methodenlose“ Struktur, vergleichbar mit einem `struct` in C. Die Helperklasse `Arrays` bietet in Java zumindest einige wichtige Zusatzfunktionen, behebt aber nicht das Dilemma.

In Scala wird dagegen der Typ `Array` aufgrund der Views in das Collektions-Framework integriert. Dazu gibt es neben `Array` wieder eine Klasse `ArrayOps` und `WrappedArray` mit der gleichen Aufgabenverteilung wie bei den Strings. Im Gegensatz zum Typ `String` gibt es allerdings keine zwei, sondern zu jedem primitiven Typ in Java eine Transformation. Dies ist notwendig, da Java für alle primitiven Typen eigene Array-Implementierungen bereitstellt. Aus Kompatibilitätsgründen ist `Array` *mutable* und dadurch im Elementtyp *invariant*. Ansonsten wäre wie bei Java keine Typsicherheit zur Compilierzeit gegeben (Java bietet zwar eine `ArrayStoreException`. Diese wirkt aber erst zur Laufzeit).

Das abschließende Beispiel demonstriert, das ein Scala `Array` sowohl eine Kollektion als auch eine Funktion von `Int => `*`Elementtyp`* ist:

```
def arrAsFunction(f: Int => String) = {
  // eine Funktion Int => Int
  val int2Int= f.andThen(_.length)
  println(int2Int(0)+" "+int2Int(1)+" "+int2Int(2))
}

// --- ein Test ---

// Anlage eines leeren Arrays mit anschließender Zuweisung
val arr = new Array[String](3)
arr(0)= "ein"; arr(1)= "string"; arr(2)= "array"

arrAsFunction(arr)    → 3 6 5

// aufgrund von ArrayOps führt die Differenz zu einem Array
println(arr.diff(List("ein")).deep toString) → Array(string, array)
```

Implizite Parameter

Eine aus funktionaler Sicht unsaubere Art der Programmierung besteht darin, innerhalb von Methoden bzw. Funktionen auf Informationen zurückzugreifen, die in globalen Variablen gespeichert sind. Dazu zählen auch die Felder der Instanzen. Globale Variablen bzw. Instanzfelder dienen somit nicht nur einer, sondern mehreren Methoden als (Quasi-) Parameter. Der Aufruf dieser Methoden ist dadurch aus Anwendersicht sicherlich einfacher.

Sofern die Variablen immutable sind, können sie als implizite Konstanten betrachtet werden (wie beispielsweise `math.Pi` für eine Kreisberechnung). Sind sie dagegen – wie bei OO-Klassen üblich – mutable, sind die Methoden, die sie benutzen, weder funktional noch können sie parallel auf *many Cores* ablaufen. Bei mehr als einem Thread müssen die Zugriffe auf globale Variable bzw. Instanzfelder mittels Synchronisierung geschützt werden. Dies steht dann im krassen Gegensatz zu Methoden, die bei der Ausführung ihre Parameter *exklusiv* nutzen.

Parameter mit Defaultwerten sind eine wirkungsvolle Art, den Komfort des einfachen Aufrufs mit dem funktionalen Anspruch zu verbinden. Können Defaultwerte gefunden werden, die unabhängig von der Umgebung der Methode immer sinnvoll sind, ist dies die einfachste Art, zumal auch der Anwender sie an der (erweiterten) Signatur erkennen kann.

Es gibt aber durchaus komplexere Anforderungen an Werte, die mittels eines universellen Defaultwerts nicht gelöst werden können. Dazu zählen u.a. Informationen, die aus dem Kontext bzw. Scope des Funktionsaufrufs vom Compiler automatisch ermittelt werden sollen. Wichtig dabei ist, den Anwender weitestgehend von der Aufgabe zu entbinden, nach passenden Argumenten zu suchen. Genau dafür wurden implizite Parameter erschaffen. Sie ergänzen die implizite Objekt-Konvertierung und sind somit komplementär zu Views.

3.11.3 Injektion von Parametern mittels implicit

Eine Methode oder ein Konstruktor kann neben normalen Parametern implizite Parameter enthalten. Es gelten folgende Regeln:

1. Das Schlüsselwort ***implicit*** kann nur genau einmal vor dem *ersten* Parameter der (bei *Currying letzten*) Parameterliste verwendet werden. Es gilt dann für *alle* Parameter der Liste:

   def methodOrFnc(implicit param$_1$,...,param$_n$) **bzw.**
   def method(paramList$_1$)...(paramList$_{n-1}$)(implicit paramList$_n$)

2. Methoden oder Funktionen mit impliziten Parametern können ihrerseits wieder mit ***implicit*** gekennzeichnet werden.

3. Die impliziten Parameter werden wie explizite in der Methode oder (bei Konstruktoren) in der Klasse verwendet.

Werden beim Aufruf der Methode die impliziten Argumente inkl. der Klammern *weggelassen*, wird eine im Scope mit ***implicit*** gekennzeichnete Methode, Variable oder ein Objekt mit einem zum impliziten Parameter passendem Typ (bzw. Ergebnistyp) vom Compiler eingesetzt.

Implizite Parameter können durchaus wiederum als implizite Parameter bei weiteren Methodenaufrufen verwendet werden. Die erste *REPL* demonstriert mögliche und unmögliche implizite Methoden:

```
scala> def implMethod1(implicit i: Int)= i*i
implMethod1: (implicit i: Int)Int

scala> def implMethod2(implicit i: Int, d: Double)= i+d
implMethod2: (implicit i: Int,implicit d: Double)Double

scala> def implMethod21(i: Int, implicit d: Double)= i+d
<console>:1: error: identifier expected but 'implicit' found.
       def implMethod21(i: Int, implicit d: Double)= i+d
                                ^
scala> def implMethod3(implicit i: Int)(d: Double)= i+d
<console>:1: error: '=' expected but '(' found.
       def implMethod3(implicit i: Int)(d: Double)= i+d
                                       ^
scala> def implMethod3(i: Int)(implicit d: Double)= i+d
implMethod3: (i: Int)(implicit d: Double)Double
```

Die fehlerhaften Eingaben verstoßen gegen den ersten Punkt in 3.11.3. Der folgende Code verdeutlicht den zweiten Punkt und zeigt, dass bei der Injektion die Typen genau beachtet werden.

```
scala> import java.util.Date
import java.util.Date

scala> import java.text.DateFormat
import java.text.DateFormat

scala> implicit def asDate(implicit year: Int, month: Byte,
                                             day: Byte)=
     | new Date(year,month-1,day)
warning: there were deprecation warnings;...

scala> def storeDate(lDates: List[Date])(implicit date: Date)=
     | date::lDates
storeDate: (lDates: List[java.util.Date])(implicit date:
                                            java.util.Date)
List[java.util.Date]

scala> implicit val defaultYear= 111
defaultYear: Int = 111

scala> implicit val defaultMonthDay: Byte= 1
defaultMonthDay: Byte = 1

scala> println(DateFormat.getDateInstance.format(asDate))
01.01.2011
```

```
scala> println(storeDate(Nil))
List(Sat Jan 01 00:00:00 CET 2011)
```

Finden von Implicits

In Infobox 3.11.2 wurde eine Regel vorgestellt, die bei der Suche nach einer geeigneten impliziten Konvertierung Zweideutigkeiten bzw. Kollisionen von Implicits mit Hilfe von Prioritäten vermeidet. Es fehlen aber noch allgemeine Regeln zum Finden von Implicits. Dies soll nun nachgeholt werden.

Da bei der Suche nach impliziten Parametern nicht nur mit `implicit` gekennzeichnete Methoden bzw. Funktionen, sondern allgemein auch Variablen in Frage kommen, betrachten wir im weiteren diesen allgemeineren Fall. Die Suche nach einer geeigneten View für Konvertierungen mittels Funktionen kann als Spezialfall angesehen werden.

Bei der Suche unterscheidet man erst einmal zwischen der so genannten *Call-Site* – die aktuelle Umgebung, in der ein Implicit vom Compiler gesucht wird – und dem *impliziten Scope*. Der Compiler startet die Suche zuerst in der Call Site, genauer:

3.11.4 Wahl eines Implicits in der Call-Site

Wenn zu einem impliziten Parameter kein Wert beim Aufruf übergeben wird, sucht der Compiler zuerst einen Wert (Definition) mit gleichem oder kompatiblen Typ in der Call-Site, *ohne* ein Präfix zu verwenden.

1. Ein zugehöriger Wert wird dem Compiler wie folgt übergeben:

   (a) Als *lokale* Definition **`implicit val`**, **`implicit var`**, **`implicit object`**, **`implicit def`** oder als impliziter Parameter einer umgebenden Funktion.

   (b) Über einen *Import*, der eine passende Definition ohne Angabe eines Präfix in den Scope bringt.

   (c) Eine passende Definition in einer *umschließenden* Klasse oder einem Singleton- bzw. Package-Objekt.

2. Sofern angegeben, hat *ein* ***`implicit object`*** Vorrang vor den anderen Definitionen. Ansonsten sind Kollisionen von Definitionen mit gleichem Typ zu vermeiden, da dies zu Zweideutigkeiten (*ambiguity* Fehlern) führt.[a]

3. Werden mehrere kompatible Definitionen (mit verschiedenen Typen) gefunden, wird der zum gesuchten Wert *spezifischste* Typ gewählt (beispielsweise der in der Typ-Hierarchie nächstliegende).

4. Erst wenn keine ***`implicit`*** gekennzeichnete Definition existiert, wird der Default-Wert – sofern vorhanden – zu einem impliziten Parameter gewählt.

[a] Die vorliegende Scala 2.8-Referenz, Abschnitt 7.2 gibt keine Vorrangsregeln für (a), (b) und (c) an. Allerdings besteht ein Vorrang von `val` vor `def` bei (a), da `def` zuerst in eine `val` transformiert wird (Scala 2.8-Referenz, Abschnitt 6.26.2, *eta-expansion*).

Diese Call-Site-Regel ist aufgrund der vielen Fälle und Möglichkeiten doch recht umfangreich. Deshalb sind kleine exemplarische Beispiele hilfreich. Dazu definieren wir eine Klasse `AType` und eine Methode `findImplicits` mit einem impliziten Parameter vom Typ `AType`:

```
case class AType(val s: String)

def findImplicits(implicit v: AType = AType("Default")) = println(v)
```

Test 1: Aufgrund von 1. (a) ist der folgende Code korrekt.

```
def test01 {
  implicit def x1= AType("Def x1")
  findImplicits
}

// --- der Test ---
test01                                  → AType(Def x1)
```

Im weiteren werden die Aufrufe der Methoden `test02` etc. weggelassen. Deren Ausgaben stehen dann an passender Stelle.

Test 2: Auch dies ist aufgrund von 2. eindeutig.

```
def test02 {
  implicit def x1= AType("Def x1")
  implicit val x2= AType("Val x2")
  implicit var x3= AType("Var x3")
  implicit object x4 extends AType("Object x4")

  findImplicits                         → AType(Object x4)
}
```

Test 3: Dagegen ist dies nach 2. zweideutig und führt zu einem Fehler beim Compilieren.

```
def test03 {
  implicit val x2= AType("Val x2")
  implicit var x3= AType("Var x3")

  // Compiler meldet: error: ambiguous implicit value ...
  findImplicits
}
```

Test 4: Dies ist aufgrund von 4. korrekt.

```
def test04 {
  findImplicits                         → AType(Default)
}
```

Test 5: Dies ist aufgrund von 1. a), 1.c) und 2. korrekt.

```
object Hull
  def outerImplicit(implicit o: AType): Unit = {
    def innerImplicit(implicit i: AType)= println(i)

    innerImplicit
```

```
  }

  implicit var x= AType("Var x")
  implicit object o extends AType("Object o")

  def test05 {
    outerImplicit                         → AType(Object o)
  }
  ...
}
```

Test 6: Dies ist aufgrund von 1.b) und 2. korrekt:

```
object Implicits {
  implicit object io extends AType("Object io")
}

def test06 {
  import Implicits._

  implicit var x= AType("")          → AType(Object io)

  outerImplicit
}
```

Test 7: Beim „spezifischsten" Typ in 3. muss man insbesondere beachten, dass die numerischen Subtypen von `AnyVal` unabhängige Typen sind, d.h. in keiner Subtyp-Beziehung stehen. Daran ändert auch die *Weak Conformance* (siehe Abschnitt 1.6) nichts.

```
object Implicits {
   implicit val s= "String"

   // sb zusammen mit s würde bei testSpecType1 zu einem
   // Zweideutigkeits-Meldung des Compilers führen
// implicit val sb: java.lang.StringBuilder = "sb"

   implicit val i= 1
}

def testSpecType1(implicit cq: java.lang.CharSequence)= println(cq)
def testSpecType2(implicit v: AnyVal)=                  println(v)
def testSpecType3(implicit l: Long)=                    println(l)

def test07 {
   import Implicits._

   testSpecType1                 → String
   testSpecType2                 → 1

   // wird nicht compiliert:
   // aufgrund von val i= 1 ist i ein Int, somit kein Subtyp von Long
// testSpecType3
}
```

Die *IBox* 3.11.4 grenzt Typparameter aus und ist somit nicht ganz vollständig (sie sollte einfach „überschaubar" bleiben). Allerdings werden in den Beispielen dieses und auch des nächsten Abschnitts Typparameter mit berücksichtigt.

3.11.5 Suche eines Implicits im impliziten Scope

Wird in der Call-Site keine passende Definition zu einem impliziten Parameter gefunden, setzt der Compiler seine Suche im impliziten Scope fort. Der implizite Scope eines impliziten Parameters vom Typ `T` besteht aus *allen* Companion-Objekten zu den Typen, aus denen `T` zusammengesetzt ist. Zum Scope gehören

- `T` selbst sowie die Basisklasse und die Traits T_1 `with ... with` T_n, aus denen `T` besteht.
- Die Typparameter `[`P_1`, ... ,`P_m`]`, sofern `T` parameterisiert ist.
- `T` selbst sowie der Typ `Outer`, sofern `T` den Typ `Outer#Inner` repräsentiert, d.h. eine *Typ-Projektion* ist.

Ist `T` ein , dann beschränkt sich die Suche auf `T` selbst.

Zeigen wir an einem Beispiel die drei aufgeführten Punkte.

Zum ersten Punkt:

```
trait T1
trait T2

object T2 {
  implicit val comp= new Compound
}

case class Compound(s: String= "") extends T1 with T2

def testImplicitScope1(implicit c: Compound)= println(c)

// --- ein Test ---
testImplicitScope1          → Compound()
```

Zum zweiten Punkt:

```
case class AType(val s: String)

class SType extends AType("SType")

object SType {
  implicit def pc= new PClass[SType](new SType)
}
```

```
case class PClass[N<: AType](n: N)

def testImplicitScope2(implicit c: PClass[SType])= println(c)

// --- ein Test ---
testImplicitScope2         → Compound()
```

Zum dritten Punkt:

```
class Outer {
  class Inner {
     override def toString= "Inner"
  }
}

object Outer {
  val o= new Outer
  implicit val i= new o.Inner
}

def testImplicitScope3(implicit oi: Outer#Inner)= println(oi)

// --- ein Test ---
testImplicitScope3         → Inner
```

Ein wichtiger Hinweis zum Schluss:

3.11.6 IMPLICIT-SUCHE IST NICHT TRANSITIV

Der Compiler sucht nur *genau eine* `implicit` markierte Definition (ohne Präfix) d.h führt nicht etwa zwei oder mehr Definitionen aus, um zum gewünschten Typ bzw. Wert zu kommen.

Dazu ein Beispiel, das auch eine mögliche Lösung zum Problem anbietet:

```
// die Ausgaben werden bei Aufruf der Methode transitive: erzeugt
def transitive {
   case class A(id: String)
   case class B(id: String)
   case class C(id: String)
   case class D(id: String)

   implicit def aToB(a: A)  = new B("B")
   implicit def bToC(b: B)  = new C("C")
   implicit def cToD(c: C)  = new D("D")

   def needsB(b: B)  = println(b)
   def needsC(c: C)  = println(c)
```

```
   def needsD(d: D) = println(d)

   val a = new A("A")

   needsB(a)                              → B(B)

   // geht nicht: typ mismatch; found: A required: C
   // keine Transitivität A= > B => C bei implicits
// needsC(a)

   // aber eine kleine Hilfe ist erlaubt!
   // a sei B, der Rest per implicit
   needsC((a:B))                          → C(C)
   // a sei B sei C
   needsD((a:B):C)                        → D(D)
}
```

3.12 Implicit-Techniken

Mit Scala 2.8 sowie vielen externen Bibliotheken hat der Einsatz von *Implicits* den Programmierstil nachhaltiger verändert als der letzte Abschnitt vermuten lässt. Obwohl es Warnungen – insbesondere von Martin Odersky – vor dem exzessiven Gebrauch von Implicits gibt, vereinfacht ihr Einsatz viele Programmieraufgaben erheblich. Sogar das inhärente Problem „Type Erasure“ von Java wird mit Hilfe von so genannten *Manifests* in Verbindung mit *Context Bounds* erheblich vereinfacht.

In diesem Abschnitt werden zuerst *View*- und *Context Bounds* vorgestellt, die in Verbindung mit *Type Constraints* teilweise recht „magisch“ anmuten. Aber wie bereits angemerkt, die „Implicit-Geister“ – einmal gerufen – lassen sich nicht mehr vertreiben. Es gibt sogar vergleichende Untersuchungen, die zum Ergebnis geführt haben, dass sich Vererbung bzw. Subtypen der OOP besser und flexibler mittels Implicits lösen lassen.[26]

View Bounds und Context Bounds

Starten wir mit View Bounds. Context Bounds sind erst in Scala 2.8 hinzugekommen, zielen aber in die gleiche Richtung. Als Einführung verwenden wir eine häufig gestellte Frage in Scala-Foren, die oft in Zusammenhang mit einer totalen Ordnung gestellt wird.[27] In Scala ist die totale Ordnung wie folgt definiert:

```
trait Ordered[A] extends Comparable[A]
```

`Ordered` erweitert Javas `Comparable` um die bekannten numerischen Vergleichs-Operatoren.

Nachfolgend ein „gut gemeinter“ Einsatz:

---

[26] Siehe auch nachfolgendes Beispiel und den sehr lesenswerten Beitrag unter:
http://apocalisp.wordpress.com/2009/08/27/hostility-toward-subtyping/

[27] Eine sehr ausführliche Besprechung von Ordnungs-Relationen findet man unter
de.wikipedia.org/wiki/Ordnungsrelation

```
scala> def max[T<: Ordered[T]](x: T,y: T): T = if(x>y) x else y
max: [T <: Ordered[T]](x: T,y: T)T

scala> max(12,2)
<console>:7: error: inferred type arguments [Int] do not conform
to method max's type parameter bounds [T <: Ordered[T]]
       max(12,2)
       ^
```

Frage: Ist `Int` nicht geordnet? ***Anwort***: Nein, benutze statt dessen View Bounds!

Der Typ `Int` ist nur ein Wrapper zum Java-Typ `int` und wird *nicht* von `Ordered[T]` abgeleitet. Somit ist der `Int`-Typ nicht geordnet und mithin können `Int`-Werte so nicht in `max` eingebunden werden. Die Sonderstellung der primitiven Typen in Java fehlt. Die Lösung besteht also nicht in Vererbung, sondern in einer impliziten Konvertierung, enthalten in der Klasse `LowPriorityImplicits`:

```
implicit def intWrapper(x: Int) = new runtime.RichInt(x)
```

Um den Compiler anzuweisen, fehlende Methoden nicht in der Typ-Hierarchie, sondern mit Hilfe einer Views zu finden, benutzt man dann ein View Bound **`<%`** statt Vererbung:

```
scala> def max[T<% Ordered[T]](x: T,y: T): T = if(x>y) x else y
max: [T](x: T,y: T)(implicit evidence$1: (T) => Ordered[T])T

scala> max(12,2)
res0: Int = 12
```

Die Klasse `RichInt` erbt dagegen wieder ganz konventionell aufgrund ihrer Typ-Hierarchie von `Ordered[T]`:[28]

```
final class RichInt(val start: Int) extends Proxy with Ordered[Int]
```

Zu einem View Bound gibt es einen engen Verwandten Context Bound. Dieser wirkt im Gegensatz zu Views aber über einen impliziten Parameter. Auch hierzu vorab ein Beispiel. Statt `Ordered` nehmen wir nun aber den Antagonisten

```
trait Ordering [T] extends Comparator[T] ...
```

Beide übernehmen in Scala die Rollen der beiden Java Interfaces `Comparable` und `Comparator`. `Ordering` repräsentiert somit eine totale Ordnung, die aber im Gegensatz zur natürlichen als Parameter explizit oder mittels `implicit` übergeben wird:

```
scala> def imax[T](x: T,y: T)(implicit ev: Ordering[T]): T =
     |    if (ev.gt(x, y)) x else y
imax: [T](x: T,y: T)(implicit ev: Ordering[T])T

scala> implicit object stringIntOrdering extends Ordering[String] {
     |    def compare(x: String, y: String)= x.toInt - y.toInt
     | }
```

[28] Diese Hierarchie wird allerdings in 2.9 wesentlich komplexer.

```
defined module stringIntOrdering

scala> println(imax("12","2"))
12
```

`Ordering` bietet im Gegensatz zu `Comparator` zusätzliche Methoden wie beispielsweise `gt` für „größer als". Im letzten Beispiel ist diese Art von `String`-Ordnung höchst problematisch, denn nur wenige Strings repräsentieren Zahlen. Aber man erkennt das Potential. Entweder übergibt der Anwender explizit eine `Ordering` oder implizit (über den Scope). Zur Angabe von Context Bounds hat man seit Scala 2.8 eine neue Syntax eingeführt:

```
scala> def imax[T: Ordering](x: T,y: T): T =
     |   if (implicitly[Ordering[T]].gt(x, y)) x else y
imax: [T](x: T,y: T)(implicit evidence$1: Ordering[T])T
```

`T: Ordering` ist sicherlich einfacher und eleganter als die Angabe des impliziten Parameters, hat aber auch einen kleinen Nachteil. Benötigt man in der Methode den Parameter, der aufgrund von `T: Ordering` angelegt wird, fehlt dessen Name. Hier hilft die Methode ***`implicitly`*** (aus `Predef`), deren Aufgabe darin besteht, den passenden Wert – in diesem Fall zu `Ordering[T]` – bereitzustellen. Im Code ersetzt es somit den Parameter mit Namen *`evidence$1`*. Fassen wir dies zusammen:

3.12.1 View und Context Bounds

Zu einem Typ-Parameter ***`T`*** einer Methode oder Klasse (*außer* Trait) können nach den Sub- oder Supertypen zusätzlich ein odere mehrere View und Context Bounds angegeben werden:

$$T \;<\% \; V_1 \; ... \; <\& \; V_m \; : \; C_1 \; ... \; : \; C_n$$

Bei Methoden ist dann eine zusätzliche implizite Parameterliste unzulässig, da der Compiler dann intern diese Angaben in eine implizite Parameterliste umwandelt. Dabei wird eine View Bound in einen *Funktions*-Parameter **`T => `V_i** und eine Context Bound in einen *Werte*-Parameter **C_i`[T]`** umgewandelt. Sie hören auf den Namen ***Evidence-Parameter***.[a]

[a] Der Name *evidence* ist nur im Englischen passend, da er für Beleg, Nachweis oder Beweis steht. Im Deutschen steht *Evidenz* dagegen für das Augenscheinliche bzw. klar Erkennbare.

Type class Pattern

Fragt man nach konkreten Anwendungen insbesondere zu Context Bounds, fällt häufig der Begriff *type classes*. Der Begriff „Typklasse" wurde von Haskell übernommen, die Art der Konstruktion allerdings nicht. Bevor wir diesen Begriff präziser fassen, vorab ein erstes Beispiel. Wir wählen dazu eine Methode `sum`, die in `Iterable` definiert ist und die es mithin für alle Arten von Kollektionen gibt.

```
scala> println(List(1,2,3).sum)
6
```

```
scala> println(List("1","2","3").sum)
<console>:6: error: could not find implicit value
for parameter num: Numeric[java.lang.String]
       println(List("1","2").sum)
                             ^
```

Dies ist nicht etwa ein Laufzeitfehler, sondern eine Meldung des Compilers. Obwohl eine Liste einen beliebigen Elementtyp **A** akzeptiert, können gewisse Methoden wie `sum` für ihre Operationen weitere Typanforderungen an `A` stellen, ohne dass dies `A` aufgrund einer Subtyp-Beziehung fordert. Um diesen Mechanismus besser zu verstehen, bilden wir die Methode funktional nach. Die folgende `sum` ist eigenständig, gehört also nicht wie `sum` im Code oben zu der Kollektion. Die Kollektion wird explizit als `Iterable`-Parameter übergeben. Der Typ `A` übernimmt die Rolle des allgemeinen Typs eines `Iterable[+A]`.

```
scala> def sum[A, B >: A: Numeric](l: Iterable[A]): B = {
     |   val num= implicitly[Numeric[B]]
     |   l.foldLeft(num.zero)(num.plus)
     | }
sum: [A,B >: A](l: Iterable[A])(implicit evidence$1: Numeric[B])B

scala> println(sum(List(1,2,3)))
6

scala> println(sum(List(1.0,2.0,3.0)))
6.0

scala> println(sum(List('1')))
1

scala> println(sum(List('1','2')))
c

scala> println(sum(List("1","2")))
<console>:7: error: could not find implicit value for
evidence parameter of type Numeric[java.lang.String]
       println(sum(List("1","2")))
                  ^
```

Nur auf `sum` einschränkt, wird Typ `B` und damit auch der Subtyp `A` von `B` mittels einer Context Bound auf einen numerischen Wert eingeschränkt. Dazu verwendet `sum` einen zentralen Typ aus `scala.math`

`trait Numeric[T] extends Ordering[T]`

`Numeric` dient hier nicht als Superklasse, sondern zu einer *Kassifikation*. `Numeric` enthält alle wesentlichen numerischen Operationen, die es auf Instanzen von `T` ausführt. `T` und somit `A` bzw. `B` müssen dazu gewisse Methoden bereitstellen (dies erkennt man an `num.zero` bzw. `num.plus`). Ist das der Fall, kann mittels `implicitly` eine Instanz `num` von `Numeric[B]` erschaffen werden, mit deren Hilfe dann die `foldLeft` Operation ausgeführt wird. Formulieren wir dazu ein funktionales Pattern:

3.12.2 Type Class Pattern

Eine Typklasse ***TypeClass[T]*** ist eine *typsichere Klassifikation* von (beliebigen) Typen ***T***. Die Klassifikation erfolgt anhand von

- Methoden in ***TypeClass***, die für **T** gelten sollen,
- Einschränkungen auf bestimmte zulässige Typen für ***T***.

Dazu wird die Typklasse als Context Bound ***T: TypeClass*** definiert, wobei die Typeinschränkungen und – sofern notwendig – die Methoden mittels ***implicit*** definiert werden.

Betrachten wir erst den einfachen Fall, d.h. nur den zweiten Punkt, ohne dass die `TypeClass` zusätzlich Methoden erklärt (der erste Punkt entfällt also). Man möchte (aus einem nicht näher erklärten Grund) eine Methode `icmax` definieren, die nur das Maximum zu `Int` und `Char` liefert. Dabei sollen nicht erst (per Reflection) zur Laufzeit Typfehler abgefangen werden, sondern durch den Compiler? Mit Typklassen ist dies einfach:

```
trait TypeConstraint[T]

object TypeConstraint {
  implicit object typeInt extends TypeConstraint[Int]
  implicit object typeChar extends TypeConstraint[Char]
  implicit object typeString extends TypeConstraint[String]
}

def icmax[T <% Ordered[T]: TypeConstraint](n1: T,n2: T) =
                                          if (n1>n2) n1 else n2

// --- ein Test ---

println(icmax(1,10))
println(icmax('0',0))
println(icmax("a","bc"))

// Fehler beim Compilieren:
// error: could not find implicit value for evidence parameter
// of type TypeConstraint[Double]
println(icmax(1.0,0))
```

Man kann nach diesem Schema somit unabhängige Typen, die in keiner Sub-/Supertyp Beziehung stehen, als *Union* zusammenfassen. In diesem einfachen Beispiel sind es die drei Typen `Int`, `Char` und `String`. Das wäre mit Vererbung nicht machbar. Schwieriger sind dagegen Typklassen mit Methoden zu entwerfen (siehe erster Punkt in der IBox). Ein sehr gutes, aber auch recht komplexes Beispiel dafür ist `Numeric`.

Deshalb soll abschließend noch eine Typklasse entworfen werden, die eine Methode **`add`** nur für Werte (**`Quantity`**) mit gleich definierten Maßeinheiten (**`unit`**) zulässt. Dieses Thema ist nicht gerade undeutend, da die meisten realen Probleme Zahlen mit Dimensionen erfordern. Werden dann aus Versehen „*Äpfel mit Birnen verglichen*" – im Code also mit dimensionslosen Zahlen (`Double`) gerechnet, die in der Realität unterschiedliche Maßeinheiten oder Dimensionen haben – hat das fatale Auswirkungen.

Diese Art von Fehler werden weder vom Compiler noch durch „normale" Tests erkannt. Wer es nicht glaubt, kennt das *Mars Orbiter Disaster 1999* noch nicht.[29] Seitdem gibt es starke Bestrebungen, Programmiersprachen mit einem exakten, aber flexiblen *Quantitäten-System* auszustatten.[30]

```
// Unit ist in Scala als Identifier bereits belegt
trait QUnit

// drei konkrete Einheiten
trait Meter  extends QUnit
trait Kelvin extends QUnit
trait Euro   extends QUnit

// eine Quantität hat eine Einheit und einen Wert
trait Quantity {
  type unit <: QUnit
  def value: Double
}

// val value überschreibt def value
case class Length(value: Double) extends Quantity {
  type unit= Meter
}

case class Temperature(value: Double) extends Quantity {
  type unit= Kelvin
}

// ECU steht für European Currency Unit
case class ECU(value: Double) extends Quantity {
  type unit= Euro
}

// type class: lässt die Methode add nur für gleiche Quantitäten zu
trait Addable[Q<: Quantity] {
  def add(x: Q,y: Q): Q
}

// drei implizite Addable-Objekte zu den vorher definierten Units
object Quantity {
  implicit object AddLength extends Addable[Length] {
    def add(x: Length, y: Length)= Length(x.value+y.value)
  }

  implicit object AddTemperature extends Addable[Temperature] {
    def add(x: Temperature, y: Temperature)= Temperature(x.value+y.value)
  }
```

29 Siehe u.a. http://www.tysknews.com/Depts/Metrication/mystery_of_orbiter_crash_solved.htm

30 Zu Java gibt es u.a. das *JSR 275: Units Specification*, siehe: http://jcp.org/en/jsr/detail?id=275. Die kaum beachtete Sprache *Kawa* betrachtet normale dimensionslose Zahlen als Spezialfall von Quantitäten. Sie haben die Einheit *unit-less*, siehe: http://www.gnu.org/software/kawa/Quantities.html

```
  implicit object AddECU extends Addable[ECU] {
    def add(x: ECU, y: ECU)= ECU(x.value+y.value)
  }
}

// add wird durch die Context Bound Addable typsicher
def add[Q<: Quantity : Addable](x: Q, y: Q): Q =
                               implicitly[Addable[Q]].add(x,y)

// --- ein Test ---

def test {
   println(add(Length(1),Length(2.7)))
   println(add(Temperature(273.15),Temperature(30.0)))
   println(add(ECU(100.0),ECU(-50.0)))

   // error: could not find implicit value for evidence parameter
   // of type pAddable[Product with Quantity{type unit >: Meter
   //                            with Kelvin <: QUnit}]
// println(add(Temperature(1),Length(2)))
}

test           → Length(3.7)
                 Temperature(303.15)
                 ECU(50.0)
```

Das Beispiel ist sehr rudimentär. Von wenigen Zeilen Code kann man aber kaum mehr erwarten.

Type Classes vs. Structural Types

Typklassen haben Ähnlichkeiten mit strukturellen Typen. Man könnte daher meinen, dass der Einsatz von strukturellen Typen entweder äquivalent zu Typklassen ist oder gar Typklassen überflüssig macht. Denn mit Hilfe von strukturellen Typen lassen sich bestimmte Methoden für beliebige Typen vorschreiben.

Abgesehen davon, dass strukturelle Typen eine Laufzeittechnik ist, die mit entsprechender Fehlerbehandlung sowie auch Performenzverlusten verbunden ist, können sie *nicht rekursiv* verwendet werden. Hierzu eine kleine Demonstration, bei der ein struktureller Typ mit einer (typ-) rekursiven Methode angelegt werden soll:

```
scala> trait StrucType {
     |   type Addable = { def add(that: Addable): Addable }
     | }
<console>:6: error: recursive method add needs result type
         type Addable = { def add(that: Addable): Addable }
                                                  ^
```

Wie man sieht, kann man den strukturellen Typ `Addable` nicht dazu benutzen, um damit Methoden zu deklarieren, die als Ergebnis wieder `Addable` liefern. Diese Art von rekursivem Einsatz eines mittels `type` definierten strukturellen Typs ist nicht erlaubt.

Vererbung vs. Bounds

Eine nicht unbedingt triviale Frage ist die nach dem Unterschied zwischen Vererbung, View und Context Bounds und verbunden damit auch nach dem Einsatz. Obwohl es dazu noch keine offizielle „guide line" in Scala gibt, sollte man zumindest die konzeptionellen Unterschiede herausarbeiten.

A <: B Die Vererbung ist als dominante OO-Technik hinlänglich bekannt und stellt eine ***Is-A*** Beziehung zwischen den Typen `A` und `B` dar. Jede Typ-Hierarchie muss dem *Liskov Substitution Principle* folgen: überall da, wo ein Supertyp erwartet wird, kann man eine Instanz des Subtyps verwenden.[31] Das Prinzip ist klar und hat weitreichende Folgen. Eine davon betrifft das Design. In einer (zu) frühen Phase müssen die Supertypen mit ihren Methoden bekannt sein, da eine nachträgliche Änderung die gesamte nachfolgende Hierarchie betreffen würde.

Auch wenn es immer wieder anders propagiert werden sollte, nur einfache, klar umrissene Probleme – gelöst von einem überschaubar kleinen Team – lassen sich mit einer statischen Klassen-Hierarchie lösen. Reale Probleme tendieren jedoch dazu, anfangs wenig überschaubar zu sein. Sie sind so facettenreich, dass ein klares festes Design in einer frühen Phase kaum möglich ist. Dynamische Sprachen wie Ruby begegnen diesem Problem u.a. mit Mix-ins und Open Classes.[32]

A <% B Scala bietet neben Mix-ins View Bounds. Sie sind eine funktionale Technik, die gegenüber Typhierarchien agnostisch ist. Auch nachträglich können nicht miteinander „verwandte" Typen `A` und `B` aufeinander abgebildet werden: `A => B`.

Dies ist eine ***Can-Be-Seen-As*** Beziehung, d.h. der Typ `A` kann in einem gewissen Scope als Typ `B` angesehen werden und somit auch alle Methoden von `B` nutzen, ohne vorher als Subtyp von `B` deklariert worden zu sein. View Bounds finden dann eine geeignete Abbildung mit Hilfe von Implicits.

A : B Ein Context Bound stellt dann letztendlich eine ***Has-A-Relation*** Beziehung dar. *Has-A* stellt eine `n:m`-Beziehung `A` *rel* `B` zwischen `A` und `B` dar, was man an `B[A]`, erkennen kann. Dabei fordert `B` gewisse Eigenschaften von `A` und stellt dafür wichtige Methoden bzw. Operationen zur Verfügung.

View Bounds basieren auf impliziten Transformations-Funktionen, wogegen Context Bounds auf implizite, assoziierte (Singleton- oder `val`-) Objekte zurückgreifen.

Typ-Informationen: Manifest, >:> und =:=

Wie der Name schon andeutet, hält eine *Manifest* etwas fest, und zwar eine möglichst genaue Typbeschreibung zu einem möglicherweise komplexen Typ `T`. Der Compiler oder der Anwen-

[31] Besonders interessant ist der Aspekt Co- und Contra-Varianz, siehe dazu `http://en.wikipedia.org/wiki/Liskov_substitution_principle`

[32] Siehe hierzu auch `http://www.ruby-lang.org/en/documentation/ruby-from-other-languages/`

der kann dann ein `Manifest` zu `T` benutzen, bevor Typinformationen endgültig dem Erasure zum Opfer fallen. Eine ähnliche Technik mit den Namen *Class-* bzw. *Type-Token* existiert in Java insbesondere für Typparameter `T`. Im einfachsten Fall besteht sie darin, den Konstruktoren bzw. Creator-Methode zusätzlich die `class`-Instanz zum aktuellen Typargument zu übergeben. Dann kann man beispielsweise zur Laufzeit per Reflektion Instanzen von `T` erzeugen. Class-Tokens sind somit eine Laufzeittechnik.

In Scala werden Manifeste dagegen als Context Bounds implizit vom Compiler übergeben und dienen u.a. auch dem Compiler zur weiteren statischen Auswertung des Typs. In Scala 2.7 war dies noch eine experimentielle Technik, mit Scala 2.8 ist sie dann fester Bestandteil der Sprache geworden. Die *Scala Referenz* enthält zwar in Abschnitt 7.5 eine kurze Besprechnung, die sich aber fast auschließlich mit den Konstruktionsregeln eines Manifests beschäftigt.

Es gibt eine Manifest-Hierarchie mit drei Traits und einem Singleton-Objekt:

```
trait OptManifest[+T]
object NoManifest extends OptManifest[Nothing]
trait ClassManifest[T] extends OptManifest[T]
trait Manifest[T] extends ClassManifest[T]
```

Wie man bereits an der Hierarchie erkennen kann, liefern nur `ClassManifest` und `Manifest` eine Typbeschreibung zu einem Typ `T`. Die von `Manifest` enthält alle Details, auch zu komplexen Typen mit etwaigen Typargumenten, wogegen die von `ClassManifest` nur Informationen zur Top-level-Klasse enthalten kann. Die Methoden in beiden Manifesten bieten dem Anwender hauptsächlich Typvergleiche und eine vereinfachte (mehrdimensionale) `Array`-Anlage. Denn gerade Arrays leiden besonders unter dem Löschen des Typs ihrer Elemente. Das Manifest hält dann den Elementtyp fest.[33] Hier eine kurzer Überblick zu den wichtigen Methoden:

```
def <:<(that: ClassManifest[_]): Boolean
```

Die Methode `<:<` liefert `true`, sofern der Typ, der zu diesem (`this`) Manifest gehört, Subtyp des Typs ist, der zum `that`-Manifest gehört.

```
def >:>(that: ClassManifest[_]): Boolean
```

Die Methode `>:>` liefert `true`, sofern der Typ, der zu diesem (`this`) Manifest gehört, Supertyp des Typs ist, der zum `that`-Manifest gehört.

Zum Einsatz von `<:<` sowie von == ein kleines Code-Snippet:

```
scala> def pairOfInt[T: Manifest](x: T) = {
     |     println(manifest[T] <:< manifest[(Int,Int)])
     |     println(manifest[T] == manifest[(Int,Int)])
     | }
pairOfInt: [T](x: T)(implicit evidence$1: Manifest[T])Unit

scala> pairOfInt(1)
false
false
```

[33] Details hierzu findet man Artikel *Scala 2.8 Arrays* von Martin Odersky, siehe: `http://www.scala-lang.org/sites/default/files/sids/cunei/Thu,%202009-10-01,%2013:54/arrays.pdf`

```
scala> pairOfInt((1,2))
true
true

scala> pairOfInt((1,2.0))
false
false
```

Die Methoden `<:<` sowie `>:>` werden wie `==` als Operatoren verwendet. `manifest` in `Predef` übergibt die passende `Manifest`-Instanz zu `T`. Die im Code vorgenommene Prüfung des Typs erfolgt zur Laufzeit. Zur Anlage von ein- oder mehrdimensionalen Arrays kann man die folgenden Methoden benutzen:

```
def newArray (len: Int): Array[T]
def newArray2(len: Int): Array[Array[T]]
def newArray3(len: Int): Array[Array[Array[T]]]
...
```

Auch hierzu ein kleines Beispiel:

```
scala> def createMatrix[T: Manifest](len: Int)(f:(Int,Int) => T)= {
     |   val m= manifest[T]
     |   val mat= m.newArray2(len)
     |   for (i <- 0 until len) {
     |     mat(i)= m.newArray(len)
     |     for (j <- 0 until len)
     |       mat(i)(j) = f(i,j)
     |   }
     |   mat
     | }
createMatrix: [T](len: Int)(f: (Int, Int) => T)
(implicit evidence$1: Manifest[T])Array[Array[T]]

scala> println(createMatrix(3)((i,j) => if (i==j) 1 else 0)
                                                  .deep.toString)
Array(Array(1, 0, 0), Array(0, 1, 0), Array(0, 0, 1))
```

Zu Typen mit Typparametern liefert die folgende Methode dann eine Liste der aktuellen Parameter.

```
def typeArguments: List[OptManifest[_]]
```

Das folgende Beispiel zeigt, dass ein nicht näher spezifizierter Typparameter `T` bei `List` zum *Bottom-Type* `Nothing` führt. `Nothing` ist Subtyp von allen Typen `T` und wird der Alternative `Any` vorgezogen.

```
scala> def testM[T:Manifest] {
     |   println(manifest[List[List[Int]]].typeArguments)
     |   println(manifest[List[List[T]]].typeArguments)
     | }
testM: [T](implicit evidence$1: Manifest[T])Unit

scala> testM
```

```
List(scala.collection.immutable.List[Int])
List(scala.collection.immutable.List[Nothing])

scala> testM[Int]
List(scala.collection.immutable.List[Int])
List(scala.collection.immutable.List[Int])

scala> println(manifest[List[List[Int]]].erasure)
class scala.collection.immutable.List
```

In den bisherigen Beispielen wurde ein Manifest ausschließlich zur Laufzeit verwendet. Aber ein Manifest kann auch beim Compilieren genutzt werden. In `Predef` gibt es zwei Klassen, die dem Compiler ermöglichen, Typ-Restiktionen zu überprüfen:

```
class <:< [-From,+To] extends From => To
class =:= [From,To] extends From => To
```

Wie man sieht, sind diese beiden Klassen spezielle Funktionen. Sie werden nicht wie bei Klassen mit Typparametern üblich in der Form `ParmClass[A,B]` geschrieben, sondern ihre Namen werden statt dessen wie Operatoren *infix* verwendet: ***A<:<B*** bzw. ***A=:=B***.

Für zwei Typargumente `A` und `B` ist eine Instanz der Klasse ***A<:<B*** nur dann möglich, wenn `A` Subtype von `B` ist und eine Instanz der Klasse ***A=:=B*** nur dann, wenn `A` und `B` gleich sind. Alleine aufgrund der Schreibweise sieht das Ganze ein wenig magisch aus. Hierzu abschließend zwei Beispiele. Zuerst zur Typgleichheit:

```
scala> case class Point(x: Int, y: Int)
defined class Point

scala> case class MfTest[T](t: T) {
     |   def toPoint(implicit ev: T =:= (Int,Int))= Point(t._1,t._2)
     | }
defined class MfTest

scala> println(MfTest((1,2)).toPoint)
Point(1,2)

scala> println(MfTest(1).toPoint)
<console>:10: error: could not find implicit value for parameter
ev: =:=[Int,(Int, Int)]
       println(MfTest(1).toPoint)
                        ^
```

Der Ausdruck `MfTest(1).toPoint` wird erst gar nicht compiliert, da der Compiler bei Aufruf der Methode ein implizites Argument `ev` der Klasse `T=:=(Int,Int)` erschaffen muss. Da das nicht möglich ist, kommt es zu einer Fehlermeldung.

Bei der folgenden Subtyp-Restriktion testen wir mit der Methode `useUnit`, ob eine Kollektion ein Subtyp der Kollektion (gleichen Typs) mit Elementtyp `Currency` ist.

```
scala> abstract class Currency
```

```
defined class Currency

scala> case class Dollar(symbol: String) extends Currency
defined class Dollar

scala> def useUnit[U,C[U]<:Iterable[U]](l: C[U])
     |      (implicit ev: C[U]<:<C[Currency])= println("ok")
useUnit: [U,C[U] <: Iterable[U]](l: C[U])
         (implicit ev: <:<[C[U],C[Currency]])Unit

scala> useUnit(List(Dollar("$")))
ok

scala> useUnit(Set(Dollar("$")))
<console>:10: error: could not find implicit value for parameter
ev: <:<[scala.collection.immutable.Set[Dollar],
scala.collection.immutable.Set[Currency]]
       useUnit(Set(Dollar("$")))
              ^
```

`List` ist kovariant, mithin ist `List[Dollar]` ein Subtyp von `List[Currency]`. Eine `Set` ist dagegen invariant, d.h. die letzte Anweisung ist fehlerhaft. Hier ein weiterer Beweis:

```
scala> val s1 = Set(Dollar(""))
s1: scala.collection.immutable.Set[Dollar] = Set(Dollar())

scala> val s: Set[Currency] = s1
<console>:9: error: type mismatch;
 found   : scala.collection.immutable.Set[Dollar]
 required: Set[Currency]
       val s: Set[Currency] = s1
                              ^
```

Typ-Restriktionen zur Compilerzeit zu überprüfen, ist weitaus angenehmer als zur Laufzeit. Denn selbst wenn man den Fehler abfängt, steht man vor dem Problem „Was tun?". Performanz ist dann noch ein weiterer Aspekt.

3.13 Kollektionen aus funktionaler Sicht

In vielen Beispielen wurde gerade anhand von Kollektionen funktionale Techniken demonstriert. Obwohl der Aufbau der Kollektionen auf den ersten Blick an eine klassische OO-Vererbung erinnert, beruht er doch auf dem massiven Einsatz von Traits bzw. Mix-Ins. Betrachtet man dann noch den Einsatz von Implicits (type classes) sowie high-order Typen und Methoden, erkennt man den starken Einfluss der funktionalen Programmierung, u.a. auch Haskell. Somit sind die Kollektionen ein typisches Beispiel für den von Martin Odersky propagierten Begriff der *postfunktionalen Sprache*.

Die Scala-Kollektion ist wohl das am ausführlichsten dokumentierte und diskutierte API. Es gibt einige wissenschaftlichen Beträge, vor allem aber unzählige Beispiele in den Foren.[34] Eine minutiöse Besprechung der weit über 200 Traits und Klassen würde eher ein Buch füllen und eventuell doch nicht alle Details abdecken. Das Medium Web mit seinen Suchmöglichkeiten ist hier eindeutig im Vorteil. Deshalb beschränken wir uns auf eine überschaubare *FP-Sicht* – auf das, was dieses einzigartige Scala-API von reinen OO-Kollektionen unterscheidet.

Das Collection-API im graphischen Überblick

Das Collection-API startet mit einem allgemeinen Package `scala.collection`. Alle enthaltenen Typen sind Traits, wobei die für den Anwender interessanten in der Abbildung 3.13.1 dargestellt werden.

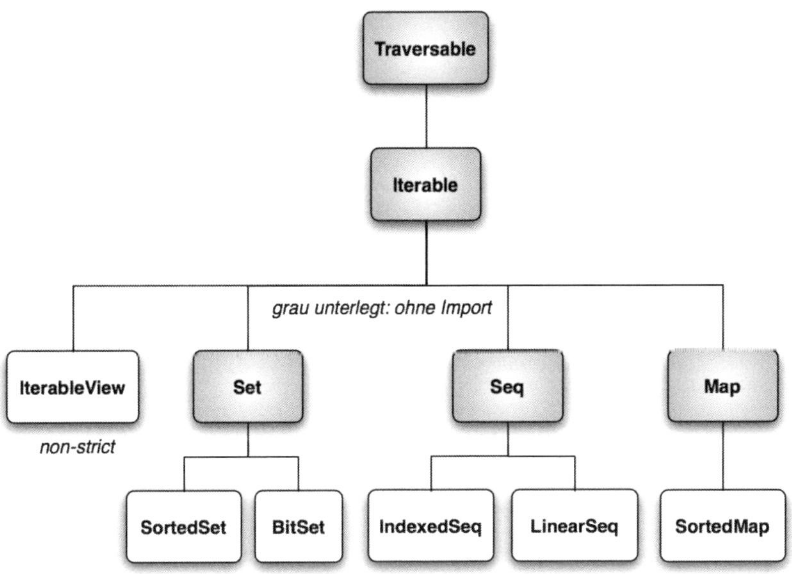

Abbildung 3.13.1: Die Traits des Package `scala.collection`

Zwei Dinge sind für den Anwender interessant. Erstens kann auf jeden der sechs grau unterlegten Kollektionen ohne Import des Package `scala.collection` zugegriffen werden. Zweitens gibt es für jede dieser sechs Kollektionen eine *Default-Implementierung*, die in Abbildung 3.13.2 grau unterlegt ist (Klassen sind mit C gekennzeichnet).

[34] Ein Online Dokumentation findet man unter
`http://www.scala-lang.org/docu/files/collections-api/collections.html#.`
Unbedingt sollte man aber *Scala 2.8 Collections* von M. Odersky lesen. Das PDF findet man beispielsweise hier:
`http://www.scribd.com/doc/32088938/Scala-2-8-Collections`
Ein eher wissenschaftlicher Beitrag ist *Fighting Bit Rot with Types (Experience Report: Scala Collections) von M. Odersky und A. Moors*. Ein PDF findet man hier:
`http://drops.dagstuhl.de/volltexte/2009/2338/pdf/09005.OderskyM.2338.pdf`

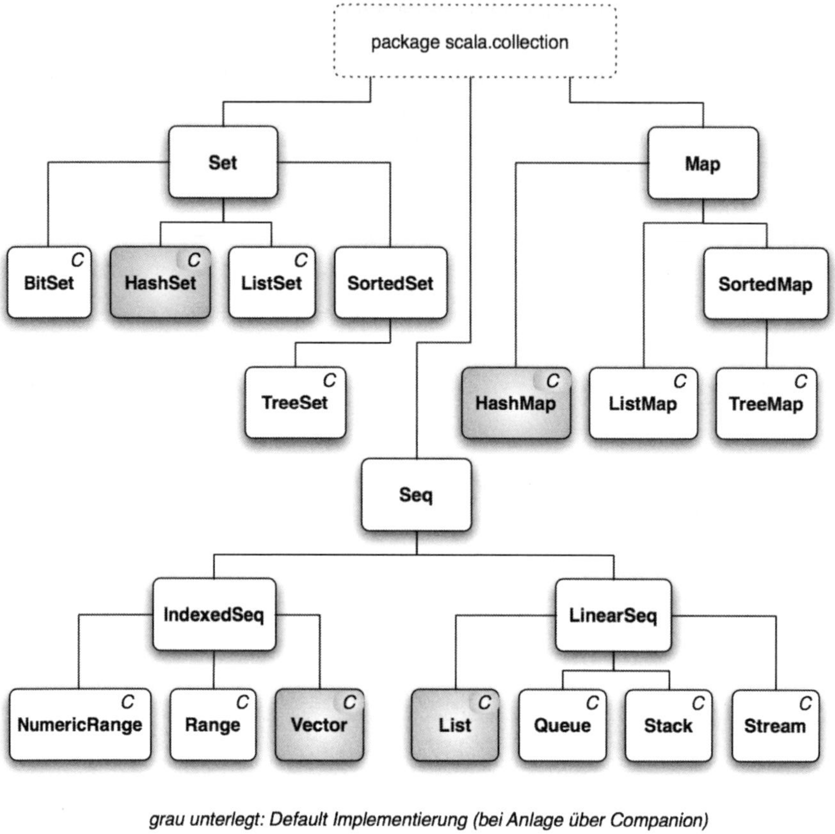

Abbildung 3.13.2: Implementierungen in `scala.collection.immutable`

Die Default-Implementierung erhält man bei der Anlage dieser Kollektionen mit Hilfe ihrer Companion-Objekte:

```
scala> val tra= Traversable(1,2,3)
tra: Traversable[Int] = List(1, 2, 3)

scala> val ite= Iterable(1,2,3)
ite: Iterable[Int] = List(1, 2, 3)

scala> val seq= Seq(1,2,3)
seq: Seq[Int] = List(1, 2, 3)

scala> val set= Set(1,2,3)
set: scala.collection.immutable.Set[Int] = Set(1, 2, 3)

scala> val map= Map(1->"1",2->"2")
map: scala.collection.immutable.Map[Int,java.lang.String]=Map((1,1), (2,2))
```

Als Default-Implementierung wird somit immer eine immutable Implementierung zur Trait gewählt. Sofern man eher objekt-orientiert denkt, kann man mit Hilfe des Imports des Package `scala.collection.mutable` auf eine Vielzahl von mutable Kollektionen zurückgreifen. Der Grund liegt ganz einfach darin, dass viele der Klassen Wrapper zu gleichartigen bzw. gleichnamigen mutable Java-Kollektionen sind.

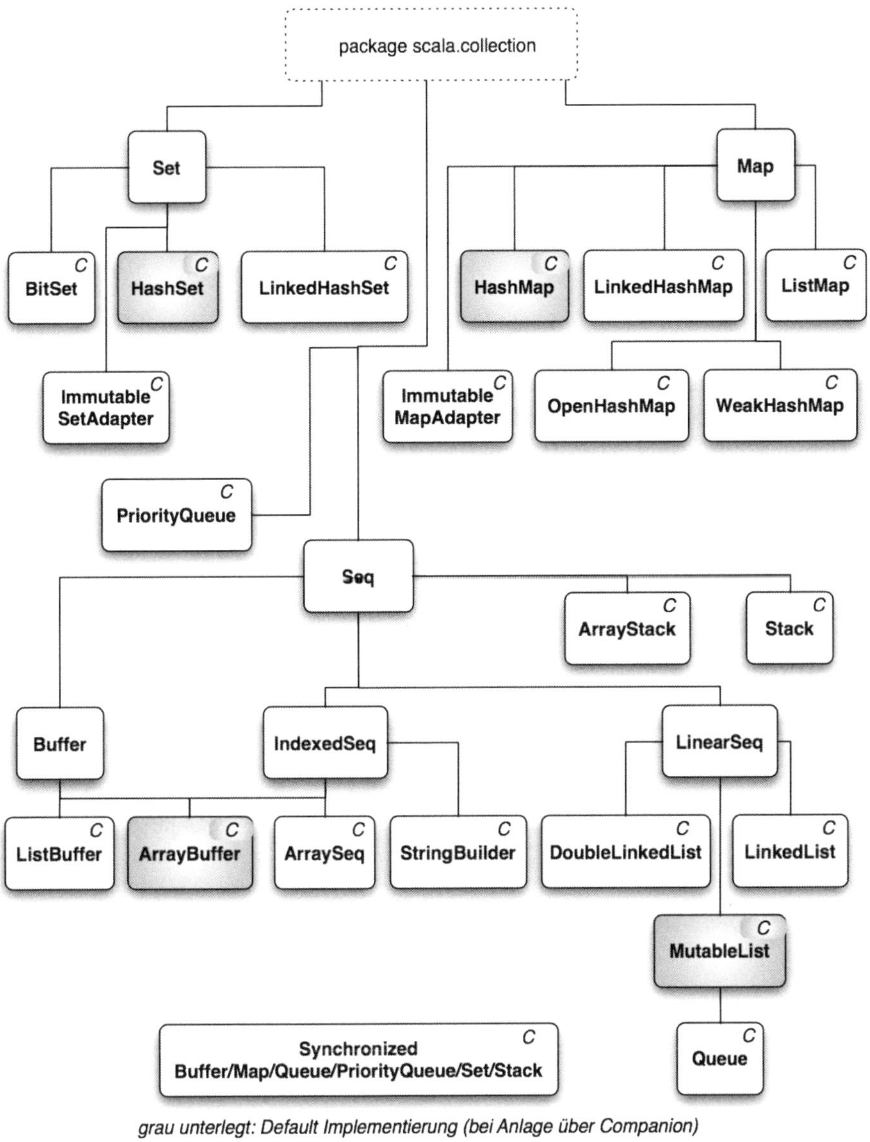

Abbildung 3.13.3: Implementierungen in `scala.collection.mutable`

In der Abbildung 3.13.3 wurden die synchronisierten Versionen `SynchronizedBuffer,...,` `SynchronizedStack` der Übersicht halber zusammengefasst. Sie sind threadsichere Subtypen der gleichnamigen Kollektionen `Buffer,...,Stack`.

Bei über 200 Klassen und Traits zeigen die drei Abbildungen nur die Kollektionen, die für die meisten Anwendungen relevanten sind. Je nach Aufgabe muss man manchmal noch auf andere Klassen zugreifen, die abhängig von der Art in weiteren Subpackages zu finden sind.

Traversable, Iterable

Bereits die Basis-Trait `Traversable` enthält etwa `100` Methoden, sofern man jede der überladenen Methoden mitzählt. Dies hat einen entscheidenden Vorteil.

Uniformität

Da `Traversable` bzw. `Iterable` seine Methoden an die Subtypen weiterreicht, können alle Kollektionen in einer uniformen Weise benutzt werden. Die Methoden der beiden Basis-Traits vereinheitlichen somit die Benutzung aller Kollektionen. Die Kehrseite der Medaille besteht darin, dass alle Methoden – wieder dem Liskow-Prinzip folgend – für *alle* vorhandenen sowie zukünftigen Kollektionen Sinn machen müssen.

Das Team um M. Odersky hat sehr sorgfältig die im Scala 2.8 API mitgelieferten Typen auf Konformität getestet. Das Problem beginnt allerdings erst bei den zukünftigen Erweiterungen, die nicht vorab geplant werden konnten. Dies hängt nicht nur von Scala ab, sondern auch von den Änderungen in der Java-Plattform.

Ein Verständnis der Methoden der beiden Basis-Traits ist essentiell. Startet man mit der Dokumentation erlebt man eine erste, positive Überraschung. Obwohl `Traversable` ca. hundert Methoden anbietet, gibt es nur eine abstrakte Methode

```
def foreach[U](f: Elem => U): Unit
```

Alle anderen sind konkret, d.h. bereits implementiert. Somit kann man eine neue Kollektion bereits dadurch integrieren, dass man nur die Methode `foreach` überschreibt. Sie ist eine high-order Funktion und traversiert die (neue) Kollektion, wobei sie die Funktion `f` auf allen Elementen ausführt. Dabei ist `foreach` *nicht* funktional konzipiert. Die Methode benutzt weder das Ergebnis vom Typ `U`, noch liefert sie ein Ergebnis. Ihre Wirkung erzielt sie einzig aufgrund von Seiteneffekten.

Leitet man dagegen eine neue Kollektion von `Iterable` ab, hat man statt `foreach` die Methode

```
def iterator: Iterator[A]
```

zu überschreiben. `foreach` wird dann mit Hilfe dieser Methode implementiert. Prinzipiell reicht somit in beiden Fällen eine Methode. Damit sich aber eine neue Klasse genau so wie eine Standard-Kollektion verhält, ist noch ein wenig zusätzliche Arbeit notwendig.[35]

[35] Siehe dazu *Scala 2.8 Collections* von M. Odersky (PDF-Hinweise in Fussnote 34)

Strikte Kollektionen und Katamorphismen

Ein besonderes Merkmal von FP sind die high-order Funktionen. Aber selbst wenn man sich nur auf diese Funktionen konzentiert, verliert man sich in den Details, die mit jeder individuellen Funktion verbunden ist. Betrachtet man high-order Funktionen dagegen aus einer „höheren Sicht", sieht man Gruppen gleichartiger Funktionen. Dann reicht eventuell eine Funktion, um prinzipiell auch die anderen zu verstehen. Dabei taucht wieder der Begriff *strikt* auf (siehe auch Abschnitt 3.5).

3.13.1 Strict vs. non-strict Collections

Werden alle Elemente einer Kollektion bereits bei der Anlage einer Kollektions-Instanz berechnet, spricht man von einer strikten Kollektion. Werden dagegen die Elemente erst dann berechnet, wenn sie auch benötigt werden, spricht man von einer nicht-strikten Kollektion. Zu den nicht-strikten Kollektionen gehört insbesondere

- ***Stream*** aus `scala.collection.immutable`.
- Typen mit ***View*** im Namen bzw. Subtypen von ***TraversableView***.

Erst nicht-strikte Kollektionen machen es möglich, auch einfache unendliche Kollektionen wie beispielsweise die Folge der ungerade Zahlen bzw. die Folge der Primzahlen im Code zu definieren. Die Funktionen der Kollektionen kann man danach klassifizieren, ob sie eine strikte oder nicht-strikte Kollektion zur Berechnung benötigen.

Katamorphismus

Eine Gruppe von Funktionen, die für ihr Ergebnis eine strikte Kollektion erfordern, hört auf den Namen *Katamorphismus*. Das aus dem Griechischen stammende Wort bedeutet „Zerstörung" (wie kata= abwärts) und steht für die Abbildung einer gesamten Kollektion auf nur einen Wert. Diese Abbildungen nennt man auch *fold*-Operationen. Um einen einzelnen Wert zu einer Sequenz oder einem Baum zu ermitteln, müssen dabei zwangsläufig alle Elemente durchlaufen und in die Berechnung einbezogen werden.

Führen wir für ***Iterable[A]*** einmal die Methoden auf, die zu den Katamorphismen zählen und somit nur für strikte Kollektionen Sinn machen. Starten wir zunächst mit den „normalen" *first-order* Methoden, deren Bedeutungen anhand ihrer Namen offensichtlich sind. Die Implicits könnte man als Context Bounds allerdings auch eleganter schreiben.

Für `min` und `max` ist eine totale Ordnung notwendig, die implizit vom Compiler gefunden oder aber explizit übergeben werden kann. Produkt und Summe setzen numerische Werte voraus, die mittels einer Typklasse (siehe letzten Abschnitt) sichergestellt werden.

```
def size: Int
def max[B >: A](implicit cmp: Ordering[B]): A
def min[B >: A](implicit cmp: Ordering[B]): A
def product[B >: A](implicit num: Numeric[B]): B
def sum[B >: A](implicit num: Numeric[B]): B
```

Testen wir kurz drei dieser Methoden:

```
scala> import scala.math
import scala.math

scala> println(Iterable(BigDecimal(10),2.0).max)
<console>:7: error: could not find implicit value
for parameter cmp: Ordering[Any]
       println(Iterable(BigDecimal(10),2.0).max)
                                           ^

scala> val t= Iterable(BigDecimal(10),2.0: BigDecimal,
                                     -2: BigDecimal)
t: Iterable[BigDecimal] = List(10, 2.0, -2)

scala> println(t.max)
10

scala> println(t.sum)
10.0

scala> println(t.product)
-40.0

scala> Iterable("Oh",2,3).sum
<console>:7: error: could not find implicit value
for parameter num: Numeric[Any]
       Iterable("Oh",2,3).sum
                         ^
```

Im ersten `println` wird als gemeinsamer Supertyp von `BigDecimal` und `Double` der Elementtyp `Any` ermittelt. Hierfür kann der Compiler keine implizite Ordnung finden. Allerdings kann man dem Compiler mit Hilfe eines Typhinweises `2.0: BigDecimal` helfen. Im letzten `println` verhindert die Typklasse einen sonst unvermeidlichen Laufzeitfehler.

Die folgenden high-order Funktionen sind alles Varianten für die gleiche logische Operation: Jedes Element eines `Traversable` wird zusammen mit einem Wert vom Typ `B` wieder auf ein Ergebnis vom Typ `B` abgebildet. Der Unterschied besteht einmal in der Laufrichtung beim Traversieren – von links nach rechts oder umgekehrt – und darin, ob ein Startwert `z` explizit übergeben wird. Im Fall von *reduce* wird das erste besuchte Element des `Traversable` als Startwert gewählt.

Die beiden merkwürdig anmutenden Methodennamen `/:` bzw. `:/` sind Haskell geschuldet und Synonyme für `foldLeft` bzw. `foldRight`. Wer von Java kommt, wird `fold` bevorzugen, die funktionalen Programmierer eher die Kurzform. Verstehen sollte man beide.

```
def foldLeft[B](z: B)(op: (B, A) => B): B
def foldRight[B](z: B)(op: (A, B) => B): B
def /: [B] (z: B)(op: (B, A) => B): B
def :\ [B] (z: B)(op: (A, B) => B): B

def reduceLeft[B >: A](op: (B, A) => B): B
def reduceRight[B >: A] (op: (A, B) => B): B
```

Eine *fold*-Methode ist alleine aufgrund ihrer high-order Definition konzeptionell wesentlich mächtiger als die vorherigen first-order Katamorphismen. Beispielsweise kann man mittels `fold` jede der o.a. Methoden nachbilden. Implementieren wir `size` bzw. `max` mit `foldLeft` bzw. `reduceLeft`.

```
scala> import scala.math
import scala.math

scala> def size(i: Iterable[_]) = i.foldLeft(0)((s,_) => s + 1)
size: (i: Iterable[_])Int

scala> size(Iterable(1,3,1.0,-1,"10",BigDecimal(2)))
res0: Int = 6

scala> def max[O: Ordering](i: Iterable[O])= {
     |   val o= implicitly[Ordering[O]]
     |   i.reduceLeft((m,e) => if (o.gt(m,e)) m else e)
     | }
max: [O](i: Iterable[O])(implicit evidence$1: Ordering[O])O

scala> println(max(i))
10
```

Für die Funktion `size` spielt der Elementtyp von `Iterable` keine Rolle. Der Unterstrich steht hier für jeden beliebigen Typ, auf den man anschießend nicht zuzugreifen braucht. Im `foldLeft` steht der zweite Parameter der übergebenen Funktion für das jeweils besuchte Element. Dies ist aber für die Zählfunktion unwichtig, da immer nur eine `1` zum Startwert `0` addiert werden muss. Somit wird auch hier ein Unterstrich verwendet.

Sofern Implicits keine Probleme bereiten, ist die Wirkungsweise der Context Bounds verständlich. Bei `reduceLeft` wird das erste besuchte Element des `Iterable` als Startwert für das Maximum genommen. Mit Hilfe des Parameters bzw. der Instanz `o` der implizit übergebenen `Ordering` wird das bisherige Maximum `m` mit dem jeweils besuchten Element `e` verglichen und gegebenenfalls ausgetauscht. Beide *reduce*-Methoden haben ein verstecktes Problem, das *fold* nicht kennt:

```
scala> size(Nil)
res0: Int = 0

scala> max(List[Int]())
java.lang.UnsupportedOperationException: empty.reduceLeft
...
```

Die beiden *reduce*-Methoden können nicht mit leeren Kollektionen aufgerufen werden. Die Angabe einer leeren Liste `List[Int]()` führt zu einer Exception. Das Problem ist sehr unangenehm. Denn greift man alternativ zu einer `foldLeft`-Methode hat man das Problem, das der Startwert das Ergebnis der leeren Kollektion ist. Der einzige numerische Wert, der einen Fehler repräsentiert, ist ***NaN*** für Floating-Points. Aber das ist keine generelle Lösung, da integrale Typen wie `Int` kein `NaN` kennen. Da hilft nur der Einsatz einer *Option*-Variante von *reduce*:

```
def reduceLeftOption[B >: A](op: (B, A) => B): Option[B]
```

```
scala> def min[O: Ordering](i: Iterable[O])= {
     |   val o= implicitly[Ordering[O]]
     |   i.reduceLeftOption((m,e) => if (o.lt(m,e)) m else e)
     | }
min: [O](i: Iterable[O])(implicit evidence$1: Ordering[O])Option[O]

scala> println(min(List(1,3,0,-1,10)))
Some(-1)

scala> println(min(List[Int]()))
None
```

Auch hier spielt der Typ `Option` wieder eine wichtige Rolle. Er ist in jedem Fall besser als `null`, wobei es `null` für `AnyVal` Typen wie `Int` ohnehin nicht gibt.

Der Ergebnis-Typ `B` einer *fold*-Operation kann auch „strukturiert“ sein. Wählen wir dazu eine Funktion `rle`, die eine *Run-length Encodierung* (*RLE*) von Zeichensequenzen vom Java-Typ `CharSequence` durchführt. `CharSequence` ist der Supertyp von Zeichenketten wie `String`, `StringBuffer` oder `StringBuilder`. Für die *RLE* wird als Ergebnistyp ein Array von Paaren – ein Zeichen zusammen mit der Anzahl Wiederholungen in der Zeichenkette – gewählt.

```
// Kommentar siehe unten
def rle(c: CharSequence): Array[(Char,Int)] =
  if (c != null)
    c.toString.toCharArray.foldLeft(List[(Char,Int)]()) {
      (lst,c) =>  lst match {
        case (lastc,num)::tail if lastc== c => (c,num+1)::tail
        case _ => (c,1)::lst
      }
    }.reverse.toArray
  else
    Array()

// -- ein Test ---

println(rle(null).deep.toString)                          → Array()
println(rle("").deep.toString)                            → Array()
println(rle("aaabbc    aaAAA1222    ").deep.toString)
 → Array((a,3), (b,2), (c,1), ( ,4), (a,2), (A,3), (1,1), (2,3), ( ,3))
```

Da die Länge eines Arrays vorab fixiert werden muss, startet man mit einer leeren Liste von `(Char,Int)`-Tupeln. Die Funktion besteht somit aus den beiden Parametern `lst` und `c`, wobei in `c` das aktuelle Zeichen der Zeichenkette übergeben wird. Bei der bisher entstandenen Liste `lst` matched man den Kopf, d.h. das Tupel `(lastc,num)` darauf, ob das Zeichen `lastc` mit dem aktuellen Zeichen `c` übereinstimmt. Trifft dieser Guard zu, tauscht man den alten gegen einen neuen Kopf aus, bei dem die Anzahl des Zeichens um Eins erhöht wurde. Andernfalls wird ein neuer Kopf an die List angefügt. Abschließend kehrt man die Liste um und wandelt sie in ein Array um.

Als letztes sollte noch `/:` vorgestellt werden. Da dieser Operator semantisch äquivalent zu `foldLeft` ist, reicht die Implementierung der `Traversable`-Methode `product`, die oben vorgestellt wurde:

```
scala> def prod[N: Numeric](i: Iterable[N]) = {
     |   val num= implicitly[Numeric[N]]
     |   (num.one /: i)(num.times(_,_))
     | }
prod: [N](i: Iterable[N])(implicit evidence$1: Numeric[N])N

scala> println(List(1,2,3,4,5).product)
120

scala> println(prod(List(1,2,3,4,5)))
120
```

Da `/:` wie ein Infix-Operator verwendet wird, steht links von `/:` der Startwert und rechts die Funktion. Bei der Funktion fallen die beiden Unterstriche auf. Sie stehen für die beiden Parameter, die miteinander multipliziert werden müssen. Ohne Unterstriche hätte man beispielweise `(p,e) => num.times(p,e)` schreiben müssen.

Die vorgestellten high-order Katamorphismen zeigen eindrucksvoll, wie *fold*-Funktionen eine Familie von gleichartigen first-order Funktionen ersetzt.

Prädikatsfunktionen: Filter & Co.

Eine weitere Gruppe von Methoden liefert aufgrund von Einschränkungen einen Teil der zugehörigen Kollektion. Funktional kann man sie als Abbildungen `C[A] => C[A]` der Kollektion `C` auf sich selbst ansehen. Die Selektion eines Teils einer Kollektion kann man sicherlich wieder mit vielen first-order Methoden realisieren, die dann jeweils eine Aufgabe erfüllen. Intelligenter ist aber der Einsatz einer *Prädikatsfunktion* bzw. *predicate function*. Sie spiegelt das Kriterium wider, nach dem die Kollektion selektiert oder gesplittet werden soll und stellt somit ein Filter dar. Die dazu gehörige high-order Methode heißt somit `filter`, und ist in `Traverable` zusammen mit einer redundanten Partitions-Funktion für alle Kollektionen erklärt.

```
def filter(p: A => Boolean): Traversable[A]
def partition(p: A => Boolean): (Traversable[A],Traversable[A])
```

Nur die Elemente, für die die Prädikatsfunktion `p` das Ergebnis `true` liefert, sind im `filter`-Ergebnis enthalten. Eine *nice-to-have* Methode ist dann `partition`, die anhand von `true` bzw. `false` eine Kollektion (performanter als zwei hintereinander ausgeführte `filter` Operationen) in zwei disjunkte linke bzw. rechte Teilkollektionen aufsplittet.

Es sind einige Methoden in `Traversable` zu finden, die an sich nur für Sequenzen Sinn machen. Nachfolgend drei high-order Vertreter, die für Sequenzen vorhersehbare (deterministische) Ergebnisse liefern:

```
def dropWhile(p: A => Boolean): Traversable[A]
def takeWhile(p: A => Boolean): Traversable[A]
def span(p: A => Boolean): (Traversable[A],Traversable[A])
```

Die Methode `dropWhile` bzw. `takeWhile` entfernt bzw. übernimmt die ersten Elemente der Kollektion so lange `p` das Ergebnis `true` liefert. Die dritte Methode `span` liefert dann ein Tupel `(col.takeWhile(p), col.dropWhile(p))`. Alle drei Methoden sind zwar praktisch, aber wiederum redundant.

Eine kleine *REPL*-Demonstration der aufgeführten Methoden, wobei zu lange einzeilige Ausgaben passend umgebrochen wurden.

```
scala> import Double._
import Double._

scala> case class Complex(re: Double,im: Double)
defined class Complex

scala> val cs= Traversable(Complex(1,0.0),Complex(-1.0,0.1),
     |                     Complex(0.0,1.0),Complex(1,NaN))
cs: Traversable[Complex] = List(Complex(1.0,0.0),
                                Complex(-1.0,0.1),
                                Complex(0.0,1.0), Complex(1.0,NaN))

scala> println(cs filter (_.im==0))
List(Complex(1.0,0.0))

scala> println(cs filter (_.im!=0))
List(Complex(-1.0,0.1), Complex(0.0,1.0), Complex(1.0,NaN))

scala> println(cs partition(_.im==0))
(List(Complex(1.0,0.0)),
 List(Complex(-1.0,0.1), Complex(0.0,1.0), Complex(1.0,NaN)))

scala> println(cs filter (_.im==NaN))
List()

scala> println(cs filter (c => c.im!=c.im))
List(Complex(1.0,NaN))

scala> println(cs dropWhile (_.re != 0.0))
List(Complex(0.0,1.0), Complex(1.0,NaN))

scala> println(cs takeWhile (_.re != 0.0))
List(Complex(1.0,0.0), Complex(-1.0,0.1))

scala> println(cs span (_.re != 0.0))
(List(Complex(1.0,0.0), Complex(-1.0,0.1)),
 List(Complex(0.0,1.0), Complex(1.0,NaN)))
```

Vererbung, Filtern von Subklassen-Elementen

Die Objekt-Orientierung bereichert die funktionale Programmierung, sofern man Traits oder abstrakte Klassen als Supertypen verwendet.

3.13.2 Problem: konkrete Superklassen

Wählt man *konkrete* Klassen als Ausgangspunkt einer Klassenhierachie, sind Probleme nahezu unvermeidlich.

Diese Warnung mag unverständlich sein, basiert aber auf den Erfahrungen mit vielen derartigen Hierarchien, die diese Warnung ignoriert haben. Um dies ohne großen Codeaufwand zu demonstrieren, reicht eine kleinstmögliche Hierarchie: reelle und komplexe Zahlen.

1. Versuch: Die einfachste Implementierung besteht an sich in zwei `case`-Klassen, bei dem `Complex` den Realteil der Superklasse `Real` übernimmt:

```
scala> case class Real(val re: Double) defined class Real

scala> case class Complex(override val re: Double,val im: Double)
     |              extends Real(re)
warning: there were deprecation warnings; ...
```

Leider können `case`-Klassen nicht von `case`-Klassen abgeleitet werden.

2. Versuch: Real wird zur „normalen“ Klasse und nur `Complex` wird als `case`-Klasse beibehalten:

```
scala> class Real(val re: Double) {
     |   override def equals(that: Any)= that match {
     |     case r: Real => re== r.re
     |     case _ => false
     |   }
     | }
defined class Real

scala> case class Complex(override val re: Double,val im: Double)
     |              extends Real(re)
defined class Complex

scala> new Real(1) == Complex(1,1)
res0: Boolean = true
```

Das Ergebnis `true` widerspricht der Mathematik. Somit sollte man `Complex` besser auch „normal“ implementieren (denn auch `hashCode` und `toString` führen zu Problemen).

3. Versuch: Wir ergänzen zumindest `Real` um zwei Basisoperationen (zur besseren Übersicht ohne *REPL*).

```
class Real(val re: Double) {
  override def equals(that: Any)= that match {
    case r: Real => re== r.re
    case _ => false
  }

  override def hashCode= re.hashCode
  override def toString= "Real("+re+")"

  def +(that: Real)= Real(re+that.re)
  def -(that: Real)= Real(re-that.re)
}

object Real {
  def apply(r: Double)= new Real(r)
}

// eine Test-Methode zur Überprüfung der beiden Operationen
def testAddSub(r1: Real, r2: Real) = r1 + r2 - r2

// --- ein Test ---
println(testAddSub(Real(0),Real(1)))                → Real(0.0)
```

Dies scheint problemlos. Der Einsatz von Vererbung in der Objekt-Orientierung muss aber gewisse Regeln einhalten:

1. Die Superklasse (`Real`) ist offen für jede Art von Subklasse, wobei der Code der Superklasse unverändert bleibt.
2. Änderungen im Verhalten der Subklasse (`Complex`) erfolgen durch Überschreiben der jeweiligen Methoden der Superklasse (`Real`).
3. Das Liskov-Prinzip muss immer gewährleistet sein.

Der erste Punkt stellt sicher, dass eine neue Subklasse ohne Änderungen des Codes in der Hierarchie erfolgen kann. Der dritte Punkt ist minutiöser. Er hat Auswirkungen auf Methoden, die für die Superklasse entworfen wurden und für die Instanzen der Superklasse korrekte Ergebnisse liefern. Nach dem Liskov-Pronzip können sie aber auch mit Instanzen der Subklassen verwendet werden und nun muss sichergestellt sein, dass dies nicht zu inkorrekten Ergebnissen führt. Methoden dürfen also nicht durch später hinzugefügte Subklassen negativ beeinflusst werden.

Betrachten wir unter diesen Aspekten die Implementierung der Klasse `Complex`:

```
class Complex(override val re: Double,val im: Double) extends Real(re)
{
   override def equals(that: Any)= that match {
     case c: Complex => re== c.re && im== c.im
     case _ => false
   }
```

```
  override def hashCode= re.hashCode+im.hashCode
  override def toString= "Complex("+re+","+im+")"

// override def +(that: Real)= Complex(re+that.re, im)
// override def -(that: Real)= Complex(re-that.re, im)
}

// nur zur besseren Anlage von Complex-Isnatnzen
object Complex {
  def apply(re: Double, im: Double)= new Complex(re,im)
}
```

Da man keine Berechnungen mit komplexen Zahlen durchführen möchte, wurden die Methoden zur Addition bzw. Subtraktion erst einmal auskommentiert. Das stellt sich aber als Fehler heraus:

```
println(testAddSub(Complex(0,1),Real(1)))      → Real(0.0)
```

Das Problem ist klar: die bereits geschriebenen Methoden von `Real` können aufgrund des Liskov-Prinzips von Instanzen der Subklassen genutzt werden. Dieses Ergebnis ist gleichbedeutend mit `1 = i` (wobei *i* für die imaginäre Einheit steht), was sicherlich falsch ist.

Wir werden somit gezwungen, *alle* geerbten Methoden zu überschreiben. Der sogenannte „großen OO-Vorteil“ der Wiederverwendung von Code der Superklasse ist somit ad absurdum geführt. Ergänzen wir die Klasse `Complex` oben um die in den Kommentaren stehenden beiden Methoden zur Addition bzw. Subtraktion. Dadurch führt der Test auch zu einem korrekten Ergebnis.

```
println(testAddSub(Complex(0,1),Real(1)))      → Complex(0.0,1.0)
```

Aber damit haben wir keineswegs alle Probleme gelöst. Der Test war nicht ausreichend. Erweitern wir ihn deshalb und testen als nächstes die Kommutativität von `equals` sowie die der Addition:

```
println(Complex(1,0) == Real(1))               → false
println(Real(1) == Complex(1,0))               → true

println(Complex(1,1)+Real(1))                  → Complex(2.0,1.0)
println(Real(1)+Complex(1,1))                  → Real(2.0)
```

Nach diesen Versuchen wird deutlich, dass die Warnung in der IBox 3.13.2 durchaus berechtigt ist. Denn beide Ergebnisse sind inkorrekt. Um auch dieses Problem in den Griff zu bekommen, muss man schon tiefer nachdenken. Die Frage ist allerdings, ob man nicht an einer Front kämpft, die man mutwillig durch Missachten der Warnung eröffnet hat.

Da das Thema dieses Abschnitts Kollektionen heißt, betrachten wir die Vererbung einmal unter dem Aspekt des Filterns. Wählen wir dazu erneut unsere Mini-Hierarchie `Real` und `Complex` und schreiben als erstes eine recht elegant wirkende `select`-Methode::

```
def select[A](l: List[_])= println(l.filter(c => c.isInstanceOf[A]))
```

```
select[Complex](rcList)
→ List(Real(0.0), Complex(0.0,0.0), Real(1.0), Complex(0.0,1.0))

select[Real](rcList)
→ List(Real(0.0), Complex(0.0,0.0), Real(1.0), Complex(0.0,1.0))
```

Das war weniger erfolgreich. Das Problem liegt aber nicht in der Vererbung, sondern im *Type-Erasure*. `isInstanceOf[A]` trifft nicht etwa das aktuelle Typ-Argument, welches den Typ-Parameter `A` ersetzt, sondern den Typ `Any`, der nach Erasure `A` ersetzt. Dies wird durch folgenden Test deutlich:

```
select[Real](List(1,2,3))
→ List(1, 2, 3)
```

Die Alterntive zu einer generischen Lösung besteht darin, für jeden Typ der Hierarchie eine spezielle `select`-Methode zu schreiben. In diesem Fall sind es nur zwei:

```
def selectComplex(l: List[Real])=
    println(l.filter(c => c.isInstanceOf[Complex]))

def selectReal(l: List[Real])=
    println(l.filter(c => c.isInstanceOf[Real]))

selectComplex(rcList)
→ List(Complex(0.0,0.0), Complex(0.0,1.0))

selectReal(rcList)
→ List(Real(0.0), Complex(0.0,0.0), Real(1.0), Complex(0.0,1.0)
```

Der Test zeigt, dass man den Subtyp `Complex` mittels `isInstanceOf` filtern kann, aber für Real ist `isInstanceOf` ungeeignet.

Typ-Prüfung zur Laufzeit

- Die Methode ***isInstanceOf[AType]*** liefert nicht nur für `AType`, sondern auch für alle Subtypen von `AType` das Ergebnis `true`.
- Die Methode ***getClass*** aus dem Reflexions-API von Java liefert zur Laufzeit das zugehörige *Klassen-Objekt* zu einer Klasse.

Somit führt `getClass` zum Ziel:

```
def selectReal2(l: List[Real])=
    println(l.filter(c => c.getClass== Real(0).getClass))

selectReal2(rcList)
→ List(Real(0.0), Real(1.0))
```

Dieses Ergebnis ist korrekt. Aber die Art der Lösung ist nicht sehr zufriedenstellend, zumal „schöne" funktionale Lösungen zu ähnlich pathologischen Lösungen neigen:

```
println(rcList.collect{ case r:Real => r })
→ List(Real(0.0), Complex(0.0,0.0), Real(1.0), Complex(0.0,1.0))
```

Einsatz von Funktoren

Kollektionen sind aufgrund ihrer Konstruktion Funktoren. *Funktor* ist eine grundlegender Begriff aus der *Kathegorientheorie*, der – bezogen auf die Realisierung in Scala – Typ-Konstruktoren zusammen mit einer besonderen Funktion beschreibt.

3.13.3 Funktor-Pattern

Ein Funktor enthält eine high-order Abbildung, **`map`** genannt, die eine (dem Funktor übergebene) Struktur bei der Abbildung erhält. Zu einem Funktor gehört

- ein parameterisierter Typ ***`F[T]`***, wobei ***`F`*** *Typ-Konstruktor* genannt wird.
- eine **`map`**-Funktion, der eine Funktion ***`f:A => B`*** übergeben wird, die mit ***`b= f(a)`*** die Elemente von ***`A`*** nach ***`B`*** abbildet. **`map`** führt dann mittels ***`f`*** die Transfomation von ***`F[A]`*** nach ***`F[B]`*** durch, wobei die folgenden beiden Regeln einzuhalten sind:
  - *Identität* bewahren: Ist ***`f`*** die Identität ***`id:A => A`*** mit ***`a= id(a)`***, muss **`map`** auch ***`F[A]`*** auf ***`F[A]`*** abbilden.
  - *Komposition* übertragen: Das Ergebnis der **`map`**-Operation mit der Komposition ***`f°g`*** zweier Funktionen muss zu dem der hintereinander ausgeführten **`map`**-Operationen mit **`g`** und **`f`** gleich sein.

Ein Katamorphismus reduziert eine Kollektion auf einen Wert, wogegen ein Funktor eine Kollektion *strukturerhaltend* abbildet. Steht oben `F` für eine Struktur wie `Set`, `List` oder `Tree`, ist das Ergebnis von `map` wieder eine `Set`, `List` oder `Tree`, nur der Elementtyp kann sich ändern. Nun gibt es zwei Möglichkeiten ein Funktor zu realisieren: der Funktor ist ein eigenes Objekt, dem die Struktur übergeben wird oder – der objekt-orientierte Weg – die Struktur ist selbst ist ein Funktor und enthält eine entsprechende `map`-Methode. Betrachten wird zuerst die explizite Definition eines Funktors:[36]

```
trait Functor[F[_]] {
  def fmap[A, B](r: F[A], f: A => B): F[B]
}
```

Zusätzlich zur Funktion `f` muss `map` als Argument eine Instanz `r` vom Typ `F[A]` übergeben werden, die mit Hilfe von `f` auf das Ergebnis vom Typ `F[B]` abgebildet wird. Zur Konstruktion

[36] siehe auch: `http://code.google.com/p/scalaz/source/browse/trunk/core/src/main/scala/scalaz/Functor.scala?r=1428`

von `F[B]` benötigt `map` nur, dass `F` iteriert werden kann. Denn auf alle Elemente von `F[A]` muss die Funktion `f` angewendet werden.

Als Beispiel wählen wir einen *binären Baum* `BinaryTree`, der als *algebraische Datenstruktur* aus einem leeren Baum `NilT` und einem `Fork` Konstruktor besteht. `Fork` konstruiert aus einer Wurzel `root` sowie einem linken und rechten Baum einen Baum beliebiger Größe.[37] Das Konstruktionsschema für Listen (`head,tail`) überträgt sich also auch auf Bäume.

```
trait Functor[F[_]] {
  def fmap[A, B](r: F[A], f: A => B): F[B]
}

sealed trait BinaryTree[+A]

case object NilT extends BinaryTree[Nothing]
case class Fork[+A](root: A,left: BinaryTree[A],right: BinaryTree[A])
     extends BinaryTree[A]

// --- ein Test ---

// ein Funktor für einen binären Baum
object TreeFunctor extends Functor[BinaryTree] {

  // rekursive Definition mittels match (deshalb oben case class)
  def fmap[A, B](bt: BinaryTree[A],f: A => B): BinaryTree[B]= bt match
  {
    case Fork(r,lt,rt) => Fork(f(r),fmap(lt,f),fmap(rt,f))
    case _ => NilT
  }
}

// keine vorab geplante Vererbung!
// eine implizite Abbildung: BinaryTree -> TreeFunctor
implicit def tree2Functor(bt: BinaryTree[_]) = TreeFunctor

// ein sehr, sehr einfacher Baum
val bt= Fork("Funktoren",Fork("sind",Fork("cool",NilT,NilT),NilT),NilT)

println(bt)

// Einsatz des Funktors
println(TreeFunctor fmap(bt,(s: String) => s.length))

// ein binärer Baum verhält sich wie sein zugeordneter Funktor
println(bt fmap(bt,(s: String) => s.length))
```

Ist dagegen der Typ-Konstruktor `F`, d.h. eine Kollektion wie `Set`, `List`, etc. selbst der Funktor, so fällt der explizite Trait `Functor` sowie der erste Parameter `r` in `map` weg. Denn `r` wird nun von dem `this`-Objekt des Typs `F[A]` repräsentiert. Jede Art von Kollektion muss nun eine `map`-Methode enthalten, die als Ergebnis dieselbe Art von Kollektion zurückliefert. Soll `map` in `Traversable` bereits deklariert werden, stößt man auf ein Dilemma: `map` kann nicht einfach `Traversable[B]` zurückliefern, sondern muss eine noch unbekannte Kollektion des

[37] siehe hierzu auch `http://www.csse.monash.edu.au/~lloyd/tildeAlgDS/Tree/`

Subtyps als Ergebnis liefern, zu dem `this` gehört. Um auch dies zu ermöglichen, wird implizit eine Instanz von *CanBuildFrom* der `map` Funktion übergeben, die den Kollektions-Subtyp als Typparameter `That` enthält.

```
def map[B](f: A => B): CC[B]
def map[B,That](f: A => B)
        (implicit bf: CanBuildFrom[Traversable[A], B, That]): That
```

`That` steht also für die Kollektion, die mittels `map` entsteht. Das Collection-Framework stellt durch entsprechende Imports sicher, dass eine passende Implizit-Definition dazu gefunden wird. Steht beispielsweise in `CanBuildFrom` das `Traversable[A]` für `List[A]`, wird die entsprechende implizite Definition

```
implicit def canBuildFrom[A]: CanBuildFrom[Coll,A,List[A]]
```

im Companion-Objekt `List` gefunden (siehe auch *IBox* 3.11.5). Aber um diese Details braucht sich der Anwender nicht zu kümmern.

Monadisches Design

Funktoren sind bereits sehr mächtig, reichen aber noch nicht aus. Eine wesentliche Eigenschaft von Kollektionen besteht darin, gleichermaßen in *for*-Comprehensions benutzt werden zu können. Hier kommt der Begriff *Monad* ins Spiel. Obwohl sich hinter Monad eine etwas abstrakt anmutende Theorie mit Regeln verbirgt, ist der prinzipelle Ausbau von Monad dem eines Funktors recht ähnlich. Hier ist eine von Haskell auf Scala adaptierte Version:

```
trait Monad[M[_]] {
  def unit[A](a: A): M[A]
  def bind[A,B](a: M[A],f: A => M[B]): M[B]
}
```

Abgesehen von der Methode `unit`, die den Typ-Konstruktor `M` verwendet, um eine zu `A` passende Struktur `M[A]` zu erzeugen, ist `bind` recht ähnlich zu `fmap` (siehe oben). Der Unterschied liegt im Rückgabetyp `M[B]` der Funktion `f`. Jedes einzelne Element von `M[A]` wird mittels der Funktion `f` nicht auf `B`, sondern auf `M[B]` abgebildet (steht `M` für eine Liste, wird also ein einziges Element auf eine Liste abgebildet). Danach „bindet" `bind` alle diese Elemente von Typ `M[B]` zu einem einzigen Element von Typ `M[B]` zusammen. Anstatt zusammenbinden wird in Scala der Begriff konkatinieren verwendet.

Wie bereits bei den Funktoren auch, stellt Scala keinen expliziten Typ wie `Monad` zu Verfügung, der dann entsprechend spezialisiert ist, sondern implementiert implizit jede Kollektion als ein Monad. Dazu benötigt es neben den bereits oben vorgestellten Methoden eine geeignete `bind`-Methode. Sie wird bei Scala `flatmap` genannt und ist in `Traversable` definiert:

```
def flatMap[B, That](f: A => TraversableOnce[B])
            (implicit bf: CanBuildFrom[Traversable[A],B,That]): That
```

Der erste Parameter `a:M[A]` von `bind` (siehe oben) ist wieder das `this` (die aktuelle Kollektions-Instanz). Die Methode `flatMap` konkatiniert dann alle Kollektionen, die durch die Funktion `f` entstehen, zu einer Kollektion vom Typ `That`. Um die Äquivalenz von `bind` und `flatMap` zu erkennen, hier ein kleines „Code-Snippet":

```
object ListMonad extends Monad[List] {
  def unit[A](a: A) = List(a)
  def bind[A,B](lst: List[A],f: A => List[B])= lst flatMap f
}

def concat[M[_], A](a: M[M[A]],m: Monad[M])=
    m.bind(a,(e: M[A]) => e)

// --- ein Test ---

println(concat(List(List("Dies","wird"),
               List("eine","Liste")),ListMonad))
  → List(Dies, wird, eine, Liste)
```

Wie im Code zu sehen, kann `bind` einfach auf `flatmap` abgebildet werden. Das „monadische" Design bildet zusammen mit `map` die Grundlage für `yield` in der *for*-Comprehension. Denn jede `for`-Anweisung bildet der Compiler automatisch auf eine bzw. eine Kombination der Methoden `foreach`, `filter`/`withFilter`, `map` sowie `flatMap` ab. Hierzu drei Beispiele:

```
val iLst= List(1,2,3)
val jLst= List(4,5,6,7,8)

var res1= 0
for (i <-iLst; j <-jLst)
  res1+= i*j
var res2= 0
  iLst.foreach(i => jLst.foreach(j => res2+=i*j))

println(res1) → 180
println(res2) →

val res3= for (j <-jLst; if j%2==0) yield 2*j
val res4= jLst.withFilter(_%2==0) map(_*2)

println(res3) → List(8, 12, 16)
println(res4) → List(8, 12, 16)

val res5= for(i <- iLst; j <- jLst if (j<6)) yield i*j
val res6= iLst flatMap (i => jLst filter(_<6) map(j => i*j))

println(res5) → List(4, 5, 8, 10, 12, 15)
println(res6) → List(4, 5, 8, 10, 12, 15)
```

Die Monaden-Technik für *for*-Comprehensions gibt es auch in anderen Sprachen. Am bekanntesten ist wohl *LINQ* von C#, zumindest in der Windows-Welt. Damit wäre der funktionale Überblick über die Kollektionen beendet und wir können uns als letztes den Aktoren zuwenden.

3.14 Aktoren vs. Objekte/Threading

Die Programmierung mittels Aktoren folgt einem anderen Paradigma als dem der üblichen *sequenziellen* Programmierung, das speziell auf einen Prozessor mit einem Core zugeschnitten ist. In diesem bisher vorherrschenden Programmiermodell (der OO-Sprachen) besteht ein Programm aus Strukturen – Objekten, Funktionen oder Prozeduren – die aus einer Sequenz von Befehlen besteht. Diese Strukturen werden von einer Ausführungseinheit – einer *Thread of Control* – durchlaufen. Die Ausführungsreihenfolge ist aufgrund der Befehle für jeden Thread eindeutig festgelegt, d.h. sie ist *deterministisch.*

Objekt/Thread-Modell

Dieses deterministische Modell ist eindeutig auf einen Prozessor, d.h. eine Ausführungseinheit bzw. Thread ausgelegt. Auch Multi-Threading bzw. das (quasi) gleichzeitige Durchlaufen der Strukturen von mehreren Threads ändert nichts an diesem Programmiermodell. Es ist für jeden einzelnen Thread weiterhin deterministisch. In der Abbildung 3.14.1 werden vier Threads dargestellt, die die öffentlichen Methoden von zwei Objekten durchlaufen.

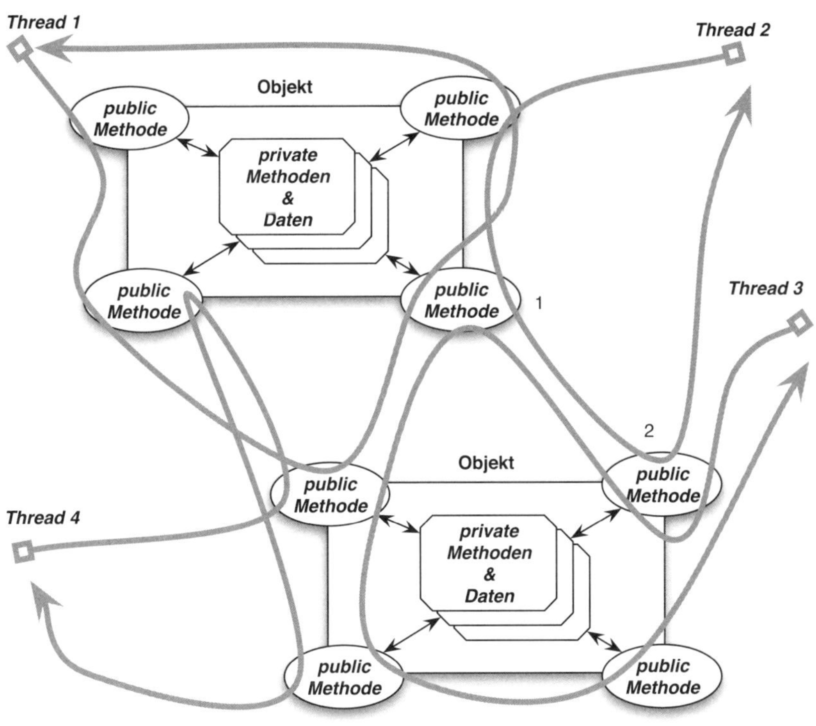

Abbildung 3.14.1: Threads durchlaufen Objekte.

Die Abbildung dient dazu, drei Punkte zu versinnbildlichen.

- *Passive* Objekte: Objekte bieten ein öffentliches Interface an. Die Methoden eines Objekts können jederzeit von mehreren Threads aufgerufen werden, unabhängig davon, in welchem Zustand das Objekt sich gerade befindet.
- *Nicht deterministische* Ergebnisse: Benutzen Threads gemeinsam ein oder mehrere Objekte, ist das Ergebnis einer öffentlichen Methode abhängig vom Zustand (den Werten der Felder) des Objekts. Dabei können mehrere Threads gleichzeitig verschiedene oder dieselbe Methode eines Objekts durchlaufen. Lesen und schreiben die Methoden die privaten Felder eines Objekts, ist das (Programm-)Ergebnis nicht deterministisch, obwohl in der Befehlsfolge jedes Threads deterministisch ist.
- Unabhängige *Tasks*: Kann ein Programm in *unabhängige* Aufgaben *(Tasks)* unterteilt werden, die jeweils einem Thread zugeordnet werden, beeinflusst die Ausführung eines Threads nicht das Ergebnis eines anderen. Jeder Thread durchläuft eigene Objekte, Methoden und Zustände.

Threads und Locks

Der zweite Punkt ist höchst unbefriedigend. Er führt bei OO-Sprachen zu einer Technik, die mittels Locks nicht deterministische Ergebnisse verhindern soll. Beim *Monitor*-Konzept von Java enthält implizit jedes Objekt ein Lock, das nur zu einem Zeitpunkt von einem Thread gehalten werden kann. Die mittels `synchronized` geschützten Methoden oder Code-Blocks können dann von nur genau dem Thread durchlaufen werden, der dieses Lock gerade besitzt.

Führt (in der Abbildung oben) beispielsweise der Thread 2 die synchronisierte Methode 2 aus, muss er vorher das Lock zu diesem Objekt besitzen. Kein anderer Thread kann irgendeine der mittels `synchronized` geschützten Methoden des Objekts gleichzeitig ausführen. Allerdings können die Methoden eines anderen Objekts von anderen Threads gleichzeitig bearbeitet werden. Dies führt dann direkt zu einem ernsten Problem:

Gefahr von *Deadlock*: Bereits das Locking von zwei Objekten kann zu einem Deadlock führen. Dieser Begriff steht für die gegenseitige Blockade von Threads, die jeweils das Lock eines anderen Threads zu ihrer Ausführung benötigen.

Betrachten wir dazu ein Szenarium, das in der oberen Abbildung bereits angedeutet ist. In der Code-Sequenz von Methode-1 wird die Methode-2 aufgerufen und umgekehrt. Wird nun gleichzeitig von Thread-2 die Methode-1 und von Thread-3 die Methode-2 ausgeführt, halten beide das Lock des zugehörigen Objekts, benötigen aber zur Ausführung der anderen Methode das Lock des jeweils anderen Objekts. Dies führt bei beiden Threads zu einer unbegrenzten Bockade, d.h. einem Deadlock. Dies kann man sicherlich vermeiden. Eine Strategie heißt

***Coarsed-grained Locking*:** Werden beide Objekte (in der Abbildung) nur durch ein Lock geschützt, ist ein Deadlock ausgeschlossen.

Sind beispielsweise beide Objekte Instanzen derselben Klasse, könnte man das Klassen-Objekt als Lock für alle Objekte der Klasse verwenden. Der Vorteil des coarsed-grainted Locking liegt darin, das Deadlocks nicht auftreten oder aufgrund der wenigen Locks leichter vermieden werden können (beispielsweise durch *Lock-Ordering*). Der signifikante Nachteil bei Multi-Core Systemen besteht darin, dass nur ein Core arbeitet, während alle anderen auf die Freigabe des Locks warten. Das Gegenteil zu dieser Strategie nennt man dann

***Fine-grained Locking*:** Jedes Objekt oder sogar jede Methode bzw. jeder Code-Block besitzt ein eigenes Lock.

Bei fine-grained Locking können zwar viele Cores arbeiten, aber der Anwender eines APIs, das mit fine-grained Locks Threads synchronisiert, muss die Abhängigkeiten der Locks im Code verstehen, um Deadlocks im eigenen Code zu vermeiden.

Das Dilemma liegt darin, dass die Synchronisation von Threads mittels Locks, `synchronized`, `wait` und `notify` *Low-Level-Konstrukte* des Betriebssystems sind. Werden sie auf der Ebene der Anwendungsprogrammierung verwendet, ist der Code entweder unsicher oder nicht skalierbar. Ein Ausweg aus diesem Dilemma bietet das Aktoren-Modell. Es ist – wie im folgenden zu zeigen ist – eine *High-Level-Alternative* zu Threads.

Aktoren-Modell

Das Modell eines Aktors behebt einen wesentlichen Nachteil des Klassen-Modells aus der OOP. Instanzen von Klassen sind passiv, d.h. können den Zugriff auf ihre öffentlichen Methoden nicht verhindern. Aktoren sind dagegen als *aktive* Objekte autonom und entkoppeln den von außen gewünschten Aufruf ihrer Funktionen von deren Ausführung. Sie bilden somit auch die Arbeitsweise von realen Objekten besser ab.

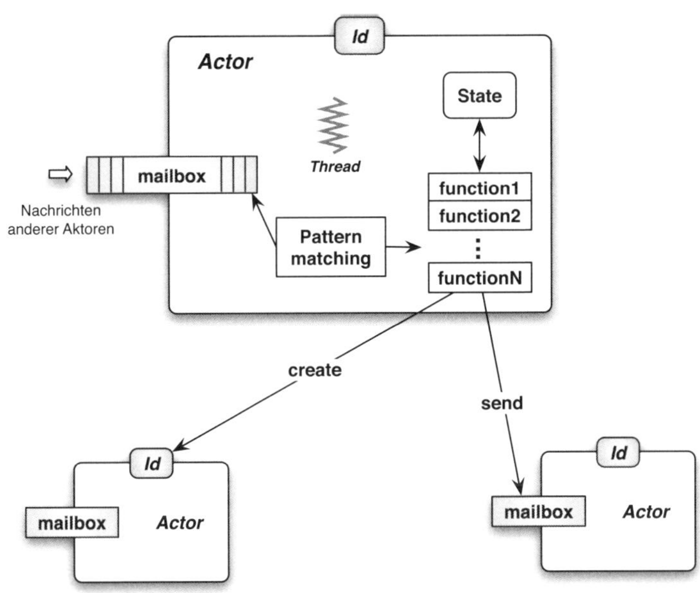

Abbildung 3.14.2: Aufbau eines Aktors

Abbildung 3.14.2 zeigt den prinzipiellen Aufbau eines Aktors. Er besteht aus einer Mailbox, einer internen Funktion (*Dispatcher*), der mittels Pattern Matching die Nachrichten in Funktionsaufrufe umwandelt, die den gewünschten Service liefern. Dazu können dann noch private Zustände gehören. Sofern Nachrichten der Mailbox zu verarbeiten sind, benutzt ein Aktor einen eigenen Thread, der aber nur zur Ausführung an eine *Kernel Thread* gebunden sein muss. Somit können sich viele Aktoren einen Kernel Thread aus einem Thread-Pool teilen. Aufgrund dieser Funktionsweise besteht eine Analogie zwischen Aktor und einem Core bzw. Prozess.

Fassen wir die wesentlichen Eigenschaften eines Aktoren-Systems zusammen:

3.14.1 DAS AKTOREN-PRINZIP

Aktoren sind eigenständige funktionale Einheiten – *light weighted processes*, die über ihre Mailboxen kommunizieren. Die Nachrichten werden verarbeitet und die Ergebnisse abhängig von der Nachricht an den Sender oder einen anderen Aktor geschickt. Folgende Eigenschaften kennzeichnen ein Aktorensystem:

1. Ein Aktor kann andere erschaffen und mit ihnen kommunizieren.
2. Jeder Aktor hat ein eindeutiges Ident, dass als (logische) Adresse bei der Kommunikation verwendet werden kann.
3. Die Kommunikation zwischen Aktoren basiert auf das Senden von *asynchronen, immutable* Nachrichten an andere Aktoren.
4. Die Nachrichten werden zur Verarbeitung in einer Mailbox gepuffert. Sie ist eine *Queue* mit n Produzenten (den sendenen Aktoren) und einem Konsumenten (dem `self` Aktor).
5. Abhängig von der Reihenfolge, den Prioritäten oder dem internen State werden die Nachrichten mittels Pattern Matching von interen Funktionen verarbeitet, die die Ergebnisse ihrerseits wieder als Nachrichten versenden.

Hinter jedem dieser Punkte verbergen sich wichtige Details, die im folgenden besprochen werden sollen. Neben dem generellen Verständnis führt dies zu einer bessere Handhabung und auch Bewertung des Scala Aktoren-APIs.

Light-weighted Prozessoren, Fairness

Der Begriff *light-weighted Prozessor* umschreibt die Zuordnung der Aktoren zu den Core- und Thread-Ressourcen, die vom Betriebssystem (*OS*) zur Verfügung gestellt werden. Würde jeweils einen native (*Kernel-*) Thread des Betriebssystems exklusiv an einen Aktoren gebunden, wäre bereits nach wenigen hundert Aktoren das OS völlig überlastet. Da Aktoren jedoch die Aufgaben der Instanzen von Klassen übernehmen, muss es auch möglich sein, eine sechsstellige Zahl von Aktoren zu erschaffen und effektiv arbeiten zu lassen.

Dies setzt zusätzlich voraus, dass die Core/Thread-Ressourcen *fair* unter den Aktoren aufgeteilt werden. Sofern gewissen Spielregeln eingehalten werden, kann auch das vom Scala-API (weitestgehend) erfüllt werden. Hierzu werden konfigurierbare Thread-Pools aus dem Package `java.util.concurrent` eingesetzt.

Kommunikation, lokale Transparenz

Aktoren können nur mit Aktoren Nachrichten austauschen, die sie erschaffen haben oder die ihnen aufgrund von Nachrichten (messages) bekannt gemacht wurden. Dazu muss eine Aktor auf das Ident oder die logische Adresse der ihm bekannten Aktoren zurückgreifen.

Die Adresse soll transparent sein, d.h. unabhängig von der jeweiligen Adresse des Aktors im Speicher. Dies erlaubt es, Aktoren im Speicher oder auf andere Prozessoren zu verschieben. Es ermöglicht Mobilität und somit auch *Load Balancing*, eine gleichmäßige Auslastung eines Mehrprozessor-Systems.

Das steht im Gegensatz zu OOP, bei denen die *Stacks* der Threads, die die Methoden der Objekte ausführen, die Mobilität der Objekte sehr erschwert. Denn ein Stack wird durch eine Änderung der Speicheradresse ungültig, muss erneuert werden und – für remote Objekte – von einem Prozessor auf den anderen übertragen werden.

Die Adresse eines lokalen Aktors ist im Scala-API *nicht* transparent, denn sie ist wie bei einem Objekt eine Referenz. Remote Aktoren, die in anderen Prozessen erschaffen werden, werden dagegen über symbolische Namen angesprochen.

Asynchrone, immutable Nachrichten

Die message-basierte Kommunikation zwischen Aktoren beruht ganz entscheidend darauf, dass die Nachrichten asynchron ausgetauscht werden. Denn nur dann können alle Aktoren wirklich unabhängig voneinander arbeiten. Das erinnert sehr an Cores, die ebenfalls unabhängig arbeiten. Werden von einem Core Berechnungen auf zwei oder mehr Cores ausgelagert, kann der Core nur davon ausgehen, dass die Ergebnisse auch geliefert werden. Die Reihenfolge dieser Ergebnisse, ist jedoch nicht-determinsitisch.

Bei synchroner Kommunikation werden die Ergebnisse genau in der Reihenfolge der Nachrichten zurückgegeben. Der sendende Aktor blockiert so lange, bis das Ergebnis geliefert wird. Dies bildet den deterministischen Kontrollfluss eines Objekt/Thread-Systems nach und führt dann auch zu den gleichen Problemen. Blockierende Aktoren führen im schlimmsten Fall wieder zu *Starvation* (einem quasi-Stillstand eines Aktors) bis hin zum Deadlock zweier oder mehrerer Aktoren. Scala unterstützt sowohl synchrone wie auch asynchrone Kommunikation.

Eine wesentlich Voraussetzung für ein funktionierendes Aktor-System sind nicht veränderbare Nachrichten. Denn Nachrichten, die concurrent gelesen und geschrieben werden, müssten ja mittels Locks synchronisiert werden. Hier geht Scala einen (allzu) pragmatischen Weg und überlässt die Sache dem Anwender. Somit können auch ungeschützte mutable Nachrichten versandt werden. Das gleich gilt für die Methoden und Felder eines Aktors. Auch sie können öffentlich sein. Abschließend sei angemerkt, dass Nachrichten in Scala nicht nur von Aktoren gesendet werden können, was ebenfalls nicht im Aktoren-Modell vorgesehen ist.

Mailbox

Die Aufgabe eines Briefkastens besteht darin, als Puffer eingehende Nachrichten so lange zu speichern, bis sie bearbeitet werden können. Damit sind aber einige Details verbunden, die unbedingt beachtet werden müssen. Das Aktoren-Modell schreibt vor, dass die Reihenfolge der Bearbeitung der Nachrichten, die in der Mailbox enthalten sind, nicht deterministisch ist. Dies bedeutet, dass die zeitliche Reihenfolge, in der Nachrichten in der Mailbox eingehen, nicht der Reihenfolge der Bearbeitung entsprechen muss. Dies erinnert sehr stark an suspendierte Threads, die darauf warten, ein Lock zu erhalten. Der Scheduler garantiert nicht, dass dies in der Reihenfolge der Suspendierung erfolgt.

Das Scala-API sichert im Gegensatz zur „reinen Lehre" zu, dass Nachrichten, die von einem Aktor gesendet wurden, auch in der Reihenfolge ihres Eintreffens bearbeitet werden. Somit können sich Nachrichten von einem Aktor nicht „überholen" (das erinnert an *TCP/IP*). Dies gilt aber nicht für Nachrichten verschiedener Aktoren. Da diese Garantie nur für das Scala-API gilt, ist es wohl besser, die Programmlogik nicht darauf aufzubauen.

Die Bearbeitung einer Nachricht besteht aus zwei Schritten. Im ersten wird die Nachricht mit allen Pattern verglichen, um eine geeignete Bearbeitungsfunktion zu finden. Ist sie gefunden wird die Nachricht im zweiten Schritt bearbeitet und in der Mailbox gelöscht. Passt die Nachricht allerdings zu keinem Pattern, wird sie in der Mailbox belassen, d.h. sie wird *nicht gelöscht*. Treffen also viele Nachrichten ein, zu denen es kein Pattern gibt, kommt es letztendlich zu einem Überlauf der Mailbox. Es gehört somit zur Aufgabe des Programmieres, auch Nachrichten, die nicht verstanden werden, aus der Mailbox zu entfernen.

Fehlertoleranter Nachrichtendienst

Als letzter Aspekt soll die Sicherheit der Nachrichtenübermittlung angesprochen werden. Das Aktoren-Modell setzt an sich voraus, dass Nachrichten in *endlichen* Zeit *sicher* zugestellt werden. Das Modell legt aber keine Details dazu fest, was letztendlich bedeutet, dass sich Aktoren-Implementierungen in der Art bzw. Strategie ihrer Fehlertoleranz unterscheiden. Dies betrifft insbesondere remote Aktoren, da die Kommunikation im Netz oder über Prozessgrenzen hinweg nicht als sicher angenommen werden kann. Zuverlässige Verbindungen bzw. Ausfallsicherheit von Aktoren sind nicht Teil des Scala-APIs. Es bleibt die Aufgabe des Programmieres, dies mit Hilfe des Scala-APIs selbst zu implementieren.

3.15 Einführung in das Aktoren-API

Wie Kollektionen sind auch Aktoren nicht in der Sprache verankert, sondern werden in einem API als eine spezielle *DSL* (*D*omain *S*pecific *L*anguage) propagiert. Somit hat man zumindest das Gefühl, Aktoren wären wie in der Sprache Erlang fest im Sprachkern verankert. Aber bereits an verschiedenen Aktoren-APIs in *Lift*, *Scalaz* oder *Akka* ist zu erkennen, dass die Implementierung als DSL nicht unbedingt ein Nachteil sein muss. Denn jedes dieser Aktoren-API hat spezifische Schwerpunkte.

Im Weiteren besprechen wir ausschließlich das Scala-API. Aber selbst das ist ein ambitioniertes Unterfangen, da es so umfangreich ist, dass zu diesem Thema ein Buch *Actors in Scala* erscheint.[38] Im weiteren werden wir uns auf eine Einführung beschränken und konzentrieren uns dabei auf viele kleine Beispiele, die der Philosophie des Aktoren-Modells entsprechen. Obwohl kurz vorgestellt, werden wir sowohl synchrone Kommunikation als auch *thread-based* Aktoren, die fest an native Threads gebunden werden, nicht eingehender betrachten. Wir beschränken uns insbesondere auf *event-based* Aktoren, denen nur bei Bedarf ein Thread zur Ausführung zugewiesen wird.

Fast alle Anwendungen verwenden zur Zeit den Trait `Actor` zur Definition eines Aktors. Dies ist nicht zwingend, da es durchaus leichtgewichtigere Alternativen, zwei Traits namens `Reactor` und `ReplyReactor` gibt. Da sie aber wichtige Methoden weglassen, starten wir ebenfalls mit dem Trait `Actor`, der die beiden Traits erweitert. Die Unterschiede liegen in der Performanz, die wir nicht berücksichtigen müssen.

Trait Actor mit Companion

Um mit Aktoren zu arbeiten wird das Package *`scala.actors`* importiert. Die klassische Art eine Aktoren-Klasse `ActorCls` zu erschaffen, besteht darin, sie vom Trait `Actor` abzuleiten und dabei die Methode `act` zu implementieren, die die Nachrichten verarbeitet. Anschließend können ein oder mehrere Instanzen `anActor` erschaffen und mittels `anActor.start` gestartet werden (dies ist analog zu Threads).

```
class ActorCls extends Actor {
  def act() {
    // Nachricht(en) bearbeiten
  }
}
// Instanzierung
val anActor= new ActorCls
// Start in einer Thread
anActor.start
```

```
object ActorObj extends Actor {
  def act() {
    // Nachricht(en) bearbeiten
  }
}

// Start

ActorObj.start
```

Da es zum Trait `Actor` noch einen Companion gibt, kann die Anlage inklusive des Starts eines einzelnen Aktors auch einfacher erfolgen (rechts der zugehörige Source-Code aus `Actor`):

```
// Definition und Start
// mittels Methode actor
// des Companion Actor

import scala.actors.Actor._

val anActor= actor {
  // Nachricht(en) bearbeiten
}
```

```
def actor(body: => Unit): Actor = {
  val a = new Actor {
    def act() = body
    override final val scheduler:
      IScheduler = parentScheduler
  }
  a.start()
  a
}
```

[38] *Actors in Scala* von Philipp Haller und Frank Sommers, Artima, Inc., zur Zeit als PDF eBook PrePrint Edition

Asynchrone Nachrichtenbearbeitung

Die eigentliche Nachrichtenbearbeitung erfolgt für thread-basierte Aktoren mit

```
def receive[R](h: PartialFunction[Any,R]): R
def receiveWithin[R](msec: Long)(h: PartialFunction[Any,R]): R
```

und für eventbasierte Aktoren mit

```
def react(handler: PartialFunction[Any,Unit]): Nothing
def reactWithin(msec: Long)(h: PartialFunction[Any,Unit]): Nothing
```

Alle vier Methoden empfangen Nachrichten aus der Mailbox, wobei die `Within`-Variante nur `msec` Millisekunden auf eine Nachricht wartet. Gibt es für mehr als `msec` keine Nachricht in der Mailbox, lösen sie das besondere Nachrichten-Objekt ***`TIMEOUT`*** aus. Es kann wie normale Nachrichten bearbeitet werden. Die vier Methoden übergeben die Nachrichten an die partiell definierten Funktionen `handler` bzw. `h`, die eine Nachricht von beliebigem Typ `Any` annehmen und – wie in *IBox* 3.9.1 beschrieben – per Pattern Matching an Funktionen verteilen.

Die `receive`-Methode liefert ein Ergebnis vom Typ `R` der Handler-Funktion `h`. Die Methode `react` kehrt dagegen nach ihrem Aufruf nicht mehr (normal) zurück, so dass ein Ergebnis verschieden von `Unit` für die Handler-Funktion keinen Sinn macht. Beide Methoden reflektieren die Art, wie die beiden Aktor-Typen arbeiten:

- *Thread-basierte* Aktoren besitzen einen *exklusiven* Thread, der mittels `wait/notify` den Aktor suspendiert bzw. arbeiten lässt.
- *Event-basierte* Aktoren registrieren nur einen *Event-Handler* in der Laufzeitumgebung für den Fall, dass sie Nachrichten bearbeiten müssen. Der Event-Handler wird mit einem freien Thread aus einem Pool aufgerufen, sofern Nachrichten zu bearbeiten sind.

Um Aktoren nach dem Start bis zu ihrer Terminierung aktiv zu halten, müssen `receive` und `react` wiederholt ausgeführt werden. Nachfolgend der typische Code dazu:

```
def act() {
  // ... Initialisierung
  while (condition) {
    receive {
      // 'Msg1 ist ein Symbol(s.u.)
      case 'Msg1 => handleMsg1
      ...
      case 'MsgN => handleMsgN
      // Terminierung des Actors
      case 'Exit => exit
      // unbekannte message entsorgen
      case _ =>
    }
  }
}
```

```
def act() {
  // while funktioniert nicht!
  loop {
    // oder alternativ:
    // loopWhile (condition)
    react {
      case 'Msg1 => handleMsg1
      ...
      case 'MsgN => handleMsgN

      case 'Exit => exit
      case _ =>
    }
  }
}
```

Da `receive` mit einem Ergebnis beendet wird, kann die Methode wie gewohnt in eine Schleife eingebettet. Wird die Methode ***`exit`*** des Companion `Actor` benutzt, verwendet man im einfachsten Falle eine Endlosschleife `while(true)`.

Da `react` nicht zurückkehrt, muss man für Wiederholungen einen so genannten *Kombinator* verwenden. Aufgrund von

```
object Actor extends Combinators
```

stehen zur Verbindung von Code bzw. Methoden die Kombinatoren

```
def loop(body: => Unit): Unit = body andThen loop(body)

def loopWhile(cond: => Boolean)(body: => Unit): Unit =
  if (cond) { body andThen loopWhile(cond)(body) }
  else continue
```

zur Verfügung. Beide verwenden dazu den *Basis-Kombinator* **`andThen`**. Er in der Lage ist zwei Code-Blöcke hintereinander auszuführen, selbst wenn die erste eine Methode mit Ergebnis `Nothing` wie `react` ausführt.

Warnung: Da die `react`-Methoden aufgrund ihres Rückgabetyps `Nothing` niemals zurückkehren, macht es keinen Sinn, hinter dem Aufruf von `react` noch Code ausführen zu wollen. Er wird nie ausgeführt (wie das folgende Beispiel zeigt).

```
scala> import scala.actors.Actor._
import scala.actors.Actor._

scala> val a= actor {
     |   react {
     |    case any => println(any)
     |   }
     |   throw new Exception("unerreichbarer Code")
     | }
a: scala.actors.Actor = scala.actors.Actor$$anon$1@320817d6

scala> a!"Hallo"  // Nachricht mittels ! siehe nächsten Abschnitt
Hallo
```

Zur Nachrichtenbearbeitung zählen im weiteren die Companion-Methoden

```
def ? : Any
def mailboxSize(): Int // diese Methode ist unsicher
def self(): Actor
```

Die erste Methode entnimmt der Mailbox des aktuellen Aktors eine Nachricht und liefert sie zurück, wobei sie so lange blockiert, bis eine Mitteilung in der Mailbox enthalten ist. Die zweite liefert die Anzahl der Nachrichten des aktuellen Aktors in der Mailbox. Die Frage, welcher **`Actor`** eigentlich aktuell ist, beantwortet der Companion mit Hilfe von `self`. Zur Bestimmung des aktuellen Aktors ist `this` nicht geeignet, d.h. es sollte immer `self` anstatt `this` verwendet werden.

Im Code-Muster wurden oben der Einfachheit halber Symbole wie `'Msg1` zum Pattern Matching verwendet.

Symbole beginnen mit einem Hochkomma und werden in Java als *interned Strings* (im constant pool) gespeichert. Der Unterschied zu Strings besteht darin, dass der Compiler sicherstellt, dass es ein Symbol (beispielsweise mit dem Wert `Msg1`) nur einmal gibt. Somit kann man Symbole im Gegensatz zu Strings mit `eq` auf Gleicheit prüfen. Die Identitätsprüfung ist Big *O(1)* im Gegensatz zu `equals`, das einer Big *O(n)* Operation ist.

Nachrichtenversand

Es fehlt noch die andere Seite, nämlich das Versenden von Nachrichten. Hier spielt der *Bang* Operator *!* die Hauptrolle. Er wurde von der aktor-basierten Sprache Erlang übernommen und übernimmt eine analoge Aufgabe.

Asynchrone Nachrichten

Mit dem Bang-Operator werden Nachrichten an einen Aktor asynchron versandt. Die Methode kehrt nach dem Aufruf sofort ohne ein Ergebnis zurück. Ergebnisse werden wiederum als Nachricht versandt. Exakter formuliert erfolgt das Senden über einen Ausgabekanal

```
trait OutputChannel[-Msg]
```

von dem `Actor` abgeleitet wird. Dieser Trait stellt dazu vier Methoden bereit:

```
def ! (msg: Msg): Unit
def send(msg: Msg, replyTo: OutputChannel[Any]): Unit
def forward(msg: Msg): Unit
def receiver: Actor
```

Mit `receiver!(message)` wird asynchron eine Nachricht an eine `receiver`, insbesondere an einen Aktor versandt. Diese Art ist eine kurze Form von `receiver.send(message,this)`, wobei in `send` als zweites Argument explizit ein Empfänger des Ergebnisses übergeben wird. Eine Nachricht kann auch mittels `receiver.forward(message)` asynchron weitergeleitet werden. Die letzte der vier Methoden macht genau das, was man erwartet. Sie liefert den Aktor, der sich hinter dem Ausgabekanal verbirgt.

Synchrone Nachrichten

Synchrone Sendemethoden sind dadurch gekennzeichnet, dass sie ein Ergebnis liefern. Dazu wird `Actor` indirekt über den Trait `ActorCanReply` von einer Trait

```
trait CanReply[-T,+R]
```

abgeleitet. Er enthält gleichfalls vier synchrone Methoden:

```
def !?(msg: T): R
def !?(msec: Long, msg: T): Option[R]
def !!(msg: T): Future[R]
def !![P](msg: T, handler: PartialFunction[R, P]): Future[P]
```

Alle Methoden übermitteln wieder implizit die Referenz des Senders. Der empfangende Aktor muss die synchronen Nachrichten mittels der beiden Companion-Methoden

```
def reply(): Unit
def reply(msg: Any): Unit
```

beantworten. Die ersten beiden Sendemethoden `!?` blockieren den sendenden Aktor so lange, bis der empfangende Aktor entweder ein Ergebnis vom Typ `Unit` oder ein Ergebnis vom Typ `Any` liefert. In dieser Zeit kann der Sende-Aktor keine weiteren Bearbeitungen vornehmen. Die zweite Methode setzt ein Timeout von `msec` Millisekunden, wobei für den Fall, dass `reply` im Empfänger noch nicht ausgeführt wurde, der Wert `None` geliefert wird.

Die letzten beiden Sendemethoden stellen eine Art von Kompromiss dar. Dem sendenden Aktor wird sofort ein `Future` zurückliefert, das die `reply`-Methode repräsentiert. Das Ergebnis von `reply` kann dann zu einem späteren Zeitpunkt vom `Future` abgefragt werden, was dann allerdings den Sende-Aktor blockiert, sofern `reply` noch nicht ausgeführt wurde. In der vierten Methode wird noch ein Handler zum ursprünglichen Ergebnis `msg` übergeben, der `msg` vor der Rückgabe in ein Ergebnis von Typ `P` transformiert.

3.16 Aktoren im Einsatz

Wie man bereits an den Basismethoden erkennt, gibt es eine Vielzahl von Möglichkeiten bei der Zusammenarbeit von Aktoren. Es ist die Aufgabe der folgenden Unterabschnitte, anhand von typischen Beispielen sukzessiv den Einsatz von Aktoren zu demonstrieren. Das Ziel besteht vor allem darin, viele der oben vorgestellten Methoden im Einsatz zu demonstrieren und bei Bedarf noch durch weitere zu ergänzen.

Anlage und Start von Aktoren

Grundlegend ist wohl der Start eines Aktors. Um einfacher programmieren zu können, werden in allen weiteren Beispielen die folgenden beiden Imports vorausgesetzt:

```
import scala.actors._
import Actor._

object Main {
  // wird sofort gestartet
  val firstActor= actor {
    println(Thread.currentThread)
    println("firstActor")
  }

  object SecondActor extends Actor {
    def act {
      println(Thread.currentThread)
      println("secondActor")
      react {
        case m => println(m)
      }
    }
  }
```

```
  // wird sofort gestartet
  actor {
    println(Thread.currentThread)
    println("start")
    SecondActor!"Hallo"
    SecondActor!"Welt"
    SecondActor.start
  }

  def main(args: Array[String]): Unit = {
    println(Thread.currentThread)
    println("Main...")     → Thread[ForkJoinPool-1-worker-2,5,main]
                             firstActor
                             Thread[ForkJoinPool-1-worker-0,5,main]
                             start
                             Thread[ForkJoinPool-1-worker-0,5,main]
                             secondActor
                             Hallo
                             Thread[main,5,main]
                             Main...
  }
}
```

Aktoren sind *aktive* Objekte. Sie laufen nach ihrem Start nicht in der `Thread[main,5,main]` des Hauptprogramms, welche `main` ausführt. Da mit `actor{...}` die Aktoren sofort implizit gestartet werden, laufen zwei Aktoren *concurrent* zur `main`. Die Ausgabe ist somit (größtenteils) nicht deterministisch, d.h. auch die folgende Ausgabe ist möglich:

```
  def main(args: Array[String]): Unit = {
    println(Thread.currentThread)
    println("Main...")     → Thread[main,5,main]
                             Thread[ForkJoinPool-1-worker-0,5,main]
                             firstActor
                             Thread[ForkJoinPool-1-worker-3,5,main]
                             start
                             Main...
                             Thread[ForkJoinPool-1-worker-3,5,main]
                             secondActor
                             Hallo
  }
```

Da `SecondActor` erst im letzten Aktor gestartet wird, ist die relative Reihenfolge von

`Thread[ForkJoinPool...], start, Thread[ForkJoinPool...], secondActor`

deterministisch. Die beiden Nachrichten `SecondActor!"Hallo"` und `SecondActor!"Welt"` werden zwar in der Mailbox gespeichert, können aber erst nach dem Start von `SecondActor` bearbeitet werden. Da `SecondActor react` nur einmal ausgeführt wird, wird die zweite Nachricht `"Welt"` nicht ausgegeben.

Data Races bei asynchroner Zusammenarbeit

Aktoren, die nur eine Nachricht bearbeiten, sind eher selten. Deshalb legen wir in diesem Beispiel einen thread-basierten und einen event-basierten Aktor an, die beide erst aufgrund einer Nachricht 'Exit mit exit terminieren. Bei Aktoren, die kooperieren, beeinflusst die asynchrone Zusammenarbeit ohne sorgfältige Abstimmung der Aktoren das Ergebnis. Das folgende Beispiel zeigt anhand einer Kursbelegung ein Wettrennen beim Datenzugriff.

```
// \texttt{\small case}-Klassen lassen sich optimal matchen
case class Student(name: String)
case class Course(id: String)

// Admin verwaltet in einer Map Kurse mit den zugehörigen Studenten
object Admin extends Actor {
  import scala.collection.mutable._

  // der Einfachheit halber eine mutable Map mit ListBuffer
  private val cs = Map[Course,ListBuffer[Student]]()

  def act = loop {
    react {
      // Kurs eintragen in die Map, sofern noch nicht vorhanden
      case c@Course(id) if !cs.contains(c) =>
              cs+= c -> ListBuffer[Student]()

      // Student in Liste des Kurs eintragen, sofern nicht vorhanden
      // Der Sender erhält die Nachricht 'Accepted oder 'Denied
      case (c:Course,s:Student) =>
                     if (cs.contains(c) && !cs(c).contains(s)) {
                       cs(c)+= s
                       sender!'Accepted
                     }
                     else
                       sender!'Denied
      case 'Print => println(cs)
      case 'Exit  => println("Admin Ende"); exit
    }
  }

  // Admin startet sich selbst
  start
}

// Dieser Aktor erzeugt Kurse ohne auf Nachrichten zu reagieren
object CourseProducer extends Actor {
  def act {
    Admin!Course("C1")
    Admin!Course("C2")
    Admin!Course("C2")
    println("CourseProducer Ende")
  }
}
```

```
// sendet Paare von Studenten/Kursen aus Liste an Admin-Aktor
// reagiert auf Akzeptanz oder Abweisung des Admin mit einer
// entsprechenden Konsol-Meldung
object StudProducer extends Actor {
  //      val csList für rekursive Version mit prod
  private var csList= List((Course("C1"),Student("Stud1")),
                           (Course("C1"),Student("Stud1")),
                           (Course("C2"),Student("Stud1")),
                           (Course("C2"),Student("Stud2")),
                           (Course("C3"),Student("Stud1")))

  // eine rekursive Lösung vermeidet var's
  def prod(csl: List[(Course,Student)]): Unit = {
    if (!csl.isEmpty)
      Admin!csl.head
    receive {
      case 'Accepted => println("akzeptiert")
      case 'Denied   => println("abgelehnt")
      case 'Exit     => println("StudProducer Ende"); exit
    }
    prod(if (csl.isEmpty) csl else csl.tail)
  }

  def act {
    // rekursive Version: nur eine Anweisung notwendig
//  prod(csList)

    // alternativ die iterative Version mit while
    while (true) {
      if (!csList.isEmpty) {
        Admin!csList.head
        csList= csList.tail
      }
      receive {
        case 'Accepted => println("akzeptiert")
        case 'Denied   => println("abgelehnt")
        case 'Exit     => println("StudProducer Ende"); exit
      }
    }
  }
}

// dieser Aktor fungiert als eine Art von main
// er arbeitet die Befehle ebenfalls asynchron
// zu den anderen Aktoren ab
actor {

  // CourseProducer und StudProducer müssen gestartet werden
  CourseProducer.start

  // ein Wettrennen um die Kurseinträge: siehe Ausgabe
```

```
  Admin!'Print
  Thread.sleep(5)
  Admin!'Print

  StudProducer.start

  // unsicheres Vermeiden eines zu frühen exit (d.h. data race)
  Thread.sleep(100)
  StudProducer!'Exit
  Admin!'Print
  Admin!'Exit
}
```

Die Ausgabe zeigt u.a. ein Data Race, das aufgrund der asynchronen Ausführung der Aktoren mit nicht festgelegter Ausführungszeit bzw. Berarbeitung der Nachrichten entsteht.

```
→ CourseProducer Ende
  Map()
  Map(Course(C1) -> ListBuffer(), Course(C2) -> ListBuffer())
  akzeptiert
  abgelehnt
  akzeptiert
  akzeptiert
  abgelehnt
  StudProducer Ende
  Map(Course(C1) -> ListBuffer(Student(Stud1)),
      Course(C2) -> ListBuffer(Student(Stud1), Student(Stud2)))
  Admin Ende
```

Vor dem ersten `Admin!'Print` erfolgten noch keine Eintragungen, aber bereits 5 Millisekunden später sind die Kurse eingetragen. Sie bilden die Voraussetzung für die Einträge der Studis. Das bedingungslose Terminieren eines Aktors ist „delikat“. Zumindest sollte die zugehörige Mailbox leer sein. Aber eine einfache Prüfung der Mailbox reicht nicht unbedingt aus, da ja nach der Terminierung durchaus noch Nachrichten kommen könnten.

Fazit: Die Logik der Anwendung bestimmt die Zusammenarbeit und das korrekte Terminieren bzw. Beenden der Aktoren.

Das o.a. Beispiel zeigt, dass der Kontrollfluss bei asynchroner Kommunikation nicht einfach durch eine Sequenz von Befehlen bzw. Funktionsaufrufen festgelegt wird. Das wird durch die nicht deterministische Bearbeitung und dem Senden der Ergebnisse verhindert.

Symbole wie `'Accepted` oder `'Exit` stellen Selektoren für die Operationen dar, die weder Daten noch Empfänger benötigen. Bei den `case`-Klassen wie `Student` und `Course` sind die Typen die Selektoren der Operationen und die Felder enthalten die zugehörigen Daten. Für die Ergebnisse `'Accepted` oder `'Denied` der Operationen ist der Sender gleichzeitig auch der Empfänger. Stellen wir kurz die wichtigsten Fakten zum Kontroll- und Datenfluss zusammen:

3.16.1 Kontroll- und Datenfluss im Aktorensystem

Die Nachrichten sowie der Zustand (state) des Aktors sind die Träger des Kontroll- und Datenflusses. Eine Nachricht bestehen im allgemeinen aus

- der *Operation* bzw. einem Selektor zur Auswahl des Handlers, der ausgeführt werden soll.
- den *Daten*, die zu der Operation bzw. zum Handler gehören.
- dem *Empfänger* des Ergebnisses der Operation bzw. des Handlers.
  - *Continuation-passing Style (CPS)*: Da der Empfänger des Ergebnisses nicht Aufrufer (bzw. Sender) sein muss, sondern ein beliebiges anderes Objekt (continuation), stellt CPS eine Generalisierung des normalen Funktionsaufrufs dar.

Nur der erste Punkt ist notwendig, denn die Daten hängen von der Art der Operation ab und ein Empfänger ist nur notwendig, wenn ein Ergebnis zurückgeliefert werden soll. Vom Zustand des Aktors kann abhängen, ob und welcher Handler ausgeführt wird (siehe auch 3.16.2).

Kontroll- und Datenfluss, CPS

Im folgenden wird eine Kette von Aktoren erzeugt, wobei jeder Aktor eine einfache Operation durchführt. Er dekrementiert einen als Nachricht empfangenen `Int`-Wert `i` und sendet das Ergebnis `i-1` an einen Aktor, den er zuvor erschaffen und gestartet hat. Dies demonstriert auf möglichst einfache Art CPS. Alle Aktoren bleiben aufgrund einer Endlosschleife aktiv.

Hat die `Int`-Nachricht den Wert `0` erreicht, wird die Kette der Aktoren in umgekehrter Richtung durchlaufen, d.h. dem vorherigen Aktor in der Kette die Nachricht `i-1` gesendet. Danach terminiert sich der Aktor selbst. Um die Kette in umgekehrter Richtung durchlaufen zu können, wird der Vorgänger-Aktor als Parameter der `chainingEventActors`-Methode übergeben. Diese ruft sich rekursiv auf. Terminiert wird die Rekursion dadurch, dass der erste erzeugte Aktor einen Vorgänger `null` hat.[39]

```
// die folgende Annotation würde einen Fehler
// beim Compilieren erzeugen (siehe unten)

// @scala.annotation.tailrec
def chainingEventActors(start: Long, prev: Actor): Actor = {

  val a= actor {
    loop {
```

[39] Dieser `null`-Einsatz wurde hier der Einfachheit halber aus den *guten, alten* OO-Tagen übernommen.

```
      react {
        // mit self wird der gerade aktive Actor referenziert
        case i:Int => if(i>0)
                        chainingEventActors(start,self)!i-1
                      else {
                        if (prev != null)
                          prev!i-1
                        else
                          println("Ergebnis: "+ i +
                                  " Ausführung in ms: " +
                                  (System.currentTimeMillis
                                   - start))
                        self!'Exit
                      }
        case 'Exit => exit
      }
    }
  }
  a
}
```

Diese Art der Rekursion ist leider nicht tail-rekursiv. Das wird aufgrund von CPS verhindert, denn mit Hilfe des rekursiven Aufrufs `chainingEventActors(start,self)!i-1` wird ein Aktor erschaffen, dem abschließend noch eine Nachricht gesandt wird. Somit ist der Aufruf von `chainingEventActors` nicht in tail-rekursiver Position.

Um den Test ein wenig interessanter zu gestalten, wurde neben dem Ergebnis noch die Ausführungszeit des Durchlaufs gemessen. Da sich die JVM „warmlaufen" muss, wird dazu im Test die Methode `chainingEventActors` mehrfach aufgerufen.

```
for (i <- 1 to 5)
  chainingEventActors(System.currentTimeMillis,null)!10000

  → Ergebnis: -10000 Ausführung in ms: 1976
    Ergebnis: -10000 Ausführung in ms: 1840
    Ergebnis: -10000 Ausführung in ms: 1844
    Ergebnis: -10000 Ausführung in ms: 1859
    Ergebnis: -10000 Ausführung in ms: 1913
```

Zehntausend aktive Aktoren sind zwar nicht genug für einen Stresstest, aber sie zeigen immerhin die Möglichkeiten und die zu erwartenden Performanz. Der Test bzw. Code kann ohne Probleme auch mit thread-basierten Aktoren durchgeführt werden. Dazu muss man nur `react` durch `receive` und `loop` durch `while` ersetzen:

```
def chainingThreadActors(start: Long, prev: Actor): Actor = {

  val a= actor {
    while (true) {
      receive {
        case i:Int => if (i>0)
```

```
                              chainingThreadActors(start,self)!i-1
                            else {
                              if (prev !=null)
                                prev!i-1
                              else
                                println("Ergebnis: "+i +
                                        " Ausführung in ms: " +
                                        (System.currentTimeMillis
                                         - start))
                                self!'Exit
                            }
          case 'Exit => exit
        }
      }
    }
    a
  }
```

Bis auf `while(true)` und `receive` hat man nichts zu ändern, vom Namen der Methode einmal abgesehen. Der Test wird nur mit zwei Wiederholungen und hundert Aktoren durchgeführt, wobei die event-basierte Version zum Vergleich danach aufgerufen wird (damit ist sie aufgrund einer „warmen" JVM im Vorteil).

```
for (i <- 1 to 2)
  chainingThreadActors(System.currentTimeMillis,null)!100

  → Ergebnis: -100 Ausführung in ms: 300
    Ergebnis: -100 Ausführung in ms: 146

// soll concurrent Ausführung der Schleifen verhindern
Thread.sleep(1000)

for (i <- 1 to 2)
  chainingEventActors(System.currentTimeMillis,null)!100

  → Ergebnis: -100 Ausführung in ms: 46
    Ergebnis: -100 Ausführung in ms: 51
```

So weit nicht unbedingt eine Überraschung. Diese stellt sich erst ein, wenn man die `for`-Schleife fünfmal wiederholen möchte oder (ohne `for`)

```
ChainingThreadActors(System.currentTimeMillis,null)!256
```

aufruft. Die Ausführung endet *nie* (oder zumindest nicht normal). Der Grund liegt einfach in der beschränkten Anzahl der nativen Threads, die das OS zur Verfügung stellen kann. Die Default-Anzahl der nativen Threads für einen Thread-Pool ist in der JVM die „magische" Zahl `256`. Sicherlich kann man sie in den *Java-Properties* der OS höher setzen, aber das ist nicht unbedingt opportun.

Fazit: Native Threads sind eine kostbare Ressource, die je nach Hardware/OS auf eine kleine vierstellige Zahl begrenzt ist.

Ein Test mit `50000` Aktoren (aufgrund der concurrent Ausführung der `for`-Schleife) wie im event-basierten Fall oben ist somit ausgeschlossen. Dies ist ein ernst zu nehmendes Argument gegen den Einsatz von thread-gebundenen Aktoren, die wir in den folgenden Beispielen auch vermeiden werden.

Synchrone Kommunikation

Um einen deterministischen Ablauf eines Kontrollflusses zu gewährleisten, sind synchrone Nachrichten sicherlich praktisch. Sie setzen aber voraus, dass der empfangende Aktor auch korrekt mittels *`reply`* auf die passende Nachricht reagiert. Ansonsten wird der Sender schlimmstenfalls blockiert. Antwortet ein Aktor auf Nachrichten mittels `reply`, müssen diese auch synchron gesendet werden.

Demonstrieren wir dies an einem Aktor, der synchron gesendete Strings mittels `reply` in Großschrift als Ergebnis liefert. Nicht-String Nachrichten beenden den Aktor, da *`loopWhile`* dann abbricht.

```
val syncActor = actor {
  var goOn= true

  loopWhile(goOn) {
    react {
      case x:String => reply(x.toUpperCase)
      case _ => goOn= false; println("Stopped")
    }
  }
}
```

Eine Warnung: Nach der `loopWhile` würden Anweisungen wie `println("Stopped")` nicht ausgeführt. Führen wir einen Test in *REPL* durch:

```
scala> println(syncActor!?"Hallo")
HALLO

scala> println(syncActor!"Hallo")
()

scala> syncActor!?false
Stopped

// Nun blockiert der Prozess, also harter Abbruch
[1]+  Stopped                  scala
```

Die gleiche Nachricht, asynchrone versandt, liefert `Unit`.

Fazit: Ein Mischung aus synchroner und asynchroner Zusammenarbeit ist *fehlerträchtig*, da der Anwender dann die Internas der Aktoren beachten muss.[40]

[40] Es gibt auch härtere Aussagen aus dem Scala-Forum, allerdings nur auf Englisch: „*Avoid !? wherever possible. You will get a locked system!*"

Kommunikation mittels Future, lazy actors

Der Begriff *Future* steht nicht in unmittelbaren Zusammenhang mit Aktor, wird aber in Scala im Aktoren-Framework integriert, was auch Sinn macht. Ein Future ist ein *Proxy* (Stellvertreter) für ein Resultat, das nicht unbedingt direkt zur Verfügung steht.Somit ist ein Future eine spezielle Funktion, die das Resultat einer asynchron durchgeführten Berechnung später liefern kann:

```
class Future [+T] extends Responder[T] with () => T
object Futures extends AnyRef
```

Da bei der Abfrage des Ergebnisses `T` (wie üblich mittels `apply`) der Aufrufer blockiert wird, sofern das Ergebnis noch nicht vorliegt, gibt es in Future eine nicht blockierende Methode ***isSet***. Sie signalisiert mittels `true`, dass das Ergebnis zur Verfügung steht. Das Objekt `Futures` enthält eine Methode,

```
def future[T](body: => T): Future[T]
```

die ein Future liefert, welches das Ergebnis eines asynchron ausgeführten Blocks zurückliefert. Zwei weitere Methoden operieren auf Futures:

```
def awaitAll(timeout: Long,fts: Future[Any]*): List[Option[Any]]

def awaitEither[A,B >: A](ft1: Future[A],ft2: Future[B]): B
```

Die Methode `awaitAll` wartet so lange, bis jedes Future sein Ergebnis in `Some` geliefert hat oder die Zeit `timeout` überschritten wurde. Noch nicht berechnete Ergebnisse werden durch `None` repräsentiert. Die Methode `awaitEither` liefert das erste erhältliche Resultat von zwei Futures. Ein kleines Beispiel:

```
import scala.actors._
import Futures._

val f1 = future { Thread.sleep(5000); math.log10(100) }
val f2 = future { Thread.sleep(3000); math.sqrt(100) }
val f3 = future { Thread.sleep(4000); math.log(math.E) }

println(f1.isSet)                  → false
println(awaitEither(f1,f2))        → 10.0
println(awaitAll(1500,f1,f2,f3))   → List(None, Some(10.0),
                                          Some(1.0))
println(f1())                      → 2.0
println(f1)                        → <function0>
```

Dies ist die eine Seite von Future, die keinen direkten Zusammenhang mit Aktoren erkennen lässt. Wie allerdings schon vorgestellt, können auch synchrone Nachrichten ihre Ergebnisse als Future liefern. Auch dieser direkte Aufruf muss mittels `reply` beantwortet werden, wobei der Sender aber nicht wie in der reinen synchronen Form blockiert wird.

Dieses Beispiel vergleicht einen *eager* Aktor, der sofort gestartet wird, mit einem *lazy* Aktor, der erst aufgrund einer Nachricht seine Arbeit aufnimmt.

```
val eagerActor= actor {
  println("eagerActor")
    react {
    case _ => exit
  }
}

lazy val mixedActor = actor {
  var goOn= true
  loopWhile(goOn) {
    react {
      case x:String => reply({Thread.sleep(5000); x.toUpperCase})
      case i: Int => println(i)
      case _ => goOn= false; println("Ende")
    }
  }
}
```

In `mixedActor` wird eine (gefährliche) Mischung aus `reply` und asynchroner Kommunikation verwendet. Nur sofern dies der Anwender in seinen Nachrichten korrekt verwendet, gibt es keine Probleme. Hier ein problemloser Test:

`val f= mixedActor!!"Hallo"`
`println("busy working")`
`Thread.sleep(2000)`
`println("Wert abholen: " + f())`
`mixedActor!true`
`mixedActor!10`
`eagerActor!""`
	`zugehörige Ausgabe:`
	`===================`
	`eagerActor`
	
	`busy working`
	`Wert abholen: HALLO`
	`Ende`

Die Situation ändert sich, wenn man den Aktor asynchron beendet, bevor über das Future das Ergebnis abgeholt wurde.

`val f= mixedActor!!"Hallo"`
`mixedActor!true`
`println("busy working")`
`Thread.sleep(2000)`
`println("Wert abholen: " + f())`
	`zugehörige Ausgabe:`
	`===================`
	
	`busy working`
	`Ende`

Dass es kein Ergebnis bei `f()` gibt, war wohl zu erwarten. Der Seiteneffekt ist aber schlimmer: `f()` *blockiert*, da es auf ein Ergebnis wartet (das nie kommt). Nun könnte man das Terminieren von `mixedActor` mittels `reply` dekorieren:

```
case _ => goOn= false; reply
```

Aber auch das führt zu Problemen, wenn der Anwender die Nachrichten nicht adäquat sendet.

Fazit: Auch die gemischte Verwendung von Futures mit asynchroner Nachrichtenverarbeitung sollte vermieden werden.

Mailbox, Timeouts bei der Bearbeitung, CPS

Die Mailbox für asynchrone Kommunikation kann immer nur *indirekt* benutzt werden. Weder der Sender noch der Aktor, zu dem sie gehört, hat direkten Zugriff auf sie. Somit gibt es auch keine *Getter*-Methoden wie `mailbox.get`. Selbst eine mögliche Abfrage `mailboxSize()` ist unsicher, da beispielsweise ein Ergebnis von `0` nicht bedeutet, dass dann alle Nachrichten bearbeitet sind. Denn nach dieser Abfrage können bereits wieder neue Nachrichten angekommen sein.

Das letzte Beispiel zeigte aber ein Problem auf, das nur mit Hilfe der Mailbox gelöst werden kann. Was ist ein passender Zeitpunkt zur Terminierung eines Aktors? Denn ein Aktor sollte wohl nicht terminiert werden, wenn sich noch (wichtige) Mitteilungen in seiner Mailbox befinden. Dabei können aber *Timeouts* helfen, die dadurch ausgelöst werden, dass über einen (anzugebenden) Zeitraum die Mailbox leer war.

Hier ein einfaches Beispiel, um mit Hilfe von `reactWithin` und der `TIMEOUT`-Nachricht einen Terminierung des Aktors durchzuführen:

```
object Server extends Actor {
  def act {
    var busy= true
    loopWhile(busy) {
      reactWithin(2000) {
        case TIMEOUT => busy= false
                        println("Server abgeschaltet")
        case x =>       println(x + " bearbeitet")
      }
    }
  }
}
```

Der Test zeigt die Terminierung:

```
Server.start                 |
actor {                      |  zugehörige Ausgabe:
  Server!1                   |  ===================
  Thread.sleep(1000)         |  1 bearbeitet
  Server!2                   |  2 bearbeitet
  Thread.sleep(1990)         |  3 bearbeitet
  Server!3                   |  Server abgeschaltet
}                            |
```

Dass ein Aktor alleine seine Terminierung bestimmen kann, ist zwar einfach zu programmieren, aber wenig realistisch. Bei einem Aktorensystem hängt die Terminierung vom Zusammenspiel vieler Aktoren ab. Es wird also auch *Manager*- bzw. *Supervisor*-Aktoren geben, die einen Aktor nicht nur erschaffen und starten, sondern auch anweisen zu terminieren. Allerdings bleibt es weiterhin die Aufgabe jedes einzelnen *Worker*-Aktors, einen möglichst passenden Zeitpunkt zu finden. Denn ein Aktor bleibt eine eigenständige Einheit. Auf einen *RequestOfExit* erfolgt dann eine *SubsequentExit* zum passenden Zeitpunkt.

Dazu eine Lösung in Form eines `WorkerActor`, das als Muster entsprechend angepasst oder erweitert werden kann. Der Übersicht halber bekommt der `WorkerActor` ein Ident `id` mit zugehöriger `toString`-Methode. Das Überschreiben der `toString`-Methode bei Aktoren ist immer sinnvoll, zumal, wenn man Aktoren identifizieren muss. Denn die Default-Implementierung von `toString` ist wenig hilfreich.

Bei der Anlage einer `WorkerActor`-Instanz kann gleichzeitig der managing Aktor den (maximalen) Zeitabstand zwischen zwei aufeinander folgenden Nachrichten angeben. Wird dieser Zeitabstand bei einer leeren Mailbox überschritten, kann der Aktor nach einem Exit-Request annehmen, dass keine Nachricht mehr eintrifft und „sicher" terminieren. Die Message-Handler sind in der Methode `dispatchMsg` wieder sehr schlicht gehalten. Denn es geht ja nur um den prinzipiellen Aufbau eines *working actors*.

```
class WorkerActor(id: String, timeout: Int) extends Actor {
  def act {
    loop {
      react {
        case 'Exit => exitRequest
        case msg =>   dispatchMsg(msg)
      }
    }
  }

  // exitReqest ist rekursiv und kehrt nie wieder zurück
  def exitRequest: Nothing = reactWithin(timeout) {

    // Entsorgen weiterer Exit-Requests
    case 'Exit =>   exitRequest
    // die Mailbox ist seit timeout ms leer, also:
    case TIMEOUT => println("Worker-" + id + " terminiert")
                    exit
    // zuerst alle Nachrichten bearbeiten
    case msg =>     dispatchMsg(msg)
                    exitRequest
  }

  def dispatchMsg(msg: Any)= msg match {

    // Ergebnisse werden an den Actor geschickt,
    // der als Sender der Nachricht ausgewiesen ist
    case i: Int    => println("Int("+i +")" + " -> " +sender.toString)
                      if (i<5)
                        sender!i+1
    case s: String => println("String("+s +")" +  " -> " +
                                  sender.toString)
                      if (s.length>3)
                        sender!s.substring(1)
  }

  override def toString = "Worker("+id+")"
}
```

Es folgt ein erster Test, der *Continuation-passing Style* verwendet, um in einer Art von Ping-Pong Mitteilungen zwischen zwei Aktoren auszutauschen. Dies würde ohne die Abbruchbedingung in den beiden `case`'s der Methode `dispatchMsg` zu einer Endlos-Rekursion führen.

```
actor {
  val wa1= new WorkerActor("1")
  val wa2= new WorkerActor("2")
  wa1.start
  wa2.start
  // direkt zwei Exit-Requests
  wa1!'Exit
  wa2!'Exit
  // Ping-Pong mit Hilfe von CPS:
  // als Sender wird der jeweils
  // andere Aktor in send eingetragen
  wa1.send(1,wa2)
  // unnötiger Exit-Request:
  // wird in exitRequest entsorgt
  wa1!'Exit
  wa2.send("hallo",wa1)
}
```

```
zugehörige Ausgabe:
===================
Int(1) -> Worker(2)
String(hallo) -> Worker(1)
Int(2) -> Worker(1)
String(allo) -> Worker(2)
Int(3) -> Worker(2)
String(llo) -> Worker(1)
Int(4) -> Worker(1)
Int(5) -> Worker(2)
Worker-2 terminiert
Worker-1 terminiert
```

Nachfolgend ein Stresstest mit einem minimalen Timeout von `0 ms` bei einer leeren Mailbox. Dies bedeutet, dass genau zu dem Zeitpunkt, zu dem die Mailbox leer ist, ohne Zeitverzögerung terminiert wird. Wie `mailboxSize` == 0 erweist sich das als unsicher:

```
actor {
  val wa1= new WorkerActor("1",0)
  val wa2= new WorkerActor("2",0)
  wa1.start
  wa2.start

  // weiterer Code:
  // wie im letzten Test
  //...
}
```

```
zugehörige Ausgabe:
===================
Int(1) -> Worker(2)
String(hallo) -> Worker(1)
Int(2) -> Worker(1)
String(allo) -> Worker(2)
Worker-2 terminiert
Int(3) -> Worker(2)
Worker-1 terminiert
```

Dieses Ergebnis und somit auch die Ausgabe ist nicht-deterministisch.

Actor-Idiom, Erlang Style, CronJob

Da in einem Aktoren-System die einzelnen Aktoren die Rolle von (passiven) Instanzen von einzelnen Klasse eines OO-Systems übernehmen, ist ein einfachstes Muster zum Design von Aktoren, die Instanzen ersetzen, nicht uninteressant. In einem OO-System bietet jede Instanz die öffentliche Schnittstelle ihrer Klasse in Form von *public* Methoden an. Diese werden anhand ihrer *Signatur*, d.h. durch den Methodennamen und die Parameter-Typen identifiziert. Übernimmt nun ein Aktor die Aufgabe einer Instanz, gibt es dafür ein einfaches Muster.

3.16.2 Aktoren als Ersatz für Klassen-Instanzen

Der Aufruf einer öffentlichen Methode einer Klasse entspricht bei einem Aktor einer Nachricht, die per Pattern-Machting einer `private`-Methode mit gleicher Signatur (und Service) zugeordnet wird. Die Nachricht enthält dann die aktuellen Argumente zur dieser privaten Methode. Für Methoden

- ohne Parameter bieten sich zum Matching die Alternativen *Symbol*, *Konstante* oder `case object` an.
- mit Parameter bieten sich zum Matching `case`-Klassen an, deren Felder die Parameterliste der internen Methoden nachbilden.
- mit einem Ergebnis wird dieses dem Sender mittels `sender!result` zugestellt.

Der letzte Punkt gilt auch für *CPS*. Dazu braucht der Aktor, der die Nachricht sendet, nur den Empfänger-Aktor explizit in der Nachricht anzugeben (siehe hierzu auch IBox 3.16.1).

Ein wichtiger Punkt bleibt zu beachten. Zumindest bei reflektiver oder dynamischer OO-Programmierung kann es durchaus vorkommen, dass eine Methode aufgerufen wird, die die Instanz bzw. Klasse nicht besitzt. Dies entspricht im Aktoren einer Nachricht, die der Aktor nicht versteht. Im OO-System führt das in der Regel zu einer `Exception`, d.h. einem Fehler, der nicht unbemerkt bleibt.

Somit gehört zu einem Aktor immer auch ein *catch-all* beim Matching. Dies ist selbst dann notwendig, wenn man unbekannte Nachrichten einfach nur ignorieren will. Denn ohne ein `case _ =>` verbleiben diese Nachrichten in der Mailbox. Die Mailbox wird dadurch nie leer. Im schlimmsten Fall führt dies zu einer Katastrophe wie beispielsweise einem *`OutOfMemoryError`* in der *`MessageQueue`* (zumindest in Scala 2.8.1). Unbekannte Nachrichten sollten also aufzeichnet werden. Nachfolgend ein Pseudo-Code, zugehörig zu *IBox* 3.15.2 :

```
case class Methods1(param1: T1, ...)
...
// nur die loop des Actors
loop {
  react {
    // alle bekannten Nachricht auf interen Methoden abbilden
    case msg@Method1(param1,...) => val result= method1(params)
                                    sender!result
    ...
    case 'Exit => exit
    // alle unbekannten Nachrichten reagiern (z.B. loggen)
    case unkownMessage=> log(self,unkownMessage)
  }
}
```

Bereits im `WorkerActor` des letzten Beispiels lieferte die Methode `exitRequest` das Ergebnis `Nothing` (obwohl auch `Unit` akzeptiert würde). Dies resultiert aus dem Design der event-basierten Aktoren. Die Methoden `react`, `reactWithin` und `exit` liefern als Ergebnis `Nothing`, kehren also nicht zurück. Dieses Ergebnis sollte dann auch `exitRequest` liefern.

Um `react` mehrfach auszuführen, wurde bisher immer `loop` bzw. `loopWhile` verwendet. Eine äquivalente rekursive Variante ist links dargestellt. Rechts wird eine light-weighted Variante *`Reactor`* zu `Actor` vorgestellt.

```
def act {
  def run: Nothing = react {
    case msg@Msg1(p) => // ...
                        run
    //...
  }
  run
}
```

```
object AnReactor extends Reactor[Any] {
  def act {
    def run: Nothing = react {
      case msg@Msg1(params) => // ...
                               run
      // ...
    }
    run
}
```

Ein `Reactor` erwartet im Gegensatz zu `Actor` einen Typ für die Nachrichten. Er sendet bei der Bang-Methode *!* sich selbst nicht implizit als Aktor, kennt keine `receive`-Methoden und verzichtet auch auf synchrone Kommunikation. Die Ausführungszeiten eines `Reactor` sind somit i.d.R. ein wenig kürzer als die von `Actor`. Will man auf einen impliziten Sender bei den Nachricht nicht verzichten, kann man den Subtyp `ReplyReactor` verwenden.

Hinweis: `Reactor` bzw. `ReplyReactor` reichen in machen Fällen aus (siehe `CronJob`). Allerdings muss man bei komplexeren Aufgaben auf `Actor` zurückgreifen (wie nachfolgend auch bei Nesting und Linking).

Als Beispiel wählen wir cron-basiertes Job-Scheduling. Der Begriff *Cron* ist von *Cronos* (griechisch: Zeit) abgeleitet. Genauer besteht die Aufgabe darin, periodisch in festen Zeitabständen einen Job bzw. eine Task auszuführen. Bei *`CronJob`* wird eine Task durch einen Aktor repräsentiert. Mit Hilfe einer Nachricht können Argumente zur Ausführung übergeben oder – sofern der Aktor mehrere Services anbietet – der passende Service selektiert werden.

```
// zur einfachen Verwendung:
// Zeitintervall 1 sec, einmalige Wiederholung, leere Message
class CronJob(task: Reactor[Any],timeout: Int=1000, repeat: Int = 1,
              msg: => Any ={}) extends ReplyReactor {
  def act {
   if (task!=null) {
     // rekursive Definition benötigt keine loop mit Zählvariable
     def run(n: Int): Nothing =
       reactWithin(timeout) {
          case TIMEOUT => if (n>0) {
                            task!msg
                            run(n-1)
                          }
                          else {
                            task!'Exit
                            exit
                          }
         // vorzeitiger Abbruch mit Message 'Exit möglich
```

```
          case 'Exit => task!'Exit
                        exit
          // unbekannte Messages entsorgen
          // Erneutes Warten auf TIMEOUT mit Wiederholung
          case _ => run(n)
        }
      run(repeat)
    }
  }
}
```

Da der CronJob öffentlich ist, können ihm (leider) auch unerwünschte Nachrichten gesendet werden. In diesem Fall wurde entschieden, das die Task einfach wiederholt wird. Der einfachste CronJob macht gar nichts:

```
new CronJob(null).start
```

Der folgende schreibt nach einer Sekunde eine Mitteilung auf die Konsole:

```
new CronJob(actor{println("Hallo")}).start  → Hallo
```

Im nächsten Test wird dem CronJob ein Aktor übergeben, der im Abstand von 500 ms fünf Mal "Hallo" auf die Konsole schreiben soll. Anschließend wird allerdings eine fehlerhafte Mitteilung und ein vorzeitiger Abbruch als Nachricht gesendet.

```
val cj= new CronJob(actor{                        |
                    loop {                        |
                      react{                      |
                        case 'Exit => exit        | Ausgabe:
                        case _ => println("Hallo")| ========
                      }                           |
                    }                             | Hallo
                  },500,5)                        | Hallo
cj.start                                          | Hallo
cj!"Welt"                                         |
Thread.sleep(2000)                                |
cj!'Exit                                          |
```

Im letzten Test wird eine „zufällige" Mitteilung "Hallo" oder "Welt" auf die Konsole geschrieben:

```
new CronJob(actor{                          |
            loop {                          | Ausgabe:
              react{                        | ========
                case 'Exit => exit          |
                case m => println(m)        | Hallo
              }                             | Welt
            }                               | Welt
          },500,5,                          | Welt
          if (scala.math.random<0.5) "Hallo" | Hallo
          else "Welt").start                |
```

Nesting von react

Bisher haben wir nur Aktoren mit einer `react`-Methode eingesetzt. Es ist jedoch durchaus möglich, `react` (wie auch `receive`) zu schachteln. Dies ist beispielsweise dann nützlich, wenn man nach einer Nachricht nur noch Nachrichten, eingeschränkt auf einen gewissen Typ oder Inhalt, bearbeiten will. Bei diesem *Nesting* kann man die Mailbox als eine Art von *Priority-Queue* ansehen oder sie – aus logischer Sicht – in zwei (Unter-) Mailboxen aufteilen.

Der folgende Aktor behandelt im äußeren `react` außer `'Exit` nur Nachrichten vom Typ `A` (kurz `A`-Nachricht). Sofern es in der Mailbox eine `B`-Nachricht gibt, wird diese dann zuerst im inneren `react` behandelt. Danach wiederholt sich die Bearbeitung im äußeren `react`. Um die Reihenfolge der Bearbeitung deutlich zu machen, sind die Nachrichten `A` und `B` numeriert und die Ausgabe von `"Resume"` zeigt das Verlassen des inneren `react` an.

```
case class A(n: Int)
case class B(n: Int)

class NestedReactActor extends Actor {
  def act = {
    loop {
      // reagiert A-Nachrichten und 'Exit
      react {
        case a@A(_) => {
          println(a +" mbSize: " + mailboxSize)

          // Lifelock vermeiden, siehe unten
          self!'Resume

          // Nesting: reagiert auf B-Nachrichten und 'Resume
          var stop= false
          loopWhile(!stop) {
            react {
              case b@B(_)  => println(b +" mbSize: " + mailboxSize)
                              stop= true
              case 'Resume => println("Resume")
                              stop= true
            }
          }
        }
        case 'Exit => exit
        case _ =>
      }
    }
  }
}
```

Nesting ist nicht ungefährlich. Sofern das innere `react` nur `B`-Nachrichten bearbeiten würde und nicht zu jeder `A`-Nachricht auch eine `B`-Nachricht in der Mailbox existiert, würde man ohne `'Resume` einen *Lifelock* erzeugen, d.h. die innere Schleife würde nicht mehr verlassen werden. Ein Einsatz von `TIMEOUT` nützt in diesem Fall nichts, da die Mailbox nicht leer sein muss.

Sie könnte ja nur A-Nachrichten enthalten. Um diese Art von Lifelock auszuschließen, legt der Aktor vor Eintritt in das innere `react` einen `'Resume`-Befehl in der Mailbox ab. Ein Test zeigt die Wirkung:

```
val pa= new NestedReactActor
pa.start
actor {
  pa! A(1)
  pa!""
  pa!A(2)
  pa!A(3)
  pa!A(4)
  pa!A(5)
  pa!A(6)
  pa!B(1)
  pa!B(2)
  pa!""
  pa!A(7)
  pa!B(3)
  pa!A(8)
  pa!'Exit
}
```

```
Ausgabe:
========
A(1) mbSize: 3
B(1) mbSize: 13
A(2) mbSize: 11
B(2) mbSize: 11
A(3) mbSize: 10
B(3) mbSize: 10
A(4) mbSize: 9
Resume
A(5) mbSize: 8
Resume
A(6) mbSize: 7
Resume
A(7) mbSize: 5
Resume
A(8)mbSize: 4
Resume
```

Linking von Aktoren, Terminierung

Bei der Kollaboration von Aktoren treten häufig *Master-Slave*-Abhängigkeiten auf. Mit Slave bezeichnet man in diesem Zusammenhang Aktoren, die nur einem Aktor – dem Master – zuarbeiten. Dies bedeutet, dass die Slaves terminieren sollten, sofern der Master terminiert. Denn jede weitere Aktivität wäre nutzlos und Ergebnisse würden den Master ohnehin nicht mehr erreichen. Zur Hilfe kommen hier zwei wichtige Methoden im Trait `Actor`

```
def link(to: AbstractActor): AbstractActor
var trapExit: Boolean
```

Mit der Methode `link` bindet man einen Slave- an einen Master-Aktor. Dies bedeutet, dass bei einer nicht-normalen Terminierung des Masters ein Slave entweder ebenfalls terminiert oder aber – die bessere Alternative – mittels der Angabe `trapExit= true` in jedem Fall (auch bei normaler Terminierung des Masters) benachrichtigt wird. Die Nachricht ist eine Instanz von

```
case class Exit(from: AbstractActor, reason: AnyRef)
```

Diese gibt einem mittels *`link`* verbundenen Aktor den Grund der Terminierung an. Um dieses Zusammenspiel zu demonstrieren, legen wir eine Aktor `Server` an, der die Rolle des Masters übernimmt. Er beantwortet die Anfragen von `Client` Aktoren, die sich zu einer Matrikelnummer die zugehörige `Student`-Instanz senden lassen. Die Aktivität der Klienten hängt somit von der des Servers ab. Die `Client`-Instanzen spielen dabei die Rolle der Slaves. Nachfolgend der Code dazu:

```
case class Student(matr: Int,name: String)
// Nachricht: ruft Getter-Methode zu Student auf
case class GetStudent(matr: Int)

object Server extends Actor {
  // simuliert in-memory DB
  private val s1= Student(100,"Maier")
  private val s2= Student(200,"Harms")
  private val s3= Student(300,"Altmann")
  // wird bei ungültiger Matrikel-Nummer gesendet
  private val NaS= Student(0,"?")
  private val studs= Map(s1.matr->s1,s2.matr->s2,s3.matr->s3)

  def act() {
    def run: Nothing =
      // 1 sec ohne Client-Anfrage führt zur Terminierung
      reactWithin(1000) {
        case GetStudent(matr) => sender!studs.getOrElse(matr,NaS)
                                 run
        case TIMEOUT => println("Exit"); exit
        case 'Exit =>   exit
        case _ =>       sender!NaS
                        run
      }
    run
  }

  override def toString= "Server"
}

// dem Klient werden die zu suchenden Matrikel-Nummer übergeben
class Client(matr: Int*) extends Actor {
  def act() {
    // Terminierung der Master-Aktoren als Nachricht anfordern
    self.trapExit= true
    // Master ist das object Server
    link(Server)

    for (m <- matr)
      Server!GetStudent(m)

    loop {
      react {
        case s@Student(_,_) => println(s)
        // Terminierung des Masters from mit Grund reason
        case Exit(from,reason) => println(from+","+reason); exit
      }
    }
  }
}
```

Nachfolgend ein unspektakulärer Test. Zwei `Client`-Instanzen lassen sich die `Student`-Instanzen zu den Matrikel-Nummern `100`, `200`, `300` und `500` von `object Server` senden.

```
Server.start
new Client(100,200).start
new Client(300,500).start
```

```
Ausgabe:
========
Student(300,Altmann)
Student(0,?)
Student(100,Maier)
Student(200,Harms)
Exit
Server,'normal
Server,'normal
```

Die Ausgabe ist asynchron. Sie dokumentiert die Nachricht an die beiden `Client`-Instanzen, dass die `Server`-Instanz terminiert hat. Die Terminierung ist normal, was ihr durch das Symbol *`'normal`* gekennzeichnet wird. Wird die Terminierung aus einem anderen Grund, beispielweise einer `Exception` ausgelöst, kann der Grund ebenfalls mit `reason` abgefragt werden.

Fazit

Dieser Ausflug in die Aktoren-Welt hat hoffentlich viele Leser überzeugt, Aktoren als eine bessere Alternative gegenüber Threads und Locks anzusehen. Der Autor hofft, dass insbesondere FP und Aktoren ein überzeugendes Argument darstellen, Scala als post-funktionale Sprache einzusetzen. Selbst wenn dies nicht der Fall sein sollte (weil das OO-Beharrungsvermögen ungemein mächtig ist), können viele Techniken auch in Java oder C# übernommen werden.

Index